Андрей Кураев

МИФОЛОГИЯ РУССКИХ ВОЙН

Том 2

2025

Андрей Кураев

Мифология русский войн. Том 2 / Андрей Кураев. — BAbook, 2025. — 561 с.

Второй том «Мифологии русских войн» сопоставляет с историческими реалиями миф о якобы всегда присущей Европе ненависти к России. Это вопрос не только истории, но и этики: вопрос об умении быть благодарным за помощь. Также в этой части рассматривается миф об отсутствии военных поражений русских армий.

При оформлении обложки использованы фотографии барельефов памятника советскому солдату-освободителю в болгарском городе Пловдив.

ISBN 978-1-965369-98-2

Отпечатано в Германии

Часть 3

«ВЕСЬ МИР ПРОТИВ НАС»

Глава 25

Где найти «Весь Запад»?

Чудовища вида ужасного
Схватили ребенка несчастного
И стали безжалостно бить его,
И стали душить и топить его,
В болото толкать комариное,
На кучу сажать муравьиную,
Травить его злыми собаками
Кормит его тухлыми раками.
Тут ночь опустилась холодная,
Завыли шакалы голодные,
И крыльями совы захлопали,
И волки ногами затопали,
И жабы в болоте заквакали...
Взмолился тут мальчик задушенный,
Собаками злыми укушенный,
Запуганный страшными масками...

Эта «рассказка» написана Сергеем Михалковым для фильма «Новые похождения Кота в сапогах» (1958 г.)[1].

---

[1] URL: https://www.youtube.com/watch?v=Uawl_zFCpUQ&t=35s

Американский психолог Густав Гилберт наблюдал за лидерами нацистской Германии во время и после судебных заседаний. По ходу этих встреч он написал «Нюрнбергский дневник»[2]. От Германа Геринга он услышал:

> *«Конечно, простой народ не хочет войны; ни в России, ни в Англии, ни в Америке, ни в Германии. Это понятно. Но, в конце концов, лидеры страны определяют политику и всегда просто повести людей за собой, будь то демократия или фашистская диктатура, или парламент, или коммунистическая диктатура. Население всегда можно привлечь к войне. Это легко. Все, что вам нужно сделать, это сказать им, что на них нападают, и осудить пацифистов за отсутствие патриотизма и подвержение страны опасности».*
>
> *18 апреля. Тюрьма. Вечер. Камера Геринга*

Как видим, Сергей Михалков в уста злого узурпатора вложил вполне реальный рецепт удержания власти: запугать рассказами о зверствах соседних драконов, чтобы парализовать неповиновение своему. Управлять запуганными и в самом деле легче. Достаточно весь народ сделать «невыездным» и с утра до ночи рассказывать ему, что заграничный дракон: а) злее нашего б) только и мечтает захватить наш барак.

Сегодня граждан оглушает стержневой миф ГРР (Гражданской религии России), одинаково громко звучащий и в церковной, и в светской риторике — «Весь мир поднимается за сатаной на Русь для последней облавы».

Конкретнее: совокупный Запад нас ненавидит (за то, что мы православные), и всегда стремился нас поработить и уничтожить[3].

---

2 G. M. Gilbert. Nuremberg Diary. London. 1947.

3 Лидер коммунистов Г. Зюганов заявил, что «В Европе ненависть к России существовала веками, ее идейные истоки нужно искать в расколе христианства на католическую и православную церковь».

Для анализа этого мифа прежде всего стоит поставить вопрос, озвученный Бисмарком в самом начале польского кризиса 1863 г. В ответ на ссылку английского посланника на «мнение Европы» Бисмарк спросил: «Кто это — Европа?»[4]

И в самом деле: только что (1859) закончилась война была между Францией и Австрией за господство над Италией. Пальмерстон, премьер-министр Великобритании, был враждебно настроен к политике Наполеона III. В январе 1858 года на Наполеона III было произведено покушение. Попытку убийства импе-

---

URL: https://ria.ru/20170325/1490795491.html

«„Страны Запада всегда хотели уничтожить Россию, но сегодня они просто перестали это скрывать", — заявил полпред президента РФ в Северо-Кавказском федеральном округе Юрий Чайка»

URL: https://ria.ru/20220303/zapad-1776287875.html, 03.03.2022

«Враждебные страны и силы, которые не могли смириться с величием и силой России, одержали верх над судьбой Руси, <…> силы, которые всегда работали на разрушение Руси, с самых древних времен и до сего дня, одержали победу» — это патриарх Кирилл говорит от уходе украинской церкви из под его власти («Слово», 2 июня 2023 года)

URL: http://www.patriarchia.ru/db/text/6033048.html

Эта его проповедь показательна тем, что в ней он оплакивал «раны, которые наносятся Украинской Православной Церкви Московского Патриархата». В те военные дни УПЦ и в самом деле испытывала как общественное, так и государственное давление и отрекалась от связи с Москвой. Но патриарх прямо в Кремле подтвердил: «Да, это мое!»

Представьте, некий доброхот в 1916 году из Берлина в обычную московскую квартиру посылает посылку с ручными бомбами, пистолетами и пулями.

Более того, он шлет по тому же московскому адресу открытую нешифрованную телеграмму: «Товарищи, посылку с оружием выслал. Об успешном свержении вами царя сообщите. Целую. Виля».

Как быстро адресат превратился бы в арестанта? И в чем был замысел Вили? Не в аресте ли «товарища»?

Но 2 июня 2023 года прямо в Кремле патриарх Кирилл зачитал подобную телеграмму для своих киевских «чад».

4 Blum H. Furst Bismarck und seine Zeit. Bd. 2. Munchen, 1894. S. 379. Цит. по: А. С. Медяков: «Наш Бисмарк»? Россия в политике и взглядах «железного канцлера» Германии // Российская истрория. 2015, № 6. С. 66.

ратора предпринял итальянец Феличе Орсини. В дальнейшем выяснилось, что итальянского террориста снабдило оружием английское правительство. Более того, заговор был составлен именно в самой Англии, а не в Италии. Пальмерстон подал в отставку. Англия встала на путь «блестящей изоляции», который предполагал отказ от постоянных международных союзов ради сохранения свободы рук и реакций. Через 10 лет, в 1869 г. премьер-министр Гладстон заявит, что Великобритания не может давать обязательства, которые при некоторых обстоятельствах способны привести к ограничению или сужению свободы ее действий. И так будет, по сути, до 1912 года (Entente cordial 1904 года не налагало никаких союзнических обязательств). И, кстати, именно либеральная партия Гладстона ратовала за сближение с Россией, а не с Германией[5].

Так существовал ли когда этот «весь мир» или «весь Запад» как сплоченная геополитическая единица с единым центром принятия решений и осознанными общими интересами?

Даже Римским папам лишь огромными усилиями удавалось и в конце концов не удалось объединить европейские королевства для Крестовых походов против «сарацин». Причем без союза с православной Византией они были бы просто невозможны.

Политическое единство Европы можно было наблюдать лишь в первой половине XIX века. Но оно не было антирусским, поскольку конструкция тогдашнего Евросоюза как раз опиралась на русского царя («Священный Союз»).

На самом деле Запад веками усердно и ежедневно воевал внутри себя, причем каждая из западных стран сражалась с далекими от России своими соседями вообще по периметру своих границ.

---

5 См.: Сенокосов А. Г. Эволюция внешнеполитического курса Великобритании в 1898–1904 гг.: от «Блестящей изоляции» к антигерманской Антанте // Вестник РГГУ. Серия Международные отношения. Регионоведение. № 7 (129).

Бывало, что вся Европа от Испании до Швеции ополчалась против одной Франции. Значит ли это, что франкобия есть константа европейской политики?

Реальный Д’Артаньян был убит пулей в голову при осаде Маастрихта 25 июня 1673 года в безрассудной атаке по открытой местности, организованной молодым герцогом Монмутом. Зачем гасконец поперся завоевывать Голландию? Наверно, он шел на Москву, но зачем-то решил идти через Маастрихт…[6]

Франция воевала против Англии всю свою историю, за исключением XX века. Кровавый пунктир идет от норманского завоевания через Столетнюю войну к наполеоновским войнам. На грани войны две страны балансировали даже в 1839–40 годах. В 1844 году Франсуа Орлеанский, принц Жуанвильский (третий сын французского короля) и адмирал, опубликовал статью, в которой пояснил, что появление паровых судов сделало Ламанш преодолимым для французского военного десанта[7]. В 1858 году на Наполеона III было произведено покушение, за которым стояло английское правительство.

Можно ли сказать, что Франция населена англофобами, а Британия — франкофобами, и что эти фобии определяют их культуру и политику?

Во дни англо-бурской войны осуждение Британии в Европе было всеобщим. Можно ли сказать, что англофобия была беспричинной? Можно ли на этом основании считать, что англофобия столетиями сплачивала «весь Запад»?

Дания граничит с немецкими государствами. Понятно, что веками она же с ними (одинаково лютеранскими) воевала. Предпоследняя их война имела место в 1848–1850 (повод — языковая политика датских властей в Шлезвиг-Голштейне). Последняя — нацистская оккупация Дании в 1940 году. И вот в 2015 году

---

6 Верный ответ: это был эпизод Третьей англо-голландской войны.

7 См. Айрапетов О. История внешней политики Российской Империи. 1825–1855. — М., 2017. С. 285.

датчане снимают фильм «Моя земля» *(Under sandet).* Фильм напоминает, как летом 1945 года союзники направили несколько сотен немецких военнопленных на разминирование датского побережья. В фильме это подростки из фольксштурма. Их забыли обеспечить питанием, и мальчишки залезли в свинарник на соседней ферме, поели комбикорм и тяжело отравились. Узнав об этом, молодая датская фермерша, улыбаясь, говорит: «Я все же нанесла урон немцам» (39-я минута). И это она говорит: 1. по окончании войны 2. о детях 3. о людях, помогающих устранить окружающую ее минную угрозу.

Станем ли говорить о многовековой, неутихающей и сегодня, беспричинной датской германофобии?

Вот страна, чья судьба в чем-то схожа с судьбой России. Турция. Она тоже встала на путь запоздалой европеизации. Она тоже критически зависела от импорта европейского оружия, офицеров, технологий. При этом вплоть до конца XVII века она была реальной угрозой для Европы, и туркофобия жителей Вены была более чем обоснованной. Количество войн Турции с теми или иными европейскими армиями (в диапазоне от России до Венеции) огромно. Ее культурно-религиозные отличия от католической Европы гораздо более резкие, чем у России. И тем не менее почти всегда у нее находились европейские же союзники (именно союзники, а не вассалы, как порой сербы или валахи) и даже покровители. Например, таким защитником «больного человека Европы» стала николаевская Россия во время турецко-египетских войн 1830-х годов. А страны Антанты (вместе с ленинской помощью) спасли ее остатки от греческой мести в 1921-м…

Так можно ли сказать, что «туркофобия» была главным мотивом европейской дипломатии в Восточном Средиземноморье?

Это обычная вещь: соседи ссорятся всегда и «враги человеку домашние его».

Именно и только между соседями и велись войны до появления океанских флотов. Приграничные отношения они такие: то война, то торговля и культурный обмен. Причем последнее может совершаться в ходе войны и быть ее результатом (военная добыча и пленники увозятся к себе).

Ну какая могла быть N-фобия в стране, удаленной от N и не имеющей с ней общей границы, а, значит и поводом для споров? Разве была в Европе ненависть к Японии, Китаю или Индии в античности — средних веках — новом времени? А знание о том, что эти страны богаты, а их культуры отличаются от европейской и христианской — было.

С «дальними» и не-соседями воевали только кочевники. Или — империи, которые сами себе назначают соседей в качестве целей для следующих завоеваний.

Вот и Россия по мере своего расширения нашла себе новых соседей, а, значит и новых врагов. Ну не всегда она граничила с Турцией или Германией! И не всегда Москве было что делить с Парижем и Лондоном.

Просто Россия принялась за поедание двух «больных людей Европы» — Речи Посполитой, а потом и Османской Империи. И тут оказалось, что стервятников больше, чем один. И что у них уже есть пресса для оправдания действий своего правительства и хейтинга его конкурентов. Но первична — конкуренция имперских аппетитов, а вовсе не некая культурная фобия.

Кстати, с тех пор, как Московия перестала быть далекой диковинкой и ввязалась в европейские геополитические интриги, то есть с середины XVII столетия, никаким европейским правителям и в голову не приходила мысль о переформатировании ее ино-культурной матрицы (каковой русские патриоты считают свое Православие). И немецкие принцессы массово отрекались от своего лютеранства ради переезда в Петербургские дворцы.

И главное: военная и геополитическая нужда заставляла то одну, то другую европейскую державу приглашать Россию вмешаться в европейские разборки. И это означает, что никакой «многовековой русофобии как константы якобы единой европейской политики просто не могло существовать.

Что вполне ясно понимал даже Тютчев:

«Взгляните на это стоглавое чудовище парижской прессы, извергающей пламя и вопли против нас. Какое ожесточение! Какие громы! Какой треск!.. И что́ же! Приди сегодня же Париж к убеждению, что столь пламенно желаемое сближение может состояться, что столь часто делаемые в этом смысле нам предложения приняты, и с завтрашнего дня вы увидите, что этот вопль ненависти умолкнет, весь этот блестящий фейерверк оскорблений угаснет, и из этих угасших кратеров, из этих умиротворенных уст, с последним клубом дыма начнут исходить звуки, настроенные на разные лады, но все одинаково благозвучные, восхваляющие друг перед другом наше счастливое примирение!» (1844 год)[8].

Наконец, говоря о причинах «русофобии», стоит признать, что ее развитие происходило по законам Ньютона: действие порождало противодействие. Желание Петербурга вмешиваться во все европейские дела порождало не всегда благодарную реакцию опять же во всех уголках Европы.

Вот как тот же Тютчев излагает мотивы недовольств в Европе 1840-х годов:

«Между нами и Германией существовал разрыв за идеи либеральные; с Францией мы находились во вражде за те же самые идеи, к которым присоединялась еще личная вражда Николая I к Людовику-Филиппу. С Австрией мы ссорились за раскольников, находивших себе убежище в Буковине, за свободу венгерских прений и журналов, за пограничные недоразумения, за упадок, в котором находилось православное народонаселение в Сербии и Банате; испанскую королеву

[8] Тютчев Ф. И. Россия и Германия // Полное собрание сочинений. — СПб., 1913. С. 462.

и конституцию мы не признавали; Бельгию мы не признавали; с папой находились по делам Латинской Церкви в беспрерывном столкновении и разногласии; либеральная партия в Италии, та, которая ищет слития Италии в одно тело и которая имеет сочувствие всех благомыслящих итальянцев, была предметом нашей ненависти; исключая Неаполитанского короля, никто в Италии не нравился России; с греческим двором мы были в ссоре, ибо он опирался на Людовика-Филиппа, и, сверх того, мы ненавидели греков за переворот 3 сентября 1843 года».

Ну нет в этом перечне причин «всеобщей русофобии» таких поводов, как красота русских полей и рек, богатство нашей земли, наша православная вера или русский язык. Ответ на вопрос «а нас-то за что» скорее всего надо искать в неуемном активизме российских правителей и мечтателей.

Глава 26

Реал-политик вместо конфессионального единства

У всех феодальных властителей руки были по локоть в крови. Нанести превентивный удар или отомстить мирному населению, сжечь деревни и запасы, обречь людей на голодную зиму было в порядке вещей у всех. Навязать силой меча свою веру тоже было одинаково допустимым и у католиков, и у православных, и у протестантов.

Причем герои-бунтари, восставшие против гнета Империи, сами тут же создают свои маленькие национальные диктатуры и давят меньшинства, мешающие новым победителям наслаждаться своей гомогенностью и новорожденной державностью.

Вот лидер венгерской антиавстрийской революции 1848 года Лайош Кошут — премьер-министр и правитель-президент восставшей Венгрии. В последующей лондонской эмиграции — друг А. И. Герцена и инициатор создания венгерского легиона в войсках Дж. Гарибальди. Герой венгерской национальной памяти.

8 апреля 1848 г. делегация сербов принесла венгерскому революционному правительству свои приветствия и просьбы: признать за ними права национального меньшинства, в том числе и право на свободу вероисповедания и начальное образование на

родном языке. Л. Кошут отказался удовлетворить эти требования и пригрозил: «Тогда все решит меч». И в июне отправил карательную военную экспедицию в Воеводину (Банат). «Австрийцы смотрели на требования венгров примерно так же, как те на просьбы сербов, хорватов, валахов»[9]. А «генерал» Людвик Мерославский, один из вождей польского восстания 1863 года, называл литовцев, белорусов и украинцев «фантастическими национальностями»[10].

Вот миролюбивые чехи и их национальные герои — гуситы. Репрессии крестоносцев против гуситов известны. Но было ли у этих чешских диссидентов нравственное преимущество перед своими гонителями?

Сторонники сожженного Яна Гуса сами вовсе не были толерантны.

4-я из «Четырех Пражских статей» («Пражские артикулы»), составленных магистрами Пражского университета и представленных императору Сигизмунду в ноябре 1419 года, указывала:

> *«Все смертные грехи, особенно явные, и другие непорядки, противные закону Божию, разумно и справедливо искоренялись в каждом сословии теми, кому дана власть. Кто предается этому, достоин смерти не только кто сам совершает, но и кто потворствует согрешающим (Nebo kdož ty hřiechy činie, jakož die sv. Pavel, hodni jsú smrti, netoliko jenž je činie, ale [i] ti, jenž jim k tomu svolují). Ибо имеются в народе прелюбодеяния, чревоугодие, воровство, человекоубийство, ложь, клятвопреступления, всякие ни к чему не нужные мастерства, служащие обману и суевериям, корысть, алчность, ростовщичество и иные пороки. Среди*

---

9 Айрапетов О. История внешней политики Российской Империи. 1825–1855. — М., 2017. С. 334.

10 Цит. по: Толмачев Е. П. Александр II и его время. Кн. 2. — М., 1998. С. 178.

же духовенства имеются заблуждения симонии: вымогательство денег за крещение, конфирмацию, исповедь, венчания, за молитвы и молебны, истязание и ограбление простого народа ради своего удовольствия»

Гуситская хроника, 50[11].

Ссылка шла на Послание ап. Павла к Римлянам 1,32: «Они знают праведный суд Божий, что делающие такие дела достойны смерти».

Уложение Яна Жижки, действовавшее на всей контролируемой им территории, определяло:

«Мы не желаем терпеть среди нас неверующих людей, непокорных, лжецов, воров, шулеров, воров, грабителей, пьяниц, богохульников, развратников, прелюбодеев, шлюх, прелюбодеиц или любых иных явленных грешников, мужчин или женщин; мы всех таких прогоняем и изгоняем, либо наказуем их с помощью Святой Троицы согласно Закону Божию. И затем брат Жижка и другие начальники, капитаны, рыцари, оруженосцы, мещане, ремесленники и крестьяне вышеназванные, и все их общины, с помощью Бога и общества, будут наказывать за все такие нарушения поркой, изгнанием, забиванием насмерть дубинками, обезглавливанием, повешением, утоплением, сожжением, и всеми прочими возмездиями, сообразными проступку, согласно Закону Божьему, не исключая никого любого чина и пола».

На Базельском соборе в дискуссии о смертной казни немецкий инквизитор, доминиканец Heinrich Kalteisen из Кельнского университета, предположил, что если бы св. император Константин случайно застал священника во время полового акта, он бы

[11] Лаврентий из Бржезовой. Гуситская хроника. — М.: Издательство АН СССР, 1962. С. 99–100. Лаврентий — он же Vavřinec z Březové.

просто прикрыл наготу клирика из уважения к его служению. На это спикер чешских реформаторов священник UlricideZnoyma (Oldřich ze Znojma) заявил, что, напротив, в этом случае «добрый викарий» точно лишился бы своего пениса[12].

В таборитских кругах не просто рекомендовалось казнить прелюбодеев смертью, но и осуждалось, что в остальном христианском мире так не делается[13]. Впрочем, если осужденный изъявлял желание собственноручно казнить нескольких других осужденных, его в виде исключения могли простить и принять в свои ряды.

И это не оставалось лишь в бумаге. «Захватив замок Ржичаны, и в нем одиннадцать пресвитеров, табориты заперли их в избе одного крестьянина и предав ее огню, превратили все в пепел» (Гуситская хроника, 61)[14].

Гуситская хроника Лаврентия так описывает будни очистительных войн:

> *«И еще, в течение того же, т. е. 1421, года все войско передвинулось по направлению к Хомутову, каковой город оно осадило... Тевтонцы, [осажденные в городе] дали ему сильный отпор. На следующий же день... войско учинило там великий грабеж, и истребили всех мужчин в городе мечом и огнем, оставив в живых едва 30 человек для погребения трупов убитых. И было ими похоронено свыше 3 500 чело-*

---

[12] Thomas A. Fudge. The 'Law of God': Reform and Religious Practice in Late Medieval Bohemia // // The Bohemian Reformation and Religious Practice — Vol. 1, Prag, 1996. P. 60. Со ссылкой на: See František M. Bartoš, ed., Orationes, Quibus Nicolaus de Pelhřimov, Táboritarum Episcopus, et Ulricus de Znojmo, Orphanorum sacerdos, articulos de peccatis publias puniendis et libertate verbi dei in Concilio Basiliensi anno 1433 ineunte defenderunt (Tábor 1935). P. 132.

[13] Jiří Kejř. The Death Penalty during the Bohemian Wars of Religion // The Bohemian Reformation and Religious Practice — Vol. 6, Prag, 2007. P. 149

[14] Лаврентий из Бржезовой. Гуситская хроника. — М.: Издательство АН СССР, 1962. С. 36.

век, не считая того, сколько было сожжено вассалов, горожан, пресвитеров и евреев. Женщины таборитские... вывели за город женщин и девушек, оплакивавших своих мужей и отцов, обещая им, что дадут им свободно уйти, но когда они оказались вне города, то сняли с них платье, отняли деньги и другие вещи и, заперев их в сарае для хранения винограда, сожгли в пучине огня, не пощадив даже беременных, чтобы еще более усилить озлобление своей жестокостью. После захвата пражанами этого города все войско поспешно направилось к городу Жатец; много замков и укреплений из страха сдалось ему»[15].

При этом гуситы называли себя boží andìlové — «Ангелы Божьи» (Tractatus contra articulos errores picardorum, 38 (1420 год)). Кстати, следы сабель на Ченстоховской иконе — это дело рук гуситов…

Интересно, исполняют ли сегодня гуситы свои собственные «уставные документы»? А если нет — то как обосновывают «верность отцам-основателям» и отказ от их вполне конкретных и победоносных заветов? Это ведь много больше тех «экстремистских» суждений, которые можно найти у современных кришнаитов или иеговистов. Но в российских школах с неизменной симпатией рассказывают о Гусе, Жижке и таборитах. Да, да и в православной истории можно найти регламенты казней. Но все же это не наши «отцы-основатели». А тут — именно создатели новой конфессии. Да, их самих убивали. Но это не знак их правоты.

В 2017 году я был в Варшаве, на конференции «Европа: надежда и кризис».

Конференция организована католической церковью. Поэтому выводы и глубина аналитики были те же, что на телеканале «Союз». Мол, без нашего бесценного ценностного духовного

---

[15] Там же. С. 199.

руководства так и будете жить в… кризисе. Интересным было выступление архиепископа Grzegorza Rysia. Я так понимаю, он у них работает не только епископом, но и историком-интеллектуалом. Он привел cytat z bulli papieża Marcina V do Zbigniewa Oleśnickiego z 1423 roku. Dokument papieski odnosił się do sytuacji, w której przyszyły biskup krakowski uczestniczył w walce, broniąc króla Władysława Jagiełły. Otóż papież w bulli mówi o… umiłowanych synach — królu polskim i wielkim mistrzu krzyżackim. «W ten sposób papież wskazywał politycznym wrogom jedność znacznie głębszą niż spór; przypominał, że są członkami wielkiej rodziny», mówił abp Ryś. Czyżby papież i Watykan miał kiepskie rozeznanie w sytuacji politycznej? Wychowani na PRL-owskiej narracji historycznej, w której konflikt polsko-krzyżacki był przedstawiany jako starcie cywilizacji słowiańskiej z germańską, zapewne w taki sposób spontanicznie reagujemy na podobne sformułowania papieża. Gdy tymczasem ten konflikt był rzeczywiście kłótnią w rodzinie[16].

Не прошло и 15 лет со дня Грюнвальдской битвы, где польские рыцари побили крестоносцев. Но булла папы Мартина V и тех и других (точнее — и короля и магистра) называет своими любимыми сыновьями. «Таким образом, Папа указал, что единство политических врагов гораздо глубже, чем их спор, и напомнил, что они являются членами большой семьи».

Мне это очень понравилось. Вот, подумал, буду приводить этот пример в ответ на призывы разделить РПЦ из-за конфликта в ОРДЛО.

А когда начал проверять — оказалось, что все эти миролюбивые сладости были сказаны во вполне банальном контексте: папа всего лишь призывал тех и других объединиться в общем крестовом походе против чехов-гуситов.

Посольство к папе от короля Владислава с просьбой об улаживании конфликта с крестоносцами Тевтонского ордена уехало

---

[16] URL: http://gosc.pl/doc/4241679.Niemiec-biskupem-Krakowa

в 1421 году; цитированная булла папы от 1423 года готовила Третий Крестовый поход против гуситов[17]. Это не удалось: в 1433 году польский король Ягайло запросил у гуситов помощи в борьбе с Тевтонским орденом. Поход длился 4 месяца; совместно с гуситами в нём участвовали польские, померанские и молдавские воины.

Но об этом преосвященный докладчик не сказал. Напротив, цитату из святейшего политика, разжигавшего внутриевропейский и внутрихристианский конфликт, архиепископ Рысь вставил в речь об общеевропейской христианской идентичности и презентовал как образец толерантности и примирения.

И, напротив, скажем, протестанты-голландцы, как могли, гадили католическим миссионерам и торговцам в Японии XVIII века.

Отголосок европейского межконфессионального конфликта слышен у Вольтера в «Кандиде». Подлец матрос отметает напоминание о Боге, которым его пробуют остановить: «Я четыре раза топтал распятие в четырех японских деревнях, так мне ли слушать о твоем всемирном разуме!»

Дело тут вот в чем: с началом гонений на христиан в Японии

> *«...иконы открыто держать нельзя было: их заделывали в штукатурку стены и на эту стену молились. Иногда христианские изображения делали на манер буддийских. Потомки казненных христиан до семи поколений объявлены были подозрительными и находились под надзором полиции (говорят, что некоторые были под надзором до самого падения сёгунского правительства в шестидесятых годах XIX столетия). Каждый год они должны были приходить в известный буддийский храм и здесь давать письменное*

[17] Dlugosz Jan. Dziela wszystkie. — Krakowie, 1867. С. 260 и 263. URL: https://dlugosz.polona.pl/pl/roczniki/jana-dlugosza-kanonika-krakowskiego-dziejow-polskich/1020

отречение от христианства. А чтобы не было каких-либо ложных показаний, подозреваемых заставляли тут же попирать ногами христианскую икону. До сих пор сохранились такие иконы, литые из меди. Они очень стерты ногами попиравших, но особенно стерты, прямо ямами, их края, выступавшие вокруг иконы в виде рамы. Не имея решимости открыто отказаться от попирания своей святыни, христиане становились на края и избегали, таким образом, касаться самой иконы. К стыду европейцев, нужно сказать, что эту лукавую меру подсказали японскому правительству протестанты-голландцы»[18].

И об этом — фильм **«Молчание»** (*Silence*) режиссёра Мартина Скорсезе (2017).

И европейцы, и католики веками воевали между собой. И столь же постоянно их лидеры искали себе союзников для борьбы друг с другом, не обращая внимания на их национальности и веры.

У какого соседа к соседу не было антагонизма? У англичан к шотландцам? Кто не посылал свои полки и флоты (при их наличии) по всем сторонам света?

Разве не заслуживает многотомного изложения история войн Дании и Швеции между собой?

Первая война, охватившая всю Европу — это Тридцатилетняя война (1618–1648). Но это именно внутри-европейская война. Она никак не была направлена против Москвы и ее интересов и первые 14 лет шла без нее[19].

Впрочем, она оставила след в истории Московского царства: именно ее начало в 1618 году заставило поляков закрыть свой

---

[18] Архим. Сергий (Страгородский). По Японии. Записки миссионера. — М., 1998. С. 82–83.

[19] Москва сама в 1632 году объявила войну Польше, начав «войну за Смоленск» и тем самым выступила на протестантской стороне в союзе со Швецией.

«восточный фронт» и подписать Деулинский мир с Москвой. «Смутное время» для России тем самым закончилось.

Кто мог — тот убивал. Кто мог — грабил. Кто мог — захватывал соседние земли. Воевали между собой люди одной веры. И тем более — те, кто хоть малость в этой вере отличался.

В европейских войнах, которые из сегодняшней объединенной Европы кажутся междоусобицами, пасьянс из альянсов перекладывались мгновенно и многократно. Союзники подбирались на один-два сезона, и потом снова становились врагами.

То, что европейцы постоянно воевали сами с собой — это вовсе не потому, что европейцы католики, а потому что они, как и все мы, — потомки пещерных людей.

Нет тут однозначно «обороняющейся» стороны, и поиск того, «кто первый начал», бессмыслен. В этой многовековой кровавой и со всех сторон бессовестной замятне нет повода для гордости.

Монолитно-православные Балканы отнюдь не дают пример добрососедства. Лишь тот, кто совсем не знает истории Восточной Европы и Балкан, бесконечных войн соседей друг с другом вне зависимости от конфессионального или языкового родства, может верить в злую сказку об особой участи бедной России, на которую всегда лишь нападали за ее исключительную духовность и миролюбие.

Православная Византия постоянно воевала с православными болгарами и сербами. Император Василий после разгрома Первого Болгарского царства и ослепления 14 000 пленников в 1014 году стал именоваться императором Василием II Болгаробойцей. Именно он стал родственником св. Киевского князя Владимира.

Общая вера не помешала сербам и болгарам по-черному поносить византийских послов, которые предлагали им военный союз против турок. В анонимной болгарской хронике 1296–1413 г. читаем, что в 1325 году «Блъгаре же слышавыше се насмѣашѧ сѧ и оукоришѧ Гръкы, не тъкмо досадишѧ, нѫ за женѫ и матере оѱоваше и послашѫ тъще»[20]. В переводе: «Болгары же, услышав это, надсмеялись и обругали греков, не только оскорбили, но и прокляли жен и матерей их и отослали с пустыми руками». Б. А. Успенский даже полагает, что оѱоваше значит «обматерить»[21].

Три раза имели место военные стычки Византии с уже крещеной Русью:

— В 1024 году русско-варяжский отряд прошел через Константинополь и атаковал греческие острова в Эгейском море.

— В 1043 году Владимир Ярославич, сын святого киевского князя Ярослава Мудрого[22], водил русские войска на Константинополь).

— В 1116 году под предлогом возвращения престола «законному царевичу» самозванцу Диогену Владимир Мономах пошёл войной против православной Византии (и это самое значительное военное предприятие Владимира Мономаха в годы его княжения в Киеве)[23].

---

[20] URL: http://www.scripta-bulgarica.eu/bg/sources/anonimna-blgarska-hronika-ot-hv-vek

Первая публикация: Bogdan J. Ein Beitrag zur bulgarischen und serbischen Geschichtsschreibung // Archiv fur slavische Philologie. 13 (Berlin, 1894), h. 4, s. 527.

[21] Успенский Б. А. Мифологический аспект русской экспрессивной фразеологии // Успенский Б. А. Избранные труды. Т. 2. — М., 1994. С. 64.

[22] 9 марта 2004 года в связи с 950-й годовщиной смерти был внесён в святцы Украинской православной церкви Московского патриархата, а 8 декабря 2005 года по благословению патриарха Алексия II он был внесён в месяцеслов с днём памяти 20 февраля (5 марта).

[23] Также русские солдаты и греческие повстанцы стреляли друг в друга на острове Крит на рубеже XIX–XX веков. Крит была разделен на сектора контроля «великими державами». Их общей целью было удержать Крит в составе Османской империи (чтобы он не достался кому-то одному из европейцев). Критяне же хотели войти в состав Греческого королевства. «Российские миротворцы в своем секторе действовали решительно и довольно жестко: с обеих сторон были убитые и раненые» (Рыбаченок И. С. Закат великой державы. Внешняя политика России на рубеже XIX—XX вв.: цели, задачи и методы. — М., 2012. С. 232).

Вот пример святого, иже от православных убиенного:

Иван Владислав — царь Болгарии с августа или сентября 1015 года по февраль 1018 года. В 1016 году он пригласил к своему двору князя Ивана Владимира, главу государства Дукля.

Феодора-Косара, жена Ивана Владимира, опасаясь за жизнь своего мужа, уговаривала его не ехать. Иван Владислав, однако, пообещал не угрожать жизни своего вассала и послал ему золотой крест в качестве доказательства добрых намерений. Кроме того, в качестве гарантов он прислал двух епископов и монаха.

Иван Владимир все еще колебался, заявив, что Господь был распят на деревянном, а не на золотом кресте. После этого Иван Владислав повторил своё обещание, на этот раз послав архиепископа Болгарии Давида с крестом из животворящего древа. В конце концов Иван Владимир согласился и отправился на озеро Преспа в Македонии.

Чтобы избежать обвинений в нарушении клятвы, Иван Владислав планировал убить Ивана Владимира по дороге и устроил ему засаду. Однако убийцы не смогли выполнить приказ, т. к. были напуганы видением ангелов, сопровождавших князя. В Приспе Владимир прямо отправился с церковь. «С ним вместе вошли туда же и два архиерея, которых, как видно, он не отпускал от себя. Не успел он кончить своей молитвы, как ворвались в церковь люди и умертвили его**. Убиваемый, он укорял архиереев в вероломстве и указывал на крест. А архиереи на что указывали, неизвестно**»[24].

По другой версии, «узнав об истинных планах царя, князь упрекнул епископов и монаха за участие в обмане. Затем он исповедался, причастился, поцеловал крест и вышел из храма, чтобы не осквернять его кровопролитием. Возле храма он принял мученическую кончину»[25].

---

[24] Архим. Антонин Капустин. Из Румелии. — СПб, 1886. С. 119–120.

[25] URL: http://www.pravenc.ru/text/469846.html

Иван Владимир — первый сербский святой. С 1995 года его останки находятся в православном соборе Тираны.

Болгар их православные соседи вообще как-то не любили (взаимно).

Во время русско-турецкой войны 1877–1878 гг., румыны пришли в Болгарию вроде бы как освободители. Но, взяв вместе с русскими войсками турецкую крепость Плевну, они повели себя по отношению к болгарам как-то странно.

«Румыны начали относиться к ним, как к населению побежденной страны: грабили дома болгар (хотя те рисовали на дверях крестики, предупреждавшие, что здесь живут христиане), насиловали болгарских женщин, отвешивали оплеухи встречным болгарам на улицах, завели манеру кутить в трактирах, не платя денег, угоняли за Дунай гурты скота и, подобно ему, болгарское население — на принудительные работы в Румынию... Русское командование выдворило румынских союзников за недостойное поведение из нескольких болгарских городов... В Первую мировую войну при освобождении Добрича болгарские солдаты обнаружили в окрестном селе Баладжа (Стожер) 50 мертвых тел болгарских женщин и детей, в буквальном смысле растерзанных пехотинцами 40-го румынского полка... Насилия над болгарами в Добрудже румыны стали практиковать ещё до войны. Они начались с приказа властей о составлении в каждой общине списка наиболее образованных, уважаемых и богатых болгар, среди которых на первом месте значились учителя и священники. Затем, за две недели до объявления войны, румыны выслали из Южной Добруджи 17 518 болгар — мужчин, женщин и детей. Румынские солдаты заталкивали их в теплушки прикладами с руганью, тычками и оплеухами. Около 200 болгарок были высажены в местности Молмезон и расстреляны. Всех не служивших в армии болгарских мужчин из Тутракана, Силистры, Добрича, Балчика и Каварны

румыны вывезли якобы для обучения в г. Калараш, где держали взаперти трое суток. Заключенным не давали воды и хлеба, стреляя в каждого, кто осмеливался попросить воды или разрешения выйти наружу для отправления физиологических нужд. В Бухаресте водили по улицам 20 пленных болгар и турок, подвергавшихся глумлению со стороны толпы румын. То же самое имело место и в Галаце, где собрали 8 000 эвакуируемых мирных болгар и турок. Румынские офицеры, солдаты и горожане заплевывали им лица, кидали в них камни и стекла, грозили утопить в Дунае или расстрелять. Когда в этом городе вспыхнула эпидемия холеры, 7 000 болгар оправили в теплушках в Яссы. Они ехали в окружении разлагающихся трупов: мертвых запрещено было погребать — всех должны были сдать в пункте назначения по списку. Болгарским священникам выдирали бороды, брили наголо, срывали с них рясы, оставляя только в исподнем, и принуждали молиться за разбойников»[26].

Только с 1885 года между сербами и болгарами было пять войн[27]. А ведь оба этих народа православны... По ходу войны 1885 года болгары заняли сербский город Пирот (близ Ниша) — и разграбили там православные храмы[28].

Затем они были оттуда изгнаны. И вновь вернулись в 1915-м. Сербский епископ Викентий (Крджич) был арестован, а по дороге из Гнилана в Урошевац его ограбили (с ним было 800 золотых левов) и убили. Его тело не было найдено, но говорили, что оно было сожжено после убийства. Архиерейский Собор

---

26 Калиганов И. Сквозь прорезь оружейных прицелов: болгары против русских в Добрудже в 1916 г. // Славянский мир в третьем тысячелетии. К 1150-летию славянской письменности. Кн. I. — М., 2013. С. 319–320.

27 Сербо-болгарская 1885 года, Вторая Балканская, две Мировые, и — участие Болгарии в операции НАТО против Югославии.

28 Айрапетов О. История внешней политики Российской Империи. Т. 3. 1855–1894. — М., 2018. С. 610.

Сербской Православной Церкви в 2017 г. постановил совершить его канонизацию.

Вражда греков к болгарам была столь ярка, что монашеская республика Афона в обе Мировые войны были весьма благожелательна именно к немцам — вплоть до помощи немецким подводным лодкам[29]. И это потому, что полицейские функции в Македонии, отторгнутой от Греции, исполняли болгарские войска, и было весьма вероятно, что они зайдут и на соседний Афон. Поэтому афонские старцы пробовали сдержать болгар через их старшего берлинского партнера.

И это при одинаковой православности болгар, сербов и румын…

И как конфессиональное единство не было препятствием для грабежа и резни, так и при подборе союзников конфессиональные различия тоже не были помехой. Мозаика военно-политических союзов складывалась и распадалась в самых странных сочетаниях.

Вот просто фраза из статьи по истории XIV века: «татары провалились под натиском тяжело вооруженных каталонцев и обратились в бегство»[30].

Каталонцы — это католические жители Барселоны и ее окрестностей.

Татары — это воины золотоордынского хана Узбека.

Испания и Орда — это противоположные полюсы Европейского континента. Где же они могли столкнуться?

---

[29] Положение на горе Афон // Душеполезный собеседник. 1918. № 2. С. 52. URL: https://unotices.com/book.php?id=176376&page=13

Троицкий П. Борьба Филофеевского монастыря с русскими келлиотами на Афоне по материалам Архива Внешней Политики

URL: http://webcache.googleusercontent.com/search?q=cache: dl_whNo-IZIJ: www.isihazm.ru/%3Fid%3D384%26iid%3D1683+&cd=10&hl=ru&ct=clnk &gl=ru

[30] URL: https://www.academia.edu/11909499/History_of_the_Second_Bulgarian_Empires_falling_owing_to_feudal_fragmentation

А описывается битва 1330 года у города Кюстендил. Битва между сербами и болгарами.

Татары были на стороне болгар, каталонцы[31] — на стороне сербов. В битве погиб болгарский царь Михаил Шишман. Сербы этим нападением нарушили днем ранее заключенное перемирие. Общая вера не помешала им казнить пленных болгар. За полвека до этого Золотая Орда была в союзе с византийским императором Михаилом 8 Палеологом против болгар. Позже византийский православный император Иоанн Кантакузин пригласил в Европу турок-османов для помощи в сражениях гражданской войны. В 1354 г., когда Иоанн Кантакузин отрекся от трона, они завладели крепостью Галлиполи. Больше они не покидали Европы; с этой стратегической позиции они начали завоевание европейских провинций империи. В 1390 г., когда турки завоевали Филадельфию, последний византийский аванпост в Малой Азии, первыми в нее вошли императоры Мануил II и Иоанн VII, служившие в османской армии[32].

Среди странных интерконфессиональных военных союзов вспомним и такое:

> *«Решающая битва произошла при Анкаре 25 июля 1402 г. Когда огромная армия Тимура, усиленная отрядом боевых слонов из Индии, двинулась в сокрушительную атаку, оттоманские войска дрогнули и побежали, бросив на поле боя Баязида. Единственным войском, твердо стоявшим на своих*

---

[31] 1500 рыцарей и 4 000 альмугаваров пригласил император Андроник 2 для войны против турок, но забыл им заплатить — те взбунтовались, и в 1311 году своего вождя провозгласили Афинским герцогом. Самым знаменитым боевым кличем альмогаваров было Desperta Ferro! — Проснись, железо!, который воины выкрикивали, высекая копьями или дротиками искры из камней и скал. Между прочим, эти воины в Афинах (которыми владели 70 лет) восстановили университет — впервые после закрытия афинской школы Юстинианом.

[32] Оксфордское руководство по византинистике. Вып. 1. — Харьков, 2014. С. 297.

позициях, был сербский отряд под командованием деспота Стефана»[33].

В 1453 году сербский деспот Георгий Бранкович послал 1500 сербских воинов к умирающему Константинополю, но в не помощь христианам, а в помощь туркам. Кроме того, он послал шахтеров, которые рыли подкопы под стены Царьграда[34].

На Руси первым князем, который стал использовать наемноязыческое войско (половцев) для междоусобной войны был Владимир Мономах.

Он выжигал русские города (в походе 1077/78 года «выжег Полоцк»).

В начале 1080-х подавил восстание вятичей[35], произведя два похода, чем и похвалялся в своем «Поучении Владимира Мономаха»: «*А въ вятичи ходихом по две зиме на Ходоту и на сына его, и ко Корьдну, ходихъ 1-ю зиму*».

Объявлен святым на заседании синода УПЦ (МП) 10 февраля 2011 года. Праздновать ему подобает 19 мая по старому стилю.

Понятна конкуренция с автокефалами. Понятно желание всех «положительных» героев школьных учебников «родной истории» наделить нимбами. Но тут ведь святым объявляется просто беспредельщик: Мономах согласился убить во время мирных переговоров двух половецких ханов (Итлара и Кытана). «Повесть временных лет»:

«В год 6603 (1095). В тот же год пришли половцы, Итларь и Кытан, к Владимиру мириться. И дал Владимир Кытану сына своего Святослава в заложники, а Итларь был в городе

---

33 Рансимен С. Падение Константинополя в 1453 году.

34 См. в Википеди статью Ђурађ_Бранковић

35 Вятичи жили не там, где нынешняя Вятка (Киров), а у границ Черниговского княжества — там, где сейчас Калужская и Московская области.

с отборной дружиной. В то же время пришел Славята из Киева к Владимиру от Святополка по какому-то делу, и стала думать дружина Ратиборова с князем Владимиром о том, чтобы погубить Итлареву дружину. Владимир не хотел этого делать, так отвечая им: „Как могу я сделать это, дав им клятву?" И отвечала дружина Владимиру: „Княже! Нет тебе в том греха! Отдал их Бог в руки твои. Зачем они всегда, дав тебе клятву, губят землю Русскую и кровь христианскую проливают непрестанно". И послушал их Владимир. В ту ночь послал Владимир Славяту с небольшой дружиной и с торками между валов. Выкрав сперва Святослава, потом убили Кытана и дружину его всю перебили. Вечер был тогда субботний, и Итларь в ту ночь спал у Ратибора на сеновале и не знал, что сделали с Кытаном в ту ночь. Наутро же в воскресенье, в час заутрени, изготовил Ратибор отроков с оружием и приказал вытопить избу. И прислал Владимир отрока своего Бяндюка за Итларевой дружиной, и сказал Бяндюк Итларю: „Зовет вас князь Владимир, а сказал так: "Обувшись в теплой избе и позавтракав у Ратибора, приходите ко мне"". И сказал Итларь: „Так и сделаем". И как вошли они в избу, так и заперли их. И воины, забравшись на избу, прокопали крышу, и тогда Ольбер Ратиборич, взяв лук и наложив стрелу, выстрелил Итларю в сердце, и дружину его всю перестреляли. И так страшно окончил жизнь свою Итларь с дружиной своей в неделю Сыропустную, в первом часу дня».

Причем убийство послов произошло в Прощеное воскресенье…

Когда мир все же был заключен, сам же и нарушил его в 1103 году.

В 1116 году под предлогом возвращения престола «законному царевичу» самозванцу Диогену пошёл войной против православной Византии.

Но спустя почти тысячу лет киевскому митрополиту зачесалось — и он объявил Мономаха[36] святым. Причем память его Киев назначил на тот день, когда Москва празднует (тоже с недавних пор — с 1988 года) память другого святого князя — Дмитрия Донского.

А Суворов-то (который тоже подавил несколько восстаний) на этом фоне посвятее будет[37]…

В 1674 году православный гетман Дорошенко привел войска турок и татар в Чигирин (тогдашнюю козацкую столицу).

> *«Султан вошел в Чигирин торжественно, и все пред ним падало и ползало по-азиатски. Колокола церковные замолкли и сами церкви заперты и опечатаны были. Не смел никто шевельнуться: ни по богослужению, ни по жительству, а всяк считал себя ни живым, ли мертвым. Турки же все, то делали с мужчинами и женщинами, что только вздумали и что им необузданность и похотливость варварская внушала. Дорошенко командировал султан с войсками турецкими взять город Умань и он, осадив его, взял штурмом. Народ и войска обезоруженные избиваемы были турками в глазах Дорошенко; не пощажено притом ни пола, ни возраста, и все предано мечу и губительству. Кровь по городу текла ручьями, а трупы мертвецов валялись кучами. У чи-*

---

[36] Кстати, Μονομάχος по-гречески — гладиатор. «Мономах» буквально — единоборец. Тот, кто борется не в строю, а в одиночку. Один в поле воин. Позже таких воинов называли егерями, снайперами, диверсантами. А «шапка Мономаха» это «шлем гладиатора».

[37] Весьма вероятно, что «спешите делать добро!» раньше католического доктора Гааза призвал генералиссимус Суворов. Во всяком случае со ссылкой на него это говорит равноап. Макарий Глухарев в своем знаменитом письме императору Николаю. (Письмо 74 от августа 1837 года // Письма архим. Макария Глухарева, основателя Алтайской миссии. — Казань, 1905. С. 190).

См. также: Глинка С. Н. Суворов в Польше 1794 года. Жизнь Суворова, им самим описанная, или собрание писем и сочинений его, изданных с примечаниями Сергея Глинки. — М., 1819.

URL: http://www.adjudant.ru/suvorov/glinka11.htm

новников городовых и войсковых, по повелению Дорошенко, содраны с живых кожи и набитые соломой, отосланы к султану в Чигирин, где они расставлены были около квартиры султанской и составляли триумф и увеселение его. Из Умани отправился Дорошенко, по ряду, во все другие заднепрские города, которые сдавались ему без всякого сопротивления и он спокойным образом разграбил их без милосердия, и, между прочим, отнял у них несколько тысяч мальчиков и их представил в дар султану, со многими награбленными пожитками и денежными суммами. Султан, повелев зараз обрезать мальчиков по-турецки и сделать их мусульманами, удовольствовался тем от Дорошенко за сделанную ему помощь»[38].

Многие ли вспомнят битву, в которой вместе сражались татары Тохтамыша, рыцари Тевтонского ордена и русские дружины Смоленска и Брянска? Вкупе с молдавской дружиной и киевлянами они противостояли Золотой Орде в битве на Ворскле в 1399 году. Это была одна из крупнейших европейских битв XIV века, окончившаяся разгромом анти-ордынской коалиции... У нас в школах любят пенять литовскому князю, что тот не пришел на помощь московской рати на Куликово поле. А где же были московские дружины в горький день Ворсклы?

Когда в 1632 году Москва решила использовать к своей выгоде Тридцатилетнюю европейскую войну и напала на Польшу, поляки подговорили крымского хана напасть на русские земли. В связи с этим Януш Радзивилл, назначенный польским королем Владиславом IV послом Речи Посполитой в Англии и Нидерландах, сказал: «Не спорю, как это по-богословски, хорошо ли поганцев напускать на христиан, но по земной политике вышло это очень хорошо»[39].

---

[38] Св. Георгий (Кониский). История русов или Малой России. — М., 1846. С. 175–176.

[39] Цит. по: Прокофьев В. А., Новосельский А. А. Международное положение Русского государства в 20–30-х годах и Смоленская война 1632–

Но ведь и русские князья (в т. ч. св. Александр Невский) приводили татарские рати для захвата непокорных ему русских городов, и византийские цари не брезговали приглашать языческие и мусульманские армии для борьбы со своими врагами.

И сами русские князья готовы были продать свой еще языческий нормано-варяжский меч для помощи христианским царям — о чем говорит история крещения князя Владимира: византийские императоры Василий II Болгаробойца заключил с ним союз для подавления мятежа Варды Фоки, который в августе 987 года провозгласил себя императором. Весной или летом 988 года русский 6-тысячный отряд прибыл в Константинополь и, обеспечив в решающих сражениях у Хрисополя и Абидоса 13 апреля 989 года перевес в пользу Василия II, спас его трон.

Сегодня пропаганда в ранг непосредственного недруга России возводит Украину. Еще в 2020 году Донецкий митрополит Иларион Шукало говорил, будучи уроженцем западной Украины: «По эту сторону фронта у меня — свои, а по ту сторону — наши».

А поскольку пропаганда уверяет, что Украину подталкивает к войне совокупный Запад, напомню два недавних эпизода украино-западных (украино-польских) столкновений:

1. Первый и единственный польский космонавт — Мирослав Гермашевский.

Во время Второй мировой войны его отец Роман Гермашевский был одним из руководителей польской самообороны их села, Липников. В марте 1943 года подразделения УПА и неорганизованные погромщики из соседних украинских сёл сожгли село, уничтожив часть польского населения… Во время нападения на село мать потеряла полуторагодовалого Мирослава в снегу, но утром его нашли отец со старшим братом, которые поначалу посчитали его уже замёрзшим. Дед Мирослава был

1634 гг. // Очерки истории СССР: Период феодализма. XVII век. — М., 1955. С. 472.

заколот семью ударами штыка в грудь. В августе 1943 года сосед семьи, украинский националист, убил и Романа Гермашевского. Всего во время Волынской резни погибло 19 членов семьи Гермашевского[40].

2. Последнее по времени украино-польское сражение имело место в конце апреля 1945 года. Оно произошло в ходе последнего относительно успешного немецкого контрудара Второй Мировой под Бауценом.

В этих боях на немецкой стороне сражалась бригада «Свободная Украина». В бригаду попали также многие военнослужащие 117-го, а также 116-го и 119-го карательных шуцбатальонов. Общая численность бригады превышала 1 800 человек. Бригада участвовала в тактическом контрнаступлении остатков танкового корпуса «Герман Геринг» под командованием генерал-лейтенанта Гиацинта фон Штрахвица с целью отбросить войска Первого Украинского фронта от автобана Бауцен — Дрезден. Но вот именно «Свободной Украине» противостояли не советские войска, а польские.

В ходе боев 19-й полк 7-й дивизии Войска Польского понёс большие потери, были захвачены в плен 300 поляков, включая командира дивизии[41].

Значительная часть этих украинцев были униатами; противостоящие им поляки — католиками. Но подотчетность общему Римскому Папе не помешала им стрелять друг в друга.

А в 1813 году там же, под Бауценом, Наполеону вместе противостояли как раз русские и немцы (пруссаки)[42]…

---

[40] URL: http://www.ji.lviv.ua/n28texts/hermaszewski.htm

[41] URL: https://topwar.ru/141697-srazhenie-za-bautcen-poslednyaya-pobeda-vermahta.html
https://ru.wikipedia.org/wiki/Противотанковая_бригада_«Свободная_Украина»
https://ru.wikipedia.org/wiki/Баутцен-Вайсенбергская_операция

[42] Точнее на стороне Наполеона в той битве сражались:

11-й корпус маршала Макдоналда, включавший 10 201 француза, 3 591 итальянца в пехоте; 247 итальянцев и 212 баварцев в кавалерии.

12-й корпус Удино — 20 французских, 10 баварских и 2 итальянских батальона; 3 гессенских, 2 вестфальских и 2 баварских эскадрона

6-й корпус Мармона — 41 французский, 1 баварский и 1 испанский батальоны.

4-й корпус Бертрана — 13 итальянских, 11 французских, 8 вюртембергских и 2 хорватских батальона; 8 вюртембергских и 2 итальянских эскадрона.

Кавалерийский корпус Латур-Мобурга включал 4 158 французов, 1 768 саксонцев, 1 685 итальянцев и 71 португальца.

Глава 27

Европейские союзники России

Мысль о том, что весь мир шагает не в ногу, и потому совокупно ненавидит нас, вовсе не нова. Еще у В. Вересаева в очерках «На японской войне» приведен такой диалог:

«С пыльных лиц смотрели сконфуженные, недоумевающие глаза.

— Ваше благородие! Правда, против нас пять держав воюет?

Я вздохнул.

— Нет! Всего одна-единственная!

— Ни-икак нет! Пять держав! Верно знаем. Откуда у одной столько войсков? Прут отовсюду без числа... Пять держав, верно!

— Какие же пять?

— Япония, значит, Китай... Америка... Англия... Потом эта, как ее?.. За нашим левым флангом какая земля лежит, эта.

— Корея?

— Так точно! Пять держав...»

На самом деле до сегодняшнего дня не было никакой общеевропейской антирусской консолидации, и уж тем более не было войн объединенной Европы против России.

Напротив — во всех войнах, которые Россия вела с кем-то из европейцев, были европейцы же, которые поддерживали Россию.

Даже Александр Невский вовсе не был одинок.

В его дни Литовское княжество активнее всего боролось с крестоносцами, а не с с новгородцами. И наносило им более чувствительные потери, чем князь Александр. В битве при Сауле-Шяуляе в 1236 году погиб магистр ордена меченосцев и 48 из 55 рыцарей. Остатки влились в Тевтонский орден — тот, с которым боролся Александр Невский.

Сам Александр Невский нанес бóльшие потери Литве, чем крестоносцам: в 1245 Александр взял Торопец и убил больше восьми литовских князей.

Но в 1261 году был заключен русско-литовский союз, и войско Александра Невского вместе с литовцами пошло брать Дерпт.

Финляндию Александр намеревался делить вкупе с королем Норвегии (вроде как тоже католический запад ?)

Тот же Тевтонский орден через двести лет был смертельно ранен польско-литовскими войсками при Грюнвальде (1410) и затем в битве под Вилькомиром (1435). В конце концов Ливонский (с 1237 года — филиал Тевтонского) орден вынужден был признать себя вассалом Великого княжества Литовского.

А пред этим интересна договорная грамота 1417 г. Ливонского ордена с Псковом. В ней господином этого города назван «русский государь Василий Дмитриевич», который в немецком переводе определен как «русский император» (de Rusche Keyser Wassile Dymittrius)[43]. Пожалуй, именно в этом документе московский правитель впервые обозначен «императором», то есть выс-

---

[43] Грамоты Великого Новгорода и Пскова (ГВНП). — М., 1949. С. 319 (№ 334).

шим титулом светского государя, которым обладали главы еще не добитой Византии и Священной Римской Империи…

Ливонский орден помог Москве покорить Новгород. В 1471 году новгородцы решили самостоятельно избрать себе архиепископа. Такой дерзости Москва не стерпела. Иван III собрал войско. Новгородцы надеялись на поддержку Литвы и Пскова. Но Псков перешел на сторону Москвы. Теперь литовский князь Казимир мог пройти к Новгороду только через земли Ливонского ордена. Казимир обратился к магистру ливонцев за разрешением на проход литовских войск, но магистр после долгой проволочки отказал. В итоге в битве на Шелони новгородцы остались одни и проиграли московско-татарскому войску[44].

Через полвека, в 1517 году в Москву из Кенигсберга прибыл посланник магистра Тевтонского ордена Альбрехта — Дитрих Шонберг. После нескольких недель переговоров московский князь Василий III решает заключить с Орденом договор о союзе против Польши…

Швеция, Дания, Норвегия были союзниками Ивана Грозного в Ливонской войне. Кроме того, «Тайно поддерживая Россию поставками оружия, англичане косвенно оказывали влияние на события Ливонской войны»[45].

Швеция же была союзником Московии в Смутное время (см. «Выборгский договор» Василия Шуйского и героическую авантюру Якоба Делагарди). Параллельно шла длительная шведско-польская война. Английская дипломатия опять была на стороне Москвы.

В целом Россия (как и все) воевала с ближайшими соседями-католиками. Но если ее послам и купцам удавалось вырваться за линию «конфронтации цивилизаций», то на более дальнем, но

---

[44] Подробнее см. главу «Война за хиротонию» в моей книге «Византия против СССР».

[45] Таймасова Л. Ю. Тайны Ливонской войны: герцог Магнус голштинский, Московская компания и английская контрабанда через русское «Оконце в Европу // Новый исторический вестник. 2012, № 4. С. 58.

все равно иноконфессиональном Западе, она встречала готовность к мирному сотрудничеству.

Во время войны за Смоленск 1632 года Османская империя была союзником Москвы[46] (хотя Крымское ханство воевало на стороне поляков). В составе русской армии сражались 3 463 наёмника из Голландии, Шотландии, Швеции, Германии и Англии. Наёмники были разбиты на четыре полка под командой полковников Александра Лесли, Ганса Фридриха Фукса, Якова Карла Хареслебена и Томаса Сандерсона. А поскольку в Европе шла Тридцатилетняя война, то все противники Польши (Франция, Дания, Швейцария, Англия, Голландия…) были союзниками России.

Война-реванш с Польшей за Смоленск началась в 1654 году. Но целью Алексея Михайловича был отнюдь не только Смоленск. Он готов был идти «на Оршаву» и видел себя претендентом на польский трон[47].

В этой войне Швеция активно снабжала оружием и наемниками московскую армию. И именно шведское вторжение («Потоп») в Польшу в 1655 году заставило польского короля закрыть московский фронт.

29 марта 1655 года шведский король Карл X Густав даже написал царю Алексею Михайловичу, что польский король «ищет… только нашему королевскому величеству всякие шкоды и убытки чинить»[48]. Получается, что не только «извечная русофобия» двигала польскими королями и «всей Европой»?

---

[46] В решающую минуту, уже после капитуляции армии Шеина, осаждавшей Смоленск, «приходили вести, что турецкое войско приближается к границам Польши. В таких обстоятельствах королю нужно было как можно скорее заключить мир с Москвою, мир вечный, который бы упрочил за Литвою приобретения Сигизмундовы. Паны первые прислали к боярам предложение о мире» (Соловьев С. М. История России. Т. 9. Ч. 3.)

[47] Мальцев А. Н. Россия и Белоруссия в середине XVII века. — М., 1974. С. 112.

[48] Флоря Б. Н. Русское государство и его западные соседи (1655−1661 гг.) — М., 2010. С. 19.

25 сентября шведская армия, уже взявшая Варшаву, под личным предводительством короля Карла X осадила Краков. 29 сентября русская армия под началом Бутурлина осадила Львов, а другая ее часть под командованием Шереметева разбила поляков Потоцкого в битве под Городком. На следующий год бранденбургский маркграф Фридрих Вильгельм присоединился к антипольскому союзу. Он занял своими войсками прусскую Польшу и, главное — ликвидировал вассальную зависимость Пруссии от Речи Посполитой.

Нет, Швеция не была в той войне союзником Москвы. Она вела свою войну — но против общего противника. В октябре 1655 в Москву прибыли австрийские послы Алегретти и Лорбах, которые всячески старались обратить русское оружие против Швеции. Дания и Голландия также были бы рады остановить шведский «потоп»[49].

В итоге 17 мая Россия объявила Швеции войну и двинула армию на Ригу.

Через 30 лет геополитические расклады таковы:

1686 год.

Князь Голицын ведет московские полки в Крымский поход. Москва состояла в союзе с европейской Священной Лигой в составе Австрии, Речи Посполитой и Венеции. Предполагалось что Россия берет на себя Крым, ведя военные операции в низовьях Днепра и атакуя сам полуостров, а Речь Посполитая — Буджацких татар, ведя военные действия в Молдавии.

Польский король Ян Собесский (незадолго до этого спасший Вену от турок) идет добивать турок на окраину Османской империи — в Молдавию. Господарь Молдавии — Константин Кантемир. Он когда-то спас гарем султана после неудачной для турок битвы — и в награду получил Молдавию. Константин имитирует исполнение вассального долга перед султаном и как бы ведет войну против поляков.

---

[49] Мальцев А. Н. Россия и Белоруссия в середине XVII века. — М., 1974. С. 110.

А вот его митрополит — Досифей (Дософтей) — взывает к Москве о военной помощи («пославши войска против агарянов, ускорите да не погибнем. От иные бо страны ниоткуду надежды о избавлении, токмо на святое вы царство»), прямо переходит в польский лагерь и навсегда переезжает в Польшу[50]. Это редкий случай самостоятельного политического выбора церковного иерарха, причем — против собственной светской власти. В 2005 г. Дософтей канонизирован Румынской Православной Церковью.

В Северной войне союзниками России были Дания, Саксония, Пруссия, Ганновер, Польша, Австрия. Англия, хоть и сделала военную вылазку против Дании (не против России), но лишь наращивала торговый оборот с Россией[51].

В войне за польское наследство 1733–1735 годов союзником России была Австрия. Все разделы Польши Россия тоже совершала совместно с европейскими союзниками.

В Семилетней войне Россия сражается вместе с Францией, Швецией, Австрией, Саксонией…

Турецкая война 1735–1739 годов проходила в союзе Российской и Австрийской империй против Турции.

Один на один прошла разве что Русско-шведская война 1741–1743 годов.

В годы Русско-турецкой войны 1768–1774 эскадра Орлова из Петербурга прошла в Средиземное море при благожелательной поддержке Дании и Англии. Поддержка Англии позволила русскому флоту нанять опытных британских боевых офицеров раз-

---

50 Интересно, что его предшественник Георге Дука в 1682 именовал себя «ку мила луй Думнезъу д(о)мн цэрый Молдовей ши ОУкрайней» — «милостью Божией господарь земли Молдавской и Украинской». Турки назначили его гетманом Украины в 1681 году.

51 «Западный „интернационал" выступал против нашей страны не единожды. То под знаменами поляков и шведов…» — Патрушев Н. В. секретарь Совета безопасности Росиси 27 марта 2023.
URL: https://rg.ru/2023/03/27/oni-sovsem-strah-poteriali.html

ного звена и получить важную помощь в снабжении и починке кораблей непосредственно в Англии и в опорных пунктах в Средиземном море, принадлежащих англичанам, — в Гибралтаре и на Менорке.

Русско-шведская война 1788–1790 годов дала России союзника в лице Дании (да и шведский (финский) офицерский Аньяльский союз выступил против своего короля). В контексте современной пропаганды эту войну стоит выделить особо, так как шведский король Густав III был почти открытым гомосексуалистом. Его министр юстиции Энгестрём негодовал, что своим примером король распространял в стране «грех мужеложества, который до сей поры был почти неизвестен в этих краях»[52].

Начиная с 1794 года Россия раз за разом сколачивает шесть европейских коалиций против Наполеона. Интермедией оказалась Австро-русская война 1809 года (но тут союзником России была Франция) и Русско-английская война 1807–1812 годов (но тут союзниками России были Дания и Франция).

Интересная деталь: когда армия Суворова прошла через Альпы, она двинулась в Баварию. Там император Павел повелел Суворову деньги, необходимые для пропитания и дальнейшего движения армии, одолжить у курфюрста Баварии Максимилиана Иосифа. 200 000 гульденов были тут же переданы[53].

Затем в миг дружбы с Бонапартом императором Павлом была создана «Лига Северных стран» в составе России, Швеции, Пруссии и Дании (1800 год).

Русско-шведская война 1808–1809 дала России союзников в лице Франции Дании, Пруссии и Норвегии.

В 1812 году англичане удерживали против себя в Испании до 135 тысяч человек. Это столько же, сколько у Наполеона было

---

[52] Who's Who in Gay and Lesbian History: From Antiquity to the World War II. Vol. 1, London, 2001, P. 194. Ссылкой на: l. von Engestrom. Minnen och anteckningar. t.1 Stochholm, 1876.

[53] Милютин Д. А. История войны 1799 г. между Россией и Францией в царствование императора Павла I. Т. 4. С. 225–226.

под Бородино[54]. Они там ему не пригодились бы? Их присутствие в России не повлияло бы на стратегию всей его кампании? А ведь еще работал ленд-лиз: за 1812–1814 годы Россия получила из Англии 225 801 ружье (при том, что ополченцев приходилось вооружать пиками), 300 артиллерийских орудий (половина того, что было на Бородинском поле), а также 1 200 тонн снарядов и патронов; плюс 11 миллионов фунтов было просто выплачены России[55].

При этом 8 (20) июля 1812 года был подписан Трактат о заключении союза с Испанией (королем Фердинандом VII). Статья вторая говорила о «твердо принятом ими (договаривающимися сторонами) намерении вести мужественно войну против Императора Французского, общего их неприятеля»[56].

Союзником России в той кампании была и Швеция. Неожиданное заключение мира с ней позволило освободить русские силы в Финляндии. К 10 сентября к Риге подошел Финляндский корпус Ф. Ф. Штейнгеля (более 10 тыс. человек), который в дальнейшем соединился с русскими войсками у Полоцка.

В середине XIX века Россия развязывает войну, которая войдет в историю как «Крымская» или «Восточная». Пасьянс союзов тут такой: три северные столицы (Петербург, Берлин, Вена) — против «морских держав» (Англия и Франция). Война против Турции уже идет. Русская армия уже перешла границу и оккупировала «дунайские княжества». И тем не менее в конце сентября — начале октября 1853 г. русский царь не боится ехать в Европу, где в Ольмюце, Варшаве и Потсдаме встречается с политическими лидерами Австрии и Пруссии. К этому времени царь

[54] 20 августа н. ст., за две недели до Бородино, Наполеон получил известие о поражении своих войск в битве под Арапилами («при Саламанке»).

[55] Орлов А. А. «Ржавые ружья» Джона Буля. Британская помощь России в 1812–1815 годах // Родина. 2002. № 8. С. 93.

[56] Полное собрание законов Российской империи. Собрание Первое. Том XXXII. 1812–1815 гг. С. 390.

начинает осознавать, что единство трех северных дворов являлось скорее желаемым, чем действительным. О безоговорочной поддержке обеими державами восточной политики России не могло быть и речи. Оккупация Дунайских княжеств была встречена без малейших признаков энтузиазма. Приходилось довольствоваться тем, что «несмотря на настоятельные требования морских держав, берлинский кабинет отказался протестовать». Венский же кабинет «запрашивал нас снова и снова о продолжительности оккупации», — так писал министр иностранных дел России Нессельроде в годовом (1853 г.) министерском отчете[57].

И все же Пруссия и Австрия стали дипломатическими тормозами, которые не позволили сложиться общеевропейской антирусской коалиции[58].

Бисмарк в 1879 году писал:

«В Восточной войне 1854 года Пруссия улеглась, как бдительная собака, у польских ворот, и лишь благодаря этому расколу западным державам пришлось объехать на кораблях целую часть света, чтобы получить точку для нападения на Россию»[59].

Более того: В 1854 году по российско-австрийскому соглашению сразу после ухода русских войск из Дунайских княжеств туда вводились австрийские корпуса. 4 (16) сентября последний русский отряд перешел через Прут: Дунайская армия вернулась в пределы Империи. 10 (22) августа австрийцы перешли границы

---

[57] См.: Татищев С. С. Император Николай и иностранные дворы. Исторические очерки. — СПб, 1889. С. 116.

[58] См.: Сироткина Е. В. Восточный вопрос, Крымская война и конец «Священного альянса» в австрийско-российских отношениях // Известия Саратовского университета. Новая серия. Серия: История. Международные отношения. 2018. Т. 18. Вып. 1.

[59] Полетика Н. П. Пруссия и Крымская война // // Труды Ленинградского отделения Института истории СССР. — Л., 1971. Вып. 12. Исследования по социально-политической истории России. С. 268.
URL: http://www.spbiiran.nw.ru/wp-content/uploads/2016/07/Poletika_N_P_12.pdf

Валахии и медленно и осторожно вошли в княжества, разделяя, таким образом, турок и русских. «Отношения между австрийцами и турками в княжествах были далеко не дружественными, княжества были разорены, австрийцы отказывались помогать солдатам Омер-паши продовольствием, фактически вытесняя их за Дунай»[60].

> *«Таким образом, Австрия как бы ограждала Россию от нападения со стороны Дуная. Прежде чем атаковать русских, союзникам необходимо было войти в Дунайские княжества, а значит, столкнуться с Австрией. Понятно, что в этом случае Вена принимала сторону Петербурга, и при таком раскладе никакой быстрой войны у союзников не получилось бы»*[61].

Заглянем в конец XIX столетия. По-прежнему ищем следы одиночества России и сплоченности русофобского Запада.

Генеральные штабы европейских держав разрабатывают планы большой войны. Однако, в этих планах предполагалось, что война Англии против России станет и войной Англии против Франции.

В 1890-х годах Лондон небезосновательно предполагал, что Россия попробует захватить Константинополь и Проливы. 18 марта 1892 года директор военной разведки и директор военно-морской разведки Британской Империи заявили, что «в одиночку Великобритания не сможет предотвратить внезапный удар, не подвергая угрозе свои общие военно-морские позиции», и что «если мы не будем действовать в согласии с Францией, дорога британских сил на Константинополь в случае военных действий пройдет по руинам французского флота»[62].

---

[60] URL: https://regnum.ru/article/220293

[61] Махов С. Крымская война: нейтралы со своим мнением. URL: https://warspot.ru/15359-krymskaya-voyna-neytraly-so-svoim-mneniem

[62] Цит. по: Николас Папастратигакис. Британская стратегия: русский флот и черноморские проливы, 1890–1904 // Русский сборник: исследования по истории России. Том IX. — М., 2010. С. 198.

Через пару лет вести о заключении двойственного союза между Парижем и Петербургом заставили британское правительство сделать вывод о том, что ему придется сражаться против объединенной мощи Франции и России. То есть союз Франции и России мог повернуться не только против Германии, но и против Англии. В октябре 1896 года новый директор внешней разведки сэр Дж. Арда предупреждал, что флот при попытке пройти Дарданеллы может понести большие потери, и в результате потрепанный британский флот окажется заперт в проливах, имея перед собой Черноморский флот, а в тылу — французскую тулонскую эскадру.

«Двойственный союз» России и Франции пугал Британию и в первые годы 20 столетия. При этом и в 1903 году британские планы предполагали, что «флот Франции, как и прежде, останется основной целью действий нашего флота»[63].

Почти ежегодные совещания начальников генеральных штабов Франции и России тех лет включали в свою повестку обсуждение вероятной войны союзников не только против Германии и Австро-Венгрии, но и против Англии[64].

И где же тут «весь Запад против России»?

В Русско-японской войне Франция тихо помогала России силами своей разведки. Посему представители Франции в Сеуле и Токио после войны получили русские ордена[65]. Эскадра Рождественского на своем пути из Кронштадта к Цусиме смогла получить уголь, отдых и ремонт на французском Мадагаскаре. Военная помощь Франции была бы для России вредна, ибо у Англии был договор с Японией, который мог быть активизирован при вступлении Франции в войну.

---

63 Там же. С. 214.

64 Валентинов Н. Военные соглашения России с иностранными государствами до войны // Военно-исторический сборник. Выпуск II. — М., 1919. С. 104–106. URL: http://grwar.ru/library/Mil-Collect-II/MCII_03.html

65 Рыбаченок И. С. Закат великой державы. Внешняя политика России на рубеже XIX—XX вв.: цели, задачи и методы. — М., 2012. С. 549.

Тогда быть русским патриотом и франкофилом было одно и то же:

«Воодушевляемые чувством глубокой любви к дорогой Родине и Государю, с страшной силой прорвавшимся наружу при вестях с Дальнего Востока о дерзком нападении японцев на мирную Русь, воспитанники Рижской духовной семинарии устроили 4 февраля патриотическую манифестацию. При пении народного гимна „Боже Царя Храни", они вышли из здания семинарии к собравшимся у семинарии ученикам Николаевской гимназии, с непокрытыми головами, направились к зданию французского консульства. Раздававшееся могучее пение гимна и „Славься", при здании консульства сменила марсельеза и крики „vive la France, vive la France!" На это пение и клики в окне здания консульства появился французский консул и приветствовал манифестантов благодарностью за высказанное ими сочувствие Франции и пожелал России полнейшей победы над нахальным японцем. „Ура! Ура! vive la France!" вырвалось из груди учащихся и народа, прокатилось по воздуху и долго, долго не смолкало»[66].

В Первой Мировой войне Россия была в союзе с Францией, Англией, Италией, США, Японией…

В той войне русские армии одерживали серьезные победы над австро-венгерской и турецкой армиями. Но не над германской. Если бы Франция и Англия сказали Берлину: «Мы за мир. Разбирайтесь с Россией сами», — русский фронт не устоял бы. Но сепаратный фронт заключили правители России…

---

[66] Рижские епархиальные ведомости. 1904. № 6 (март). С. 233–234.

Глава 28

Европейцы на русской службе

Бывают союзы государственные, а бывают личные. Разговор на тему «Европа нас не любит» должен коснуться и «личных уний». Множество европейцев во все века переходили на службу русскому царю. Вряд ли такое было бы возможно, если бы они воспитывались в тотальной «русофобии».

Впрочем, пора несколько слов сказать об этом словечке.

Украинского архимандрита Кирилла (Говоруна), ушедшего в Константинопольский патриархат, патриарх Кирилл вдогонку лишил сана. Член синодальной богословской комиссии протоиерей Андрей Новиков оттелеграммил:

> *«Говорун — это псевдобогослов-постмодернист, хулитель Православия вообще и Русской Православной Церкви в особенности, одержимый животной, украинско-нацистской русофобией»*[67].

Раньше мне доводилось читать о «животном антисемитизме». В обоих этих случаях мне трудно понять, какие именно животные (неужто все?) и как именно отличают евреев или русских от остальных людей. И, главное, — почему?

---

[67] URL: https://t.me/prot_A_Novikov/885

Кроме того, марксизм-ленинизм, как и теория естественного отбора, учат нас, что, если у животных что-то выросло, значит оно им очень полезно. Например — как средство защиты от какой-то насущной угрозы. Так что если животный мир и впрямь боится именно русских, значит, именно русские этому миру чем-то очень досадили

Вообще, если и есть в Европе «русофобия», то православность и «святость» Руси тут ни при чем.

Порой за «русофобию» выдают нелицеприятные описания нравов московитов в дневниках европейских путешественников. Но в отчетах московских послов, посещающих Европу в те же столетия, поражает полное отсутствие интереса к окружающей жизни. Историки России очень многое узнают о жизни Московии из записей иностранцев. Но историки самой Европы практически ничего не могут узнать о ее жизни из записей московских гостей (кроме придворно-дипломатических ритуалов).

> *«Подобно тому, как русские правители перенимали в Европе лишь технологии в отрыве от культуры, которая их породила, царские дипломаты замечали и использовали лишь те элементы имперского церемониала, которые повышали статус царей, но не видели общей церемониальной картины. Отсюда почти полное отсутствие интереса послов к жизни за пределами дворцов и стремление на каждом шагу репрезентировать высокий статус своего потентата — эта деталь поведения, вообще свойственная дипломатам, именно у московитов была доведена до предела»*[68].

Посол Истома Шевригин в 1580 году доехал до Рима и даже был на мессе в соборе Св. Петра (Микеладжело уже умер, но купол Собора еще не достроен). Тут он заметил лишь то, что и так

---

[68] Панов В. Габсбурги и Рюриковичи в раннее новое время: Дипломатия и взаимный образ (1558–1598). Диссертация. — Ческе-Будеёвице, 2021. С. 200–201. URL: https://theses.cz/id/7das3h/DP_Vladimir_Panov.pdf

знал: католики крестятся «наоборот» («Крест на себя кладут, первое, на левое плечо, а после на правое»). Ни архитектура, ни скульптура, ни живопись не показались ему достойны упоминания и описания.

Где больше «фобии» — в пусть поверхностном и предвзятом, но все же интересе и описании, или же в отказе от какого бы то ни было знакомства?

А уж сколько «фобий» кипит в самих русских сердцах и сколько раз они возгревались правительственной (а порой и церковной) пропагандой в удобную для правительства минуту…

Познакомьтесь: это Вера Петровна — она людоед.
И не то чтобы Вера Петровна варила людей на обед — нет!
И не то чтобы Вера Петровна кралась в ночи тайком,
Поигрывая клинком, потюкивая клюкой, поцыкивая клыком —
Вот опять-таки нет!
Вера Петровна растет как цветок:
Если дует западный ветер — клонится на восток,
Если дует восточный — на запад. И, что важнее всего,
В эти моменты Вера Петровна не ест никого.
Но когда начальник — не важно, велик ли он, мал —
Рассуждая публично о мире и счастье, подает особый сигнал,
Некий знак — то Вера Петровна считывает его на раз.
И тогда у нее распрямляются плечи, загорается красным глаз,
Отрастает религиозное чувство,
классовая ненависть, девичья честь —
И она начинает искать кого бы съесть.
Обнаружив враждебный взгляд,
ядовитый язык, неприятный нос,
Простодушная Вера Петровна пишет донос,
Изощренная Вера Петровна пишет пособие или статью
Под названием «Наиболее полный перечень рекомендаций

……………… по выявлению и пресечению деятельности
……………… политически вредных элементов,
……………… мешающих России подняться
с колен и жить в раю».
А самая-самая Вера Петровна знает,
что за так человечинки не поднесут,
И устраивается работать в полицию,
прокуратуру, суд —
Там и мясо свежей, и поставки бесперебойней,
и устроено все по уму;
И вообще, в коллективе питаться полезней, чем одному, чему
Существует масса примеров —
в любой стране и во все века.
А уж соус, под которым человечинка наиболее сладка,
Выбирается в соответствии с эпохой,
когда устанавливаются
Нормативы и параметры заготовок людского мясца.
о потом времена меняются, начальство сигналит отбой.
Тут же Вера Петровна никнет плечами,
красный глаз меняет на голубой
Или карий; чувства, ненависть, честь умеряют пыл —
Человек становится с виду таким же, как был.
И мы едем с Верой Петровной в автобусе, обсуждаем дела —
Что редиска в этом году не пошла, а картошка пошла,
Что декабрь обещают бесснежный. И тут я вижу, что
Она как-то странно смотрит,
будто пытается сквозь пальто
Разглядеть, какую часть меня — на жаркое, какую — в щи…
— Да и с мясом сейчас непросто, — говорит, — ищи-свищи —
Днем с огнем не найдешь пристойного.
………………………

Открываю рот.
Что сказать — не знаю, куда бежать — невдомек.
А мотор урчит, сердце стучит, автобус ползет вперед
И в глазу у Веры Петровны кровавый горит огонек.
(Дмитрий Коломенский)

Легко оправдывать свои некрасивости чьими-то фобиями. Но между -филия и -фобия все же есть множество промежуточных состояний. И опять же нет единого центра, контролирующего всеевропейскую политику и мнения. И нет постоянных друзей и врагов (при наличии постоянных эгоцентрических интересов). Есть множество конфессий, множество дворов, и просто множество голов. И есть Россия, которая тоже бывала и пестрой, и разной, и порой очень неверно понимала свои подлинные интересы и перспективы. И в этом вовсе недвуцветном мире всегда были европейцы, служившие и помогавшие России. Кто за деньги, кто от безысходности, а кто и идейно.

Переходы европейских офицеров в русскую армию вовсе не были проявлением какой-то особой русофилии. Вверять свою шпагу то одному, то другому государю в Европе было в порядке вещей[69].

В Дрездене была «церковь Креста». В 1234 году невеста Генриха III Светлейшего Констанция Австрийская привезла в качестве приданого в Дрезден частицу Святого Креста. Во время Семилетней войны в результате обстрела прусской артиллерией в 14 апреля 1760 года Кройцкирхе получила серьёзные повреждения, и в итоге рухнула. А потом саксонцы и пруссы под Йеной вместе сражались против Наполеона. Под Лейпцигом — дрались друг против друга. В Австро-прусской войне 1866 года Саксония активно участвовала на стороне Австрии. На основании

---

[69] Англичанин Стефенсон был главным адьютантом 33-го легкого пехотного полка армии Наполеона (см. Земцов В. Н. Наполеон в 1812 году. Хроника. — М., 2022. С. 95).

конвенции с Пруссией от 7 февраля 1867 г. саксонские войска были преобразованы по прусскому образцу и составили 12-й корпус германской имперской армии.

Когда-то так было принято и в русских землях:

«При отъездах бояр их родовые вотчины в земле прежнего князя сохранялись за ними вплоть до XVI в. На Руси второй половины XIII—XIV вв. присутствовали институты многоадресности военной службы бояр, выбора ими сеньора и устный договорной тип отношений между князьями и боярами. В начальный момент конфликта великого суздальско-нижегородского князя Дмитрия Константиновича с его младшим братом, нижегородским удельным князем Борисом, бояре Бориса поддерживали своего князя. Потом за Дмитрия Константиновича вступился его зять, великий князь Московский и Владимирский Дмитрий (Донской), и надежды на военный успех нижегородцев исчезли. Здесь все вольные слуги удельного князя разом перебежали к московскому князю. При этом старейший из нижегородских бояр Румянец заявил князю Борису: „Господин княже, не надейся на нас, уже бо мы есмы отныне не твои, и несть с тобой есмы, но на тя есмы“. С конца XIV в. князья постановляют в договорах, что вотчина отъехавшего боярина остается в государственном обладании того князя, которому он прежде служил. Боярин волен служить кому хочет, но в качестве землевладельца он обязан подчиняться власти местного князя; он должен платить дань не тому князю, которому служит, а тому, в уделекоторого он владеет землей. Удельные князья-вотчинники, ведущие постоянные междоусобные войны, не могли пойти дальше в отношении старинного обычая вольного отъезда свободных слуг, но они могли противопоставить ему новый принцип, который не отменял старое право, а постепенно вытеснял его»[70].

---

[70] Черникова Т. Европеизация России во второй половине XV–XVII веках. — М,, 2012. С. 30–31.

С тех пор в России отъезд в другое подданство и тем более переход в другую армию стали считаться изменой. Что достигло предельного абсурда в поздне-путинские времена: тот, кто дает интервью не только российским медиа, но и зарубежным, объявлятся «иностранным агентом», а иноагенты далее обзываются предателями Родины[71].

Но, запрещая уходить из-под своей руки, московские владыки охотно принимали тех, кто переходил к ним — пусть только на время и по контракту.

---

[71] Это видно на моем примере: в декабре 2023 года Минюст РФ сообщил: «739. А. В. Кураев распространял недостоверную информацию о принимаемых органами публичной власти Российской Федерации решениях и проводимой ими политике, выступал против специальной военной операции на Украине. Принимал участие в создании и распространении для неограниченного круга лиц сообщений и материалов иностранных агентов. Участвовал в качестве респондента на информационных площадках, предоставляемых иностранными структурами, проживает за пределами Российской Федерации» (URL: https://minjust.gov.ru/ru/events/49912/). То есть причина пожалования — давал интервью не тем журналистам. При этом позже Минюст официально разъяснил суду: „Сведениями о получении им денежных средств из иностранных источников Роскомнадзор не располагает" (см. https://diak-kuraev.livejournal.com/4491524.html).

Рекламируя очередной свой закон о преследовании иноагентов, спикер Госдумы Володин пояснил через год в своем телеграм-канале: это мол, «предатели нашей страны», а «Те, кто предал нашу страну, не должны обогащаться за счёт её граждан и использовать заработанные в России средства против неё» (20 ноября и 13 декабря https://t.me/s/vv_volodin). Тогда же начал движение законопроект, предлагающий предельно неясное и широкое толкование термина «измéна». «Под переходом на сторону противника будет пониматься добровольное участие в деятельности органов власти, учреждений, предприятий, организаций противника, заведомо направленной против безопасности России». Любое интервью или лекцию можно квалифицировать как «оказание консультационной помощи» врагуи получит срок от 10 до 15 лет. (URL: https://www.rbc.ru/politics/06/12/2024/6752e7cd9a794725eec60e4b?ysclid=m53t6r8zrg197723449)

На февраль 2024 года иноагентами был объявлен 401 человек.

Тысячи европейских генералов, офицеров и солдат служили в московской армии еще до Петра — от Ивана Третьего и Алексея Михайловича. Дорожа иностранными кадрами, высокие московские власти прощали им порой проступки, недопустимые для русских.

В 1505 г. во время военного столкновения с казанскими татарами чуть не попали в плен три пушкаря-литейщика. Двое (один из них «фрязин» Варфоломей, собеседник Герберштейна) бежали с поля боя, бросив орудия, а третий сумел увезти свою пушку. В Москве Василий III не выказал никакого неудовольствия по поводу поведения первых двух иностранцев, а третьего пожурил за излишнее геройство: «Не орудия важны для меня, а люди, которые умеют лить их и обращаться с ними».

В 1524 г. в походе на Казань некий пушкарь, уроженец Савойи, был пойман при попытке перейти на сторону врага и сдать свое орудие. На допросе он винился, «во всем признался и был прощен». Русского воина за подобный проступок непременно бы казнили[72].

В 1614 г. на русскую службу был зачислен целый отряд из 130 ирландцев и шотландцев, которые до того находились на польской службе и составляли гарнизон крепости Белая, сдавшейся русским войскам. Среди «бельских немцев» находился шотландец Георг Лермонт (Learmonth) — предок М. Ю. Лермонтова. В России он сохранил статус дворянина и получал жалование в 2 рубля в месяц. Однако за активность на службе ему вскоре повысили жалование до 3 рублей в месяц. Обычный провинциальный русский дворянин получал подобное жалование раз в год. В 1617 году польский король Сигизмунд III и его сын Владислав сделали последнюю серьезную попытку захватить Москву. Наиболее опытные и профессиональные шотландские офицеры были вызваны в Москву для обороны российской столицы.

---

[72] Черникова Т. В. Иноземцы в русской жизни XV—XVI вв. // Вестник МГИМО. 2011. № 6 (21). С. 148.

Среди прочих мужественно оборонял Москву от поляков и Юрий Лермон. Именно он сумел остановить поляков во время ожесточенного сражения у Арбатских ворот. За проявленное мужество и героизм прапорщик Юрий Лермон получил особую благодарность, чин лейтенанта и жалования — 15 рублей в месяц. Указ Михаила Фёдоровича об этом был зачитан публично[73].

В 1630–1632 годах было создано семь полков нового строя (иноземного, европейского или немецкого). В каждом полку на 150 «немцев»-офицеров приходилось около 1 600 русских солдат[74].

И если в начале XVII века Москва опасалась приглашать на службу католиков, предпочитая им протестантов, то Алексей Михайлович перешагнул это табу. В числе приглашенных им католиков оказался Патрик Гордон.

Вскоре после того, как по Андрусовскому миру Киев вошел в состав Московского царства, было принято решение перестроить устаревшие киевские оборонительные сооружения (замки) по европейскому образцу. В 1678 году руководить этим работами прибыл шотландский дворянин Патрик Гордон, к тому времени уже получивший звание генерал-майора русской армии (после боев по обороне Чигирина от турок; кстати, на стороне турок воевало 19 тысяч молдаван). Тогда-то Киев и увидел сочетание голубого и желтого цветов: фамильные цвета Гордонов обозначили ливреи у слуг генерала. Герб Гордона — три золотые головы кабана на голубом фоне[75]. Кстати, усилия Гордона принесли Киеву мир: до 1918 года больше его уже не решались штурмовать — даже шведский Карл предпочел обойти его стороной.

Запомнилось это киевлянам или нет, повлияло ли на то, что в XX веке именно эти цвета стали считаться местной геральдикой — не знаю.

---

[73] Dunning Chester S. L. Предок М. Ю. Лермонтова Джордж Лермонт на русской службе в XVII веке // История: факты и символы. — Елец, 2014. № 1. С. 15.

[74] Там же. С. 466.

[75] URL: https://ru.m.wikipedia.org/wiki/Герцог_Гордон

В 1696 году на военной службе в России среди генералов и офицеров было 42% иностранцев, в подавляющем большинстве протестантов. Можно сказать, что весь генералитет состоял из иностранцев и новокрещенных. Среди старших офицеров иноземцев и новокрещенных было почти 90%. По истечении контракта московские власти выпускали их назад (т. к. их задержание в России помешало бы вербовке новых наемников)[76]. В русской пехоте XVII в. было звание фюрера (нем. Führer) — «ротный подзнаменщик» (соответствует унтер-офицерскому чину подпрапорщика в XVIII в.), помощник прапорщика[77].

В чуть более поздние времена именно немецкая бюрократия-аристократия сделала из Московии Империю европейского уровня. По Указу от 11 декабря 1717 года «О штате Коллегий» секретарем каждого министерства (коллегии) должен был быть иностранец. Один из четырех коллежских асессоров тоже должен быть иностранцем. Единственным писарем (шкрейвером) министерства также должен быть иностранец. Пост президента закреплялся за русскими, но иностранцы могли становиться вице-президентами коллегий[78]. Это примерно 13–20% иностранцев от числа всех классных чиновников.

---

[76] См.: Резниченко А. Империя протестантов. Россия XVI — первой половины XIX в. — М., 2020.

[77] «Мои 6 полков маршировали далее; в регименте Бутырских солдат были все барабанщики, гобоисты и те, кто вел свободных коней; по 12 человек [шествовали] с каждой стороны от меня, [и] дюжина впереди; те же, кто нес воинские знаки, а также фюреры или подпрапорщики, были все облачены в турецкий наряд с тюрбанами… Послал фюрера Макея, дабы встретить тамбовские регименты, с приказом к ним поспешать. Фюрер Афанасий вернулся…»

(Патрик Гордон. Дневник 1696–1698. — М., 2018. С. 60 и 82)

[78] «Реэстр людям в Коллегии в каждой по сему: Русские: Президент, Вице-Президент (Русской или иноземец); 4 Коллегии Советники, 4 Коллегии Ассесоры, 1 Секретарь, 1 Натарий, 1 Актуарий, 1 Регистратор, 1 Переводчик; подъячие трех статей 1. Иноземцы: 1 Советник или Ассесор, 1 Секретарь, Шкрейвер».

Полное собрание законов Российской империи, с 1649 года. — СПб, 1830. Т. 5 (1713–1719). № 3129. С. 525.

Уже через год было решено увеличить число иностранцев в присутствии российских коллегий примерно до 50%[79].

Согласно указу от 15 декабря 1717 г. «О назначении в коллегиях президентов и вице-президентов», руководящий состав первых коллегий протестанты (именно лютеране) составляли не менее трети от общего числа руководителей петровских коллегий к началу 1718 г. (5 из 15 президентов и вице-президентов, поименованных в указе).

В 1720 г. в центральном аппарате Российского государства служили 77 иностранцев[80].

И в 1910 году известный сатирик Влас Дорошевич писал об армии «немцев, которые вместо пушек везут с собой гроссбухи»[81].

---

[79] Писарькова Л. Ф. Государственное управление России с конца XVII до конца XVIII века: Эволюция бюрократической системы. — М., 2007. С. 179.

[80] Андреев А. Н. Протестанты в составе российского высшего чиновничества при Петре I. // Новый исторический вѣстникъ. 2016. № 3 (49). С. 10–11.

[81] «Что будет при этой армии молодых интеллигентных немцев, которые вместо пушек, везут с собою гроссбухи, у которых пороховые ящики набиты нашими векселями? От военных бед спасаясь, справится ли Москва с этим мирным завоеванием?» (Завоевание Москвы // По Европе. — М., 2014. С. 9). И все же есть интересные записи в дневнике Врангеля именно в 1914 году: «Один мой знакомый ехал в трамвае, где сидели две какие-то старушки — вероятно, из „русских немок", все время говорившие между собой на немецком языке. Какой-то патриот из публики счел долгом „протестовать" и обратился к старушке с просьбой прекратить разговор „на собачьем языке". Старушка молча посмотрела, ничего не ответила и спокойно продолжала свою беседу. Негодующий пассажир обратился ко всем присутствующим, возмущаясь поведением немки. Строго взглянув на него сверх очков, старушка приподнялась со своего места и подойдя к нему спокойно отчеканила: „Ви глуп, как… Вильгельм II!" Можно себе представить восторг публики и конфуз „патриота", моментально скрывшегося при хохоте пассажиров… Зловещие слухи (о гибели армии Самсонова) подтвердились и сегодняшнее правительственное сообщение гласит о серьезных неудачах. Тем бестактнее Высочайшее повеление, опубликованное сегодня о пе-

Именно отсутствие в голове императора Александра I штампов современной антизападной пропаганды помогало ему находить союзников в Европе и прощать вчерашних врагов. Он прощал даже русских офицеров, которые воевали на стороне Наполеона.

В 1812 году прусские части приняли участие в наполеоновском походе на Москву, но уже в 1813 они сражались вместе с русскими против Наполеона.

В 1812 году 14 поляков были генералами у русского царя. Самый высокий пост из них занимал генерал-лейтенант К. Чаплиц — командир авангардного корпуса 3-й Западной армии.

Киприан Крейц был генерал-адъютантом при польском короле Станиславе Августе. С 1801 г. на русской службе. Участвовал в войнах с французами 1805–1807 гг. В одном из боёв был ранен тринадцать раз и взят в плен. По возвращении из плена был командиром Сумского гусарского полка. В 1812 году за отличие в боях под Витебском был произведен в генерал-майоры; в Бородинском сражении получил контузию и ранения. Награжден орденом св. Георгия 4 класса.

реименовании Петербурга в Петроград. Не говоря о том, что это совершенно бессмысленное распоряжение прежде всего омрачает память о Великом Преобразователе России, но обнародование этого переименования „в отместку немцам" именно сегодня, в день нашего поражения, должно быть признано крайне неуместным. Кто подбил Государя на этот шаг — неизвестно, но весь город глубоко возмущен и преисполнен негодования на эту бестактную выходку. Это один из признаков того падучего и глупого ложного национализма, который в завтрашний день нашего существования обещает стать лозунгом дня. Это самодовольная влюбленность в себя и свою псевдокультуру и будет одним из признаков российско-славянского одичания… Сегодня мне рассказывали забавную историю, якобы происшедшую с Вел[иким] Князем Сергеем Михайловичем. Завтракая на днях у Государя, Великий Князь, очищая фрукты, порезал себе палец ножом. Кровь выступила довольно обильно и, видя, что она не останавливается Государь посоветовал перевязать палец. „Нет, не надо, — ответил Великий Князь, — я хочу, чтобы из меня вытекла последняя капля немецкой крови"». (Дни скорби. Дневник барона Н. Н. Врангеля. 1914–1915 гг. // Исторический архив. 2001. № 2. С. 112 и 121).

В русской армии было пять уланских полков, укомплектованных преимущественно поляками. В целом 13,9 процента офицеров кавалерийских частей были поляками[82]. До 20 000 поляков участвовали с русской армией в антинаполеоновских войнах[83].

В 1813 году в рядах русской армии воевал уже 11 421 бывший солдат Великой Армии польской национальности[84]. 14 апреля 1814 года имп. Александр выразил свое согласие на возвращение всех польских войск, которые сражались на стороне Наполеона, на родину. Формирование новой армии царства Польского он поручил своему брату Константину Павловичу[85].

Вот поразительно авантюрная судьба польского патриота рубежа XVIII–XIX столетий: Юзеф Зайончек, польский генерал, участник Бородинского сражения в составе наполеоновской армии, участник антирусского восстания Костюшко и прочее и прочее, стал… первым Наместником Царства Польского в составе Российской Империи.

Фаддей Булгарин был польским шляхтичем. В 1806 году 17-летний корнет Уланского великого князя Константина Павловича полка отправляется в поход против французов. Был ранен под Фридландом и награждён орденом Святой Анны 3-й степени. В 1808 году участвовал в шведской кампании. В 1811 году ушел в отставку в чине поручика и уехал в Польшу. Там вступил в созданные Наполеоном войска герцогства Варшавского — после

---

82 Янчаускас Т. В. Социальное происхождение офицеров русской регулярной кавалерии в эпоху Отечественной войны 1812 года и заграничных походов 1813–1814 гг. // Известия Пензенского государственного педагогического университета 2012. № 27. С. 1160, 1162.

83 Безотосный В. М. Эпоха 1812 года и казачество. — М., 2020. С. 310.

84 Абалихин Б. С. Поход русской армии в Польшу в конце 1812–1813 гг. // Из истории классовой и национально-освободительной борьбы народов дореволюционной и Советской России. Сборник статей. — Волгоград, 1975. С. 95.

85 Арзамасцев И. В. Воспоминания Яна Вейсенхоффа о Бородинском сражении // Отечественная война 1812 года: Источники. Памятники. Проблемы. Материалы 24 конференции. Бородино, 2021.

Тильзитского мира (1807) Франция была союзным Российской империи государством. В составе Надвислянского легиона воевал в Испании против англичан. В 1812 году участвовал в походе на Россию в составе 8-го полка польских улан 2-го пехотного корпуса маршала Удино, был награждён орденом Почётного легиона, получил чин капитана. В 1813 году был в сражениях при Бауцене и под Кульмом. В 1814 году сдался в плен прусским войскам и был выдан России. … К новому 1831 году в разгар Польского восстания он получил третий бриллиантовый перстень от государя (за роман «Иван Выжигин» — первый русский бестселлер) с письмом Бенкендорфа, в котором подчёркивалось высочайшее покровительство Булгарину и разрешалось сообщить об этом: «При сем случае государь император изволил отозваться, что его величеству весьма приятны труды и усердие ваше к пользе общей и что его величество, будучи уверен в преданности вашей к его особе, всегда расположен оказывать вам милостивое своё покровительство».

В истории Империй такие судьбы не редкость… В гвардии (!) Наполеона более 20 процентов солдат происходили с оккупированных территорий (скажем в 1812 году в фузилерно-гренадерском полку Молодой гвардии (дивизия Роге) из 1 352 солдат — 101 итальянец, 113 бельгийцев и голландцев, 72 немца и 15 человек других национальностей; всего 301). Маршал Ожеро, прежде чем передать Бонапарту свою шпагу, служил солдатом во французских, прусских, испанских, португальских, неаполитанских и даже русских войсках, «*бросая их, когда ему это надоедало*»[86]. Причем 12 октября 1806 г. маршал Ожеро взял в плен тот самый полк пруссаков, в котором сам некогда служил.

Но ведь верно и обратное. Немало французов и поляков было в русских рядах.

8 генералов-французов, служивших в русской армии, были роялистами-антибонапартистами.

---

[86] Манфред А. З. Наполеон Бонапарт. — М., 1980. С. 137.

Франсуа Ксавье де Местр за отличие в бою под Красным получил чин генерал-майора и награждён орденом Святой Анны первой степени.

Генерал Александр-Луи де Ланжерон в составе русской армии прошел всю Отечественную войну 1812 года и Заграничные походы.

Гийом Эммануэль Гиньяр де Сен-При за отличие под Аустерлицем, получил орден Св. Георгия 4-й степени. Во время Бородинского сражения получил тяжёлую контузию и вскоре был повышен до звания генерал-лейтенанта русской армии. В 1814 году был посмертно награждён орденом Св. Георгия 2-й степени.

Генерал де Ламберт в кампанию 12 года командовал кавалерийским корпусом. В июле 1812 года Тормасов поручил Ламберту очистить от неприятеля Брест, Кобрин, Яново и Пинск. Ламберт 13 июля овладел Брестом, 15-го атаковал саксонцев у Кобрина и разбил их (за это дело был удостоен золотой сабли с алмазами). Далее Ламберт сам повел в штыки солдат на французские редуты в Борисове, был ранен и награждён орденом св. Владимира 2-й степени. За взятие Парижа был награждён орденом св. Александра Невского.

От Бородино (ранен пулей в левый бок навылет и отмечен орденом св. Владимира 3-й степени) до Парижа дошел генерал де Лагард.

Во время кампании 1813 года барон Жомини, будучи начальником штаба 3-го армейского корпуса маршала Нея, внёс большой вклад в победу при Бауцене. Но 14 августа 1813 года перешёл в стан антифранцузской коалиции. Принятый на службу императором Александром I с чином генерал-лейтенанта и званием генерал-адъютанта, Жомини получил в командование дивизию.

Генерал Сен-При за отличие в Аустерлице получил орден Св. Георгия 4-го класса. В 1812-м — начальник Главного штаба

2-й Западной армии. Под Бородино получил тяжёлую контузию и вернулся на фронт только к концу кампании. Погиб в 1814 году. посмертно награждён орденом Св. Георгия 2-го класса.

Генерал Моро в 1790-м был главным противником Суворова. Но в 1813-м состоял в роли советника при главной квартире союзных монархов, в сражении при Дрездене 15 (27) августа 1813 года был смертельно ранен ядром. В роковую минуту Моро и Александр I верхом на лошадях стояли на холме, занимаемом прусской батареей.

Адмирал маркиз Траверсе был морским министром Российской Империи.

Полковник де Дамас служил в лейб-гвардии Семеновский полк, приняв на себя командование одним из его трех батальонов. Когда в ходе Бородинского боя французы захватили Курганную высоту, полк принял участие в отражении атак наполеоновской кавалерии на центр русской позиции. На Бородинском поле барон де Дамас получил полевое ранение в руку, но строя не покинул. Наградой за доблестное участие в битве ему стал орден Святой Анны 2-й степени. В боях за Париж проявил «особое отличие», «примерную отвагу» и награжден орденом Св. Георгия сразу 3-й степени. Позже занял пост военного министра Франции, а в 1824–1828 годах являлся министром иностранных дел Франции.

Полковник маркиз Мориц де Лезер был начальником разведки армии Багратиона.

Александр в союзе с Францией победил Швецию в войне 1809 года. По ее итогам королем Швеции стал наполеоновский маршал Бернадот, который в 1812 году заключил союз с Россией[87], а в 1813-м участвовал в «битве народов» при Лейпциге

---

[87] В июле 1812 усилиями русских дипломатов в Швеции были заключены русско-английская и англо-шведская конвенции: Англия давала Бернадоту 700 000 фунтов стерлингов на ведение войны против Франции и ее союзников, а залог за это предоставить согласилась Россия (она обязалась послать часть своего флота в один из английских портов в обеспечение этой английской субсидии Бернадоту). В течение того же июля

против Наполеона. За Сражение при Денневице он получил русский орден Святого Георгия 1-й степени.

Пять русских генералов были родом из Савойи (эту провинцию Сардинского королевства Наполеон присоединил к Франции).

В 1812 году полк «Хосе Наполеон», сформированный в Испании Жозефом Наполеоном, в составе Великой Армии прогулялся до Москвы[88]. Именно в форму испанца Винсенто Сальгари переодевалась Шурочка — героиня «Гусарской баллады».

Александр сделал Бернадоту несколько предложений, в том числе два принципиальных: предложение о личной встрече и, ни много ни мало, предложение о назначении Бернадота главнокомандующим русскими войсками! При этом Бернадот должен был высадить все шведские силы в портах Прибалтики, объединить их там с наличными русскими войсками и подкреплениями к ним и во главе всей этой армии (все силы которой в этом случае насчитывали бы до 150 тыс. чел.) ударить в тыл Наполеону. Одновременно к Бернадоту и переходило бы главнокомандование над всеми русскими войсками (в самом деле, при изложенном ходе событий Бернадот оказывался бы командующим самой большой из всех русских военных группировок, наносящей к тому же главный удар по неприятелю; только естественно было бы подчинить такому командующему и все остальные русские армии, автоматически становящиеся второстепенными).

URL: https://wyradhe.livejournal.com/15455.html

[88] «Виктор Черецкий: „Под Бородиным произошла трагикомичная история, которая позднее легла в основу романа писателя Артуро Переса Реверте „Тень орла". Солдаты двух испанских батальонов из корпуса Даву решили воспользоваться штурмом Шевардинского редута, чтобы дезертировать. Они закололи французских офицеров и бросились к редуту. Россияне, ничего не подозревая, открыли огонь. Испанцы, подхватив раненных и даже убитых, продолжали, не стреляя, бежать к редуту. Все это наблюдал Наполеон. Атака испанцев ему представилась как проявление мужества и лояльности к своей персоне, а посему он послал им на подмогу кавалерию. Испанцы потеряли 350 человек и… против своей воли, взяли редут. Подполковник Хосе Мануэль Герреро: „Выстрелы русских батарей причинили много потерь. Наполеон, воодушевленный взятием редута, даже наградил многих испанцев — участников штурма — Орденом почетного легиона. В пороховом дыму он явно не разобрался в поведении испанских солдат"».

URL: https://www.svoboda.org/a/24679792.html

В 1813 году на его основе и из его дезертиров был сформирован новый Гишпанский Императорский Александровский полк (Regimiento Imperial de Alejandro; в Испании — El Regimiento Moscovita). 2 мая 1813 года в Царском Селе испанские солдаты приняли присягу на верность Конституции 1812 года и Кадисским кортесам, которых в Петербурге считали единственной законной властью в Испании (король Фердинанд VII еще находился во французском плену). Португальцев выделили в отдельную роту в составе этого полка. У них была отдельная присяга принцу-регенту Португалии. Знамена новообразованного полка были вручены им в дворцовой церкви в присутствии супруги Александра I, императрицы Елизаветы Алексеевны, и его матери, вдовствующей императрицы Марии Федоровны.

9 августа 1813 года князь Горчаков докладывал государю:

«Счастие имею всеподданнейше В. И. В-ву донесть, что Гишпанский Августейшего имени Вашего полк в числе 2 штаб-, 7 обер- и 115 унтер-офицеров, 42 музыкантов и 1 866 человек рядовых, переправленный пред сим в Кронштат, посажен на прибывшие туда 7 английцких транспортных судов. Остальные 415 человек, которые на означенных транспортах поместиться не могли, расположены в Кронштате до прибытия за ними вновь ожидаемых английцких судов; все же изнутри империи прибывающие гишпанцы присоединяются к оставшимся в Кронштате»[89].

Командиром полка назначили подполковника О'Доннелла, который перешел на сторону россиян вместе с тремястами испан-

Стоит отметить, что по крайней мере некоторые испанцы, прежде чем стать солдатами наполеоновской армии, были ее пленными. Но если они были из Валенсии, то могли быть и просто мобилизованы: 24 января 1812 года Наполеон подписал декрет об объявлении этой испанской провинции «нашим экстраординарным доменом» (Земцов В. Н. Наполеон в 1812 году. Хроника. — М., 2022. С. 33)

89 URL: https://www.svoboda.org/a/24679792.html
и Комсомольская правда. Испания. 2012, № 15.

цами в декабре 1812-го в Вильне. Из Англии полк переправили в Испанию для борьбы против Наполеона…

Впрочем, у царя Александра все это было проявлением именно его личной (династической?) русофобии.

«У многих современников, особенно участников парижского взятия, зрелище „Александра среди Парижа“ породило чувство не гордости, а обиды. Блистал один царь, армия же, претерпевшая столько лишении и вознесшая его на небывалую высоту, поставлена была в самое унизительное положение. В то время, как союзное начальство создало для прусских и австрийских солдат вполне приличный режим, с русскими обращались, как с сенегальцами, стараясь прятать от взоров парижан. „Победителей морили голодом и держали как бы под арестом в казармах, — писал участник кампании Н. Н. Муравьев[90]*, известный впоследствии под именем Карского. — Государь был пристрастен к французам до такой степени, что приказал парижской национальной гвардии брать наших солдат под арест, когда их на улице встречали, отчего произошло много драк“. Не мало оскорблений претерпели и офицеры. Во второй свой приход в Париж, после знаменитых „Ста дней“, в 1815 году, он нанес этому войску еще более чувствительную обиду. Заметив во время церемониального марша гвардейской дивизии, что некоторые солдаты сбились с ноги, он приказал двух заслуженных командиров полков посадить под арест. Само по себе это еще не представляло ничего необычного; одиозность заключалась в том, что арестовывать провинившихся должны были англичане, и содержаться они должны были не на русской, а на английской гауптвахте. Напрасно Ермолов умолял лучше в Сибирь их сослать, чем подвергать*

---

90 Муравьев потрясен тем, что царь пожертвовал 2 миллиона рублей жителям Ватерлоо и ни копейки не дал жителям сожженного Бородино. (Записки Н. Н. Муравьева // Русский архив. 1885. № 8. С. 338).

такому унижению русскую армию. Император остался непреклонен. Когда во время смотра русской армии при Вертю герцог Веллингтон отозвался о ней с чрезвычайной похвалой, Александр во всеуслышание заметил, что всем обязан исключительно иностранным офицерам, состоявшим у него на службе. Казалось, в нем воскресли замашки его гольштейн-готторпского деда Петра III»[91].

[91] Ульянов Н. Александр Первый — император актер человек? // Родина. 1992. № 6–7. С. 143.

Глава 29

Русско-австрийская дружба

Стоит особо отметить наличие одной мощной европейской империи, с которой Россия соседствовала, но никогда, вплоть до 1914 года, не воевала.

Это **Австрийская империя.** Она же — Священная Римская.

С первой же имперской миссии Николая Поппеля 1488 года Вена (Прага) и Москва видят друг в друге союзников.

В 1514 году император Максимилиан направил посольство к «князю всея Руси, Василию, герцогу (magnus dux) Московскому»[92]. Так он именовал правителя Московии в инструкции своему послу Георгу Шнитценпаумеру.

В договорной грамоте на русском языке, подписанной Василием III, он именует себя «Божиею милостию *царь* (курсив наш. — О. К.) и государь всея Руси и великий князь Володимерский и Московский…»

Но в немецком тексте договора, составленном в Москве, но подписанном императором в Германии и скрепленном печатью, Василий III обозначен как «von gotes genaden Kayser und Herscher aller Rewssen». В латинском варианте, датированном 3 августа

92 URL: https://diletant.media/articles/44413131/

1514 г., Василий III назван «dei gratia Imperator et dominator uniuersorum rhutenorum». Таким образом, второй раз в международно-правовых документах зафиксировано императорского достоинства российского государя признание единственным европейским Императором той поры — правителем Священной Римской империи[93].

Равный признан равным. Такое не забывается.

В 1525 году венский епископ Иоганн Фабри составляет описание Московии по итогам своих разговоров с русскими послами с таким (антиреформационным) выводом:

«Таковы, Светлейший Государь, нравы московитов, таковы [их] религия и благочестие; сей народ, который — поскольку отовсюду окружен турками и татарами и обитает весьма далеко от нас у Ледовитого моря — доселе в продолжение нескольких веков имел малое сообщение с нашей Империей, а потому и с христианами. Тем не менее святую эту Веру во Христа, изначально усвоенную ими от отцов, они не поз-

---

[93] О. Ф. Кудрявцев «Kayser und HerscHer aller rewssen»: обращение к русскому государю как к императору в габсбургских документах первой трети XVI в. // Древняя Русь. Вопросы медиевистики. 2016, № 1 (63). С. 49.

Первым признанием можно считать договорную грамоту 1417 г. Ливонского ордена с Псковом. В ней господином этого города назван «русский государь Василий Дмитриевич», который в немецком переводе определен как «русский император» (de Rusche Keyser Wassile Dymittrius). Грамоты Великого Новгорода и Пскова (ГВНП). — М., 1949. С. 319 (№ 334). Договор 1514 года впоследствии был признан недействительным, и в дипломатических документах московского князя «кайзером» больше не именовали, был создан прецедент для внесения изменений в состав официальной титулатуры Василия III. Но это не мешало московской пропаганде настаивать на своем: «Максимилиян цесарь еще отцу его (Ивана Грозного), блаженные памяти великому государю Василью, в докончалных своих грамотах то титло царского именованья записал и златою своею печатью ту грамоту утвердил» (Грамота Митрополита Макария католическому Виленскому епископу Павлу (1555, август) // Сборник Императорского Русского Исторического Общества. Т. 59. — СПб, 1887. Стб. 475).

волили погубить дерзкому, нечестивому и греховному невежеству, сохранив ее до настоящего времени в целости, чистоте и святости»[94].

Даже во время Ливонской войны Вена искала антипольского и антитурецкого союза с Москвой, несмотря на то что Ливония, покаряемая и разоряемая войсками Ивана Грозного, считалась Имперской территорией. Умирающий император Максимилиан Второй лишь просил царя Ивана IV — «Чтоб никоторой войны убогой Ливонской земле не чинили»[95].

Более того — австрийских послов в Москве никогда не оскорбляли — в отличие от литовцев, на глазах у которых опричники могли изрубить на куски подаренного коня. Им никогда не вручали царские дары от лица посольских дьяков — так в Кремле обычно унижали шведских послов: «Если с имперскими дипломатами Москва лишь играла в церемониальные игры, то их коллеги из Речи Посполитой и Швеции сталкивались не просто с унижениями и издевательствами, но подчас рисковали жизнью, приезжая в Кремль»[96].

В 1580 году Иван Грозный отправил в Прагу к императору Священной Римской Империи Рудольфу («в Прагу к цесарю Рудольфу») посла Истому (Леонтия) Шеврыгина. Одна из тем переговоров — закупка военных товаров, в чем Прага Москве отказала.

---

94 Трактат Иоганна Фабри «Религия московитов» // Россия и Германия. Вып. 1. Изд. РАН ИВИ. 1998. С. 33.

95 Послание от 12 августа 1576 года // Памятники дипломатических сношений древней России с державами иностранными. Тома 1–2. Священная Римская Империя. — СПб, 1851. Том 1, стб. 650.

96 Панов В. Габсбурги и Рюриковичи в раннее новое время: Дипломатия и взаимный образ (1558–1598). Диссертация. — Ческе-Будеёвице 2021. С. 135 и 199.

URL: https://theses.cz/id/7das3h/DP_Vladimir_Panov.pdf

И все же этот визит стал вехой в культурной истории России. Ибо тот Истома стал первым русским, которому было позволено надеть «немецко платье»[97].

При наличии общих врагов Москва и Петербург столетиями были в союзе в Веной (кроме опереточной имитации войны в 1809–1812 годах[98]).

Накануне Северной войны 29 января 1697 г. был подписан союзный трактат между Россией, Австрией и Венецией.

6 августа 1726 г. Россия подписала союзный договор с Австрийской монархией. В 1746 г. был заключён русско-австрийский оборонительный союз против Пруссии.

Причем именно в силу союза Петербурга и Вены в числе врагов оказался далекий Париж: зажатый со всех сторон австро-испанской империей Габсбургов, Париж создавал свой дипломатический «восточный барьер»: Швеция, Польша, Турция должны были давить на Австрию по ее северо-восточным границам.

---

97 Памятники дипломатических сношений древней России с державами иностранными. Тома 1–2. Священная Римская Империя. — СПб, 1851. Том 1, стб. 815.

98 Сначала Россия была в союзе с Наполеоном и имитировала войну с Австрией (см. Казаков Н. И. Тайна русской стратегии в австро-французской войне 1809 г. // История СССР. 1969. № 6, сс. 63–80). Затем — наоборот. Министр иностранных дел Австрии Меттерних во время беседы с российским посланником в Вене Г. О. Штакельбергом 24 (12) апреля 1812 г. выразил готовность вступить в тайное соглашение о том, что австрийские войска, которые по договору с Наполеоном обязаны войти в Россию, в Галиции и Трансильвании не будут действовать против нее. (см. Попов А. Н. Отечественная война 1812 года. Т. I. М., 1905, с.490). В декабре того же года уже во время Заграничного Похода в Польше «русские командиры проявили незаурядные гибкость и изобретательность. Они избегали любых столкновений с австрийскими частями, отправляли обратно отставших и случайных пленных с их оружием, каждый день присылали на австрийские аванпосты парламентеров с уверениями в самых дружественных намерениях,старались каждый раз договариваться об установлении демаркационных линий между постами, наконец, и вовсе стали предлагать австрийцам общее расквартирование». (Жучков К. Б «Война к обоюдной пристойности»: возникновение и ход русско-австрийских переговоров в конце 1812 — начале 1813 г. // Российская история. 2012. № 6. С. 20).

Но для России именно эти страны были ее соседями, с которыми у нее были свои вековые споры. Так она логично становилась союзником Австрии, а, значит, вероятным противником Франции…

После сокрушения Франции Петербург и Вена вместе составили Священный Союз. О его замысле приведу наблюдения еп. Василия Лурье (из его фейсбука в июле 2023 года; эта цитата займет несколько следующих страниц):

«Император Александр I вооружился богословием и историософией „мистиков" для интерпретации новой политической реальности, сложившейся после победы над Наполеоном, и, главное, для создания такой структуры международных отношений, которая обеспечивала бы вечный мир — понимавшийся императором в духе милленаризма „мистиков", то есть в духе новой и последней эпохи божественного откровения, когда должно установиться тысячелетнее царствие мира и братства между народами.

Собственноручно написанный императором акт Священного Союза был не столько политическим, сколько богословским документом. Пусть это содержание не было важно или хотя бы понятно австрийской и прусской сторонам Тройственного союза, но оно было важно для русской стороны, а также для тех, кого в союз не взяли — не столько мусульман-турок, сколько, прежде всего, тех католиков, которые, как де Местр, принимали сторону папы, а не австрийского правительства (будучи католическим, это правительство уже около полувека вело политику ограничения светской власти пап; оно оказалось заинтересованным в заключении религиозного по сути союза, в котором не участвует католическое духовенство)[99]. Со стороны той части католиков, которая будет ориентироваться на папу, а не на

99 См.: S. Ghervas, La Sainte-Alliance: un pacte pacifique européen comme antydote à l'Empire // Europe de papier. Projets européens au XIXe siècle, éd. Sylvie Aprile et al. Lille: Presses Universitaires du Septentrion, 2015. P. 47–64.

Австрию, реакцией на Священный союз станет явление, получившее широкую известность под названием ультрамонтанства[100].

Карандашный набросок императора Александра попадет для редактирования в руки Стурдзы[101], который тогда был ближайшим помощником начальника личной императорской канцелярии Иоанна (в России Ивана Антоновича) Каподистрии (Ιωάννης Αντώνιος Καποδίστριας, 1776–1831) — будущего первого правителя Греции (1828–1831).

В окончательном виде обнародованный тремя монархами 14/26 сентября 1815 года акт представлял собой редакцию Стурдзы, в которую лишь несколько изменений было внесено австрийским министром иностранных дел Меттернихом; эти изменения состояли только в смягчении некоторых формулировок относительно единства заключающих союз народов, но не изменили общей идеи: „почитать всем себя как бы Членами единого народа Христианского“, три государя которого — австрийский, прусский и российский — управляют им от имени единственного „Самодержца народа Христианского“, „кому собственно принадлежит Держава“, а это лишь „Бог, наш Божественный Спаситель Иисус Христос, Глагол Вышняго, Слово жизни“ (цитирую официальный русский перевод, который в 1815 г. зачитывали народу по церквам[102]).

---

[100] Ср.: S. Ghervas, Conquering Peace: From the Enlightment to the European Union, Cambridge, MA: Harvard University Press, 2021. P. 114–116.

[101] Souvenirs du règne de l’empereur Alexandre // de Stourdza, Œuvres posthumes T. III. P. 118. А. С. Стурдза, Воспоминания о жизни и деяниях графа И. А. Каподистрии, правителя Греции // Чтения в Императорском Обществе истории и древностей российских. 1864. Кн. 2. Апрель-июнь. Материалы отечественные. С. I—II, 1–192.

[102] Полное собрание законов Российской империи с 1649 года. Т. 33. 1815–1816. — СПб, Типография II Отделения Собственной Его Императорского Величества Канцелярии, 1830. № 25943. С. 279–280.

Оригинальным текстом документа являлся только французский[103], и его некоторые особенности оказались в русском переводе затушеванными.

Во-первых, в самом названии Traité de la Sainte Alliance entre les Empereurs de Russie et d'Autriche et le Roi de Prusse имелась двусмысленность, т. к. слово alliance означает не только „союз", но и „завет" в библейском смысле: „Трактат (договор) о Святом Союзе/Завете между Императорами России и Австрии и Королем Пруссии"; в официальном русском переводе название было „Трактат Братского Христианского Союза".

По мысли Александра, вполне разделявшейся Стурдзой, речь шла именно о новом, уже третьем и эсхатологическом, завете, но в русском переводе намек на это из названия документа исчез[104].

Во-вторых, — и это самое главное отличие русского перевода — была изменена преамбула, в которой формулировалось собственно религиозное обоснование столь необычного союза (цит. по указ. выше изданиям; в тексте выделено нами):

> <...> *ayant acquis la conviction intime qu'il est nécessaire d'asseoir la marche à adopter par les Puissances dans leurs rapports mutuels sur les vérités sublimes que nous enseigne l'éternelle religion du Dieu sauveur: Declarent solennellement que le présent acte n'a pour objet que de manifester à la face de l'univers leur détermination inébranlable de ne prendre pour règle de leur conduite, soit dans l'administration de leurs États respectifs, soit dans leurs relations politiques avec tout autre gouvernement, que*

---

103 Comte d'Angeberg [псевдоним Leonard Borejko Chodźko], Le Congrès de Vienne et les traités de 1815. T. IV. Paris: Amyot, 1864 (Bibliothèque diplomatique). P. 1547–1549.

104 См. особо: А. Л. Зорин, Кормя двуглавого орла… Русская литература и государственная идеология в последней трети XVIII — первой трети XIX века. (Historia rossica). — М.: Новое литературное обозрение, 2001. С. 298–335, а также, особенно относительно участия Стурдзы: Ghervas, Réinventer la tradition. P. 186–191.

les préceptes de cette religion sainte, préceptes de justice, de charité et de paix, qui, loin d'être uniquement applicables à la vie privée, doivent, au contraire influer directement sur les résolutions des princes et guider toutes leurs démarches comme étant le seul moyen de consolider les institutions humaines, et de remédier à leurs imperfections. (p. 1548)

[Три государя] восчувствовав внутреннее убеждение в том, сколь необходимо предлежащий Державам образ взаимных отношений, подчинить высоким истинам, внушаемым вечным Законом [в оригинале Религией] Бога Спасителя:

Объявляют торжественно, что предмет настоящего акта есть открыть пред лицем Вселенныя Их непоколебимую решимость, как в управлении вверенными им Государствами, так и в политических отношениях ко всем другим Правительствам, руководствоваться не иными какими либо правилами, как Заповедями сея Святыя Веры, Заповедями любви, правды [в оригинале: правды, любви] и мира, которые отнюдь не ограничиваясь приложением их единственно к частной жизни, долженствуют напротив того непосредственно управлять волею Царей и водительствовать всеми их деяниями, яко единое средство, утверждающее человеческие постановления и вознаграждающее их несовершенства. (С. 279).

Обратим внимание на выражение l'éternelle religion du Dieu sauveur „вечная религия Бога спасителя". Для его перевода, сделанного в 1815 г., мы бы ожидали „вечная вера Бога спасителя", поскольку слово „религия" в русском языке еще не было общепринятым и уж точно не было известно народу. Согласно данным Национального корпуса русского языка, для 1815 г. частота (в пересчете на миллион словоформ) слова „вера" составляла 329,7, а слова „религия" — 16,5, то есть «религия» была в 20 раз более редкой, чем „вера". Но в официальном русском переводе мы не находим ни „религии", ни „веры". Мы видим там „вечный Закон Бога Спасителя". Такой перевод был теоретически допустим в избранной стилистике, где русский язык приближался к церковнославянскому, но все же контекст „заповедей“ и „правил“ не настраивал на понимание „закона“ в смысле „веры“, а настраивал на юридическое понимание (хотя в живом русском языке еще сохранялись выражения „греческого закону“, „магометанского закону“ в смысле принадлежности к соответствующим религиям).

Налицо попытка приглушить звучание документа, который эксплицитно говорит о какой-то общей религии подписавших документ государей. Впрочем, упоминание религии не исчезло из русского перевода следующего абзаца, где „Заповеди сея Святыя Веры“ объявляются единственным основанием для внешней и внутренней политики государств. Это недвусмысленный выход за пределы сразу православия, католичества и протестантизма. Вместо всех трех конфессиональных пониманий христианства предлагается одно общее, или, точнее, все три конфессии имплицитно представляются местными формами некоего единого христианства — „вечной религии Бога спасителя“.

О такой религии как раз и учили внеконфессиональные мистики той эпохи, из числа которых на Александра I сильнее всего повлияли номинальный лютеранин Иоганн Генрих Юнг-Штиллинг и номинальный католик Франц фон Баадер. Оба религиозных деятеля употребляли все свое влияние для пропаганды идей Священного союза, а Юнга-Штиллинга В. С. Парсамов небезосновательно называет его „пророком“, т. к. тот еще в 1814 г. в похвальном слове Александру I сказал о религиозном, а не политическом союзе трех государей; впрочем, Парсамов справедливо отмечает, что не Юнг-Штиллинг и Баадер повлияли на религиозные интуиции Александра, а он сам сблизился с ними после своего религиозного обращения[105].

[105] См.: В. С. Парсамов, На путях к Священному Союзу. Идеи войны и мира в России начала XIX века. (Монографии ВШЭ. Гуманитарные науки). — М.: Издательский дом Высшей школы экономики, 2020. С. 327 и прим. 7.

Юнг-Штиллинг еще с первых лет XIX в. был в теснейшем общении с А. Ф. Лабзиным и русскими масонами, тогда как влияние Баадера в России до 1815 г. успело лишь наметиться, но зато последующая его жизнь оказалась теснейшим образом связана с русскими, вплоть до того, что от русского правительства он начнет получать зарплату, став таким же агентом влияния русского правительства, каким был Август Коцебу[106].

Ко времени заключения Священного союза император Александр с супругой стали членами неформального мистического кружка, душою которого была фрейлина императрицы Роксандра (Александра) Скарлатовна Стурдза, впоследствии (с 1818 г.) Эдлинг по мужу (1786–1844) — старшая сестра и главная воспитательница Александра Стурдзы, который и сам, разумеется, принадлежал к тому же кружку. В свое время Роксандра близко дружила с Жозефом де Местром, с которым познакомила и подружила своего брата Александра.

Роль Роксандры в мистическом кружке иллюстрируется эпизодом, который хотя и известен только из ее воспоминаний (написанных в 1829 г. и доведенных до 1825 г.), ни у кого не вызывает сомнения в достоверности. Во время пребывания русского двора в Германии, незадолго до Венского конгресса, между нею и императором Александром происходит следующий диалог:

„J'ai vu Yung-Stilling [sic!] ce matin. Nous nous sommes expliqués comme nous avons pu, en allemand et en français; j'ai bien compris pourtant que vous aviez formé avec lui en Dieu un lien d'amour et de charité qui devait être indissoluble. Je l'ai prié de me recevoir en tiers dans cette alliance, et nous sommes donnés

---

[106] Ghervas, Réinventer la tradition. P. 294–296.
Ср. также: К. А. Богданов. И. Г. Юнг-Штиллинг в России: мистический интернационал и теория заговора // К. А. Богданов, В сторону (от) текста. Мотивы и мотивации. — М.: Новое литературное обозрение, 2023. С. 239–264.

la main là-dessus. Y consentez-vous aussi?“ — „Sire, ce lien existait déjà“. À ces mots il prit ma main avec attendrissement, et je sentis des larmes rouler dans mes yeux[107].

«„Этим утром я видел Юнга-Штиллинга. Мы, как могли, объяснялись на немецком и на французском, но я все же понял, что Вы с ним заключили в Боге союз любви и милости, который должен быть нерасторжимым. Я попросил его принять меня третьим в этот союз/завет, и в знак этого мы пожали руки. Согласны ли с этим также и Вы?“ — „Государь, этот союз существовал уже и так“. При этих словах он с умилением взял мою руку, и я почувствовала, как из моих глаз катятся слезы».

В часто цитируемом русском переводе этого отрывка П. Бартенев пропустил слово alliance («союз; завет») (видимо, посчитав его избыточным, не понимая, чем этот термин отличается от lien «связь; союз») и, главное, пропустил слова «в Боге» (тут можно думать о вмешательстве цензуры или самоцензуры), придав этому религиозному акту ложный смысл союза светского — дружеского и сентиментального[108].

В действительности речь тут шла совсем не о светской дружбе: «нерасторжимый» «союз в Боге» заключался без особого ритуала, но подразумевал не менее серьезные обязательства, чем, например, монашеский постриг.

Вскоре после заключения Священного союза Стурдза написал комментарий к нему — Considérations sur l’acte d’alliance fraternelle et chrétienne («Рассуждение об акте братского и христианского союза», 1815 г.); этот текст, равно как и его русский перевод А. Н. Шебунина, не издан (текст известен в одной рукописи: РО ИРЛИ, ф. 288/1, № 21). В богословской части этого

---

[107] Comtesse Edling (née Stourdza), Mémoires [Éd. P<ierre> B<arteneff>]. Moscou: Imprimerie du S-t Synode, 1888. P. 151.

[108] См.: Из Записок графини Эделинг, урожденной Стурдзы. С неизданной Французской рукописи [Пер. П. Бартенева] // Русский Архив. 1887. Год 25. № 2. С. 194–228; № 3. С. 289–304, цит. 302.

рассуждения Стурдза употребляет ключевое понятие l'arc d'alliance («ковчег завета»). Процитируем ключевое: «Истинная религия (мы уже знаем, что это та самая «вечная религия Бога спасителя») <…> подобно ковчегу завета между Богом и его творением, с новой любовью объемлет горизонт обитаемого мира и налагает на всех его хуливших или не знавших свое лучезарное, утешительное и мягкое иго». Здесь довольно прозрачна отсылка к ковчегу Ноя, символизирующего завет Бога со всем человечеством, а не только с народом избранным. Этот ковчег и соответствующий завет трактовались в христианстве и иудаизме как преобразование ковчега и завета Моисеевых, Стурдза же говорит о завете нынешнем и новейшем, который дается для спасения всего человечества, включая даже «хуливших или не знавших» его. Здесь уже не остается никакого сомнения, что в комментируемом сейчас Стурдзой акте 1815 г. слово alliance означало для его авторов «завет», и это был новейший завет для всего человечества».

26 июня 1876 года при встрече императора Александра II с австрийским императором Францем Иосифом в Рейхштадтском замке была заключена Рейхсштадтская конвенция по балканскому вопросу. Соглашение не зафиксировано официальным документом с подписями сторон. Но оно давало России право на войну против Турции.

В случае поражения турок Сербия должна была получить Герцеговину, Черногория — часть Боснии, а Австро-Венгрия — турецкую Хорватию и пограничные районы Боснии.

Эта конвенция разрешала России сделать последнее в истории Империи ее европейское приобретение: Юго-Западную Бессарабию, она же — Буджакские степи.

Буджак входил в состав Османской империи до Русско-турецкой войны 1806–1812 годов; весной 1812 года по итогам Бухарестского мира был присоединён к России. После Крымской войны по Парижскому мирному договору 1856 года часть Буджака была уступлена Россией турецкому вассалу — Молдавскому княжеству. Теперь при победе над Турцией, Россия возвращала эти земли себе (ныне они поделены между Украиной и Молдовой).

Веками Москва (Петербург) и Вена вместе противостояли Османской империи и не раз делили ее европейские провинции между собой и своими прокси-сателлитами.

Вместе трижды делили Польшу.

Вместе подавляли венгерское восстание (Венгерский поход русской армии 1849 года).

Несколько раз балансировали на грани войны (в 1855 по «румынскому вопросу», 1875 по «герцеговинскому», в 1885 по «болгарскому»).

И все же — не воевали.

Нескрываемое желание России войти на Балканы и взять под свой контроль европейские владения Османском империи (Молдавию, Валахию, Румынию, Черногорию, Сербию, Грецию и сам Константинополь), конечно, тревожили Вену. Значительная часть ее торговли шла по Дунаю и далее через Черное море и проливы. С 1829 года Россия стала владелицей участка Дунайской дельты и вскоре стала использовать эту позицию для торговой блокады. Чтобы защитить экспорт южнороссийского зерна от румынской конкуренции, Россия затормозила ирригационные работы, направленные против обмеления рек, что привело к крайне убыточным последствиям важной для Австрии дунайской торговли[109].

И все же — не воевали.

В сентябре 1833 г. Николай I встретился с австрийским императором Францем I. По воспоминаниям К. Меттерниха, на переговорах между ним и Николаем I произошел весьма знамена-

---

[109] Сироткина Е. В. Восточный вопрос, Крымская война и конец «Священного альянса» в австрийско-российских отношениях // Известия Саратовского университета. Новая серия. Серия: История. Международные отношения. 2018. Т. 18. Вып. 1. С. 79.

тельный диалог. На вопрос императора о том, что канцлер Австрийской империи думает о «больном человеке», то есть об Османской империи, тот ответил: «Обращаетесь ли Ваше Величество ко мне как к доктору или как к наследнику?»[110] После этого разговор о наследии не возобновлялся.

И всё же — не воевали.

В августе 1854 года австрийские войска вошли в Придунайские княжества, откуда перед этим ушла русская армия. Тем самым они встали между турками и русскими, не позволив продолжения войны в этом регионе. Царь Николай был этим недоволен

И всё же — не воевали.

И даже в самом конце XIX века появилась австро-русская «антанта»: в декабре 1896 г. в России и Австро-Венгрии почти синхронно решили отказаться от тех целей, которые более всего волновали противоположную сторону: в Петербурге признали слишком рискованным захват Проливов, а в Вене констатировали отсутствие необходимости в новых территориальных приращениях[111]. Сложившийся порядок устраивал обе стороны, поскольку предохранял от наиболее опасного в их глазах оборота событий в случае распада Турции — возникновения крупного государства на границах Австро-Венгрии и перехода контроля над проливами от «турецкого привратника на Босфоре» в руки более сильной державы[112].

Австро-русская «антанта» на Балканах просуществовала до 1908 года.

---

[110] Айрапетов О. История внешней политики Российской Империи. 1825–1855. — М., 2017. С. 233.

[111] См.: Bridge F. R. Osterreich(-Ungarn) unter den GroBmachten // Die Habsburgermonarchie im System der internationalen Beziehungen. Bd. VI/1. Wien, 1989. S. 290.

[112] А. С. Медяков: «Совершенная несогласуемость интересов»? Русско-германские и русско-австрийские отношения на рубеже XIX—XX вв. // Российская история. 2014, № 5. С. 188.

И только 1914 год нас развел.

А во Вторую Мировую Австрия не воевала против СССР по причине отсутствия австрийского государства[113]…

---

[113] Но австрийцы — воевали. 4-я австрийская дивизия после аншлюса была переформирована в 45-ю пехотную дивизию. Именно она штурмовала Брестскую крепость в июне 41-го.

Глава 30

Союзная Германия

«Напал на нас не чужой, не неведомый до сего времени кочевник. Напал воспитанник на кормилицу, сын на матерь свою, которая помогла стать ему и богатым, и просвещенным, и знатным. Не русским ли Государям обязаны немцы существованием своих государств Пруссии и Австрии? Разве не Франц-Иосиф, посылающий против нас свои полчища, как лакей, открывал когда-то дверцы кареты нашего великодушного Государя Николая Павловича? Не русским ли хлебом питался наш враг? Не русские ли деньги поддерживали промышленность и курорты его? Смотрите, как теперь наш враг машет мечем! Смотрите, как он душит смрадом геенны тех, которые сажали его в почетный угол! А кормилица святая Русь с болью в груди медленно выдвигает свой щит. Материнская рука не спешит наказывать. Сердце матери скорбит. Велика досада матери, убедившейся, наконец, что сын ее и безбожник и развратник и грабитель, и вор».

Речь, сказанная священником П. Балодом
8 июля 1915 г. на площади гор.
Вендена пред торжественным молебном
о даровании победы русскому воинству[114]

---

[114] Рижские епархиальные ведомости. 1915. № 15–16 (авг). С. 430.

Для удобства разговора сузим понятие «Германия» до «Пруссия».

Пруссия выходит из состава Речи Посполитой в 1657 году. Новорожденной державе точно не до России, с которой у нее нет никаких общих границ.

Но Северная война вкупе с войной за Испанское наследство вовлекла в свою орбиту почти всю Европу. Амбиции шведского короля Карла XII не миновали и Пруссию. В итоге 22 ноября 1709 года в г. Мариенвердере (ныне Квидзын в Польше) состоялась встреча Петра I и Фридриха I. Результатом этой встречи стало подписание оборонительного договора. Конвенция состоит из 14 глав и одной секретной. Одним из основных пунктов, которого удалось достичь, было обещание прусского короля не пропускать шведские войска через свою территорию, за что Петр I обещал Эльбинг Пруссии.

Кроме того, именно на этой встрече впервые прусский король предложил идею раздела Польши.

В 1713 году, пребывая в Ганновере, Петр I встретился со следующим прусским королем Фридрихом Вильгельмом I, о чем и писал А. Д. Меншикову: «Здесь нового короля я нашел зело приятна к себе». 1 (12) июня 1714 года был подписан русско-прусский оборонительный союз. Петр помог Пруссии получить под контроль часть Померании с городами Штеттин и Висмар. И уже в следующем году Пруссия для действий против шведов отправила в Померанию 12 000 солдат.

Русские войска, также вошедшие в Померанию, содержались за счет прусского короля. В 1715 году Пруссия вступила в войну против Швеции.

12–17 ноября 1716 года в Гавельберге произошла еще одна встреча между Петром I и Фридрихом Вильгельмом I. По решению Гавельбергской конференции Пруссия обязалась поддерживать Россию в Северной войне, оказывая ей помощь против Швеции. Вот тогда прусский король и подарил Петербургу Янтарную комнату.

15 августа 1717 года в Амстердаме был подписан «Амстердамский трактат» между Россией, Пруссией и Францией. Французский король соглашался стать гарантом территориальных приобретений как Петра, так и Фридриха Вильгельма[115].

Елизавета Петровна, пришедшая к власти при поддержке французского посла маркиза де ла Шетарди, была настроена на дружественные отношения как с Францией, так и с союзной ей в войне за Австрийское наследство Пруссией. В 1743 г., недавно вступившая на российский престол императрица Елизавета заключила оборонительный союз с прусским королём Фридрихом II.

В 1744 году Саксония, всегда подчёркивавшая свою лояльность к России, подписала союзный договор с Австрией и вскоре после этого — с Россией.

В августе того же года Фридрих начал Вторую Силезскую войну против Австрии и Саксонии (король Саксонии Август III был одновременно и королем Польши). При получении известий об очередных успехах Фридриха в сентябре 1745 г. императрица Елизавета назначила придворную конференцию по вопросу о том, «следует ли допустить усиление прусского короля или оказать помощь саксонскому курфюрсту».

В 1752 г. Фридрих II пишет своё так называемое «Первое политическое завещание» (впервые опубликовано только в 1920 г.) Прусский король считал, что у России и Пруссии нет глубинных причин для вражды, Россия для него — «враг случайный». Причиной враждебного отношения России к Пруссии является исключительно подкупленный Австрией и Англией канцлер Алексей Бестужев-Рюмин. Конечно, он завещает потомкам ликвидировать «польский коридор» между своими германскими и прусскими владениями, но войны с Россией, по мысли короля, следует максимально избегать[116].

---

[115] См. Козлова Ю. А. Русско-прусские отношения в годы Северной войны (1709–1717 гг.) // Исторические науки. 2018, № 1.

[116] Die Politischen Testamenten Friedrich's des Grossen. Red. G.B. Volz. Berlin. 1920. S. 64.

Но Елизавета двинула свои армии в Семилетнюю войну…

Однако после нее отношения России с Германией перешли в союзнический режим: при Петре III в 1762 году был заключён русско-прусский союз, и отношения двух держав были на удивление мирными целых полтора столетия.

Екатерина называла Фридриха «своим самым верным союзником»[117].

Пруссия к выгоде России поучаствовала во всех трех разделах Польши.

Также она приняла активное участие в четырех из семи антинаполеоновских коалиций, созданных Россией.

Однако, как заметил С. М. Соловьев о разгроме Пруссии Наполеоном в 1806 году — «труп, отлично сохранившийся в безвоздушном пространстве, рассыпался при выносе на свежий воздух»[118].

На Тильзитских переговорах царь Александр отстоял само бытие Пруссии — Наполеон предлагал ее поделить. Русский посол во Франции граф Толстой, по словам Шампаньи, исключительно оберегал интересы Пруссии и довольно равнодушно относился к присоединению Дунайских княжеств к России. «Все, что касается до прусской династии, возбуждает в нем самые горячие симпатии». Так писал о русском после французский министр иностранных дел Коленкур 2 (14) января 1808 года[119].

Такую, разбитую и униженную, Пруссию Наполеон понудил к участию в походе на Москву. Но прусский король при первой

---

[117] Письмо 16 янв. 1769 г. // Сборник Императорского Русского исторического общества. Т. 20. — СПб, 1877. С. 254.

[118] Соловьев С. М. Император Александр Первый. Политика-дипломатия. — СПб, 1877. С. 126.

Соловьев С. М.: «Война велась из-за Пруссии, чтоб не дать этому государству исчезнуть с карты Европы» (С. 149).

[119] Собрание трактатов и конвенций, заключенных с иностранными державами. Составил Ф. Мартенс. Т. 14. Трактаты с Францией 1807–1820. — СПб, 1905. С. 40.

же возможности заключил сепаратный договор с имп. Александром.

В 1835 году имп. Николай предложил прусскому королю провести совместные маневры в г. Калиш — на прусской территории. Пешая гвардия приплыла в Данциг, откуда направилась к Калишу пешим порядком. Кавалерия и конная артиллерия следовали пешим путем. Немцы встречали российские войска исключительно радушно. Под Калишем было собрано 67,5 батальона (49 067 человек), 67,5 эскадрона и сотен (7 080 человек), 136 орудий. Сюда прибыл прусский королевский двор. Маневры начались 30 августа (11сентября) и закончились 10 (22) октября, вслед за чем войска получили двухдневное угощение. Только для фейерверка было использовано 300 пудов пороха, И. Ф. Паскевич получил от Фридриха-Вильгельма III шпагу, украшенную бриллиантами[120].

В 1848 году царь Николай делится своими планами с прусским королем: «Момент в высшей степени серьезен. Не будем создавать себе иллюзий и постараемся признать, что нашему общему существованию грозит неминуемая опасность. Мы погибли, если допустим малейшую слабость. Наш первый долг — единодушно отказаться на этот раз признать новый строй, который французское правительство только что установило, — это необходимо, — и порвать сношения с ним, немедленно отозвав наши миссии. Но одним этим мы ограничиться не можем, и по той простой причине, что неизбежно должно произойти одно из двух: либо безумие и опьянение побудят французов переступить свои границы, чтобы снова увидать предмет своих постоянных вожделений, Рейн... пойти на агрессию против неприкосновенности Ваших государств и Германии, что, по-моему, было бы большой удачей для Вас; либо они сейчас ничего не предпримут, будут вооружаться, дожидаясь, пока революция охватит Германию,

[120] Айрапетов О. История внешней политики Российской Империи. 1825–1855. — М., 2017. С. 236.

и они получат возможность появиться там в качестве союзников анархии. Повторяю, я предпочел бы первый случай, так как надеюсь, что он пробудил бы наконец Германию, когда налицо такой ужасный пример. Поэтому, дорогой друг, надо быть готовыми к худшему. Время разговоров прошло. Надо действовать, или трусость и неразумие приведут к гибели, и именно Вы должны предпринять смелый шаг. Соберите вокруг себя все имеющиеся в Германии силы»[121].

8 марта 1848 года в Вене был подписан очередной русско-прусский военный союз. 14 марта Николай издает манифест «О событиях в Западной Европе», где говорится о «союзных Нам Империи Австрийской и Королевстве Прусском»[122].

Николай Первый небезосновательно считал Германию (Пруссию) своим «часовым на Рейне».

Леопольд фон Герлах, генерал-адъютант прусского короля Фридриха Вильгельма IV записал в дневнике 27 сентября 1854 года:

«Если Австрия всё-таки планировала напасть на Россию, удержана она была от этого только Пруссией, ибо армия Пруссии стоит с топором за спиной Австрии. Именно Пруссия и есть главная виновница того, что Австрия нейтральна и по отношению к Петербургу, и по отношению к Лондону и Парижу»[123].

20 апреля 1854 г. в Берлине был заключен союзный договор между Пруссией и Австрией для оказания взаимной помощи при нападении России. Выступая с предложением о заключении

---

[121] Австрийская революция 1848 года и Николай 1 // Красный архив. Т. 4–5 (89–90). — М., 1938. С. 170.

[122] Полное собрание законов Российской империи. Второе собрание. Т. 23, — Спб, 1849. С. 182. № 22087.

[123] Цит. по: Махов С. Крымская война: нейтралы со своим мнением. URL: https://warspot.ru/15359-krymskaya-voyna-neytraly-so-svoim-mneniem

этого договора, Австрия предполагала превратить его в оружие против России, по отношению к которой она заняла резко враждебную позицию. Однако Пруссия, не желая поддерживать Австрию против России, сначала затягивала подписание договора, а затем превратила его по существу в чисто оборонительный, сделав оговорку, что помощь будет ею оказана только в том случае, если будут затронуты «общегерманские» интересы; таким образом, повод не мог быть найден в восточных делах. Она настаивала также на приглашении мелких немецких государств присоединиться к договору. Эти государства были настроены в пользу России, и Бисмарк имел в виду противопоставить их Австрии, усиления которой он не желал. В итоге договор, вместо того чтобы быть направленным против России и облегчить выступление Австрии против нее, оказался направленным против воевавших с Россией государств; это помешало, между прочим, французским военным планам переброски армии на Дунай через немецкие земли.

Средние и мелкие германские государства дважды — 8 и 22 февраля 1855 г. — решительно высказались за нейтралитет Германского союза. В мае — июне 1855 г. и в ноябре того же года германский сейм дважды отклонил предложение Австрии присоединить Германский союз к декабрьскому договору 1854 г. трех держав — Франции, Англии и Австрии — против России.

Большая австро-прусская война 1866 года еще впереди, но Австрия в своих маневрах на Балканах чувствует за спиной угрозу. Не имея поддержки Пруссии и государств Германского союза, Австрия не решилась на войну с Россией.

Рассказывая о немецкой политике времен крымской войны, Бисмарк упоминает о т. н. «Партии Еженедельника», возглавляемой Р. фон дер Гольцем и М. Бетманом-Гольвегом:

«Я вспоминаю, какими обширными записками обменивались эти господа. Порой они знакомили с содержанием записок и меня, надеясь привлечь на свою сторону. В качестве цели,

к которой надлежало стремиться Пруссии как передовому борцу Европы, там намечалось: расчленение России, отторжение ее остзейских (Балтийских) *губерний, которые, включая Петербург, должны были отойти к Пруссии и Швеции, отделение всей территории Польской республики в самых обширных ее пределах, раздробление остальной части на Великороссию и Малороссию, хотя и без того едва ли не большинство малороссов оказывалось в пределах максимально расширенной территории Польской республики... Из этой теории делали вывод о необходимости культивировать естественный союз с Англией, смутно намекая на то, что если Пруссия поможет ей своей армией против России, то и Англия со своей стороны поддержит прусскую политику... Этими ребяческими утопиями тешились люди, несомненно, умные, разыгрывая роль государственных мужей; они считали возможным рассматривать в своих планах будущей Европы 60 миллионов великороссов как caput mortuum; они считали, что этот народ можно как угодно третировать, не превращая его тем самым неизбежно в союзника всякого будущего врага Пруссии, что вынудило бы Пруссию при всякой войне с Францией прикрывать свой тыл от Польши... Бунзен, посланник в Лондоне, имел неосторожность послать в апреле 1854 г. министру Мантейфелю пространную записку, в которой выдвигались требования восстановления Польши, расширения Австрии вплоть до Крыма, и в которой рекомендовалось, чтобы Пруссия содействовала осуществлению этой программы. Одновременно Бунзен сообщил в Берлин, что английское правительство не возражает против присоединения приэльбских герцогств к Пруссии, если последняя примкнет к западным державам; в Лондоне же он дал понять, что прусское правительство согласно на это при условии означенной компенсации. Оба эти заявления были сделаны Бунзеном без всяких на то полномочий. Король, когда это дошло до него, нашел, при всей своей любви к Бунзену, что дело зашло уж слишком далеко, и приказал Бунзену уйти в долгосрочный отпуск, закончившийся отставкой... Желая избавить принца от этих навязанных ему идей, я стал доказывать, что мы сами не имеем абсолютно никакой причины воевать с Россией и что у нас нет в восточном вопросе никаких интересов, которые оправдывали бы такую войну или хотя бы необходимость принести в жертву наши давние дружеские отношения к России. Наоборот, всякая победоносная война против России при нашем — ее соседа — участии вызовет не только постоянное стремление к реваншу со стороны России за нападение на нее без нашего собственного основания к войне, но одновременно поставит перед нами и весьма рискованную задачу, а именно — решение польского вопроса в сколько-нибудь приемлемой для Пруссии форме. А раз наши собственные интересы не только отнюдь не требуют разрыва с Россией, но скорее даже говорят против этого, то, напав на постоянного соседа, до сих пор являющегося нашим другом, не будучи к тому спровоцированы, мы сделаем это либо из страха перед Францией, либо в угоду Англии и Австрии»*[124].

Прусский король Вильгельм I был благодарен царю Александру II за дружественную позицию России во время войн за объединение Германии 1864–1871 годов. В свою очередь русский монарх также не забыл благожелательную позицию Пруссии во время Крымской войны 1853–1856 годов, как и декларацию Бисмарка 1863 года в поддержку России во время подавления беспорядков в Польше.

8 февраля 1863 г. в Петербурге была подписана «конвенции Альвенслебена», предусматривавшая взаимную военную помощь при подавлении восстания, вспыхнувшего в русской

---

124 Бисмарк О. Мысли и воспоминания. — М., 1940. Т. 1. С. 79–82.

Польше. В Берлине полагали, что «позиция обоих дворов по отношению к польской революции по сути является позицией двух союзников, которым угрожает общий враг»[125].

В 1864 г. Пруссия и Австрия ставили Данию на колени. Петербург в ответ на просьбу Бисмарка «дать обменяться с Данией несколькими пушечными выстрелами» промолчал, то есть разрешил. И это при том, что в сентябре того же года наследник русского престола Николай Александрович был помолвлен с дочерью короля Дании Христиана IX, принцессой Дагмар (1847–1928), впоследствии ставшей супругой его брата, императора Александра III.

Русский посол в Вене Э. Е. Стакельберг в письме к министру иностранных дел князю Горчакову от 16/28 мая 1867 г. писал о Пруссии — «наш сосед и единственный союзник». И с этой позицией согласился царь Александр[126].

Бисмарк 28 ноября 1870 года отчеканил:

> *«Весь Восточный вопрос, даже если бы он и привёл к войне, по сравнению с французским вопросом для нас неважен. Одна опасность русско-французского альянса могла бы оправдать прекращение нашей дружбы с Россией»[127].*

В 1873 году была подписана германо-российская военная конвенция, которая включала в себя, помимо всего прочего, следующее условие:

---

[125] 3 Die Auswartige Politik PreuBens 1858–1871. Oldenburg, 1934–1945. Bd. III. S. 223. Цит. по: А. С. Медяков: «Наш Бисмарк»? Россия в политике и взглядах «железного канцлера» Германии // Российская история. 2015, № 6. С. 65.

[126] А. С. Медяков: «Наш Бисмарк»? Россия в политике и взглядах «железного канцлера» Германии // Российская история. 2015, № 6. С. 67–68.

[127] Камкин А. К. Германия-Россия: договор о подстраховке 1887 года — упущенный мирный шанс истории Европы // Современная Европа. 2011. № 1. С. 127.

«В случае нападения на любую из двух держав иной европейской державы вторая обязуется в течение максимально короткого времени поддержать первую двухсоттысячной армией»[128].

В 1873 году был заключен и договор о Союзе трёх императоров (das Drei-Kaiser-Bündnis)[129], продленный в 1881[130] и 1884.

В 1880-е годы Бисмарк по-прежнему даже в случае австро-русской войны из-за Болгарии скорее всего атаковал бы Францию, которая была бы несомненным союзником Австрии.

Весной 1885 года при очередном обострении англо-русских отношений Лондон решил ввести британскую эскадру в Проливы, бомбардировать Батум и Новороссийск, высадить войска на Кавказе… На сторону России встала Германия, которая ска-

---

128 Камкин А. К. Германия-Россия: договор о подстраховке 1887 года — упущенный мирный шанс истории Европы // Современная Европа. 2011 № 1, с. 129.

129 «Е.в. император всероссийский и е.в. император австрийский, обещают друг другу, даже когда в требованиях интересов их государств окажется некоторое разногласие по поводу частных вопросов, сговориться так, чтобы эти разногласия не могли одержать верх над соображениями высшего порядка, какими они озабочены. Их величествами решено не допускать, чтобы кому-либо удалось разлучить их на почве принципов, считаемых ими за единственно способные обеспечить и, если нужно, принудительно поддержать европейский мир против всяких потрясений, откуда бы таковые ни проистекали. На тот случай, если бы нападение со стороны третьей державы грозило нарушить европейский мир, их величества взаимно обязуются, не ища и не заключая новых союзов, сначала сговориться между собой, чтобы условиться относительно образа действий, какого следует держаться сообща».

130 «В случае, если бы одна из высоких договаривающихся сторон оказалась в состоянии войны с четвертой великой державой, две другие сохранят по отношению к ней благожелательный нейтралитет и приложат старания к локализации конфликта. Это условие выполняется и в случае войны одной из трех держав с Турцией, но только если предварительно между тремя дворами будет заключено соглашение, касательно результатов этой войны. Три двора дают взаимное обещание в том, что какие-либо изменения в территориальном statu quo Европейской Турции могут произойти не иначе, как по взаимному их соглашению» (Сборник договоров России с другими государствами. 1856–1917. — М., 1952. С. 126–128, 229).

зала, что мобилизует свой военный флот, если Англия введет свои броненосцы в Проливы[131].

Генерал-адъютант граф Петр Андреевич Шувалов пользовался расположением Бисмарка. Вместе с братом — послом России в Германии Павлом Андреевичем Шуваловым они по поручению царя составили проект русско-германского договора, по которому Германия получала гарантию дружественного нейтралитета России в случае войны с Францией. Германия признавала «исключительное право» России на влияние в Болгарии и обещала дружественный нейтралитет в случае, если Россия решит «обеспечить закрытие проливов и сохранить в своих руках ключ от Черного моря». Привезенный Петром Шуваловым проект не получил поддержки у императора, против его принятия высказался и Н. К. Гирс. Предложения Шуваловых были дезавуированы.

В 1887 года Бисмарк и русский посол в Берлине подписали Договор о перестраховке (Rückversicherungsvertrag) — тайный договор между Россией и Германией. Обе стороны должны были сохранять нейтралитет при войне одной из них с любой третьей великой державой. Но не распространяли этот договор на случай, если Россия нападет на Австрию или Германия на Францию.

Кроме того, «Германия признаёт исторически обретённые права России на Балканский полуостров, а в особенности право её преимущественного и решающего влияния в Болгарии и Румелии».

К договору прилагался особый протокол:

«В том случае, если Его Величество Император Всероссийский увидит себя поставленным перед необходимостью во имя сохранения прав России взять на себя даже задачу защиты доступа к Чёрному морю, Германия обязуется обеспечить свой благожелательный нейтралитет, а также

131 URL: http://george-rooke.livejournal.com/683340.html

> *обеспечить моральную и дипломатическую поддержку действий, которые Его Императорское Величество сочтёт необходимыми для сохранения в своей руке ключа от своей империи»*[132].

3 мая 1888 Бисмарк пишет германскому послу в Вене принцу Генриху VII (княжество Рейсс):

> *«Могущество России может быть подорвано только отделением от неё Украины. Необходимо не только оторвать, но и противопоставить Украину России, стравить две части единого народа и наблюдать, как брат будет убивать брата. Для этого нужно лишь найти и взрастить предателей среди элиты и с их помощью изменить самосознание одной части великого народа до такой степени, что он будет ненавидеть всё русское, ненавидеть свой род, не осознавая этого. Всё остальное — дело времени».*

…Ой, это фейк российской пропаганды.

> *«Акция в поддержку России в Берлине. На демонстрацию пришли 60 человек, 16 марта 2014 г. Перед показом в Российском доме науки и культуры в Берлине собравшуюся публику осмотрительно предупредили, что фильм украинской журналистки Алены Березовской о Майдане и событиях в Крыму — «авторский», то есть снят не на деньги и не под редакцией «России сегодня». Голосом Березовской была озвучена фраза Бисмарка, ставшая супербомбой всей презентации: «Власть России можно похоронить, только отделив от нее Украину. Нужно разделить две части одного народа и натравить их друг на друга, наблюдая, как братья убивают братьев»*[133].

---

[132] Сборник договоров России с другими государствами. 1856–1917. — М., 1952. С. 270.

[133] URL:https://newtimes.ru/articles/detail/83748/

В 2016-м фейк подхватил Никита Михалков Бесогон-ТВ[134]. Причем режиссёр убежден, что «цитата Бисмарка сказана в начале прошлого века».

Те распространители фейка, что пограмотней, ссылаются на Reichskanzler Prinz von Bismarck beim Botschafter in Wien bei Prinz Heinrich VII. Reuss Vertraulich Nr. 349 Vertraulich (geheim) Berlin 05/03/1888.

Такое письмо и в самом деле издано в антологии германских дипломатических бумаг: Die grosse politik der europäischen kabinette, 1871–1914:

> *Sammlung der diplomatischen akten des Auswärtigen amtes, im auftrage des Auswärtigen amtes. Band 6:* ***Kriegsgefahr in Ost und West. Ausklang der Bismarckzeit****, Berlin 1922, ss. 302–303*[135].

Но там ничего похожего.

Комментируя высказывание австро-венгерского министра иностранных дел графа Кальноки о том, что в результате войны Россия может быть «разрушена», рейхсканцлер писал:

> *«Такой исход даже после самых блестящих побед совершенно невероятен. Даже благоприятный результат войны никогда не приведет к подрыву основ российской мощи, которая покоится на миллионах русских греческой веры. Даже если разделить их с помощью договоров, они снова сольются воедино так же быстро, как капли ртути. Эта несокрушимая империя русской нации, сильная своим климатом, своими пространствами и своей неприхотливостью, обладающая тем преимуществом, что только одна ее граница*

---

[134] Выпуск 1 мая 2016 г.
URL: https://www.youtube.com/watch?v=RGQTkJTcSEI, 12-я минута

[135] URL: https://archive.org/details/diegrossepolitik06germ/page/302/mode/2up

нуждается в защите, после своего поражения станет нашим заклятым, стремящимся к реваншу противником — как сегодняшняя Франция на западе. Тем самым на будущее создалась бы ситуация постоянной угрозы. Возможно, мы будем вынуждены оказаться в такой ситуации, если русские атакуют нас или Австрию. Однако я не могу взять на себя ответственность за добровольное создание подобного положения вещей. «Разрушить» нацию не удалось в течение 100 лет трем великим державам в отношении более слабой Польши. Жизненная сила русских не меньше; на мой взгляд, с нашей стороны всегда будет лучше рассматривать ее как некую стихийную угрозу, против которой мы можем строить плотины, но которую не можем устранить. Напав на сегодняшнюю Россию, мы только укрепим ее сплоченность. Однако, выжидая, пока она нападет сама, мы, возможно, скорее дождемся ее распада и разложения, вызванного внутренними причинами. И это произойдет тем раньше, чем меньше мы своими угрозами будем мешать России забраться в тупик Восточного вопроса».

Жалко, что не издана переписка Бисмарка с Троцким, Даллесом и Олбрайт. Вот уж где, наверное, разгул русофобии.

В марте 1888 в беседе у постели нового и все же уже умирающего императора Фридриха Бисмарк вновь говорил об отсутствии серьёзных противоречий между Берлином и Петербургом, о бесцельности войны с Россией и о желательности поощрения её активности на Балканах. Эти идеи встретили полное понимание монарха. Но Бисмарк не дождался ни одного одобрительного кивка от присутствовавшего при его докладе кронпринца Вильгельма…[136]

---

[136] Waldersee A. Denkwurdigkeiten des General-Feldmarschalls Alfred Grafen von Waldersee.

Bd. 2. Stuttgart; Berlin, 1922. S. 13. Цит. по: А. С. Медяков: «Наш Бисмарк»? Россия в политике и взглядах «железного канцлера» Германии // Российская история. 2015, № 6. С. 73.

Наставляя в 1888 г. Вильгельма II, Бисмарк назвал «высокомерие» России и её неготовность признать Германию равноправным партнёром существенной причиной ухудшения их взаимоотношений в последние 10 лет[137].

Бисмарк не был русофилом. Но и русофобом он не был. Если уж искать в его позиции что-то личное, то оно будет в событиях 7 мая 1866 года.

В этом день 22-летний Фердинанд Коген-Блинд стрелял в Бисмарка с намерением тем самым предотвратить австро-прусскую войну (она все равно начнется через месяц). Бисмарк после доклада королю Вильгельму I пешком возвращался домой по берлинской Унтер-ден-Линден. Коген-Блинд поджидал произвёл в Бисмарка два выстрела со спины. Бисмарк быстро обернулся и схватил Коген-Блинда, который, тем не менее, сумел выстрелить ещё три раза. Первые три пули прошли по касательной, а последние две пули отскочили от ребра, не причинив существенного вреда. На помощь бросились проходившие мимо солдаты. Коген-Блинда доставили в полицию на допрос, где, оставшись без присмотра, ножом перерезал себе шейную артерию.

Так что на прусско-австрийский союз Бисмарку было пойти труднее, чем на прусско-российский.

И еще деталь: русское «ничего» было любимым русским словечком Бисмарка, в своё время поразившим его широтой своего употребления русскими и использовавшимся им даже в частной жизни. В 1885 г. Бисмарк заказал себе кольцо с русским

---

137 А. С. Медяков: «Наш Бисмарк»? Россия в политике и взглядах «железного канцлера» Германии // Российская история. 2015, № 6. С. 80.

Ср.: «В 1813 г. Россия бесспорно приобрела право на прусскую признательность. Нарочитая неблагодарность и в политике, как и в частной жизни, не только некрасива, но и неумна. Но ведь мы выплачивали наш долг России не только в то время, когда русские оказались в затруднительном положении под Адрианополем, не только нашим поведением в Польше в 1831 г., но и на протяжении всего царствования Николая I. В его правление мы жили на положении русских вассалов».

(Бисмарк О. Мысли и воспоминания. Т. 1. — М., 1940. С. 199–200)

словом «ничего». Это выражение он услышал ещё в 1862 г. от крестьянина, взявшегося быстро довезти его по бездорожью из глухой деревни на царскую охоту и одним этим словом не только отвечавшего почти на любой вопрос спутника, но и утешавшего вывалившегося из дрожек седока. Слух о «железном кольце железного канцлера» (Der eiserne Ring des eisernen Kanzlers) немедленно разнёсся по свету, перепечатывался немецкими и даже американскими газетами. «Мои добрые немцы обвиняют меня, что я слишком снисходителен к русским, — говорил по этому случаю Бисмарк. — Но они должны понимать, что во всей Германии только я в критические моменты говорю „ничего", а в России в такие моменты его произносят 100 миллионов»[138].

Но вскоре после его отставки началось «переворачивание союзов». 27 августа 1891 года был подписан секретный российско-французский договор.

Также стоит отметить, что в Русско-японской войне симпатии Германии были на русской стороне:

На встрече царя и кайзера в Висбадене в ноябре 1903-го Вильгельм заверил кузена Николая, что тот может перебрасывать войска в Манчжурию, не опасаясь за западную границу России[139].

15 ноября 1904 г. русский флигель-адъютант полковник Шебеко, «состоящий при особе императора германского, короля прусского, Вильгельма II» рапортовал Николаю II:

«в Берлине, при присягании новобранцев берлинского гарнизона, в присутствии всех военных агентов, по окончании церемонии император завтракал в офицерском собрании гвар-

---

[138] Der eiserne Ring des eisernen Kanzlers // Wochentliche Anzeigen fur das Furstenthum Ratzeburg. 1885. 20 October. № 81. S. 6. Цит. по: А. С. Медяков: «Наш Бисмарк»? Россия в политике и взглядах «железного канцлера» Германии // Российская история. 2015, № 6. С. 75.

[139] Рыбаченок И. С. Закат великой державы. Внешняя политика России на рубеже XIX—XX вв.: цели, задачи и методы. — М., 2012. С. 529.

дейского гренадерского Александровского Вашего императорского величества полка и провозгласил первый тост за августейшего шефа полка, прослушав затем, стоя, русский национальный гимн... На этих днях сэр Frank Lascelles (английский посол в Берлине) перед отъездом в отпуск спрашивал императора, сколько времени, по его мнению, продолжится еще война — „А, может быть, еще два-три года", — ответил император; посол даже побледнел и стал говорить о гуманности, цивилизации и т. д. „А вы думали, что Россия так и успокоится, не одержав еще ни одного осязательного успеха? Да она еще даже не воспользовалась обеспеченностью своего тыла, т. е. западной границей империи; нет, Вы еще подождите: вот она сосредоточит еще несколько сот тысяч человек, сотрет с лица земли японскую армию, да тогда заговорит о мире". С таким мало-утешительным для него заключением посол и уехал в Англию»[140].

И это при том, что уже существовал официальный военный русско-французский союз.

Да, потом была Великая война. Но едва она завершается — и Германия помогает Советской России.

Рассекреченные документы Тайного заседания в Военном министерстве Германии 17 июня 1919 года говорят о переговорах, на которых немецкая сторона была представлена министром обороны Густавом Носке. Советским представителем выступал майор Иванкович. Он упоминает тайный договор от 7 февраля 1919 года, цель которого — передать под контроль большевиков, а не поляков те ранее занятые германцами территории, с которых они должны уйти после поражения в Великой войне.

Из выступления красного майора Иванковича (царский офицер, перешедший на службу в РККА) на заседании в Министерстве обороны Германии:

---

[140] Вильгельм II о русско-японской войне и революции 1905 года // Красный Архив. Т. 9. — М.-Л., 1925. С. 58 и 59.

«Министр обороны Носке приветствует господина Иванковича от имени присутствующих и просит его предоставить отчёт, а также огласить свои дальнейшие пожелания. Господин Иванкович излагает на немецком языке: Товарищ Троцкий послал меня сюда, чтобы выразить благодарность Германской Республике за предоставленную помощь, что я и делаю. Вы выслали нам на сегодняшний момент 2 387 офицеров, а также 1 293 унтер-офицера, которые повсюду в нашей армии имеют офицерское звание. Я должен вам, господа, однако сообщить, что нам необходимо ещё больше офицеров. Мы привлекли, разумеется, много офицеров из царского режима, однако имеется большой недостаток в технических и артиллерийских кадрах. Согласному тайному договору, Германия обязалась России предоставить русской армии незадействованных офицеров, что, безусловно, ей необходимо. Полковник Рейнхард упрекает господина Иванковича в том, почему Россия до сих пор ещё не напала на Польшу. Вследствие захвата Польши Россией Германия была бы прикрыта на Востоке и могла бы бросить все свои силы на Запад. Решено послать господина Иванковича с капитаном Ройше в седьмой армейский корпус, где доныне записывалось большинство офицеров для русской армии».

Факты сотрудничества в военной сфере между веймарской Германией и Советской Россией давно известны, но упомянутое советским представителем — отправка для службы в Красной Армии германских офицерских кадров была забыта. Служба оплачивалась. Согласно сохранившемуся информационному письму капитана Меттеганга, которое было отправлено в военное министерство 12 августа 1919 г., был объявлен набор в Красную Армию на добровольной основе. При этом советское правительство обязывалось выплачивать солдатам и унтер-офицерам ежедневно по 35 марок, а за длительный контракт в течение нескольких месяцев назначалась премия в 5 тыс. марок[141].

В ходе дискуссии полковник Рейнхард упрекнул советскую сторону в том, что «Россия до сих пор еще не напала на Польшу». Позже, в 1920 г. главнокомандующий рейхсвера Ганс фон Сект скажет: «Ни один немец не должен пошевелить и рукой ради спасения от большевизма Польши и, если бы черт побрал Польшу, нам бы следовало ему помочь»[142].

Тайный договор с Германией, планы нападения на Польшу… И это не 1939, а 1919 год…[143]

---

[141] Барынкин А. В. Тайное заседание в Военном министерстве Германии 17 июня 1919 г. в контексте становления советско-польских отношений // Петербургский исторический журнал. 2017, № 2. С. 260–261.

[142] Цит. по: Горлов С. А. Совершенно секретно: Альянс Москва — Берлин, 1920–1933 гг. — М., 2001.

URL: http://militera.lib.ru/research/gorlov1/01.html

[143] Во время развития наступления на территории Белоруссии и Прибалтики в ноябре 1918 г. передовым частям Красной Армии приказывалось вступать в контакт с германскими оккупационными властями и командованием, прежде чем осуществлялось вступление в тот или иной населенный пункт (Указание по прямому проводу Ф. В. Костяева начальнику штаба Западной армии о порядке дальнейшего продвижения частей армии от 25 ноября 1918 г. // Директивы Главного командования Красной Армии. — М., 1969. С. 179).

Глава 31

Большая Английская Игра

Англичане открыли Россию случайно: три их корабля искали северный путь в Индию и Китай и оказались в Архангельске.

В 1551 году в Лондоне была создана «Компания купцов-предпринимателей для открытия стран, земель, островов, государств и владений, неведомых и доселе морским путем не посещаемых» (Mystery and Company of Merchant Adventurers for the Discovery of Regions, Dominions, Islands, and Places unknown), занимавшуюся, в частности, поисками северо-восточного морского пути. Согласно господствовавшим в те годы в европейской географии ошибочным представлениям, из Европы в Китай возможно было попасть северным путем через реку Обь.

В мае 1553 года на поиски этого пути отправилась эскадра из трех кораблей под комонованием Гуго Виллогби (**Hugo** Willoughby). Он не был мореходом и получил известность в ходе войны «Грубых ухаживаний».

Флагман *Bona Esperanza* с капитаном ушел слишком далеко на север, к Новой Земле, и в итоге зимой 1554 замерз у мурманских берегов (по выражению Карамзина, «у берегов Российской Лапландии»). Погибли все 63 члена экипажа.

24 августа оставшийся корабль *Edward Bonaventure* под командованием Ричарда Ченслора вошел в Двинский залив и при-

стал к берегу, где позднее был основан Архангельск. От местных жителей, изумлённых появлением большого корабля, англичане узнали, что эта местность является не Индией, а Россией.

Прибыв в Москву, Ричард Ченслор вручил Ивану Грозному грамоту английского короля Эдуарда VI, «...писанную на разных языках ко всем Северным и Восточным государям». В этой грамоте говорилось о желании Англии получить новые рынки для торговли. Приняв на себя роль посла английского короля, Ченслор просил у царя разрешения для англичан пользоваться и впредь открытым им «новым путем» для торговых сношений с Россией.

Несколько месяцев прожил Ченслор в Москве, детально собирая сведения о России, несколько раз виделся с Иваном Грозным и получил от него заверения, что англичанам будут даны всякие свободы и преимущества, если только они пожелают установить торговлю с Россией.

Весной 1554 года Ченслор с письмом Ивана Грозного к английскому королю выехал тем же морским путем в Англию. В 1555 году компания Mystery была переименована в «Московскую компанию» и Ричард Ченслор вторично отправился в Россию на двух кораблях[144].

В XVI—XVII веках Англия — важнейший торговый партнер Москвы. При этом Московия для англичан — это дальняя периферия Европы. В большой европейской политике Москва еще почти не видна. Лондон спорит с ней только о ценах и налогах. По ходу индустриализации и «огораживаний» Британия обезлесела. Так что британский флот жизненно зависел от русских поставок древесины и канатов.

Иван Грозный сватался к английской королеве-девственнице Екатерине. Она принимала московского посла у себя в саду,

---

[144] См.: Книга о великом и могущественном царе России и князе Московском, о принадлежащих ему владениях, о государственном строе и о товарах его страны, написанная Ричардом Ченслором // Английские путешественники в Московском государстве в XVI веке. — М., 1937.

что обернулось недоразумением: она считала, что допуск в ее личное пространство (вне залы официальных приемов) это знак особой доверительности, а московит счел это знаком неуважения.

В дни Северной войны в Петербурге вспоминали, как некогда «Густав великий король свейский с великим пререканием писал к Елисавете, королеве аглинской, за то, что она несколько пушек послала в дар царю Иоанну Васильевичу, уличая оноя неопасность, яко показующия нам силу оружную»[145].

В итоге — «Тайно поддерживая Россию поставками оружия, англичане косвенно оказывали влияние на события Ливонской войны»[146].

В середине XVII века Россия и Англия были врагами Католической лиги в Тридцатилетней войне. В 1697–1698 годах Петр Великий был хорошо принят в Британии, где прожил три месяца.

В дни Северной войны Англия воевала против Дании — союзницы России, но одновременно наращивала торговлю с Россией. Экспорт из России в Англию увеличился с 64,1 тыс. фунтов стерлингов до 223,4 тыс. фунтов стерлингов. Из приходивших ежегодно в Архангельск 100 судов половина была английскими.

Для Британии главным был ее конфликт с Францией («война за Испанское наследство»). В нем она рассчитывала на помощь немецких протестантских армий. Но захватническая активность шведского короля Карла в северной континентальной Европе отвлекала силы немецких государств на «восточный» анти-шведский фронт. Соответственно, британская дипломатия была заинтересована в скорейшем окончании Северной войны и в эвакуации Швеции с континента. Уже в сентябре 1700 года через своего

---

145 Феофан Прокопович. Слово похвальное о баталии Полтавской, сказанное в Санктпитербурхе в церкви Живоначалныя Троицы 27 июня 1717 // Панегирическая литература Петровского времени. — М., 1979. С. 211.

146 Таймасова Л. Ю. Тайны Ливонской войны: герцог Магнус голштинский, Московская компания и английская контрабанда через русское «Оконце в Европу // Новый исторический вестник. 2012. № 4. С. 58.

посла в Гааге Стэнгопа английский король Вильгельм Оранский предложил своё посредничество в мирных переговорах Швеции и России (Нарвская битва последует только в ноябре, то есть войска Петра на момент мирной английской инициативы пока наступают).

И тут уместно вспомнить термин «Ганноверская династия». В 1701 году умирает единственный очевидный наследник британского трона из династии Стюартов 11-летний принц Уильям Датский. Парламент принимает «Акт о престолонаследии», который, отвергнув всех прентендентов на престол, исповедующих католичество, объявляет наследницей внучку короля Якова I ганноверскую курфюрстину 70-летнюю Софию. Учитывая ее возраст, всем понятно, что трон скоро уйдет к ее сыну Георгу.

8 июня 1714 года София умирает. 1 августа того же года умирает и мать принца Уильяма царствующая английская королева Анна.

Курфюрст Ганновера Георг становится также королем Англии и королем Шотландии. До этого, с сентября 1707 года, Георг был командующим рейнскими армиями Германской Империи, то есть противником Франции и Швеции. Поэтому Россия уже с декабря 1709 г. уделяла большое внимание вовлечению Ганновера в Северный союз. В октябре 1715 г. Петр подписывает с курфюрстом Ганновера и английским королем Георгом I Грейфсвальдский договор[147]. По нему Ганновер получал (от Дании, союзника Петра!) Бремен и Верден, гарантируя Петру его завоевания в Прибалтике. Георг за это должен был «Англию… от всяких противностей предудержать»[148]. Он объявил войну Швеции и направил 6 000 ганноверских солдат в Померанию.

---

[147] Мартенс Ф. Собрание трактатов и конвенций, заключенных Россией с иностранными державами. т.9. Трактаты с Англией 1710–1801. — СПб, 1892. С. 31–35.

[148] Цитаты из дипломатической переписки и исторический контекст см.: Никифоров Л. А. Русско-английские отношения при Петре I. — М., 1950. С. 116–123.

В 1716 году русские, ганноверские и датские войска вместе осаждали город Висмар и принудили его к капитуляции. В августе 1716 года царь Петр лично командовал союзной эскадрой из 89 британских, голландских, датских и русских военных кораблей, прикрывавшей караван из 600 торговых судов.

Затем последовал десятилетний (1720–1730) разрыв дипломатических (но не торговых) отношений с Великобританией из-за ее отказа признать Россию империей.

В 1734 году был заключен Трактат о дружбе и коммерции, в 1741 году — Петербургский союзный договор, в 1742 году — Московский союзный трактат.

В 1741–1748 г. Лондон и Петербург союзники в Войне за австрийское наследство. К союзному русско-австрийскому договору Англия присоединилась в 1750 году. 19 сентября 1755 году Англия подписала конвенцию и выделении субсидии России на содержание русской армии, направляемой на помощь Англии в случае нападения Пруссии на Ганновер. Россия обязывалась содержать вспомогательный корпус из 55 тыс. чел., за что Англия выплачивала 500 тыс. фунтов стерлингов в год. Также Россия обязывалась содержать 40–50 галер с экипажем и по первому требованию английского короля двинуть в Пруссию корпус в 30 тыс. чел. Кроме того, для содержания войск на границе Англия ежегодно должна была выплачивать еще 100 тыс. фунтов стерлингов[149].

Русский канцлер Алексей Бестужев-Рюмин в 1744 году создал свою внешнеполитическую систему, которой он сам дал название «Система Петра Великого». Система включала следующие составляющие: 1) прочные союзнические отношения со странами, с которыми совпадали долгосрочные интересы; 2) в число этих стран входили морские державы — Англия и Нидерланды, а также континентальные — Австрия и Саксония;

[149] Мартенс Ф. Собрание трактатов и конвенций, заключенных Россией с иностранными державами. Т. 13. — СПб, 1902. С. 86.

3) четко определены противники России, в первую очередь это Франция, Швеция и «враг потаенный» Пруссия[150].

Не помогло: к этому времени интересы Англии и Австрии разошлись, и в итоге Англия стала противником России в Семилетней войне 1756–1763 годов. Но боевых соприкосновений не было[151]. Британский флот в Балтийское море не входил. Россия в течение всей войны не порывала дипломатических отношений с Англией. Более того: вскоре английское правительство поняло, что ему уже не нужна антифранцузская помощь, так как Англия (и ее союзники могикане и ирокезы) полностью победила Францию (с ее союзниками — гуронами и делаварами) в боях за североамериканские колонии, что и зафиксировал Парижский мирный договор 1763 года, отдавший Канаду Британии. Соответственно, экономный Лондон отказал Фридриху II в дальнейших военных субсидиях.

Тут же по окончании войны «до тридцати наших офицеров, преимущественно лейтенантов и мичманов, отправлено было в Англию для практического изучения морского дела. В числе посланных был один капитан 2-го ранга, 2 констапеля

---

150 Письма графа А. П. Бестужева-Рюмина к графу М. Л. Воронцову // Архив князя Воронцова. Кн. 2. — М., 1870. С. 21.

151 Если не считать инцидента в Каспийском море: «Некто Элтон, агент английской торговой компании, имевшей разрешение вести торговлю с Персией через Каспийское море, построил там два собственных корабля. Вывозя на них из России парусину, такелаж и другие судовые принадлежности, он успел для персидского шаха построить, вооружить и пустить в плавание одно военное судно и уже приступил к строению другого. Сведения об этой затее дошли до нашего правительства только тогда, когда единственный представитель будущего персидского флота, явясь у Дербента, начал обижать наших купцов и даже требовать себе салюта от русских военных судов. Такая дерзость привела правительство в сильное негодование; оно обратилось по этому предмету с настоятельными требованиями к английскому правительству и успокоилось только тогда, когда суда Элтона были задержаны в Астрахани, а персидские сожжены нашим крейсером под командой лейтенанта Токмачева» (Веселаго Ф. Краткая история Русского Флота. — Лд., 1939. С. 84).

и 1 корабельный подмастерье. Пребывание их за границей продолжалось от 2 до 5 лет, во время которых морские офицеры, плавая в Средиземном море и в океанах, посетили порты Северной Америки и также Вест — и Ост-Индии»[152].

В инструкциях русскому посланнику в Лондоне И. Г. Чернышеву от 24 июля (4 августа) 1768 г. первоприсутствующий в Коллегии иностранных дел Н. И. Панин наставлял:

> *«Северною системою полагаем и разумеем мы сколь можно большее и теснейшее соединение северных держав в один беспосредственный пункт нашего общего интереса, дабы тем против бурбонского и австрийского домов составить твердое в европейских дворах равновесие и тишину северную и совсем освободить от их инфлюенции, которая столь часто производила в оной бедственные последствия»*[153].

Ухудшение отношений началось с началом войны за независимость британских колоний в Северной Америке, когда Екатерина II отвергла личную просьбу Георга III о посылке русских войск для подавления мятежа. На британское поощрение каперства против морской торговли с Америкой, больно ударившее по купеческим интересам европейских стран, Россия ответила введением «вооружённого нейтралитета».

Интересен эпизод 1792 года. В ходе мирных переговоров с Османской империей во время русско-турецкой войны 1787–1792 гг. Россия отказалась вернуть ключевую крепость Очаков. Английский премьер-министр Питт Младший хотел пригрозить военным возмездием. Однако российский посол Семен Воронцов организовал врагов Питта и начал кампанию по формированию общественного мнения. Питт был встревожен оппозицией его

---

[152] Веселаго Ф. Краткая история Русского Флота. — Л., 1939. С. 92.

[153] Проект инструкции И. Г. Чернышеву см. АВПР, ф. Сношения России с Англией, 1768 г., оп. 36/6, д. 202, л. 3. Цит. по: Болховитинов Н. Н. Россия открывает Америку. 1732–1799. — М., 1966. С. 53.

политике в отношении России в парламенте, когда Берк и Фокс произнесли мощные речи против возвращения Очакова туркам. Питт выиграл голосование с таким небольшим перевесом, что он сдался. То есть: английская парламентская оппозиция мощно поддержала позицию России — и английское правительство в итоге стало на ее сторону.

Это точно «извечная русофобия»?

25 мая 1793 года была подписана совместная российско-британская конвенция о мерах против революционной Франции, и в 1794 году отряд из 6 линейных кораблей русского флота, 4 фрегатов и 3 транспортов под флагом вице-адмирала И. А. Повалишина участвовал в совместных с англичанами блокадных операциях у французских берегов.

В 1795 году стороны подписали союзный договор сроком на 8 лет.

5 сентября 1800 Британия в порядке борьбы с Францией оккупировала Мальту, чем очень обидела император России Павла, который считал себя Великим магистром Мальтийского ордена. В качестве ответных действий 22 ноября 1800 Павел I издал указ о наложении секвестра на все английские суда во всех российских портах (их насчитывалось до 300), а также о приостановлении платежа всем английским купцам впредь до расчета их по долговым обязательствам в России, с запретом продажи английских товаров в империи. Дипломатические отношения прерваны. Павел начинает анти-английский «индийский поход».

Так обозначилась трещина в многовековом англо-русском союзе.

Лондон утратил контроль над своими американскими колониями. С их потерей Британия оказалась накануне своего исчезновения в качестве империи, но тут как раз случилось завоевание ею Индии — так состоялась «вторая британская империя». Поэтому британцы очень нервно относились к «жемчужине» своей короны.

Поход павловских казаков в Индию был маркером того, откуда и как может исходить угроза английскому миру.

Александр Первый возобновляет военный союз, и Россия вместе с Англией состоят в третьей и четвертой анти-наполеоновских коалициях.

О ситуации 1805–1806 годов русский генерал Беннигсен писал, что «Россия должна неизбежно иметь большое участие к процветанию Англии, тогда как унижение Англии, напротив того, является основным правилом французской политики, освященным практикой целого ряда столетий»[154]. Беннигсен из этого делал вывод о невозможности какого бы то ни было прочного союза между Францией и Россией.

И хотя русская армия под его руководством не уступила в сражении при Прейсиш-Эйлау самому Наполеоном, но затем были Фридланд и Тильзит. Именно там раздался следующий тревожный для Британии сигнал — Россия была понуждена Наполеоном к участию в континентальной торговой блокаде Англии.

Наконец, указами русского царя от 24 и 28 октября 1807 года была объявлена Англо-русская война:

«Декларация о разрыве мира с Англией.

С большою чувствительностию и прискорбием Его Императорское Величество видел, что Англия угнетала на море торговлю подданных Его Величества; и в какое время? тогда, как кровь Россиян проливалась в знаменитых сражениях, где против войск Его Величества были направлены и удерживаемы все воинскія силы Его Величества, Императора Французскаго, с коим Англия была, как и теперь еще находится, в войне[155]. Император Всероссийский признал,

[154] Записки графа Л. Беннигсена о войне с Наполеоном 1807 года. — СПб, 1900. С. 29.

[155] Небольшое шулерство: время, когда русская армия сражалась против Наполеона, не совпадало со временем, когда английский флот блокировал русскую торговлю.

что время уже было положить предел Его умеренности. Его Императорское Величество прерывает всякое сообщение с Англиею, отзывает Свое Посольство, там бывшее, и не желает иметь здесь Аглинскаго. С сего времени не будет между обеими Державами никакого сношения. Его Величество объявляет, что навсегда уничтожаются все акты, до сего времени между Россиею и Англиею постановленные. Его Величество подтверждает начала вооруженнаго неутралитета[156]*, сей памятник мудрости Ея Величества, Императрицы Екатерины Вторыя, и пріемлетъ на Себя обязанность никогда не отступать от сея системы»*[157].

Впервые за весь период двусторонних контактов Россия вступила в войну с Великобританией.

В ответ Британское правительство в декларации от 18 (6) декабря 1807 объявило, что утратило надежду на сохранение прежних связей, вступает в войну и посылает к русским берегам флот под командованием вице-адмирала баронета Дж. Саумареса (соратника Г. Нельсона). Британский флот полностью взял под контроль всю акваторию Северного и Балтийского морей. Британцы разоряли поселения на Кольском полуострове, в Архангельской губернии и в Прибалтике, сжигали или уводили с собой рыболовные суда, арестовывали грузы и почту. Они захватывали в море немногочисленные русские торговые корабли, конфискуя их товары и беря в плен или высаживая на берег моряков.

---

[156] Декларація Императрицы Екатерины II, обращенная къ Дворамъ Лондонскому, Версальскому и Мадридскому (1780 г., Февраля 28 / Марта 11) // Собраніе Трактатовъ и Конвенцій, заключенныхъ Россіею съ иностранными Державами. По порученію Министерства Иностранныхъ Дѣлъ составилъ Ф. Мартенсъ. Томъ IX (X). Трактаты съ Англіею, 1710–1801. — СПб, 1892. С. 307–310. Термин «вооруженный нейтралитет» относился к судам третьих стран, то есть в 1780 году — к британским судам, а в 1807 к не-британским.

[157] Полное собрание законов Российской империи. Том 29. — СПб, 1830. С. 1306–1314.

В день царского указа о разрыве с Англией 28 октября 1807 года эскадра Сенявина (9 линейных кораблей и 1 фрегат), незадолго до того разбившая турецкий флот в Дарданнельском и Афонском сражениях, пришла в Лиссабон. 30 октября 1807 года английская эскадра в составе 15 линейных кораблей и 10 фрегатов блокировала Лиссабон с моря. Сам же Лиссабон 18 ноября 1807 года был занят французскими войсками.

Англичане могли бы разбомбить русский флот (как они это сделали с датским. Но цель блокады была не в этом, а в том, чтобы не допустить попадание русских кораблей в руки французов).

Пришлось сдаться на милость англичан и отконвоировать суда к ним[158].

Тут обошлось без боя, но два самых кровопролитных сражения этой англо-русской войны 1807–1812 годов произошли в июле 1808 года в Балтийском море. Русские потеряли 74-пушечный линейный корабль «Всеволод» и три канонерские лодки.

---

[158] См.: Тарле Е. В. Экспедиция адмирала Сенявина в Средиземное море (1805−1807) // Тарле Е. В. Сочинения. Т. 10. — М., 1959. С. 233−362.

Стоит отметить удивительную Синтрскую конвенцию — соглашение, подписанное 30 августа 1808 года между побежденным французским маршалом Жюно и будущим победителем при Ватерлоо. Следуя ей, 20 900 французских солдат были вывезены из Португалии во Францию британским флотом со всем своим снаряжением и «личным имуществом» (которое могло включать в себя награбленные португальские ценности). Лорд Байрон оплакивал Конвенцию в своем «Паломничестве Чайлд-Гарольда»:

С тех пор как был британцу дан урок,
В нём слово «Синтра» гнев бессильный будит.
Парламент наш краснел бы, если б мог,
Потомство нас безжалостно осудит.
Да и любой народ смеяться будет
Над тем, как был сильнейший посрамлен.
Враг побеждён, но это мир забудет,
А вырвавший победу Альбион
Навек презрением всех наций заклеймен.

Экипажи всех этих кораблей почти полностью погибли или попали в плен.

В 1808 году Эрфуртская конвенция Наполеона и Александра гласила: «Император и Император… желая придать их союзу более тесный и навеки прочный характер и предоставляя себе войти в соглашение о том, какие принять новые средства борьба против Англии их общего врага и врага континента…»[159]

В 1809 году Великобритании удалось добиться от Порты обязательства держать Проливы закрытыми для прохода военных судов. В соглашении между Великобританией и Турцией было прописано, что это закрытие означало не только запрет на вход кораблей из Средиземного моря, но распространялось и на корабли, находящиеся в Чёрном море. Т. о. российский черноморский флот уже не мог выйти в Средиземное море (запрет был снят в 1827-м).

В июне 1812 года в Персидскую империю прибыл английский генерал Джон Малькольм с 350 британскими офицерами и унтер-офицерами. На кораблях они доставили шаху 30 000 ружей, 12 орудий и сукно на мундиры для сарбазов. Предоставляя всё это шаху бесплатно, Британия также финансировала Персию на 3 года войны с Россией (по 200 туманов в год).

О, медлительная связь 19 столетия![160] 18 июля 1812 года в городе Эребру (Швеция) Великобритания и Россия подписали

---

[159] Собрание трактатов и конвенций, заключенных с иностранными державами. Составил Ф. Мартенс. Т.14. Трактаты с Францией 1807–1820. — СПб, 1905. С. 68.

[160] Еще в начале XX века в Стамбуле российское посольство пользовалось услугами голубиной почты. На посольской даче в Бююк-Дере, расположенной на европейском берегу Босфора вблизи входа в него из Чёрного моря, существовала почтово-голубиная станция. На ее содержание Главный Штаб переводил деньги посольству. В 1899–1902 годах эта сумма составляла 42 511 фунтов стерлингов. В 1900–1902 годах даже предпринимались попытки наладить голубиную почту между Генштабами Франции и России через Данию. (Рыбаченок И. С. Закат великой державы. Внешняя политика России на рубеже XIX–XX вв.: цели, задачи и методы. М., 2012, с.299). А что делать, если, например, на Крите

мирный договор. Статья 3 включала обязательство о взаимной военной помощи[161].

Но корабли сэра Джона отплыли задолго до этого «переворота союзов» и, не имея возможности получать свежие известия, генерал исполнил старый приказ и передал свои дары врагу России. Они выстрелили аж в октябре 1812 года в битва при Асландузе — двухдневном сражении между русской и персидской армиями. К этому времени английские генералы и все офицеры (кроме двух капитанов и одного лейтенанта, оставленных по личной просьбе шаха) были отозваны на свою родину.

Далее в 1812–15 годах Англия и Россия совместно дожимают Бонапарта.

Во время Греческой войны за независимость 20 октября 1827 года британские, французские и русские эскадры под общим командованием английского вице-адмирала Эдварда Кодрингтона в Наваринской бухте разбили турецко-египетский флот.

В 1833 году Англия дипломатически поддержала русский военно-морской десант в Константинополе (она считала, что победа Египта в гражданской войне, охватившей Османскую империю, чрезмерно усилит Францию). Тогда турецкий султан обратился к российскому императору с просьбой о предоставлении военной помощи.

В январе 1844 году министр иностранных дел Британии лорд Эбердин доложил молодой королеве Виктории о желании царя Николая Павловича встретиться с ней. После чего Эбердин заверил русского посланника барона Бруннова, что такая встреча «наилучшим образом подтвердила бы сердечное согласие с Россией»[162].

единственная телеграфная станция была в британской собственности, и российскому посланнику там приходилось стоять в очереди.

[161] Текст Трактата: Полное собрание законов Российской империи. Собрание Первое. Том XXXII. 1812–1815 гг. С. 388–390.

[162] Собрание трактатов и конвенций, заключенных с иностранными державами. Составил Ф. Мартенс. Т. 12. С. 233.

Да, это та самая Антанта — «l'entente cordiale avec la Russie» — говорит французский оригинал донесения русского посла. И, похоже, что впервые этот термин был отнесен именно к союзу с Россией, а не с Францией. Через пять месяцев царь уже был в Лондоне, где в его распоряжение был предоставлен дворец Виндзор.

На обратном пути 30-го мая (12-го июня) 1844 года Николай Павлович пишет Виктории:

«Мои чувства к прекрасной Англии известны в продолжение почти тридцати лет; наиболее приятныя воспоминания моей юности с нею связаны. Как же не быть мне счастливым, найдя там снова ту же самую благосклонность как в королеве, так и в ея подданных. Высказывая вам, Государыня, что моя преданность и моя признательность принадлежат вам на всю мою жизнь, я только открываю вам истинную мысль моей души. Соблаговолите же положиться на меня, как я осмеливаюсь верить в дружбу Вашего Величества. Да пребудут эти чувства, Государыня, порукою добрых и лояльных отношений между нашими государствами на благо всеобщаго мира и благосостояния и, в случай надобности, на страх тем, которые намерены посягнуть на них. Да услышит меня Боже»[163].

Но всего лишь через десять мирных лет русская пропаганда и вслед за ней поэт Некрасов начинают твердить об «исконной вражде»:

Исконные, кровавые враги,
Соединясь, идут против России;
Пожар войны полмира обхватил,
И заревом зловещим осветились
Деяния держав миролюбивых...

«14 июня 1854 года»

---

163 Там же. С. 236.

Хотя до того дня никогда Россия и Англия не воевали всерьез друг с другом.

И все же в 1809 году — пусть и под давлением Наполеона — первый в истории конфликт России и Британии состоялся. С той поры Россия, которая в глазах Лондона ранее веками была младшим торговым партнером, стала восприниматься как *потенциальный* враг.

Стало понятно, что постоянных союзников у Британии быть не может. Но могут быть постоянные интересы. Главный из них — избежать повторения «норманского завоевания», то есть оккупации острова некоей континентальной силой. Во избежание этого Англия традиционно заключала союз со второй по силе континентальной державой против первой[164].

Если Лондону казалось, что Россия становится сильнейшей континентальной державой, он создавал анти-русский союз дипломатический, а то и военный союз.

Собственно, такова логика всех геополитиков со времен Византии: поддерживать экспансию далеких не-соседей в тыл назойливых близких соседей до тех пор, пока первые не станут вторыми.

И Англии по схожему мотиву Россия то была жизненно важна (если кто-то на континенте был сильнее России и враждебен Англии), то сама казалась смертельной угрозой.

---

[164] По словам одного из английских публицистов XVIII века, «правило нашей политики состоит в том, что если один из государей слишком возвысился, другие государи должны составить союз, чтобы опрокинуть его или, по крайней мере, помешать ему возвышаться дальше» (Anderson M. S. The Rise of modern diplomacy. 1450–1919. L., 1989. P. 164). Конечно, идея «баланса сил» очень созвучна веку ньютоновской механики. Но по крайней мере один французский автор справедливо заметил: «Какие потоки крови породил „баланс сил“, этот новейший идол Европы! Стремясь избежать отдаленных и сомнительных зол, европейские государи подвергают себя злу немедленному и несомненному и развязывают войну для того, чтобы ее предотвратить» (Р. де Курбен. Там же. P. 176).

После падения Наполеона сильнейшей европейской континентальной державой явно стала Россия. Кроме того, в середине 19 столетия союзниками России стали Австрия и Германия Бисмарка. При этом протестантская Германия явно видела в протестантской же Англии своего противника.

Усиление любой державы вызывает опасение ее соседей, особенно, если эта держава не скрывает своего желания расширять как свои границы, так и свои протектораты. Пока Россия была в одном ряду с пять-шестью другими странами, она была желанным союзником в любой еврропейской коалиции. Но Николаевская Россия стала претендовать на первенство и на контроль всей европейской политики (причем даже внутренней). Удивительно ли, что эта претензия незваного дирижера стала раздражать всех участников европейскоего «политического концерта»?

В частности, продвижение России к Средиземному морю через Балканы была воспринята как угроза английским интересам в Азии и английской Индии. В 1834 году английский премьер-министр Пальмерстон впервые приходит к выводу о том, что именно Россия становится главным континентальным соперником его страны[165]. Вместо Франции. С 1830-х годов отношения Лондона и Петербурга становятся напряженными.

Как писали «Московские ведомости» в декабре 1851 года: «Нет, дойдет очередь и до коварного Альбиона, и лишь в Калькутте мы заключим договор с этим народом». Судя по тому, что эту статью цитировал Карл Маркс[166], московская газета была прочитана в Лондоне.

---

[165] Айрапетов О. История внешней политики Российской Империи. 1825–1855. — М., 2017. С. 235.

[166] Речь на общем собрании по случаю четвертой годовщины польского восстания 1863 г., произнесенная в Кембридж-холле, Лондон, 22 января 1867 г. Расшифрована и опубликована в польской газете Glos Wolny 10 февраля 1867 г. Дочь Маркса Лаура сделала английскую расшифровку, послужившую основой для французской версии, опубликованной в газете Le Socialisme 15 марта 1908 г.

Из-за этого и началась «Большая Игра».

Правда, лишь однажды эта Игра перешла в войну (Крымскую).

И переход к ней был связан именно с триумфальным визитом царя в Лондон (1844 год). В беседах с принцем Альбертом (мужем королевы Виктории) Николай «совершенно откровенно высказался насчет неминуемой смерти „больного" на берегах Босфора и указал на желательность соглашения между Россией и Англией на случай наступления этой неизбежной катастрофы»[167]. Предлагался раздел по формуле «Проливы за Египет».

В начале 1853 года царь Николай опять разоткровенничался с английским послом Дж. Сеймуром на тему раздела Османской империи. При повторной беседе Сеймур выразил царю свою уверенность, что Турция еще не находится при смерти. Но царь и в третий, и в четвертый, и в пятый раз заговорил с ним об этом…

Это желание было настолько нескрываемым, что 2 сентября 1853 года московский митрополит Филарет (Дроздов) сказал, остановив царя в дверях кремлевского Успенского собора: «Время всякой вещи под небесем, говорит премудрый. Православная Церковь всегда имеет тебя своим защитником, но в настоящее время особенно видит тебя в сем подвиге. За её на Востоке святыню, за безопасность и спокойствие единоверных ты восстал с оружием сильного правдою царского слова»[168]. Вроде бы речь начата просто цитатой из Библии (Еккл.3:1), Но современники ясно поняли, что под «вещью» время которой истекло, понимается Турция[169].

---

[167] Собрание трактатов и конвенций, заключенных с иностранными державами. Составил Ф. Мартенс. Т. 12. С. 236.

[168] Впервые напечатана в: Московские и Губернские Ведомости. 1853 г. № 106. Републ.: свт. Филарет митр. Московский. Творения. Слова и речи. Т. 5. — М., 2007. С. 532.

[169] Из записок сенатора К. Н. Лебедева // Русский Архив 1888 г. № 5. С. 0137.

Как позже пояснял сенатор Мартенс, «Крымская война явилась неизбежным последствием такой опасной откровенности насчет способов разрешения Восточного вопроса».

Расширение двух империй явно шло встречными курсами. Через 10 лет, в 1863 году Times писала, что если русские захватят Константинополь, то Англия получит право на захват Египта, чтобы обезопасить путь на великий индийский рынок. Иными словами: Англия может оставить Константинополь России лишь в том случае, если она получит разрешение России оспаривать претензии Франции на Египет[170].

В 1865 году отряд генерала Черняева взял штурмом Ташкент. В 30-тысячном гарнизоне Ташкента было 10 000 сипаев[171]. Так что это можно считать русско-индийским боевым столкновением.

Кроме того, на границе Афганистана и среднеазиатских ханств порой вспыхивали прокси-войны. В феврале 1884 года русские захватили в Средней Азии оазис Мерв и приблизились к британскому протекторату в Афганистане. Непосредственно 30 марта 1885 года произошли столкновения между русскими и афганскими войсками у реки Кушка.

25 мая 1886 года управляющий Морским министерством адмирал И. А. Шестаков записал в дневнике: «Нам, пожалуй, нужно бы иметь средства всячески вредить англичанам, и почему бы не употребить тех же средств, что они»[172]. Речь шла о создании русской военной базы на Красном море. В случае

---

170 Так об этом говорил Карл Маркс, человек, достаточно осведомленный в европейской политике (Речь на общем собрании по случаю четвертой годовщины польского восстания 1863 г., произнесенная в Кембридж-холле, Лондон, 22 января 1867 г. Расшифрована и опубликована в польской газете Głos Wolny 10 февраля 1867 г. Дочь Маркса Лаура сделала английскую расшифровку, послужившую основой для французской версии, опубликованной в газете Le Socialisme 15 марта 1908 г.)
URL: https://www.marxists.org/archive/marx/works/1867/01/22.htm

171 Терентьев М. А. История завоевания Средней Азии. — М., 2018. Т. 1. С. 341.

172 Шестаков И. А. Полвека обыкновенной жизни. Дневники (1882–1888 гг.)». — СПб, 2014.

осложнения отношений с Великобританией с нее можно было бы перекрыть движение через Суэцкий канал.

Эта история[173] началась в 1885 году, когда итальянцы захватили Массауа — город и порт на территории нынешней Эритреи. Османская империя, считавшая его своим, обратилась за помощью к России и просила поддержать ее протест против действий Италии. А российское Министерство иностранных дел, в свою очередь, решило заручиться поддержкой Германии и Австро-Венгрии. И 26 января 1885 года российский поверенный в делах в Берлине граф М. Н. Муравьев доложил в Санкт-Петербург результаты своих переговоров с канцлером Германии князем Отто фон Бисмарком:

> *«Под большим секретом Бисмарк обращает внимание на то, что в случае нарушения Италией трактата 1857 г.*[174] *Россия могла бы, может быть, этим воспользоваться и занять, если Массауа уже не будет свободной, какой-либо другой пункт на Красном море близ Абиссинии»*[175].

---

[173] Основные ее документы опубликованы в: «Эта экспедиция делает нам стыд и позор». Африканская авантюра вольных казаков // Источник. Документы русской истории, № 5 (41). 1999. См. также Рыбаченок И.С. Закат великой державы. Внешняя политика России на рубеже XIX—XX вв.: цели, задачи и методы. — М., 2012.
URL: http://www.vostlit.info/Texts/Dokumenty/Aethiopien/Exp_Aschinow/text1.phtml?id=6633
См. также: Луночкин А. В. «Атаман вольных казаков» Николай Ашинов и его деятельность. Волгоград 1999.
URL: http://militera.lib.ru/bio/lunochkin_av_ashinov/04.html;
Филатова И. И. Россия и Южная Африка: три века связей. — М., 2010.
URL: https://history.wikireading.ru/266325
Особо ценно письмо харьковского протоиерея С. А. Иларионова, чей внук участвовал в экспедиции (публ. в: Хроника моей жизни. Автобиографические записки высокопреосвященного Саввы, архиепископа Тверского и Кашинского. Т. 8. — Сергиев Посад, 1909. С. 598–600).

[174] Тут, мне кажется, есть ошибка. Логичнее было бы упомянуть Декларацию России, Германии, Австро-Венгрии, Франции, Англии и Италии о «незаинтересованности» в делах Египта (Терапия, 13/25 июня 1882 г.)

[175] Дневник В. Н. Ламздорфа (1886–1890 гг). — М., 1926. С. 105.

«...Мысль о приобретении колонии в Африке действительно пришлась по душе общественным деятелям, считавшим себя самыми большими патриотами России. В издаваемой ими прессе появились пространные статьи о том, что ***российский император как защитник восточного православия должен поддержать христианский народ Абиссинии (Эфиопии). Что тридцать миллионов жителей этой страны нуждаются в помощи и защите от иноземных колонизаторов****. А потому у России должен появиться опорный пункт на Красном море, позволяющий связать две христианские страны. Вскоре нашелся и человек, готовый взять на себя все трудности создания колонии, — Ашинов, гордо именовавший себя «атаманом вольных казаков»*[176].

Ашинов упоминался и в вышецитированной записи адмирала И. А. Шестакова:

«Нам, пожалуй, нужно бы иметь средства всячески вредить англичанам, и почему бы не употребить тех же средств, что они. Ашинов — плут, но мы избавляемся от него у себя»[177].

В итоге 6 апреля 1888 года пароход «Кострома» высадил атамана Ашинова и его небольшую команду на берег в Таджурском заливе.

Передовая экспедиция должна была создать базу для первой волны поселенцев, но атаман всего две недели спустя отправился в обратный путь, оставив соратников с запасами, закончившимися в самом скором времени. В России он громогласно объявил

---

[176] Жирнов Е. «В таких делах удобнейшим орудием бывают подобные головорезы» // Власть. 14 сентября 2015 г.
URL: http://www.kommersant.ru/doc/2795874

[177] Шестаков И. А. Полвека обыкновенной жизни. Дневники (1882–1888 гг.)». — СПб, 2014.

о создании в Африке станицы Новая Москва и начал требовать помощи от правительства и общественности в продолжении освоения африканской земли.

В числе тех, кто убеждал императора в необходимости создания колонии, был человек, к мнению которого, особенно в части предпринимательства, Александр III внимательно прислушивался. Нижегородский губернатор Н. М. Баранов сделал немало для развития Нижегородской ярмарки и потому слыл знатоком в торговых делах. 20 сентября 1888 года он писал императору:

> *«Заселение русскими выходцами африканского прибрежья только тогда принесет России всю массу возможной пользы, когда правительство твердо будет руководить устройством колонии и ее сношениями с соседями, а главное — с Абиссинией. Только при этом условии колония получит подобающее ей государственное значение. В случае высочайшего соизволения я с особенной радостью взял бы на себя съездить* ***под видом отпуска*** *в казачью колонию на захваченные берега Таджурского залива и в Абиссинию, дабы фактически на месте проверить полученные сведения и затем, если, как надо полагать, сведения окажутся верными, при некотором содействии правительства образовать Российско-Африканскую компанию»*[178].

Не менее усердно убеждал императора и другой имевший на него влияние высокопоставленный чиновник — обер-прокурор Священного синода К. П. **Победоносцев, который предлагал замаскировать истинные цели экспедиции Ашинова. Он считал, что нужно отправить духовную миссию в Абиссинию. А отряд Ашинова будет числиться ее охраной**. 16 июля 1888 года Победоносцев писал Александру III:

---

178 Дневник В. Н. Ламздорфа (1886–1890 гг). — М., 1926. С. 133.

«В настоящее время мы ожидаем с Афона одного дельного монаха Паисия, с тем, чтобы уговорить его ехать в Абиссинию. Что касается до Ашинова, то он, конечно, авантюрист, но в настоящем случае он служит единственным русским человеком, проникшим в Абиссинию. Стоило бы серьезно расспросить его хоть о том деле, которое, по словам его, уже заведено им на берегу Красного моря. По всем признакам оно может иметь для нас не малую важность, и, по всей вероятности, в таких делах удобнейшим орудием бывают подобные Ашинову головорезы»[179].

Даже среди поддерживающих идею африканской колонизации многие и тогда и позднее считали, что Паисий и Ашинов — самые неподходящие для ее осуществления персоны. Не говоря уже о тех, кто хорошо их знал. К примеру, настоятель русской посольской церкви в Константинополе архимандрит Арсений Изотов 25 мая 1889 года писал архиепископу Тверскому и Кашинскому Савве:

«Вы интересуетесь знать о героях так называемой Абиссинской миссии; о них много было писано в русских газетах, только правды-то мало. Я знал лично и того и другого; Паисий — простой почти безграмотный казак, прежний раскольнический апостол-шалопут... Он жил здесь в Константинополе на Пантелеймоновском подворье в должности казначея. Здесь же на подворье он познакомился с Ашиновым, который выдавал себя здесь за атамана казаков; он представляется авантюристом самой средней руки, только на хвастовство большой мастер, и в этом они оба равны»[180].

---

[179] Письма Победоносцева к Александру III. Т. 2. — М., 1926. С. 187–188. Письмо от 16 июля 1888 г.

[180] Публ. в: Хроника моей жизни. Автобиографические записки высокопреосвященного Саввы, архиепископа Тверского и Кашинского. Т. 8. — Сергиев Посад, 1909. С. 824.

Так что у императора был основания сомневаться в целесообразности отправки миссии Паисия с Ашиновым и навербованных им людей. Тем более что против отправки миссии настойчиво возражал министр иностранных дел Н. К. Гирс. В итоге экспедиция стала сугубо частным, не имеющим никакого отношения к государству предприятием. Но она все же началась.

10 декабря 1888 года состоялись торжественные проводы миссии в Одессе. С немалым трудом добравшись с соратниками до места назначения, Ашинов купил у местного вождя старый египетский форт Сагалло, водрузил на него флаг и начал обустраиваться на новом месте. Но, как оказалось, еще раньше тот же вождь продал форт и окружающую его территорию французам. Последствия не заставили себя ждать. Французская администрация потребовала от Ашинова как минимум снять флаг и подчиниться общим правилам для переселенцев. Но он был убежден, что российское правительство поддержит его. Ведь в России уже грузился пароход с оружием для него, а где-то недалеко должен находиться присланный для его поддержки русский военный корабль. Не подчинился атаман и всем последующим требованиям французов.

Но 25 января 1889 года Ламсдорф записал в дневнике:

> *«После доклада, согласно выраженному государем желанию, министр посылает в Париж Коцебу телеграмму, коей ему поручается заявить французскому правительству, что правительство России совершенно непричастно к авантюре Ашинова, действующего на собственный страх и риск, что нам ничего не известно о конвенции, якобы им заключенной с местным правителем относительно Сагалло, и если эта местность находится под протекторатом Франции, то, конечно, Ашинов должен подчиниться действующим правилам»*[181].

---

[181] Дневник В. Н. Ламздорфа (1886–1890 гг.) — М., 1926. С. 108.

6 февраля Ламсдорф писал: «Победоносцев посещает Гирса; проведав о возникших для Ашинова затруднениях, он старается уверить, что совершенно ни при чем в этой злосчастной экспедиции, которой покровительствовали только покойный адмирал Шестаков и генерал Рихтер»[182].

А директора Азиатского департамента И. А. Зиновьева, как писал Ламсдорф, 18 февраля 1889 года посетил одесский губернатор — генерал от инфантерии Х. Х. Рооп, отправлявший миссию в Африку:

«Он ставит министерству в упрек, что оно не предупредило его о необходимости остановить экспедицию Ашинова, на что Зиновьев ему отвечает, что министерство два раза писало министру внутренних дел и обер-прокурору Св. Синода, предупреждая их о том, что предприятия Ашинова и отца Паисия неосуществимы. На это мы не получили никакого ответа и больше ничего сделать не могли, к тому же могло ли нам прийти в голову, что он, генерал-губернатор, разрешит сесть на пароход 150 беспаспортным бродягам с оружием и военными припасами. Ответ Роопа довольно интересен: «Я думал, что правительство сочувствовало этим предприятиям; что же касается вооружения и снабжения, то оно было доставлено из Николаева морским ведомством»[183].

Победоносцев же начал отрицать даже очевидные факты:

«Победоносцев, — констатировал Ламсдорф, — который тогда по телеграфу сделал распоряжение об ускорении посвящения Паисия в архимандриты ввиду летней экспедиции последнего и который теперь утверждает, что он тут ни при чем, также очень волнуется»[184].

---

182 Там же. С. 122.

183 Там же. С. 144.

184 Там же.

Замечу, что Сибирь «покоряли» такие же оторви-головы и проходимцы (со своими «частными военными компаниями»), как Ашинов.

И это не мое сравнение. Весной 1887 года генерал-славянофил Киреев записал в дневнике:

> *«Вчера у меня сидел Ашинов. Добродушный, хотя и не без хитрости, такие должны быть и Кортес, и Писарро, и Ермак. По его мнению, война такое же ремесло, такое же занятие, как и торговля, мореходство т. п.»*[185].

Тут стоит отметить, что Ашинов предлагал и иные интересные проекты.

В 1888 году племянник героя Севастополя адмирала В. И. Истомина, М. К. Истомин, подал в Главный Морской Штаб докладную записку «Об Архипелаге», с мыслью об устройстве с началом войны угольных станций на греческих островах силами российских коммерческих судов и монахов Афонского монастыря Святого Пантелеймона, с настоятелем Константинопольского подворья которого, отцом Паисием, он говорил на эту тему. Лейтенант полагал, что, удовлетворив желание игумена Макария признать его архиепископом, а обитель — российской Лаврой, и предоставив ей через Святейший Синод право на сбор средств в России, можно было бы заручиться содействием монастыря, располагавшего складом из 800 тонн кардиффского угля и тремя небольшими парусниками. Последние М. К. Истомин предложил заменить двумя малыми пароходами, а иноков на них — «людьми типа Ашинова». Выдвинутый самим Я. И. Ашиновым авантюрный **план захвата угольщиков в Суэцком канале** он считал рискованным[186].

---

[185] Знамя. 1992. № 1. С. 160.

[186] Кондратенко В. П. Морская политика России 80-х годов XIX века. — СПб, 2006. URL: https://history.wikireading.ru/366954

Ашинов был столь известен, что попал на кончик пера Лескова:

«…г. Катков отыскал и проявил в свет ***воителя Ашинова****, „вольного казака", который, по мнению г. Каткова, внушал полное доверие. Его поддерживали другие знаменитые люди: Вис. Комаров, Вас. Аристов, свящ. Наумович (участник абиссинской авантюры Ашинова — А. К.) и другие, имена которых останутся навсегда связанными с этим «историческим явлением». Я его помню в одной торжественной обстановке среди именитых лиц: рыжий, коренастый, с круглыми бегающими глазами и куцупыми руками, покрытыми веснушками… Он был превосходен в своем роде. Его ассистировали Комаров, Аристов и Наумович, и еще один русский поэт из чиновников, и три „только что высеченные дома болгарина"… Его надо было оберегать, потому что ему угрожала Англия. Для этого он не пил ничего из бокалов, которые ему подавали, а хлебал „из суседского"… Все это казалось „просто и мило". И затем уже пошла такая знаменитость, которой уже никто и не угрожал: выехал верхом казак и поехал, и (по отчету одного детского журнала) только раз один ему „пришлось купить вазелину", а между тем не только ему, но и его „сивому мерину" были оказаны все знаки почтения».*

Н. С. Лесков. Загон. Гл. 5

Веками Россия и Англия поддерживали силы распада в мире партнера. Англия поддерживала кавказских и польских инсургентов. Россия (а потом и СССР) поддерживала любых борцов за независимость от Лондона и рабочее движение на самом Острове.

В XVIII столетии аналогично Франция и Англия вели прокси-войны в Северной Америке, поставляя оружие «своим» индейцам» (французы — гуронам, англичане — ирокезам и могиканам). Враг моего врага — мой друг.

Вот какое, казалось бы, дело России до событий в предельно далекой от нее Южной Африке? Но англо-бурская война (1899–1902) весьма живо отозвалась в петербургских кабинетах и прессе.

В середине XVII века в Южной Африке была основана Капская колония, население которой уже к концу восемнадцатого столетия возросло до 26 000 человек (в основном голландцев и французов) и 30 000 чернокожих рабов.

Венский конгресс 1814 года передал южноафриканские колонии Великобритании в «вечное пользование». Окончательно переход Капской колонии под власть Великобритании был закреплён Лондонской англо-голландской конвенцией 1814 года.

В 1833 году английское правительство отменило рабство во всех своих колониях. Буры восприняли это как недружественный акт по отношению к ним.

В 1835–1845 годах около 15 тысяч африканеров покинули пределы Капской колонии в ходе миграции на юго-восточное побережье и в центральные районы Южной Африки, получившей название Великий трек. Там они основали свои государства: Оранжевое свободное государство и Южно-Африканскую республику (Трансвааль).

Англо-Бурских войн было ДВЕ!!!! (враждебные Англии пропагандисты (см. выше) как правило говорят только о второй, с 1899 по 1902 год). В то время как Первую Англо-Бурскую войну 1880–1881 годов начали и ВЫИГРАЛИ буры. Причём, потери англичан были в 10 раз выше.

Вторую Англо-Бурскую войну начали буры!!! 9 октября Трансвааль предъявил ультиматум, в котором выдвигалось требование незамедлительно отвести британские войска от границ республики (это вам ничего не напоминает?) В ультиматуме отмечалось, что в случае отсутствия удовлетворительного ответа в течение сорока восьми часов, «правительство Трансвааля с глубоким сожалением будет вынуждено рассматривать действия правительства Её Величества как официальное объявление войны, последствия которой будут лежать на английской стороне». Ответ британского правительства был таким: «Правительство Её Величества с глубоким сожалением встретило категорические требования правительства Южноафриканской Республики, выраженные в Вашей телеграмме от 9 октября. В ответ извольте проинформировать правительство Южноафриканской Республики, что его условия таковы, что правительство Её Величества считает невозможным их обсуждать».

12 октября бурские войска перешли границу с Капской колонией на западе и колонией Наталь на востоке.

Задолго до песни про того, кто землю покинул, пошел воевать, чтоб землю в Гренаде крестьянам отдать[187], была аналогичная песня про Трансвааль[188].

Трансвааль, Трансвааль, страна моя!
Ты вся горишь в огне!
Под деревом развесистым
Задумчив бур сидел.
О чём задумался, детина,
О чём горюешь, седина?
Горюю я по родине,
И жаль мне край родной.
Сынов всех девять у меня,

---

[187] Но заодно в октябре 1936 года Советский Союз взял себе 510 тонн испанского золота: у Испании был четвертый в мире золотой запас. С той поры оно зовется *Oro de Moscú. Вывезены были и ювелирные изделия индейцев, и личные драгоценности из королевского дворца и музеев. Возврата не было: все якобы ушло на оплату военных поставок.*

[188] Слова написаны Глафирой Адольфовной Эйнерлинг (псевдоним — Г. А. Галина). Песня стала русской народной, а шарманщики разнесли ее по всей России.

Троих уж нет в живых,
А за свободу борются
Шесть юных остальных.
А старший сын — старик седой
Убит был на войне:
Он без молитвы, без креста
Зарыт в чужой земле.
А младший сын — тринадцать лет —
Просился на войну,
Но я сказал, что нет, нет, нет —
Малютку не возьму.
Но он, нахмурясь, отвечал:
«Отец, пойду и я!
Пускай я слаб, пускай я мал —
Верна рука моя...
Отец, отец, возьми меня
С собою на войну —
Я жертвую за родину
Младую жизнь свою.
Отец, не будешь ты краснеть
За мальчика в бою —
С тобой сумею умереть
За родину свою!..
Я выслушал его слова,
Обнял, поцеловал
И в тот же день, и в тот же час
На поле брани взял.
Однажды при сражении
Отбит был наш обоз,
Малютка на позицию
Патрон ползком принёс.

И он в пороховом дыму
Дошел до наших рот,
Но в спину выстрелил ему
Предатель-готтентот.
Настал, настал тяжёлый час
Для родины моей,
Молитесь, женщины,
За ваших сыновей.
Трансвааль, Трансвааль, страна моя!
Бур старый говорит:
За кривду Бог накажет вас,
За правду наградит[189].

Такая вот «всемирная отзывчивость русской души». Интересно, есть ли во французской культуре такая же жалостливая песня про несчастных кавказских горцев?

Как всегда, наша пресса говорила, что «там, где не будет наших солдат, будут солдаты НАТО», что мы расширяемся в порядке самообороны и вообще воюем на стороне Добра. Нам все можно, потому что «свет и радость мы приносим людям». Служение наших агентов, ограниченных контингентов, добровольцев и т. п. — бескорыстно и служит благу и идеалам всего передового человечества.

Именно так говорилось в одной из передовиц «Нового времени» 1899 года: «Ведя на территории азиатского материка упорную борьбу с Англией, мы боремся не только за себя, но и за человечество, мы боремся за преобладание интересов гуманности над животным эгоизмом англо-саксонской расы»[190]. По мнению

---

[189] Об этой песне тут:
URL: https://ru.wikipedia.org/wiki/Трансвааль,_страна_моя,_ты_вся_горишь_в_огне…
Она звучит в устах тамбовских повстанцев в фильме Андрея Смирнова «Жила-была одна баба».

[190] Новое Время. — СПб, 3/15 октября 1899 г.

«Нового времени», Россия должна бороться против всего Запада, который якобы Россию презирает и унижает, а для этого «выгоднее было бы объединяться с будущими Мамаями и Чингисами и вести их на Европу, чем сражаться за тех, которые нас глубоко ненавидят и пытаются уничтожить не мытьем, так катаньем»[191].

Официально российские власти придерживались политического нейтралитета в этой войне, но не препятствовали добровольцам частным порядком принимать участие в боевых действиях на стороне буров. Всего в отрядах свободных республик воевало около 250 российских подданных[192].

---

[191] Новое Время. — СПб, 18/30 октября 1899 г.

[192] Эти подсчеты сделаны западными военными корреспондентами в Трансваале: Hillegas H. C. With the Boer Forces. — London: Methuen, 1900. — P. 257; Amery L. S. ed. The Times History of the War in South Africa 1899−1902. Vol. VII. — Sampson: Law, Marston & Co. Ltd, 1909. P. 89; Война англичан с бурами. Редактировано 2-м бюро французского генерального штаба. — СПб. Конкретные имена 25-ти офицеров находятся в отчете об англо-бурской войне, представленном военным атташе Василием Иосифовичем Гурко после его возвращения в Россию. (Гурко В. И. Война Англии с Южно-Африканскими республиками 1899−1901 гг. Отчет командированного к войскам Южно-Африканских республик генерального штаба полковника Ромейко-Гурко. — СПб, Военно-ученый комитет Главного Штаба, 1901. С. 63, 303, приложение 8). Среди них: подпоручик Августус Е. Ф., поручик Арнольдов Ф. Ф., князь Багратион-Мухранский Н. Г., штабс-ротмистр Ганецкий А. Н., братья Гучковы Ф. И. и А. И., прапорщик Диатроптов А., подпоручик князь Енгалычев М. Н., подполковник Максимов Е. Я., подпоручик Покровский Л. С., штабс-капитан Потапов А. С., лейтенант флота фон Строльман Б. А., штабс-капитан Шульженко А. Н. и др. Одним из первых русских добровольцев, прибывших в Трансвааль, был А. Е. Едрихин (Вандам), в 1905 году — помощник военного атташе в Китае. 22 июня 1917 года он был произведен в генерал-майоры. С 12 октября по 16 ноября 1918 года — командир Псковского корпуса в Северной добровольческой армии, а с 21 июня по 25 ноября 1919 года — начальник штаба Северо-Западной армии генерала Н. Н. Юденича. Позже эмигрировал в Эстонию. Скончался в 1933 году в Ревеле (Таллин)» (Винокуров В. И. Из чувства солидарности с порабощенными народами. Русские военные дипломаты в Англо-бурской войне 1899–1902 годов // Военное обозрение-НГ. 13.06.2019).

Большинство «русских добровольцев» были евреями: многотысячная колония уехавших из России евреев была в южноафриканских республиках еще до войны. Интересно, что юный Илья Эренбург мечтал убежать на эту войну и даже, стащив у матери десять рублей, «отправился на театр военных действий»[193]. Но удалось ему убежать только на гражданскую войну в Испании.

Святой Иоанн Кронштадтский для духовного укрепления передал добровольцам икону Михаила Архангела с собственноручной надписью, которая гласила: «Призываю благословение Божие на ваши головы, желаю вам благополучно доехать, встать на защиту глубоко несчастных и угнетенных собратьев-буров и вернуться невредимо на родину. Вручаю вам образ архангела Михаила. Да охранит вас святой архистратиг в часы опасности!»[194]. Стоит отметить, что «на защиту глубоко несчастных и угнетенных» русских рабочих и крестьян св. Иоанн никого не благословил.

21 октября 1899 г. император Николай писал своей сестре Ксении:

> *«Ты знаешь, милая моя, что я не горд, но мне приятно сознание, что только в моих руках находится средство вконец изменить ход войны в Африке. Средство это очень простое — отдать приказ по телеграфу всем туркестанским войскам мобилизоваться и подойти к границе. Вот и все! Никакие самые сильные флоты в мире не могут помешать нам расправиться с Англией именно там в наиболее уязвимом для нее месте. Но время для этого еще не приспело; мы недостаточно готовы к серьезным действиям главным*

---

193 Эренбург И. Люди, годы, жизнь. Кн. 1 и 2. — М., 1961. С. 27.

194 URL: http://www.imha.ru/1144538105-pervaya-voyna-novogo-tipa.html#.YZX02HpRVaQ и https://www.st-sergius.info/nash-hram/chasovnya-vo-imya-svyatogo-ravnoapostol/

образом потому, что Туркестан не соединен пока сплошной железной дорогой с внутренней Россией. Однако я увлекся, но ты поймешь, что при случае невольно иногда самые излюбленные мечты вырываются наружу, и невозможно удержаться, чтобы не поделиться ими»[195].

Это было всего два месяца спустя после завершения мирной конференции по разоружению в Гааге, созванной по призыву русского царя. И пусть это не реализованный проект, а мечты, но психоанализ учит нас, что мечты говорят о человеке не меньше, чем его дела.

Вот, кстати, еще мечты российской военной элиты, не вошедшие в современные школьные учебники:

«Целыми веками общество наше воспитывалось на идее о походе в Индию. Вместе с молоком матери мы всасывали взлелеянную мечту о распространении нашего оружия за Гиндукушский хребет, в самую колыбель человечества, в сказочную страну мировых сокровищ, чтобы попутно свести здесь все старые счеты с Англией. Трудно сказать, на чем базировалась такая легкомысленная самоуверенность, которая не желала считаться ни с какими условиями: географическими, стратегическими и иными. Плодилось немало невежественных и легковесных статей и брошюр, которыя усиленно толкали Россию по направлению к Индии, насыщая наше общественное мнение опасными химерами»[196].

---

[195] Публ. в: Красный Архив. Т. 63. С. 125–126.

[196] Грулев М. Записки генерала-еврея // Antiquary. — Orange (USA), 1987. P. 215.

На закрытом совещании генералов и офицеров в конце 1899 г. генерал М. Грулев был докладчиком по вопросу об уместности российского вторжения в Индию. Эти планы он резко осудил и возражений не встретил. Правда, доклад и выводы Грулева решили не публиковать, чтобы держать англичан в напряжении.

Впрочем, и дела тоже были: «Во время англо-бурской войны царское правительство дважды предлагало Германии вмешаться в войну. Германия это предложение отклонила»[197]. Правда, в свою очередь, кайзер Вильгельм подталкивал Россию к решительным действиям против Англии, но не для того, чтобы участвовать в них, а лишь затем, чтобы шантажировать Лондон русским нажимом и использовать его в своих целях[198].

Когда война в Африке угасла, появилась идея вновь ее разжечь. Русский посланник в Лиссабоне Кояндер телеграфировал в Петербург 10 (23) февраля 1905 г.:

> *«Бывший бурский генерал Жубер-Пинаар приехал из Трансвааля с целью предложить нам организовать в Южной Африке восстание чернокожих, которые к нему совершенно готовы, в чем они и ручаются. По его словам, это восстание могло бы быть достаточно серьезным, чтобы занять в течение двух-трех лет все внимание Англии»*[199].

Имя генерала Жубера было известно и популярно в России: улицам русских городов давали названия в честь бурских героев. В одну лишь харьковскую Городскую управу поступили предложения дать трем новым улицам названия: Трансваальская, Жуберовская и Крюгеровская[200].

Он был опубликован позже: Грулев М. Соперничество России и Англии в Средней Азии. — СПб, 1909. С. VII—VIII.

197 Красный Архив. Т. 69–70 С. 241.

198 Lee S. The King Edward VII. Vol. I. — London, 1925. P. 767. Контекст тех событий см. в: Давидсон А. Б., Филатова И. И. Англо-бурская война и Россия // Новая и новейшая история 2000, № 1. URL: http://vi-vovoco.ibmh.msk.su/VV/PAPERS/HISTORY/AFRIQUE.HTM см. другую их работу «Россия и первая война Двадцатого века»: https://www.hse.ru/data/2010/05/17/1241385031/Филатова_ИИ_Первая%20война_6.pdf

199 Этот и следующие ниже документы опубликованы в: Красный Архив. Т. 69–70.

200 Русские ведомости. — М., 1899. 9 декабря. Крюгер — президент Южно-Африканской республики.

Ответная телеграмма министра иностранных дел Российской империи гласила: «Телеграмма получена. Предложение бурского генерала заслуживает внимания». Причем «На подлинном собственной е. и. в. рукой начертано: „Согласен <…> Царское Село, 12 февраля 1905 г.“».

Далее генерал Жубер подробней излагал свой план:

«...настоящей целью моей было свидание с каким-либо официальным представителем России для того, чтобы спросить у него, желает ли его правительство оказать содействие возникновению в Южной и Центральной Африке восстания кафров, восстания, настолько серьезного, что оно способно будет поглотить исключительное внимание Англии в продолжении двух или трех лет».

Посол добавил к этой записке:

«По его убеждению, для успешного ведения дела ему нужна поддержка могущественной европейской державы, за каковой поддержкой он и обращается к России, которая в свое время должна будет взять Южную Африку под свой протекторат».

8 марта 1905 года глава МИД РИ Ламсдорф телеграфировал Кояндеру:

«Предложения Жубера, без сомнения, представляются заманчивыми».

Здравый смысл все же победил. Англию решили не дразнить.

Еще в разгар Игры был проблеск общеевропейской солидарности, и европейские державы, включая Россию и Англию, вместе подавляли китайское Ихэтуаньское восстание в 1899–1901 годах. Но 7 ноября 1901 года Николай II писал Бенкендорфу (своему послу в Лондоне):

«Я пальцем не шевельну, чтобы пойти на какое бы то ни было соглашение с Англией»[201].

В ноябре 1903 г. Лондон в очередной раз предложил Петербургу раздел Азии: Афганистан и Тибет должны были быть признаны сферой исключительных интересов Англии, Персия разделена на северную, русскую и британскую, южную сферы влияния. Взамен предлагалось признание преобладающих интересов России в Маньчжурии. Это предложение было отвергнуто. «Если Афганистан и Тибет не вызывали особого интереса Петербурга, то отказываться от возможности выхода к Персидскому заливу он категорически не собирался, в том числе и от планов строительства железной дороги и обретения там военно-морской базы по образцу Порт-Артура»[202].

Однако поражение в японской войне заморозило планы российской экспансии вглубь азиатского континента (Тибет, Афганистан, Персия). И уже в 1907 году Николаю пришлось шевелить пальцем и подписывать англо-русскую конвенцию, завершившую формирование Антанты.

Этапы формирования этого блока были такие:

1891 год — оформлено соглашение между Российской империей и Французской республикой о создании франко-русского союза.

1892 год — подписание секретной военной конвенции между Россией и Францией.

1893 год — заключение оборонительного союза России с Францией.

1904 год — подписание англо-французского соглашения.

1907 год — подписание англо-русского соглашения.

---

201 Об этих событиях в 2014 г. снят британский мини-сериал «37 дней».

202 Айрапетов О. История внешней политики Российской Империи. Т. 4. 1894–1914. — М., 2018. С. 164.

Ключевым было соглашение, достигнутое в переписке между английским статс-секретарём по иностранным делам Э. Греем и французским послом в Лондоне П. Камбоном 22–23 ноября 1912 года. Британия брала на себя обязательство по защите французского побережья Ламанша, позволяя Франции весь свой флот перевести в Средиземное море.

Это соглашение было секретным. О нем не знали многие члены английского кабинета министров.

До мая 1914 оно было неизвестно русскому царю.

И до самого начала войны оно было неизвестно кайзеру.

Что и стало одним из важных условий начала Великой войны. 9 июля 1914 году Грей смело лгал немецкому послу Лихновскому, что «между Англией, с одной стороны, и Францией и Россией — с другой, не существует никакого союза и никакой военной или морской конвенции» и что его страна сохраняет «свободу рук». Эта информация, переданная Лихновским в Берлин, убедила кайзера, что Англия останется в стороне, а посему «обедать будем в Париже, а ужинать в Петербурге». 29 июля Грей заявил немецкому послу, что британское правительство *«может оставаться в стороне до тех пор, пока конфликт ограничивается Австрией и Россией, но если в него втянутся Германия и Франция, ... будет вынуждено принять срочные решения».* 1 августа Грей заявил немецкому послу, что в случае войны между Германией и Россией Англия могла бы остаться нейтральной при условии, что Франция не будет атакована. Германия согласилась принять эти условия, но вечером 1 августа Георг V написал Вильгельму II, что предложения Грея были «недоразумением» [203].

Союзы были слишком тайными, а их тексты слишком общими. В них не было однозначно прописано, что считать casus foederis (букв. «случай союза» — обстоятельства, которые обязывают начать войну на стороне союзника). Оттого и не мог

---

[203] Об этих событиях в 2014 г. снят британский мини-сериал «37 дней».

немецкий царь по-евангельски присесть и подсчитать, сможет ли он со своей силой справиться с противостоящей[204].

Да и с прогностикой ошибались[205] все стороны: Германия считала, что Италия будет с ней, а вышло наоборот. Германия же считала, что Румыния будет в ее лагере и даже профинансировала прокладку телеграфного кабеля из Берлина в румынскую Констанцу и оттуда в Стамбул. Но Румыния ушла в Антанту. Россия же сделала аналогичное ошибочное вложение, протянув подводный телеграфный кабель из Стамбула в болгарскую Варну. А Греция так и просто раскололась: король в Афинах был за Германию, а его премьер-министр в Салониках — за Антанту…

Но два прогноза сбылись. История показала правду формулы Николая Маркова, произнесенной им в канун Первой мировой войны: «Я думаю, что лучше вместо большой дружбы с Англией иметь маленький союз с Германией»[206].

Тогда же и в том же русского царя пробовал уверить бывший министр внутренних дел П. Н. Дурново: «Стоило, однако, нам

---

[204] Лк. 14,3 «Какой царь, идя на войну против другого царя, не сядет и не посоветуется прежде, силен ли он с десятью тысячами противостать идущему на него с двадцатью тысячами?»

[205] Соискатель рассказывает о себе: «Моя предыдущая работа состояла в том, что я каждый вечер готовил для премьер-министра аналитический доклад о том, не начнется ли завтра Мировая Война. За 26 лет я составил 8 395 таких докладов. И ошибся только два раза».

[206] Вестник Союза русского народа. 1914. 16 мая. Но с началом войны Маркова (председателя главного совета Союза русского народа) понесло: он часто говорил, что война идет не с Австро-Германией, а с «Иудо-Германией»; поэтому, несмотря на то, что на германских касках и ременных бляхах написано «С нами Бог», следует учитывать, что «бог этот — бог иудейский, бог талмуда». В связи с принятием на себя полномочий Верховного Главнокомандующего Императором Николаем II в 1915 г. Марков пожелал Царю поразить «рукою властной гидру жидо-масонскую» и укрепить «на долгие времена священную власть свою Самодержавную». (цит. по: Иванов А. Богоявленский Д. «Курский зубр» Николай Евгеньевич Марков. URL: http://www.rusk.ru/ st.php?idar=161481)

стать на путь тесного сближения с Англией, как тотчас последовало присоединение Боснии и Герцеговины к Австрии»[207].

То есть: пока Россия была в «Большой Игре» с Англией, Центральные державы не считали ее противником и склонны были учитывать ее интересы. Даже в тяжелые для России дни японской войны Австрия не продвигалась на Балканах.

Но при виде англо-русского союза Вена решила поторопиться. Она аннексировала Боснию. Босния — это Сараево. Сараево — это Гаврила Принцип. Гаврила — это Беда…

Английская «интервенция» в Архангельск в 1918 году была своеобразна.

Еще в середине 1918 г. закладывалась идея об антибританской и антиамериканской оси Берлин — Москва — Токио, о которой впоследствии будут не раз вспоминать вплоть до июня 1941 года[208]. Именно этот союз стал причиной интервенции Антанты. После Бреста неожиданной головной болью для Англии стала судьба огромных запасов тогдашнего «ленд-лиза», накопившихся в портовых складах Мурманска, Архангельска, Владивостока.

«Это была Ахиллесова пята Русскаго Колосса. В случае большой европейской войны блокада России была легко осуществима. При войне с Германией возможность пользоваться для подвоза Балтийским морем исключалась. Возможность пользоваться Черным морем всецело зависела от того — войдет ли в число врагов России Турция. Положение после объявления войны Турцией, наглядно показывают следующая цифры:

---

207 Записка П. Н. Дурново [публикация и комментарии Б.С. Котова и А. А. Иванова] // Свет и тени Великой войны. Первая мировая в документах эпохи. — М., 2014. Эта «Записка» вообще поражает точностью своих оценок и предсказаний. Ее интернет-публикация: https://www.pravoslavie.ru/ 36667.html

208 Ланник Л. В. Начало интервенции на Дальнем Востоке в 1918 году через призму интересов Центральных держав // Известия Лаборатории древних технологий. Том 17. № 1. 2021. С. 243.

с осени 1914 года наш вывоз падает сразу на 98%, а ввоз на 95%. Таким образом, Россия оказалась «блокированной» в большей степени, нежели Германия. Оставалось только сообщение через Архангельск и Владивосток. Но Архангельск по климатическим условиям был доступен не более шести месяцев в году и был связан с общей российской железнодорожной сетью Архангело-Вологодской железной дорогой, более узкой колеи, нежели вся российская сеть, и сравнительно слабой паровозоспособности. Владивосток же был удален от фронта более чем на 5 000 верст, и для одной пары поездов требовалось до 120 паровозов, в коих вскоре же после начала войны почувствовался недостаток… Многомиллионное и драгоценное в военном отношении имущество осталось не вывезенным из Владивостока и Архангельска, и армия его не получила», — писал царский генерал-лейтенант Николай Николаевич Головин (начальник штаба Румынского фронта)[209].

Командующий *американским* экспедиционным корпусом в *Сибири* во время Гражданской войны в России генерал Уильям *Грейвс* в своих воспоминаниях описывает увиденное им во Владивостоке:

> *«Повсюду можно было видеть самые разные ценности, приобретенные царским правительством или правительством Керенского, и сваленные где и как попало. Меня поразило большое количество тюков с ватой, лежавших прямо на*

---

[209] Головин Н. Н. Военные усилия России в мировой войне. — Париж, 1939. С. 62.

«К моему сожалению, после оккупации германскими войсками части Франции он занял в Париже пост в Комитете взаимопомощи русских эмигрантов, преобразованном в апреле 1942-го в Управление делами русских эмигрантов во Франции. Там Головин занимался отправкой добровольцев на работу в Германию и пополнением РОА генерала А. А. Власова подготовленными офицерами. 10 января 1944 года Головин умер от разрыва сердца после того, как получил сообщение от представителей французского движения Сопротивления с угрозой расправы. Похоронен на кладбище в Сент-Женевьев де Буа».

земле и ничем не защищенных от сырости ни сверху, ни снизу. Еще огромные штабеля резины, которая, как было сказано, требовалась союзникам, и по меньшей мере тысяча автомобилей, которые так никогда и не вытащили из контейнеров»[210].

Это описание Владивостока, но так же было и в Архангельске.

И был вовсе не нулевой риск, что эти запасы попадут в руки немцев[211], или даже китайцев, если те станут союзниками Берлина. В апреле 1918 года Германия высадила десант в Финляндии. Рядом — Мурманск и Архангельск. Ленинское правительство не без оснований воспринималось или как союзник Германии, или как ее легкая жертва.

Кроме того, теперь был очевидный риск, что этими ресурсами будут вооружены освобождаемые из плена немцы, венгры и австрияки, и эта многотысячная волна покатится назад, на западный фронт.

Интервенция в Архангельск в 1918-м не было ни актом «русофобии», ни даже «пещерного антикоммунизма». Англичане не ставили целью продвижение вглубь России и свержение большевиков. Просто Мировая война еще продолжалась.

Более того — наркомвоендел Лев Троцкий, как и местный мурманский совет, дали свое согласие на десант англичан.

«Начальный этап британского вооруженного вмешательства в России обозначить точнее мог бы термин „интервенция по соглашению"... Мурманский Совет адресовал Ленину и Троцкому запрос о получении помощи Антанты. 1 марта 1918 г. в телеграмме А. М. Юрьеву — председа-

---

[210] Грейвс У. Американская интервенция в Сибири 1918–1920. — М., 1932. С. 59.

[211] Там же. С. 41.

телю Мурманского краевого совета — Троцкий санкционировал „всякое содействие союзных миссий" в борьбе с „немцами и белофиннами", однако эта „комбинация", по мнению СНК, должна была носить „абсолютно неофициальный характер". На следующий день было заключено „словесное соглашение" местной администрации с англо-французским командованием о координации усилий по обороне края. Данный акт, положивший начало интервенции „по соглашению", привел к власти в регионе так называемый Военный совет, который включил по одному представителю краевой администрации, а также британского и французского командований. Заручившись одобрением местного Совета, который в свою очередь получил по телеграфу санкцию Ленина и Троцкого, контр-адмирал Т. Кемп отдал приказ о высадке»[212].

Более того – через год Англия спасла режим большевиков:

Летом 1919 года началась вторая советско-финская война[1]. Маннергейм считал, что для взятия Петрограда ему хватит 10 000 финских (это был ветераны германской армии: в ее рядах сражались 4000 финнов; а также неостывшие от войны немцы). Но англичане запретили финнам брать Петроград, Карелию и Поморье с Архангельском.

Финский историк поясняет:

«В начале 1918 года за признанием независимости новое государство обратилось в первую очередь к Германии и Швеции, которые смотрели на ситуацию глобально и не хотели признавать отделение Финляндии от России. Это же касалось и стран Антанты. Все ждали, что большевики рано или поздно будут свергнуты, и к власти придет новое правительство, которое может воспринять признание как

---

[212] Сергеев Е. Ю. Большевики и англичане. — СПб, 2019. С. 60.

проявление вражды и стремления оскорбить Россию... Нейтральной позиции в этом вопросе Финляндия продолжила придерживаться и после 1919 года, что сыграло свою роль в штурме Петербурга с южной стороны Финского залива осенью того же года генералом Николаем Юденичем. На ситуацию сильно повлияла позиция Англии, которая высказалась против участия Финляндии в интервенции, что могло бы принести дополнительную нестабильность в регион. Англия также не поддерживала Финляндию в её стремлениях расшириться за счёт территорий Восточной Карелии»[2]. Маннергейму, который мечтал руками финнов освободить Росию от большевиков, пришлось оставить пост «регента».

Но потом союзники стали стрелять друг в друга.

А через 20 дней снова приглашали зайти на свою территорию:

«Мне кажется, что Англия могла бы без риска высадить 25–30 дивизий в Архангельск или перевести их через Иран в южные районы СССР для военного сотрудничества с советскими войсками на территории СССР по примеру того, как это имело место в прошлую войну во Франции»,

— приглашал Сталин Черчилля письмом от 13 сентября 1941 года[213].

В общем, нет никаких исторических оснований полагать, что политику Англии к России определяла какая-то «исконная русофобия». Вполне понятный национальный эгоизм лежал в основе британской политики (как и политики любой другой страны). Отношение к России колебалось от союза к вражде с не

---

[213] Переписка Председателя Совета Министров СССР с президентами США и премьер-министрами Великобритании во время Великой Отечественной войны 1941–1945 гг. — М., 2005. С. 21.

меньшей частотой. чем отношения Лондона с любой другой континентальной страной. Ну, если исключить действительно вековое противостояние Острова с Францией и Испанией. Достаточно присмотреться к британо-голландским отношениям и войнам.

Глава 32

Союз с США от колыбели до...

Просто факт: за всю свою почти 250-летнюю историю США НИ РАЗУ не воевали против России.

А едва к власти вернулся Трамп, как глава МИД РФ Лавров ошарашил тотальной индульгенцией:

«Нынешняя ситуация подтверждает мысль, которую излагают многие историки. Последние 500 лет (когда более-менее сформировался Запад в том виде, в котором он дошел до наших дней, естественно, с какими-то изменениями) все трагедии мира зарождались в Европе или случались благодаря европейской политике. Колонизации, войны, крестоносцы, Крымская война, Наполеон, Первая мировая война, А. Гитлер. Если ретроспективно посмотреть на историю, то американцы не играли никакой подстрекательской и тем более «зажигательной» роли»[214].

Изумительно. Тут и удвоение исторического бытия США, и полное забвение о массе конфликтов в Латинской Америке, в которых дипломатия и ВС США принимали активное участие. Но если сузить фокус до русско-американских отношений, то с Лавровым в версии 02.03.2025 можно согласиться.

---

[214] Фрагменты из интервью Министра иностранных дел Российской Федерации С. В. Лаврова медиахолдингу «Красная звезда», 2 марта 2025 года. URL: https://mid.ru/ru/foreign_policy/news/2000799/

1 сентября 1775 г. английский король Георг III направил личное послание Екатерине II. Он просил русских солдат «для подавления восстания в американских колониях». Британскому посланнику в С.-Петербурге были даны подробные инструкции добиваться посылки 20-тысячного корпуса и переслан проект соответствующего договора.

Русский посланник в Париже князя И. С. Барятинский пояснял императрице: «…то почти невероятно, чтоб и Ее Императорское Величество изволила согласиться на такую негоциацию, какой бы тесный союз ни пребывал между обоими дворами, ибо де такой поступок не совместен с человеколюбием, миролюбивыми и бескорыстными ее в-ва сентиментами». Если Англия стремится «притеснять вольность колоний и подчинить их совсем своей власти», то Екатерина II, напротив, «неусыпно печется о доставлении своему народу облегчения и некоторой свободы чрез новые узаконения».

Георг получил отказ. В августе 1776 г. в Европе стало известно о принятии Континентальным конгрессом Декларации независимости. «Издание пиесы сей, да и обнародование формальной декларацией войны против Великобритании доказывает отвагу тамошних начальников», — доносил из Лондона советник русского посольства В. Г. Лизакевич.

Позиция, занятая русским правительством, получила высокую оценку в Соединенных Штатах. «Мы немало обрадованы узнать из достоверного источника, — писал Вашингтон Лафайету весной 1779 г., — что просьбы и предложения Великобритании русской императрице отвергнуты с презрением».

Англия ввела морскую блокаду своих заокеанских колоний, но из Петербурга 28 февраля (11 марта) 1779 г. правительствам Англии и Франции была направлена нота в форме декларации, в которой сообщалось о намерении России послать «эскадру своих линейных кораблей и фрегатов, которым будет приказано должным образом защищать торговлю и судоходство, удаляя от этой береговой полосы любое каперское судно, которое появится, без исключения, невзирая на его национальную принадлежность».

В октябре 1779 г. царское правительство пошло на формальное нарушение принципа непризнания дипломатических представителей восставших американцев, обратившись к «поверенному от американских селений Франклейну» (т. е. Б. Франклину)[215].

И далее в конфликтах всего XIX века США были более чем дипломатическим союзником России.

Формальным исключением можно было бы считать 1812–1814 годы. Тогда кроме европейской, шла англо-американская война.

США объявили войну Великобритании 18 июня 1812 года (точнее: 1 июня президент направил соответствующий документ на утверждение конгрессу и сенату).

Но Наполеон объявил войну России позже, 24 июня 1812 года. Россия и Англия по состоянию на 18 июня находились в состоянии войны. Великобритания и Россия подписали мирный договор только 18 июля 1812 года в городе Эребру (Швеция).

Вашингтон начал войну в ответ на действия английского флота, который препятствовал вести торговлю с Европой, находившейся под властью Бонапарта.

В августе 1814-го англичане захватили Вашингтон и сожгли Белый дом. Та «Вторая война за независимость» стала основой американского мифотворчества. Происхождение государственного гимна США, к примеру, обязано своим появлением английской бомбардировке форта Макгенри на подступах к Балтимору в 1813 году. Патриотический порыв вдохновил Фрэнсиса Кея на

---

215 Эти тексты приведены в: Болховитинов Н. Н. Россия открывает Америку. 1732–1799. — М., 1966. С. 53–54.

стихи, положенные затем на мотив старинной английской кабацкой песенки. Полноценным гимном «Знамя, усыпанное звездами», стало после утверждения Конгрессом двадцать лет спустя. Во время войны появился не только главный девиз, красующийся на американских дензнаках — In God We Trust («В Бога веруем»), но и Дядя Сэм.

США объявили войну формальному противнику России, который, однако, в ходе этой войны стал ее союзником. Никаких враждебных действий между США и Россией в те годы не происходило.

Собственно русско-американские отношения не только не были прерваны, но продолжали развиваться в благожелательном плане, и именно от России США рассчитывали в дальнейшем получить поддержку на мирных переговорах. Ни консулы, ни послы не были отозваны. По инициативе русского консула торговля продолжалась в обход английской блокады через испанские порты в Америке. «Объявляя войну Великобритании, США одновременно стремились всячески подчеркнуть, что они не являются союзниками Франции и, в частности, надеются на сохранение дружественных отношений с Россией»[216].

Более того — поскольку война против Англии была популярна вовсе не у всей американской элиты, в американской прессе стала популярна Россия:

«Американская антивоенная оппозиция по понятным причинам не могла радоваться военным успехам англичан, поэтому для демонстрации своего недовольства действиями федерального правительства она стала широко праздновать победы русского оружия над Наполеоном. Ведь Россия вместе с Англией воевала против Франции, которая еще со времен Войны за независимость считалась объективным

[216] Болховитинов Н. Н. Становление русско-американских отношений. 1775–1815. — М., 1966. С. 522.

союзником Соединенных Штатов. Поэтому противники войны с Англией в 1813 году провели несколько больших банкетов в ознаменование победы России над Наполеоном. Например, первый банкет, где присутствовали более пятисот человек, собрал всю политическую элиту Новой Англии»[217].

Морская блокада не позволяла осуществлять военное взаимодействие Вашингтона и Парижа через океан, и все же американская пресса не лепила из Бонапарта образа врага.

Это не помешало некоему эксперту 12 апреля 2022 на телеканале «Россия» в передаче «60 минут» сказануть: «США до сих пор не могут нам простить, что мы избавили их от Наполеона и Гитлера». Вот уж Наполеоном США точно не тяготились.

Во всех последующих войнах Россия получала поддержку США.

Крымская война. Русский флот на 1854 год располагал на Тихом океане только тремя 50-пушечными фрегатами — «Диана», «Паллада» и «Аврора». Было обращение русских дипломатов к военному министру США Уильяму Марси в 1854-м году. Он ответил, что официально помочь никак не получится, ибо американский флот слишком мал в сравнении с британским. А неофициально — пожалуйста[218].

С началом войны русское консульство в Сан-Франциско открыло выдачу каперских патентов, и предприимчивые американские капитаны стали массово приобретать их для того, чтобы грабить английские корабли на законных основаниях.

Кроме того, правительство США объявило о возможности использования своих тихоокеанских баз русскими каперами.

---

[217] Курилло И. Пепел Вашингтона. Как Россия пыталась остановить войну между США и Англией за Канаду.
URL: https://lenta.ru/articles/2016/02/14/1812/

[218] Подробности — в книге Andrew Rath «The Crimean War in Imperial Context, 1854–1856».

После первой Опиумной войны США и Англия стали смертельными конкурентами в Тихоокеанском регионе, при этом США имели союз с Россией, что еще более пугало британцев.

А еще около 40 американских хирургов приехали нелегальными добровольцами в осажденный Севастополь, где мужественно работали в военно-полевых лазаретах. Некоторые из них погибли от ран, тифа и недоедания.

В 1860-х годах в США идет Гражданская война. А в Российской империи 22 января 1863 года началось Польское восстание.

В середине июля Париж предложил Лондону ввести войска в Царство Польское и отторгнуть его от России. В начале августа в ответ президент Линкольн заявил, что с Петербургом достигнута следующая договоренность — в случае любых действий, направленных против России или против Севера русский флот (уже вышедший в Атлантику) перейдет под американское командование и вместе с Севером начнет систематическое истребление британской и французской торговли всеми возможными способами.

24 сентября корабли адмирала Лесовского из Средиземного моря прибыли в Нью-Йорк, а 12 октября эскадра Попова через Тихий океан приходит в Сан-Франциско. Ввиду угрозы нападения кораблей южан на Сан-Франциско контр-адмирал Попов отдал приказ: «В случае появления в порту какого-либо корсара, снаряженного возмутившимися штатами, старший из присутствующих в порту командиров делает сигнал прочим судам „приготовиться к бою и развести пары". Если же ворвавшийся в порт корсар прямо начнет неприятельские действия, то старший из командиров тотчас должен дать сигнал прочим судам «сняться с якоря по способности» и возмутителя общественного спокойствия атаковать». Выздоравливающий после ветряной оспы президент Линкольн попросил Лесовского задержаться с отходом. Он сообщил, что не может явиться на борт корабля, но примет моряков у себя. На большом приеме, где присутствовал дипломатический корпус, высшие должностные лица и члены

конгресса, адмирал и командиры кораблей были представлены президенту и госпоже Линкольн. Президент оценил пребывание российских эскадр у берегов США как военный фактор, приведший к провалу попыток Британии и Франции вмешаться в ход Гражданской войны между Севером и Югом.

Линкольн и Сьюард были заинтересованы в дружественном приеме русских кораблей — они хотели убедить Лондон и Париж, что Россия — потенциальный союзник США, и в известной мере это им удалось. Построенные в Ливерпуле для южан броненосцы остались в Англии, а Наполеон III отказался от признания Конфедерации.

Заголовки американских газет того периода гласили: «Новый союз скреплён. Россия и Соединённые Штаты братствуют», «Русский крест сплетает свои складки с звёздами и полосами»[219].

Осенью 1863 года Россия и США совместно заявили, что приостанавливают импорт пшеницы в Британию. Совокупно это было 51% импорта продовольствия в Англию. И, начиная с сентября 1863 года, Лондон прямо-таки хватает за фалды Париж по поводу Польши. Мол, русские и пруссаки сами знают, что там делать. Поляки вообще сами виноваты. Да и вообще, это внутренние дела России и Пруссии[220].

Во время русско-турецкой войны 1877–1878 годов были опасения, что Англия поддержит Турцию. На этот случай русская Средиземноморская эскадра ушла в США, чтобы вместе с американцами заняться пиратским крейсерством против английских судов[221]. В той кампании именно Россия впервые в истории применила замаскированные крейсера: в Нью-Йорк прибыл капитан-

---

[219] Кирпичёв Ю., Агеев И. Эскадры России в Америке, 1863–1864 годы // Троицкий вариант, 2022. № 8.
URL: http://trv-science.ru/2022/08/eskadry-rossii-v-amerike-1863-1864/

[220] Из книги Crook, D. P. The North, the South, and the Powers 1861–1865. New York, 1974.

[221] В Средиземном море находилась эскадра контр-адмирала И. И. Бутакова из броненосного фрегата «Петропавловск», фрегата «Светлана», корветов «Аскольд», «Богатырь», клипера «Крейсер» и двух шхун.

лейтенант Семечкин, который купил три парохода («Штат Калифорния», «Колумбус» и «Саратога»). Им присвоили наименования «Европа», «Азия» и «Африка» и зачислили в первый ранг военных кораблей. В Филадельфии их переделали в крейсера, и на них взошли команды русских моряков. В декабре 1878 года «Европа», «Азия» и «Африка» подняли Андреевские флаги. В 1898 году именно между «Африкой» и «Европой» (бывшим банановозом) была впервые в истории установлена регулярная беспроводная связь по телеграфу А. С. Попова.

В итоге армия и флот Англии не вмешались. Поскольку угроза войны с Англией миновала, крейсеры в конце декабря 1878 г. ушли из Филадельфии в Европу.

В русско-японской войне в осажденный Порт-Артур прорывались в основном английские корабли с продуктами питания (хотя Англия считалась союзником Японии[222]).

Чтобы избежать в случае войны их уничтожения превосходящими силами английского флота, русские корабли (за исключением ненадежного для океанского плавания «Петропавловска») было решено направить в атлантические порты США и при разрыве отношений с Англией приступить к крейсерским операциям. Одновременно корабли эскадры Тихого океана и Сибирской флотилии под командованием контр-адмирала О. П. Пузино получили приказ следовать в Сан-Франциско. В октябре 1876 г. они вышли из китайских и японских портов, а к 25 декабря 1876 г. на рейде Сан-Франциско была сосредоточена эскадра из корвета «Баян», клиперов «Всадник» и «Абрек», шхун «Восток», «Тунгус» и «Ермак», к которым позднее присоединились канонерка «Горностай» и транспорт «Японец». По плану, выработанному контр-адмиралом Пузино, в случае войны его эскадра должна была напасть на Ванкувер, чтобы «нанести возможный вред неприятельским учреждениям и уничтожить встреченные там военные и купеческие суда», а затем идти к Австралии и крейсировать у ее западного (корвет) и восточного (клиперы) побережья, создав склады на северном берегу Новой Гвинеи, на Соломоновых и Маршаловых островах. 30 апреля, после ослабления напряженности в русско-британских отношениях, русские эскадры получили указания покинуть американские порты и вернуться к обычному несению службы.

См. Экспедиция русского флота к берегам Северной Америки (1863–1864). URL: https://dic.academic.ru/dic.nsf/ruwiki/703891

[222] Важное уточнение:

Позже США оказывали давление на Японию к скорейшему и менее тяжелому для России миру. Президент Рузвельт давил на японцев, требуя умерить их требования:

«По словам Витте, он достиг успеха потому, что основал свою политику на господствовавших в американском народе чувствах. Когда остался неразрешенным один вопрос о контрибуции, то американцы стали кричать, что со стороны японцев недостойно идти из-за денег на кровопролитие. Такое мнение в Америке сделалось до того господствующим, что Рузвельт даже написал Микадо, что его дальнейшее упрямство лишит Японию поддержки и со стороны американской нации и со стороны его самого, Рузвельта. Такое заявление имело последствием отказ Японии от своего денежного требования»[223].

Американец Джек Лондон, побывав на линии боев в Корее, поменял свою позицию и стал писать резко антияпонские статьи[224]. А австриец Рудольф Грейнц (Rudolf Heinrich Greinz) написал песню, которая, будучи переведена, стала русской народной —

«Помогало японцам враждебное нам англо-еврейское мнение и печать. Правительство же ни в чем особой поддержки Японии не оказало… Судя по сведениям, которые доходят из Лондона, там скорее желают соглашения с нами, хотя, несомненно, и попытаются воспользоваться нашею неизбежною, после столь тяжелой войны, слабостью, чтобы повыгоднее обделать собственные дела. Нам следует скорее рассчитывать на скорое прекращение войны и стремиться к нему. Если бы однако мы вынуждены были ее продолжать, то наш расчет должен был бы состоять в том, чтобы, стараясь стать в наилучшие отношения к Англии, возбуждать в ней чувство солидарности всех европейских государств ввиду проявляющихся завоевательных стремлений и развивающейся силы желтой расы».

(Посол России во Франции Нелидов. Секретное письмо в МИД РИ. Париж. 17 (30) марта 1905 г. // Красный Архив. Т. 69–70. С. 251).

223 Половцов А. А. Дневник. — СПб, 2005. С. 468. Запись от 15 сент 1905.

224 См.: https://nvo.ng.ru/notes/2004-02-20/8_london.html

«Врагу не сдается наш гордый Варяг». Но первая публикация была в мюнхенском журнале *Jugend.*

Там были такие слова:

Из пристани верной мы в битву идем,
Навстречу грозящей нам смерти,

Глядя на пленных русских солдат, он признается:

«К этому времени я уже несколько месяцев жил среди азиатских солдат. Я привык к людям другого племени. И вот я въехал в город. В окна большого китайского дома с любопытством заглядывало множество японских солдат. Придержав лошадь, я тоже с интересом заглянул в окно. И то, что я увидел, меня потрясло. На мой рассудок это произвело такое же впечатление, как если бы меня ударили в лицо кулаком. На меня смотрел человек, белый человек с голубыми глазами. Он был грязен и оборван. Он побывал в тяжком бою. Но его глаза были светлее моих, а кожа — такой же белой.

С ним были другие белые — много белых мужчин. У меня перехватило горло. Я чуть не задохнулся. Это были люди моего племени. Я внезапно и остро осознал, что был чужаком среди этих смуглых людей, которые вместе со мной глазели в окно. Я почувствовал странное единение с людьми в окне. Я почувствовал, что мое место — там, с ними, в плену, а не здесь, на свободе, с чужаками.

На дороге я увидел пекинскую повозку, которую тащили китайские мулы. Рядом с повозкой шли японские солдаты. В груде серой ветоши я разглядел светлую голову, только волосы и лоб — само лицо было закрыто. Из-под шинели высовывалась голая нога, судя по всему, крупного человека, белая нога. Она двигалась вверх-вниз вместе с подпрыгивающей двухколесной повозкой, отбивая непрерывный и монотонный такт, пока повозка не скрылась из виду.

Позже я увидел японского солдата на русской лошади. Он прицепил на свою форму русскую медаль; на его ногах были русские офицерские сапоги; и я сразу вспомнил ногу белого человека на давешней повозке.

В штабе в Антуне японец в штатском обратился ко мне по-английски. Говорил он, конечно, о победе. Он сиял. Я ни намеком не выдал ему своих сокровенных мыслей, и все же он сказал при прощании:

— Ваши люди не думали, что мы сможем победить белых. Теперь мы победили белых.

Он сам сказал слово „белые“, и мысль была его собственная; и пока он говорил, я снова видел перед собой белую ногу, отбивающую такт на подпрыгивающей пекинской повозке».

URL: https://koryo-saram.ru/dzhek-london-iz-voennoj-korrespondentsii/

За Родину в море открытом умрем,
Где ждут желтолицые черти![225]

Внесло ли это свой вклад в скорый триумф немецкого расизма?..

В Первой мировой войне США (Англия, Франция, Италия, Япония[226]…) были союзниками России.

Причем Россия помогла Штатам вступить в эту войну.

Историю войны и мира изменили два русских крейсера:

26 августа 1914 года немецкий лёгкий крейсер «Магдебург», в тумане сел на мель у берегов Эстонии в Финском заливе. На спасение экипажа были посланы немецкие суда, но подошедшие русские крейсера «Богатырь» и «Паллада» их отогнали, а своим огнем повредили «Магдебург». По уставу немецкого флота корабельные шифровальные книги требовалось сжечь в топке, но она оказалась затоплена забортной водой. Поэтому их пришлось выбросить за борт. А русские водолазы их нашли. Свою находку российские власти передали британскому Адмиралтейству, где

---

[225] Aus dem sichern Hafen hinaus in die See,
Fürs Vaterland zu sterben
Dort lauern die gelben Teufel auf uns
Und speien Tod und Verderben!

[226] К ноябрю 1916 года Япония передала России 600 000 винтовок, 200 млн патронов, 800 пулемётов. Это были винтовки современного на тот период магазинного образца. (см. Синиченко В. В. Роль Японии в снабжении вооружением армии Российской империи в годы Первой мировой войны // Известия Лаборатории древних технологий. 2023, № 2, с.134). Русский учебник истории, изданный в 1915 году (История русских войн [со времен возникновения русской военной силы до последней великой войны] / под ред. Вл. П. Лебедева. [Вып. 1-12]. — СПб, 1915), энтузиастично выглаживал недавнюю вражду:

«Наш теперешний верный друг и естественный союзник, Япония… Ныне, в лице этой дальневосточной соседки мы имеем расположенную верную союзницу в гигантской борьбе с тевтонским натиском. Былые раны залечены, былая вражда перешла в дружбу. Японцы были всегда великодушными, корректными врагами, у которых не грех бы поучиться благородству тевтонским варварам, грабителям и убийцам».

коды смогли расшифровать. Раскрытие кода помогло одержать ряд побед на море. Но главное было в другом: благодаря этому инциденту два миллиона американских солдат приплыли в Европу добивать Германию.

17 января 1917 года министр иностранных дел кайзеровской Германии Артур Циммерман послал депешу Бернсторффу, германскому послу в Вашингтоне. Телеграмма была перехвачена англичанами сразу после отправки. Криптоаналитики Британского Адмиралтейства с помощью книг с «Магдебурга» смогли ее дешифровать.

Оказалось, что от посла Германии в США к послу Германии в Мексике ушло следующее: «Мы намерены начать с 1 февраля беспощадную подводную войну. Несмотря ни на что, мы попытаемся удержать США в состоянии нейтралитета. Однако в случае неуспеха мы предложим Мексике: вместе вести войну и сообща заключить мир. С нашей стороны мы окажем Мексике финансовую помощь и заверим, что по окончании войны она получит обратно утраченные ею территории Техаса, Новой Мексики и Аризоны. Мы поручаем вам выработать детали этого соглашения. Вы немедленно и совершенно секретно предупредите президента Каррансу, как только объявление войны между нами и США станет совершившимся фактом. Добавьте, что президент Мексики может по своей инициативе сообщить японскому послу, что Японии было бы очень выгодно немедленно присоединиться к нашему союзу».

Телеграмма была опубликована 1 марта. Артур Циммерман 29 марта по неизвестным причинам заявил об аутентичности текста телеграммы. Это послужило причиной его смещения со своего поста в тот же день. Но было поздно: его расшифрованная телеграмма помогла преодолеть американские изоляционистские настроения. 6 апреля 1917 года Конгресс дал согласие президенту Вильсону на вступление Соединённых Штатов в Первую мировую войну.

Без 38 американских дивизий истощенная Антанта не смогла бы летом 1918 года сдержать последний натиск Германии, которая, закрыв «Брестским миром» свой Восточный фронт, наконец-то смогла сконцентрировать все свои силы на западном направлении…

Между Первой и Второй мировыми войнами США разработали т. н. **Цветные военные планы** (*Color Plans, color-coded plans)*. Названия планам обычно давались по цветам, которыми обозначались потенциальные противники (самим США был отведён синий цвет):

- чёрный — Германия;
- оранжевый — Япония;
- красный — Великобритания;
- зелёный — Мексика.

Золотой план — разработанный в начале 1920-х годов план войны против Франции.

Цветные названия были полуформальными, детальные варианты планов (а их, например, для Оранжевого плана были десятки) часто имели обозначения вроде *Navy WPL-13*.

Цветные военные планы обычно не утверждались руководством США; до 1924 года они подписывались только самими планировщиками, затем министрами обороны и военно-морского флота. Единственное исключение — план «Радуга-5» — в апреле 1941 года был устно одобрен президентом Ф. Рузвельтом[227].

---

[227] URL: https://ru.wikipedia.org/wiki/Цветные_военные_планы_США#Радуга_5

План «Радуга-5» предполагал, что США будут воевать совместно с Англией и Францией. В начальном периоде войны американские войска должны были принять участие в совместных операциях в Европе и Африке с целью разгромить Германию и Италию. В Тихом океане следовало вести оборонительные действия вплоть до разгрома европейской части «оси». В июне — июле 1941 г. был разработан план JB 355.

И вот что достойно примечания:

– У США был план войны против Англии. Против Канады. Против Кубы…

– Но не было плана войны против СССР.

После нападения СССР на Финляндию, в конце 1940 — начале 1941 года американцы не вняли увещеваниям Лондона, звавшим к экономической блокаде Советского Союза[228].

Если с началом войны в Европе глава администрации (5 сентября 1939 года) подписал прокламацию, подтверждавшую нейтралитет, вслед за чем были заморожены английские и французские заказы в США, то в советском случае он специально 26 июня 1941 года позаботился о том, чтобы ранее подвешенные советские контракты и фонды были разблокированы и СССР был предоставлен благоприятный режим для закупок необходимых, в том числе военных материалов[229].

Такая вот американская русофобия.

В соответствии с данным документом было решено, прибегнув к репрессалиям экономического характера, спровоцировать Токио к началу военного конфликта в районе Юго-Восточной Азии, а затем использовать это как повод для нанесения превентивных воздушных ударов по Японии силами стратегической авиации, тем самым вступив в войну. План был подписан лично президентом.

228 Фалин В. Второй фронт. Антигитлеровская коалиция: конфликт интересов. — М., 2016. С. 89.

229 Там же. С. 91.

Глава 33

Как американцы Владивосток для России отстояли

23 декабря 2021 Путин обличил коварные замыслы американцев:

«Вот, смотрите, еще в 1918 году один из помощников Вудро Вильсона, президента Соединенных Штатов, сказал: „Всему миру будет спокойнее, если на месте сегодняшней огромной России появится государство в Сибири и еще четыре государства в европейской части"»[230].

Референты подставили президента. На самом деле:

1. Эти слова не были «сказаны». Они были записаны в частном дневнике Эдварда Хауза 19 сентября 1918 года.

2. Именно потому, что дневник был частным, президент Вильсон не мог знать об этой записи.

3. Очень странно считать, будто какая-то страна руководствуется в своей текущей политике записью в частном дневнике частного лица столетней давности. Дневники Достоевского —

---

[230] URL: https://rg.ru/2021/12/23/vladimir-putin-na-itogovoj-press-konferenciiu-2021-goda-otvetil-na-55-voprosov.html

это тоже концепция современной геополитики РФ? Константинополь таки должен быть наш? Водружение креста над святой Софией — это цель внешней политики Путина? Эрдоган в курсе? Кадыров одобряет?

4. В дневнике Хауза и в самом деле сказано: «Она (Россия) слишком большая и слишком однородная для безопасности мира. **Я бы хотел видеть Сибирь отдельной республикой, а европейскую Россию — разделённой на три части.** Британская империя не представляет такой же опасности миру, как Российская империя под руководством монарха. Составные части Британской империи в любое время могут стать автономными, Индию они не смогут бесконечно удерживать в этом виде. Даже сейчас Индия — это источник слабости, а не силы империи».

Как видим, у Путина небольшая ошибка в цифрах. Хауз говорит о разделе России на 4 части, Путин — на пять. Более значимо то, что Хауз мечтает о распаде не только России, но и Британской империи. Так что вряд ли эта запись может служить доказательством единства коварных замыслов «англосаксов».

Кроме того, тут нет ничего противоречащего тогдашней политике большевиков. В провозглашённой 15 ноября 1917 г. Декларации прав народов России идея «самоопределения» доводилась до крайности («вплоть до отделения»)[231].

И даже Временное правительство было готово отдать то, что благодаря немецкому наступлению уже потеряло. 29 марта 1917 в обращении к полякам указывалось, что «Временное правительство считает создание независимого польского государства, образованного из всех земель, населённых польским народом, надёжным залогом прочного мира будущей обновлённой Европы»[232].

В те годы разделение России было наличным фактом, а не чьей-то мечтой.

---

[231] Документы внешней политики СССР. Т. 1. — М., 1958. С. 11–15, 21–22.

[232] Революция 1917 г. (хроника событий). Т. 1. — М., Пг., 1923. С. 98.

*«В 1918–1920 гг. у Вильсона был соблазн согласиться с рекомендациями ближайших советников и признать факт распада Российского государства. Но Вильсон эту грань не перешёл, хотя и делился в ноябре 1918 г. с Лансингом своими сомнениями, возможно ли предоставить русским место за столом мирных переговоров, с учётом „**нынешнего**, по крайней мере, **временного** расчленения России на пять частей — Финляндию, Балтийские провинции, европейскую Россию, Сибирь, Украину"»*[233].

5. Ни Хауз, ни Вильсон не были русофобами. 28 ноября 1917 г. находившийся в Париже Хауз, заметив, что в американской печати всё чаще стали относиться к России, «как к врагу», призвал президента и государственного секретаря «подавить» (supress) эту опасную тенденцию, способную подтолкнуть русских в объятия Германии[234].

В то же время Президент Вильсон с неподдельным энтузиазмом отзывался о попытках «русских представителей» в Брест-Литовске добиться «открытых переговоров», свидетелями которых станет «всё человечество». По его словам, они действовали «весьма справедливо и мудро», «искренно и серьёзно» требуя справедливых условий мира и отказываясь обсуждать предложения, «стремящиеся к завоеванию и господству».

Вильсон открыто выражал свою симпатию к русскому народу, который в самые тяжёлые времена «не желает уступить ни в принципе, ни на деле»:

«Его точка зрения на то, что является справедливым, гуманным и приемлемым для него, была установлена с такою откровенностью, широтою взглядов, душевным благородством и чувством симпатии к человечеству, что должно вызвать восхищение

---

233 Листиков С. В. «14 пунктов» и формирование «русской политики» Вудро Вильсона// Российская история, 2015. № 6. С. 130.

234 Там же.

всякого истинного друга человечества». 9 января глава Белого дома признал, что был «поражён» здравым смыслом русских предложений в Брест-Литовске[235].

6. Антанта устанавливала кордон вокруг большевиков в порядке реакции на их все-планетные амбиции («мировая революция»), а не из-за плохого отношения к России, русскому народу и его культуре. 9 октября 1919 г. союзными державами была объявлена экономическая блокада России. Нота союзных держав гласила:

> *«Ярко выраженная вражда большевиков ко всем правительствам и распространяемая ими... интернационалистская программа революции представляют собою опасность для национального существования решительно всех держав... Исходя из этих соображений, союзные и объединенные державы, изучив вопрос о торговых сношениях с большевистской Россией, находят, что эти сношения на деле могли бы происходить только при посредстве главарей большевистского правительства; располагая по своему усмотрению теми продуктами и ресурсами, которые принесла бы с собою свобода торговли, они достигли бы тем самым значительного роста той тиранической силы, которую они осуществляют над русским населением»*[236].

Впрочем, эта блокада шла всего три месяца (до января 1920).

7. И Хауз, и Вильсон были миротворцами. По поручению президента Вильсона он ездил в Европу с планом «мирной конференции» без аннексий и контрибуций. Призыв Вильсона

---

[235] Там же. С. 129–130.

[236] Нота союзных держав на имя нейтральных и германского правительств. Октябрь 1919 г. // Ключников Ю., Сабанин А. Международная политика новейшего времени в договорах, нотах и декларациях. Ч. II. — М., 1926. С. 397–398.

к «миру без победы» разозлил французов и англичан, борющихся за полное и решительное поражение Германии. Солдаты стали называть неразорвавшиеся снаряды «Вильсонами». (Позже нападения немецких подводных лодок на американские торговые суда и ставшие известными немецкие планы, подстрекавшие Мексику к нападению на США («телеграмма Циммермана»), вынудили Вильсона вступить в войну).

Далее Хауз участвовал в Парижской конференции и создании Лиги Наций, однако во время её работы возникли серьезные политические разногласия между ним и президентом — Хауз шёл на компромиссы, неприемлемые для Вильсона. Ещё больше неприязнь усугубилась, когда Вильсону стало известно, что зять Хауза, член Американской делегации Гордон Ачинклосс, делал уничижительные комментарии о его политике.

8. Но разногласия между Хаузом и президентом начались раньше. Это видно из той же самой дневниковой записи 19 сентября 1918 года. В той самой дневниковой записи Хауз дважды отмечает, что «практически полностью не согласен» с тем, как президент Вильсон реагирует на ситуацию в России. Конкретней: «Я не согласен с президентом в том, что касается сохранения территориальной целостности России» (I am not in agreement with the President as to leaving Russia intact)[237].

9. Позиция Вильсона и в самом деле была ровно обратной позиции Хауза.

Шестой из 14 мирных пунктов президента Вильсона (8 января 1918) предлагал:

«Освобождение всех русских территорий и такое разрешение всех затрагивающих Россию вопросов, которое гарантирует ей самое полное и свободное содействие со стороны других наций в деле получения полной и беспрепятственной

---

[237] URL: http://digital.library.yale.edu/digital/collection/1004_6/id/4890/rec/6

возможности принять независимое решение относительно её собственного политического развития и её национальной политики и обеспечение ей радушного приёма в сообществе свободных наций при том образе правления, который она сама для себя изберёт. И более, чем приём, также и всяческую поддержку во всём, в чём она нуждается и чего она сама себе желает. Отношение к России со стороны наций, её сестёр, в грядущие месяцы будет пробным камнем их добрых чувств, понимания ими её нужд и умения отделить их от своих собственных интересов, а также показателем их мудрости и бескорыстия их симпатий».

Россию Вильсон предпочитал бы видеть, говоря словами известного американского учёного Л. Гарднера, «либеральной, но не расчленённой».

В конце мая 1918 года американское правительство направило представителю США при Антанте сообщение, в котором говорилось:

«Президент считает, что бедствие в России накладывает на нас обязательства непоколебимой верности принципам территориальной целостности и политической независимости этой страны» [238].

---

238 «The President's attitude is that Russia's misfortune imposes upon us at this time the obligation of unswerving fidelity to the principle of Russian territorial integrity and political independence» (Публ.: The United States Army in the World War, 1917–1919. Policy-forming documents American expeditionary forces. Washington, 1948. P. 429).
URL:
https://books.google.ru/books?id=QZDWQJzkjzMC&lpg=PA429&dq=The%20President%E2%80%99s%20attitude%20is%20that%20Russia%E2%80%99s%20misfortune%20imposes%20upon%20us%20at%20this%20time%20the%20obligation%20of%20unswerving%20fidelity%20to%20the%20principle%20of%20Russian%20territorial%20integri-ty%20and%20political%20independence&hl=ru&pg=PA429#v=onepage&q=The%20Presi-

Далее Вильсон отдельно подчёркивает, что идея о том, что Японии можно было бы передать часть азиатской территории России, «неприемлема», а все военные действия в отношении противников (Германии и её союзников), которые могут быть связаны с портами в Мурманске и Архангельске, должны проходить «в условиях однозначного одобрения русских и не должны иметь своей конечной целью восстановление „старого режима" или любое другое вмешательство в политическую свободу народа России».

Вильсон не ставил под сомнение будущее России как единого и демократического государства, рассчитывая на то, что «объединение экономического, военного и политического потенциала американской и русской демократий при лидерстве Вашингтона позволило бы ему осуществлять самые амбициозные планы глобальной политики»[239].

Многие деятели Белого движения, включая Б. А. Бахметева (посол, назначенный Временным правительством; лишь 30 июня 1922 года американские власти перестали признавать Бахметева послом России) поддержали идею участия США в интервенции отнюдь не только потому, что это давало шанс на успех и способствовало объединению антибольшевистских сил. В присутствии американцев они видели известную гарантию сохранения единства страны[240].

Именно во время и в связи с интервенцией Союзников в России происходит первый в истории дипломатический конфликт

---

dent%E2%80%99s%20attitude%20is%20that%20Russia%E2%80%99s%20misfortune%20imposes%20upon%20us%20at%20this%20time%20the%20obligation%20of%20unswerving%20fidelity%20to%20the%20principle%20of%20Russian%20territorial%20integrity%20and%20political%20independence&f=false

239 См.: Листиков С. В. «14 пунктов» и формирование «русской политики» Вудро Вильсона // Российская история. 2015. № 6. С. 135.

240 Там же.

США и Японии. Главным страхом для Антанты был выход России из войны.

В мае 1917 г. США, Великобритания и Япония договариваются о секретном соглашении относительно положения России. В соответствии с ним руководители трёх держав обсуждали негативный сценарий сепаратного мира России с Германией. Правительства Англии и Америки признали право Японии требовать Восточную Сибирь (в счёт оплаты госдолга России)[241].

Япония желала сделать Дальний Восток частью своей империи. США желали сохранения российской юрисдикции над этими землями (естественно, при дружественной для Антанты русской власти). Поэтому США поддерживали Колчака как «правителя» всей России, а японцы делали ставку на «Дальневосточную Республику». Пожалуй, главный мотив американского десанта был в том, чтобы сдержать японцев и не оставлять их одних на русском Дальнем Востоке.

США понимали, что русские «державники» (какую бы политическую «окраску» они ни имели) являлись их естественными союзниками перед лицом растущего японского экспансионизма. По этой причине с 1920 г., когда произошла смена власти в США, а основная антибольшевистская сила за Уралом — Колчак — разбит, и Гражданская война в Европейской России близится к завершению, США заявили о необходимости сохранения территориальной целостности России и начали зондаж контактов с большевиками[242].

После поражения Колчака США увезли свои войска из Владивостока и стали требовать того же от Японии:

---

[241] Daniels J. (1946) The Wilson Era: Years of War and After, 1917–1923. University of North Carolina Press, 1946. P. 267–268.

[242] Волынчук А. Б., Фролова Я. А. Столкновение геополитических интересов на российском Дальнем Востоке в годы Гражданской войны и интервенции // Россия и АТР, 2010. № 3. С. 38.

«Оккупация японскими империалистами нашего Сахалина противоречила интересам США. Американское правительство в мае 1921 года послало японскому правительству ноту протеста против продолжавшейся оккупации японскими войсками Владивостока, Николаевска на Амуре и Северного Сахалина. США требовали указать срок эвакуации этих районов, возражая против каких бы то ни было обоснований на необходимость оккупации»[243].

Именно США настояли на скорейшей эвакуации японских войск.

«В конце января 1922 г. на Вашингтонской конференции был поднят „русский вопрос". США пытались надавить на Японию и вынудить ее удалиться с материка. Конференция проходила в не самой приятной для японской делегации атмосфере, поскольку ни одна из великих держав не поддержала японские планы по укреплению позиций в Восточной Сибири, а некоторые делегаты осудили японское военное присутствие на Дальнем Востоке. На всеобщее обсуждение был представлен меморандум, в котором разоблачены захватнические настроения Японии, а также документы, свидетельствующие о проведении Японией собственной политики на Дальнем Востоке в обход договоренностей с США. Конференция превратилась в настоящий разгром позиций японской стороны. Кроме того, по результатам конференции были подтверждены права России на владение КВЖД. В целом данная конференция не только улучшила положение Советской России на Дальнем Востоке, но и позволила в конечном счете закрепиться на данной территории, что еще сыграло свою роль в будущих конфликтах с Японией, в то время как японская сторона осталась в унизительном положении. В связи со сложившейся ситуацией 24 июня 1922 г. Токио заявил о намерении

---

243 Красный архив. Т. 82. — М.-Л., 1937. С. 92.

вывести все войска. В конце октября последний солдат императорской армии покинул территорию Дальнего Востока, а в ноябре на освобожденных территориях была установлена советская власть»[244].

И это — благодаря в том числе и американской дипломатии.

---

[244] Крылов А. О, Чумин С. О. Влияние отношений между США и Японией на ход интервенции Антанты на Дальнем Востоке // Гуманитарный вестник. 2022. № 5. С. 10.
URL: https://cyberleninka.ru/article/n/vliyanie-otnosheniy-mezhdu-ssha-i-yaponiey-na-hod-interventsii-antanty-na-dalnem-vostoke
См также: Мальков В. Л. Кто «за» и кто «против». «Великие дебаты» в США по вопросу об интервенции против Советской России (новые документы) // Первая мировая война: Дискуссионные проблемы истории. — М.: Наука, 1994.

Глава 34

Как Америка создавала российскую индустрию

Много больше, чем военно-политическая или гуманитарная помощь (оказываемая США России во время голода и в царские, и в советские, и в постсоветские времена), была помощь в промышленной модернизации.

«Царь Николай I, видя растущее отставание России по всем показателям от соперничающей с ней Англии, задумал провести преобразования. На изменения в общественно-политической жизни страны в силу разных причин он пойти не мог, поэтому все силы он сосредоточил на технологической модернизации[245]*. Но где для этого взять необходимое количество квалифицированных специалистов, инженеров, экспертов? Только во враждебной Англии или дружественных Соединенных Штатах. Поэтому, начиная с 1830-х годов в Россию в массовом порядке стали приглашать*

[245] Своеобразие российской «догоняющей модернизации» было в том, что она 1) проходила более в области внешней политики, нежели внешней; 2) имела своей целью не повышение обороноспособности страны, а подпитку ее агрессивной экспансии вовне.

И именно в борьбе за далекие колонии типа Кореи или Сербии Россия втянулась в войны XX столетия.

американских инженеров. По американским чертежам строили первые паровозы и железные дороги (в том числе между Москвой и Петербургом), американцы проводили в России первые телеграфные линии и даже помогали в перевооружении армии (к нам приезжали Сэмюэл Кольт и Хайрем Бердан). Безусловно, модернизация России в XIX веке проходила по американским образцам, и это стало главным фактором сближения между нашими странами. Кстати, тогдашняя официальная российская пропаганда любила сравнивать Николая I с Петром I: дескать, один приглашал в Россию голландцев для строительства кораблей, а другой — американцев для строительства паровозов»[246].

Железную дорогу из Петербурга в Москву строил не Николай I и не граф Клейнмихель. Проектировал её американский инженер Джордж Вашингтон Уистлер, отец выдающегося художника Джеймса Макнила Уистлера.

В том, что американские технологии и капиталы приходили в Россию, вряд ли можно увидеть русофилию. Это «просто бизнес». Но он помог России удержаться в числе «великих держав».

Понятно, что американская экономика поддерживала Россию в годы Первой Мировой войны. На лондонской конференции союзников в октябре 1915 года было решено, что необходимые для армии винтовки и патроны Россия должна изготовлять сама и для этого надо провести модернизацию ее металлургических и машиностроительных заводов. Предполагалось осуществить масштабные поставки в Россию станков из Англии и Америки.

Американцы почти монопольно поставляли в Россию станки и моторы для авиации, флота и военной промышленности,

---

[246] Курилло И. Пепел Вашингтона. Как Россия пыталась остановить войну между США и Англией за Канаду.
URL: https://lenta.ru/articles/2016/02/14/1812/

а также железнодорожные составы. За один лишь 1916 год из США пришли 12 экскаваторов, 720 фрезерных станков. Из США прибыло 100 000 пудов алюминия для строительства аэропланов, 50 000 телефонов, 25 новейших американских тепловозов, а также 300 паровозов. Доставлены 24 дизельных мотора «Баффало» для российских 12 канонерских лодок. 24 газотурбинных мотора фирмы «Скриппс» для скоростных катеров и 24 мотора фирмы «Стерлинг» для дозорных катеров.

В США было заказано сукно для военной формы (13 млн кв. м) и даже сёдла для лошадей (70 тыс. штук). В России не хватало подков и шипов для них. В результате 100 млн штук шипов поступило от американского завода «Неверслин» и ему впоследствии был дан ещё один на заказ на 150 млн шипов. США поставили 3 млн. пар сапог.

Из Америки поступило 33 808 пулеметов, тогда как в самой России в годы войны изготовили их более 28 000[247].

Но и после октябрьского переворота связи быстро восстанавливаются.

Без активнейшей американской помощи СССР в годы «первых пятилеток» не смог бы провести индустриализацию, создать военно-промышленный комплекс и современную армию.

К 1929 году в советской России технологии и промышленность находятся в упадке. Прежде всего из-за тяжелейшего наследия хозяйственной разрухи, больших кадровых и технологических потерь в результате Гражданской войны, исхода миллионов соотечественников за рубеж. Там, где были хорошие технологические заделы, они во многом утрачиваются, а в тех сферах, где ранее было отставание, оно еще более вырастает.

В 1929 году на Путиловский завод приезжает высокопоставленный представитель компании «Форд» Чарльз Соренсен.

---

[247] См.: Синиченко В. В. К вопросу о поставках в Россию вооружения и снаряжения из-за границы в 1914–1916 гг. // Известия Лаборатории древних технологий, № 1, 2021.

Посетив Путиловский завод, американец с изумлением обнаруживает, что здесь выпускаются — причем без всякой лицензии — тракторы «Фордзон» под названием «Красный путиловец». Без лицензии и без особого успеха. С помощью нескольких фордовских механиков на заводе пытаются воспроизвести купленные и разобранные на части американские машины. Но секреты технологии производства раскрыть не удается, и качество отечественных копий гораздо хуже, а стоимость намного выше американских оригиналов.

В результате к концу 1920-х годов в стране отсутствует целый ряд современных отраслей и соответствующих современных технологий, в том числе:

— цветной металлургии;

— станкостроения;

— автомобильной промышленности;

— тракторной промышленности;

— химической промышленности;

— производства сельскохозяйственных машин;

— авиационной промышленности.

Осознав отсутствие экономической базы для РККА и войны, сталинское правительство ищет помощь в ненавистном западном мире.

С мая 1930 года немец Эрнст Май вместе со своей архитектурной командой работает в Москве. Под команду Эрнста Мая создаётся Проектное бюро Цекомбанка — главного банка по финансированию жилищного строительства, которое затем преобразуется в Стандартгорпроект. Команда Мая работает над проектированием около двух десятков новых городов, включая Магнитогорск, Нижний Тагил и Новокузнецк.

Передовая технология немецкого архитектора предусматривает полный отказ от кирпичной кладки: дома собираются на стройплощадке из крупных блоков, предварительно изготовленных конвейерным способом на заводе.

В 1933 году Эрнст Май и его 23 проектировщика заканчивают работу в Москве и уезжают домой, оставив после себя за три года работы не только два десятка новых городов, но и принципиально новые отечественные стандарты жилищной архитектуры и градостроительства.

Главный инженером-консультантом строительства Днепровской ГЭС становится американский полковник Хью Линкольн Купер (Hugh Lincoln Cooper).

17 сентября 1932 года «за особо выдающуюся работу на Днепрогэсе» 6 американских консультантов (Франк Фейфер, Чарльз Джон Томсон, Вильгельм Петрикович Меффи, Хью Купер, Фридрих Вильгельмович Винтер, Георг Себастьянович Биндер), возглавляемых шеф-консультантом, полковником армии США Купером и инженером General Electric Томсоном, были награждены орденами Трудового Красного Знамени.

Сын прусского раввина американец Альберт Кан является одним из лучших в мире индустриальных архитекторов, его по праву называют «отцом промышленного Детройта». 8 мая 1929 года с Бюро А. Кана подписывается контракт на проектирование и руководство строительством Сталинградского тракторного завода. Сначала завод собирается в США, а затем разбирается, перевозится и монтируется в России.

7 американских инженеров во главе с Альбертом Каном с 15 апреля 1930 года работают в Москве в пятиэтажном здании в Черкасском переулке, где совместно с отечественными инженерами разрабатывают на базе новейших технологий проекты создания новых предприятий различных отраслей экономики, а также организовывают их строительство.

Американцы руководят всей отраслью промышленного строительства России. «Очень важно отметить, что работа американских специалистов… была не консультативной работой, а фактическим руководством всем строительством и связанными с ним различными операциями», — подчеркивает 5 июля 1930 года официальное издание ВСНХ «За индустриализацию».

В кратчайшие сроки — в период с 1930 по 1932 год — живя и работая в Москве, команда Альберта Кана проектирует и организовывает строительство 521 объекта — ⅓ всех строек первой пятилетки. Причём речь идет о наиболее крупных и сложных предприятиях — ядре новой отечественной промышленности:

— Горьковский автомобильный завод;

— Магнитогорский (Магнитострой) и Кузнецкий (Кузнецкстрой) металлургические комбинаты, Азовсталь и Запорожсталь;

— Уралмаш и Краматорский машиностроительный завод (Краммашстрой);

— Сталинградский, Харьковский и Челябинский тракторные заводы.

В апреле 1932 года Альберт Кан и его 27 инженеров заканчивают работу в Москве и уезжают домой в США, оставив после себя всего за два года работы не только новейшие заводы — ядро отечественной промышленности, но и принципиально новую общегосударственную систему проектного дела и организации строительства, качественно работающую с высокой скоростью на основе передовой поточно-конвейерной технологии.

Суммарно объем экспорта из США в Россию с 1926 по 1931 год оценивается Министерством торговли США в 491,7 млн долларов. Сегодня эта сумма соответствует более 50 млрд долларов. Доля экспорта США в нашу страну возрастает с 1,33% в 1927 году до 4,17% — в 1931-м. Американский экспорт в СССР увеличивается на 233% по сравнению с экспортом США в Россию до Первой мировой войны[248].

Только за 1930–1932 гг. на их основе американские специалисты подготовили для СССР 4 000 инженеров и квалифициро-

---

[248] Галушка А., Ниязметов А., Окулов Кристалл роста. К русскому экономическому чуду. — М., 2021. С. 88–101.

ванных рабочих, свыше 1 000 чел. прошли обучение в США (Для сравнения: в 1929 г. в советских вузах на технических специальностях обучались 31,1 тыс. студентов). В 1931 г. СССР закупил половину всех произведенных в Великобритании металлорежущих станков. В 1932 г. 64% экспорта металлообрабатывающего оборудования США отгружалось в Советский Союз[249].

Конечно, это сотрудничество компаний США с СССР было выгодно американцам, давало им прибыль, занимало производственные мощности, снижало безработицу… Да, это корысть. Но кто и когда «любил» другие народы, не думая о своей корысти? Россия, что ли, кого-то бескорыстно «любила» без задней мысли подчинить себе?

При этом вклад США в развитие сталинской индустрии был не меньшим, а большим, чем их вклад в германскую промышленность. Отличие лишь в том, что в Германии они скупали уже имеющиеся заводы, а в Советский Союз они продавали и завозили новые заводы.

> *«Костяк советской тяжелой промышленности, построенной в этот период, был создан по проектам западных инженеров, построен под руководством западных инженеров и во многом руками западных рабочих, оснащен преимущественно западным оборудованием; по их же проектам строились и новые города…»*[250]

…И несколько позже. Звездой брежневских пятилеток стал завод КамАЗ. Но кто его строил? Программа «Время»

---

249 Мальцев А. Форсированная модернизация советской экономики: «демодернизация» или индустриальный прорыв? // Известия Уральского государственного экономического университета, 2010. № 6. С. 94. Для Англии эта цифра составляла 90 процентов в 1932 году. (Миркин Я. Краткая история российских стрессов. — М., 2023. С. 253).

250 Ханин Г. И, Фомин Д. А. Чему учит история сталинской экономики? Рецензия на книгу: Галушка А., Ниязметов А., Окулов Кристалл роста. К русскому экономическому чуду // Мир России. 2022. № 3. С. 161.

торжественно сообщала о рытье котлованов и возведении стен новых цехов, о социалистическом соревновании строителей, трудовом рекорде крановщика Петрова и шефской помощи Ленинского Комсомола.

Однако у советского массового зрителя не было шанса узнать о том, кем и чем именно эти стены наполняются.

Американская компания Swindell-Dressier оборудовала КамАЗ автоматизированным литейным заводом (за 42,6 млн долл). Механизированные литейные линии — C. E. Cast Equipment (за 43.5 млн). Оригинальная линия сборки двигателей Камского автозавода была предоставлена компанией Ingersoll-Rand, производительность которого не имела аналогов в мире, а большинство сборочных стадий завода было спроектировано под управлением новейшей тогда IBM 370. Металлорежущие станки поставила фирма LaSalle Machine Tool за 12,4 млн долларов. Французский концерн Renault обеспечивал проектирование и монтаж моторного цеха ($250 млн), германская Liebherr&Huller разрабатывала конструкцию и оборудование для трансмиссионного завода ($171,8 млн), итальянская Fata SPA поставила формовочную технику, конвейерное и погрузо-разгрузочное оборудование
($64,3 млн), японская Mitsubishi Heavy Industries Ltd. токарные станки с ЧПУ ($27 млн)[251].

Европейские и японские компании в рамках контрактов модернизировали мощности КамАЗа на 780 млн долларов. Полмиллиарда долларов заплатили американцам. То есть КАМАЗ куплен у «коллективного Запада» «под ключ». Как и заводы первой пятилетки.

---

[251] Якупова Д. В., Якупов Р. А. Разрядка как фактор модернизации СССР в 1970-х — начале 1980-х гг. в аналитических обзорах Центрального разведывательного управления // Историко-экономические исследования. — Пенза, 2019. № 3. С. 416–417.

И это — только легальная помощь. А сколько технологий было просто украдено у Запада?[252] Это и атомная бомба, и первые космические ракеты, и первые стратегические бомбардировщики… И многие технологии пропаганды.

---

[252] Выступая на форуме «Россия зовет!» 20 ноября 2019 г., Владимир Путин объяснил, почему Россия не добывает сланцевую нефть, тем, что существующая технология добычи недостаточно экологична, и надо подождать, пока не появятся новые способы: «Мы подождем, пока американцы истратят деньги на технологии, а потом — цап-царап. Или задешево купим. Это я пошутил! Цап-царап делать совсем необязательно!»
URL: https://www.rosbalt.ru/like/2019/11/22/1814706.html

Глава 35

Победа без ленд-лиза, но и без безоговорочной капитуляции

Масштабы экономической помощи англосаксов Советскому Союзы в годы войны также впечатляют.

Если бы не ленд-лиз и «второй фронт», и Великая Отечественная война кончилась бы для СССР иначе.

Сталинский приказ № 227 от 28 июля 1942 года («ни шагу назад») честно пояснял: «…наши средства не безграничны. Территория Советского государства — это не пустыня, а люди — рабочие, крестьяне, интеллигенция, наши отцы, матери, жены, братья, дети. Территория СССР, которую захватил и стремится захватить враг, — это хлеб и другие продукты для армии и тыла, металл и топливо для промышленности, фабрики, заводы, снабжающие армию вооружением и боеприпасами, железные дороги. После потери Украины, Белоруссии, Прибалтики, Донбасса и других областей у нас стало намного меньше территории, стало быть, стало намного меньше людей, хлеба, металла, заводов, фабрик. Мы потеряли более 70 миллионов населения, более 800 миллионов пудов хлеба в год и более 10 миллионов тонн металла в год. У нас нет уже теперь преобладания над немцами ни в людских резервах, ни в запасах хлеба».

На самом деле все было еще хуже. Если к 1941 году военно-технический потенциал Германии был больше советского в 1,5–2 раза, то в 1942-м — уже в 3–4 раза. В декабре 1941-го чугуна, стали и проката производилось в СССР в 4 раза меньше, чем в июне[253].

Но прежде всего, СССР катастрофически не хватало порохов:

«Совершив гигантский скачок вперед, советская химическая промышленность так и не смогла за предвоенные годы выйти на уровень той же немецкой. При общем росте числа орудий обеспеченность их боеприпасами „на ствол" оставалась на уровне 1914 г. Например, на начало Первой мировой к 152-мм гаубицам имелось по 609 снарядов, а к июню 1941 г. — по 690. Одинаковы были и последствия: снарядный голод и в русской, и в Красной армии разразился аккурат через полгода после начала войны. В феврале 1942 г. командующий Западным фронтом генерал армии Жуков докладывает Сталину, что „осталось всего 1–2 снаряда на орудия". Причем если царская Россия имела сравнительно комфортные условия для наращивания выпуска боеприпасов, то СССР работал над этим на фоне масштабной эвакуации (а часть производств была потеряна безвозвратно). В итоге по выпуску пороха СССР проигрывал Германии все годы войны, за исключением 1945 г. Аналогичная ситуация была по тротилу и прочим взрывчатым веществам. Серьезно выручил ленд-лиз, в СССР было поставлено 127 000 т порохов (что равно годовому пику производства в 1944 г.) и треть тротила. А с учетом компонентов для его производства, считает историк Алексей Исаев, можно говорить и о половине союзнического тротила в наших снарядах. Именно порох и тротил, а не танки и самолеты были критически важной частью ленд-лиза для Красной армии.

---

[253] Великая Отечественная Война. Т. 12. — М., 2015. С. 248. И Т. 7. С. 138.

Но и при этом отставание от немцев оставалось пугающим. В 1942 г. немецкая дивизионная артиллерия выпустила 18 млн шт. 105-мм гаубичных снарядов, а наша — 10 млн 76-мм снарядов. По артиллерии калибра 152 мм и выше разрыв еще больше: 2,322 млн у нас против 4,846 млн у немцев. Разрыв в количестве тяжелых снарядов оставался до конца войны. Даже в 1944 г. он составил 3,701 млн на 7,553 млн в пользу вермахта. На практике это приводило к тому, что на второстепенных направлениях фронты сидели на голодном снарядном пайке, не в силах подавить оборону противника артподготовкой. Вот 14 сентября 1944 г. начинается стратегическая операция по освобождению Прибалтики. Официальная советская история гласит: «В связи с ограниченной обеспеченностью боеприпасами общая глубина огневого воздействия артиллерии в период артподготовки была незначительной: у 2-го Прибалтийского фронта — всего 700–800 м, у 3-го Прибалтийского фронта — 200–300 м. Только на 1-м Прибалтийском фронте глубина воздействия артиллерии достигала 3–4 км». Что такое 200–300 м? Будет накрыта только первая траншея, а перед войсками 3-го Прибалтийского немцы отрыли две позиции с двумя траншеями каждая плюс еще одну полосу в глубине обороны. И прорывать их придется, что называется, с кровью и мясом»[254].

Даже в 1945-м «снарядный голод» имел место:

«Рассказы о реализации 265 орудий и минометов и 44 танков на километр фронта, особенно по подавлению обороны противника во всю глубину, в контексте показанных выше потерь армии, следует рассматривать как этакую военную фантастику любящих помечтать военных людей. Если 16 апреля артиллерия

---

[254] Гайворонский К. Почему Красная армия теряла больше людей, чем вермахт.
URL: https://www.vedomosti.ru/opinion/articles/2017/06/22/695479-krasnaya-armiya?fbclid=IwAR0l2f022eGlFo8Emz3LYCFveSEwNc2Ho5Zf9RsiPlUVZvK0ro6VS-sUQ84

армии действительно много стреляла (правда, стоит внимательно рассмотреть расход боеприпасов по задачам), то с 17 апреля все сдулось. 18 выстрелов на ствол 76-мм дивизионки в день — это уничтожение огнем четырехорудийной батареи ЗИС-3 двух наблюдаемых целей типа пехотное отделение (6–8 снарядов — пристрелка, 12–24 — поражение) и не более одной ненаблюдаемой (когда оценка результатов стрельбы невозможна), где согласно приведенной выше таблицы, по неукрытой пехоте без учета пристрелки требуется израсходовать 90 снарядов калибром 76 мм на гектар площади. Применительно к „скорострельным" 76-мм дивизионным орудиям стоит помнить об их боевой скорострельности. Где „средние" 18 выстрелов в день, это всего лишь 3 минуты неторопливого огня с проверкой и исправлением наводки после каждого выстрела. Режим, в котором эти пушки при 6 выстрелах в минуту могли вести огонь часами»[255].

Нехватка качественных грузовиков порой приводила к голодным смертям бойцов на линии фронта.

Февраль 1943 года. После ликвидации сталинградского котла армии Рокоссовского перебрасываются под Курск и образовывают Центральный фронт. Начинается Севско-Гомельская операция. Она оказывается неудачной. 2 апреля выходит Постановление Военного совета Центрального фронта № 00116 о причинах неудач наступления 17 армии.

«Армейская дорога оказалась непригодна для автотранспорта, войсковые дороги в непроезжем состоянии. Все это поставило войска в чрезвычайно тяжелое положение с питанием, результатом чего появилось истощение и даже смертные случаи на этой почве (102 СД — 12 случаев, в 175 СД — 2 случая и др.)... Военному прокурору Центрального фронта произвести следствие и лиц виновных в срыве питания бойцов и допущении смертности на почве истощения

255 URL: https://rostislavddd.livejournal.com/501095.html

предать суду военного трибунала... Выделить и направить в 70-ю армию 75 автомашин „Студебеккер" для подвоза продовольствия»[256].

СССР получил (относительно собственного производства) — 15% самолётов, 12% танков[257], 22% судов.

На каждые 100% поступивших в народное хозяйство (то есть на две трети на фронт) у союзников было приобретено: 37% авиационного бензина, 66% кадмия, 37% металлорежущих станков, 81% молибденового концентрата, 46% сахара, 75% рельсов, 90% вагонов, почти 100% паровозов (эти 2 000 паровозов составили около 10 процентов наличных паровозов в СССР).

Мог бы эти вагоны, паровозы, грузовики (в числе 420 000 штук; сам СССР за годы войны произвел их 219 000) произвести сам СССР? Да. Но за счет снижения производства собственных танков. Челябинский тракторостроительный завод с конца 1941 года стал «танкоградом» (танковый завод № 100) и прекратил выпуск тракторов вообще. Поставки паровозов по ленд-лизу позволило преобразовать Нижне-Тагильский вагоностроительный завод (Уралвагонзавод) в **Уральский танковый завод № 183** и сосредоточить его мощности на производстве танков. Эти решения были приняты еще осенью 1941-го, до начала поставок по ленд-лизу. Но именно последний помог утвердиться этой трансформации.

Ленд-лиз дал 8 000 тракторов. Тухачевский считал, что производство одного танка равняется производству двух тракторов[258].

---

256 Ушкалов С. Неизвестное сражение маршала Рокоссовского. — М., 2018. С. 185–187.

257 По ленд-лизу СССР получил 10 876 танков и 1802 самоходки танков (собственное производство танков и САУ в СССР составило 81 262 единицы). Для сравнения: в ходе наступательной части Сталинградской битвы советская сторона потеряла 2200.

258 Быстрова И. В. Советский военно-промышленный комплекс. Проблемы становления и развития (1930-1980-е годы). — М., 2006. С. 66.

Значит, затраты на выпуск 8 000 тракторов равняется затратам на 4 000 танков. В свежей 5-й гвардейской танковой армии накануне Прохоровского боя было 850 танков. 1-я танковая армия накануне Берлинской операции 16 апреля 1945 года имела 709 боевых машин. 2-я танковая армия на тот же день имела 667 боевых машин.

Значит, 4 000 танков — это пять танковых армий. Вычтите танковые армии из окружения и штурма Берлина (в нем участвовали четыре ТА из имеющихся шести). Каким был бы результат?

Еще неочевидная страница американских поставок: для обработки погона башни Т-34-85 был нужен карусельный станок диаметром базы в 1600 мм. Такие имели всего два танковых завода: Кировский (целиком загруженный производством КВ и отрезанный блокадой) и № 112. В СССР такое оборудование не производилось. Единственный выход виделся в закупках карусельных станков в Великобритании (фирма «Лоудон») и США («Лодж»). Их прибытие оттуда ожидалось не ранее февраля 1944 года. В результате первый танк Т-34-85 покинул цех завода 183 только 15 марта 1944 года[259].

А если в истории-без-лендлиза у СССР меньше танков, значит, и его стратегия была бы менее наступательна. Тогда и у Германии не было бы острой потребности в создании оборонно-противотанкового «тигра». И вместо этой сложной, новой и дорогой машины можно было бы наращивать массовое производство Т-4 с длинной пушкой[260]. И вместо кризисных «тигровых батальонов» росло бы число танковых дивизий прорыва.

---

[259] Ермолов А. Ю. Танковая промышленность СССР в годы Великой Отечественной войны. — М., 2009.

[260] В отличие от Гитлера, Сталин отказался переводить танковый конвейер на производство новой машины в ходе войны. В сентябре 1943 в новый Т-43 была установлена 85-мм пушка Д-5. Сталина сказал конструктору: «„Товарищ Морозов, вы сделали очень неплохую машину. Но сегодня у нас уже есть неплохая машина — Т-34. Наша задача состоит сейчас не в том, чтобы делать новые танки, а в том, чтобы повысить боевые

Еще деталь: к 1945 году 9 000 «катюш» стояло на американских «Студебеккерах» (на советских грузовиках — только 600).

Пресловутая тушенка была не менее важна. Норма питания для солдат в сутки составляла 2 659 калорий (для тех, кто не был на передовой) и 3 450 калорий для тех, кто на линии фронта. Так вот: в 1942–1943 гг. каждый советский солдат в своем рационе имел 1 162 калории, полученные через ленд-лиз, а со второй половины 1943 и в 1944 году — 2 014 калорий[261].

Мог бы произвести эти продукты сам СССР? Возможно. Но тогда еще многие тысячи людей остались бы в сельском хозяйстве[262] и в пищевой промышленности, они не смогли бы быть в действующей армии. Кроме того, каждая открываемая банка американской тушенки весомо и наглядно показывала: «мы не одни!» и значит, есть другие мотивы для сопротивления гитлеризму, кроме защиты власти товарища Сталина.

Вот страничка экономики войны.

Один зенитный снаряд стоил 80 рейхсмарок (в ценах 1940-х годов). Чтобы сбить один союзный бомбардировщик в небе

качества Т-34, увеличивать их выпуск". Совершенно неожиданно производство Т-43 было отменено. Отказ от принятия на вооружение этого танка связан в первую очередь с опасениями временного снижения производства при освоении новой модели. Только на Курской дуге советские танковые войска потеряли свыше 10 тысяч боевых машин. Эти потери значительно превышали объемы текущего производства. Существовала опасность, что танковые войска без нарастающего потока техники с заводов утратят боеспособность».

(Ермолов А. Ю. Танковая промышленность СССР в годы Великой Отечественной войны. — М., 2009)

261 Hunger and War: Food Supply in the Soviet Union during the Second World War — Wendy Z. Goldman and Donald A. Filtzer. Bloomington: Indiana University Press, 2015.

262 На фронт отправился процент от военнообязанных мужчин по РСФСР:

— из деревень — 96–97%.

— из малых городов — 85–90%.

— из областных центров — 70–72%.

— из Москвы — 48–51%.

Германии (то есть стратегический высотный бомбардировщик, а не фронтовой), нужно было выпустить снарядов на 107 000 долларов (то есть обменять около 5 000 снарядов на один самолет)[263].

В 1944 году *стоимость* американского бомбардировщика Б-17 — 204 370 доллара; бомбардировщика Б-24 «Либерейтор» — 215 516 долларов.

Таким образом, затраты на зенитные снаряды составляли половину стоимости самого самолета.

Потери 8-й воздушной армии США, воевавший в Европе, составили 2 112 «Либерейторов»[264] (47 500 человек — это потери 8 ВА, из них более 26 000 лётчиков, штурманов и воздушных стрелков погибло)[265]. Всего в Европе и Средиземноморье были потеряны 10 152 тяжелых бомбардировщика этих двух типов (из 31 231 произведенных).

То есть тех средств, которые Германия потратила на снаряды для американских бомбардировщиков, хватило бы на постройку ею самой 5 000 тяжелых бомбардировщиков класса «урал-бомбер» Не-177.

Обычные фронтовые самолеты стоили много дешевле: «Юнкерс-52» стоил 62 000 долларов, истребитель Ме109Е — 84 000.

Это означает, что на деньги, потраченные на зенитные снарядов против американских бомберов, можно было бы произвести 10 400 мессершмиттов (в реале всего их было произведено около 32 500 штук). Повлияло бы увеличение числа немецких истребителей на треть на ситуацию на советском фронте?[266]

---

263 Сообщение Алексея Исаева в телепередаче «Путь к Победе» (телеканал Победа 11 янв 2024).

264 URL: http://www.airaces.ru/plane/consolidated-b-24-liberator.html

265 URL: https://warspot.ru/6208-prevoshodstvo-dobytoe-dorogoy-tsenoy

266 Те же пропорции, но в другой валюте приводит Марк Солонин — «Выстрел 88-мм зенитки стоил 80 рейхсмарок — это себестоимость четырех пистолетов „Парабеллум“ с запасными обоймами. Три зенитных выстрела стоили как один пехотный пулемет. По статистике на один сбитый бомбардировщик немцы в среднем расходовали 3 343 снаряда

Но ведь оборона от англо-американской авиации включала не только затраты на снаряды. Еще были траты на сами зенитки (10 000 зенитных орудий защищали небо над «рейхом»), на локаторы, прожектора, бомбоубежища и т. п.[267] Все эти материалы, трудочасы, финансы, команды могли бы работать на Восточный фронт.

Имперский министр вооружения Шпеер в своих мемуарах пишет:

> *«Наиболее чувствительные потери возникли вследствие крупномасштабных мер противовоздушной обороны. 10 тыс. тяжелых зенитных орудий[268] уставились в 1943 г. в небо Рейха и оккупированных западных территорий. А ведь их можно было бы использовать в России против танков и иных наземных целей. Без второго, воздушного, фронта над нашей родиной наша противотанковая мощь, уже только имея в виду одни боеприпасы, примерно удвоилась бы. К тому же она отвлекала сотни тысяч молодых солдат. Треть оптико-механической промышленности была занята выполнением заказов для приборов наведения противозенитных батарей, в продукции электротехнической промышленности до половины объема занимали радарные установки и приборы связи и оповещения ПВО»[269].*

88-мм зенитных орудий, т. е. 267 тыс. марок (не считая износ и стоимость ствола, ресурс которого отнюдь не безграничен); на такие деньги можно было бы „купить“ два истребителя „Мессершмитт“ Bf-109G со средним танком Pz-IV впридачу и отправить их на Восточный фронт» (URL: https://www.solonin.org/article_kak-sovetskiy-soyuz-pobedil-v)

[267] См.: «Линия Каммхубера»
URL: https://wwii.space/германия-линия-каммхубера/

[268] Точнее: по состоянию на август 1944 года на вооружении числилось 10 900 зениток калибра 88-мм и 2 000 вдвое более тяжелых зениток калибра 105-мм, 503 единицы 128-мм зенитных монстров. И это не считая многие тысячи малокалиберных систем.

[269] Шпеер А. Воспоминания. — М., 1997. URL: http://militera.lib.ru/memo/german/speer_a/text.html?ysclid=lrm0heabif11112800

Плюс к этому необходимость постоянной защиты территории самой Германии от налетов привела к тому, что все большее число истребителей оставались на своих немецких аэродромах (воздушный флот «Рейх»), и лишь в 1945 они стали действовать как фронтовая авиация.

А еще в Германии базировались ночные истребители, которые работали только против англо-американцев. В феврале 1944 их было 568. Число истребителей на Восточном фронте в это время — около 400. Но ночные истребители стоили много дороже и делались на основе двухмоторных бомбардировщиков. Таковых в это время на Востоке было 262 штуки. То есть к февралю 1944 количество ночных истребителей более чем вдвое превысило количество бомбардировщиков на Восточном фронте.

Лишь в 1941 году бо́льшая часть немецкой авиации действовала против СССР

Доля самолетов на Восточном фронте

Период	Одномоторные истребители	Двухмоторные бомбардировщики	Штурмовики и пикировщики	Всего по всем типам авиации
Ноябрь 1941	50%	69%	84%	63%
Декабрь 1941	47%	56%	69%	53%
Декабрь 1942	38%	47%	80%	50%
Декабрь 1943	27%	42%	90%	42%
Февраль 1944	21%	30%	88%	40%

На Восточном фронте количество одномоторных истребителей стабильно снижалось с 442 самолетов ноября 41-го до 339 самолетов февраля 44-го (при том, что количество одномоторных истребителей за указанный период увеличилось с 1 098 до 1 616).

В решающую минуту начала операций «Багратион» (22 июня 1944) 6-й воздушный флот Германии, который поддерживал группу армий Центр, имел в строю лишь 40 истребителей[270]. В составе советских воздушных армий на этом направлении имелось около 6 000 самолётов, из них более 1 100 дневных

[270] Операция «Багратион» — Алексей Исаев // Передеча Цена Победы — Эхо Москвы, 17.08.2009.

и ночных бомбардировщиков и 2 000 штурмовиков. Ветераны говорили, что в результате повторилась картина лета 1941 года: авиация безнаказанно разносила колонны отступающей армии. Только роли поменялись.

И где же люфтваффе? — В Нормандии..

А что с потерями?

Период	Всего сбито	Сбито на Востоке	Доля сбитых на Востоке
Апрель 1942	436	205	47%
Июль 1942	748	417	55,7%
Октябрь 1942	511	199	39%
Февраль 1943	588	273	46,5%
Апрель 1943	868	208	24%
Июль 1943	1577	564	36%
Август 1943	1201	453	38%
Октябрь 1943	1008	283	28%
Декабрь 1943	645	135	21%

Если в июле 1942-го на Востоке было потеряно 55,7% от общего числа потерь за месяц, то в июле 1943 уже только 36%. А ведь это Курская дуга. Просто параллельно ей шло сражение над Сицилией, а в небе Германии уже налетали бомбардировщики.

В феврале 1944-го из 1305 точно сбитых на Восточный фронт приходится 270 — чуть меньше 21%. В июне 1944-го 1954 самолета всего и 312 на Востоке (16%)[271].

А что с артиллерией?

По ленд-лизу было поставлено 123 000 тонн готовых порохов и 150 000 тонн химикатов для порохового производства Собственное производство порохов в СССР в 1942 году составило 67 698 тонн; в 1943-м (уже с помощью импортных компонентов) — 112 770 тонн, в 1944-м — 126 890 тонн. То есть без зарубежный поставок советский «бог войны» просто замолчал бы.

[271] Эти данные собрал и сопоставил Виталий Илинич. URL: https://dzen.ru/a/Y48cwNK81AwmBKtQ

Знаменитый конвой PQ-17 вез вооружений на 700 000 долларов — и их хватило бы на вооружение общевойсковой армии.

В той истории, которую предлагает российская пропаганда (СССР один против «всей Европы») у нас было бы в разы меньше оружия и боеприпасов, а у немцев на единственном Восточном фронте — в те же самые разы больше техники и раза в полтора больше людей.

Как сказал Марк Солонин — «Может, ленд-лиз и армии союзников это и в самом деле лишь “соломинка”, что легла на нашу чашу. Но без нее наша чаша не перевесила бы. Так что хорошо бы честно подсчитывать “слагаемые победы”. Не заменяя авиационный бензин полетами с иконами».

Я не исключаю, что победа СССР могла бы быть достигнута и без ленд-лиза и второго фронта. Но победы бывают разные. И далеко не все оканчиваются в столице поверженного врага его полной и безоговорочной капитуляцией.

Предположим, советская экономика и без ленд-лиза смогла бы решить свои проблемы. Но это означало бы отвлечение рабочих рук с фронта[272] и просто задержку в перевооружении армии. Как следствие — давление на немцев и темпы наступления снизились бы. Не удалось бы перейти от стратегии вытеснения к стратегии уничтожения (окружения больших армейских масс).

В июне 1944 года[273] Красная армия совершает свою самую удачную стратегическую наступательную операцию «Багратион», в ходе которой была разгромлена группа армий «Центр».

---

[272] «…за счет высвободившихся из производства людей в результате поставок по ленд-лизу можно было бы полностью укомплектовать 39–46 стрелковых дивизий или 10–12 общевойсковых армий».

(Бутенина Н. В. Ленд-лиз: сделка века. — М., 2004. С. 150)

[273] Специально беру июнь, когда высадка в Нормандии только начиналась, и немцы могли задействовать только те свои силы, которые и ранее находились во Франции и Бельгии и пока еще не успели перебросить туда силы с Восточного фронта. Уже к августу эта группировка значительно усиливается.

Если бы не было «западных» фронтов в Италии, на Балканах и в Нормандии, то за спиной немецкого фронта стояли бы стратегические резервы: группа армий «Ц» (10 и 14-я армии), группа армий «Б» (7, 15-я армии), группа армий «Г» (1 и 19-я армии), танковая группа «Запад», и еще те восемь дивизий, что в реале находились на Балканах. Этих сил хватило бы, чтобы заткнуть любой прорыв Восточного фронта и как минимум вновь перевести войну в окопно-затяжной режим.

Затяжка боев привела бы к тому, что немецкая военная техника успела бы закрепиться на качественно ином уровне (реактивные самолеты, стратегические «урал-бомберы», баллистические ракеты), и на переговорах это пришлось бы учесть. Да и количественно рост производства боевой техники Германией в 1944 году впечатляет.

Даже если бы Германии не удалось дожать одинокий Советский Союз, если бы и без ленд-лиза и второго фронта Красная Армия смогла перейти в устойчивое стратегическое наступление, оно шло бы много дольше и с бóльшими потерями. А именно человеческие ресурсы и так уже кончались.

Уже весной 43-го пополнение действующей армии шло за счет населения освобождаемых территорий. То есть мобресурс тыловых регионов был уже практически полностью выбран. И, значит, более медленное продвижение на Запад означало бы и уменьшение численности РККА.

В сентябре 1943 г. тогда еще Степной фронт поднял 70,7 тыс. человек на освобожденной территории, в октябре — 71,1 тыс. человек, в марте 1944 г. таковых было 108,9 тыс. человек, а в апреле аж 138,5 тыс. человек.

Из 528,2 тыс. человек, призванных на освобожденной территории Вторым Украинским фронтом (бывшим Степным) с августа 1943 г. по июль 1944 г. почти половина (47%) приходится на весну 1944 г. Успешные наступления позволяли мобилизацией восполнять потери (прогоняя призванных через запасные части). Люди есть, вооружение есть, можно наступать дальше.

Когда фронт вставал, этот ресурс падал. Так в июне 1944 г. мобилизованных были уже 18,2 тыс. а в июле — всего 902 человека.

Это феномен отрезка времени весны 1943 г. — весны 1944 г.

То, что пополнение шло с освобожденных территорий, объясняет странную статистику 47 армии 1 Белорусского фронта. С 1 апреля по 9 мая через армейский запасной полк в боевые части направлено 17 417 человек. Из них 8 613 — бывшие советские военнопленные; 1 693 — возвратившиеся из госпиталей; 6 111 — маршевое пополнение, прибывшее из внутренних округов страны. В этом числе — 6 085 русских и 6 558 украинцев (белорусов 1 396)[274]. А в марте того же года в ту же армию прибыло русских 2 137, украинцев — 867, зато литовцев — 1 856[275]. В декабре 1944 года пополнение составило русских — 1 477, украинцев — 270, «украинцев и белорусов с западных областей» — 1 669[276].

К 45 году с переходом госграницы и этот ресурс был близок к исчерпанию. Все дивизии имели половинный состав. Красная Армия была обескровлена. При уставном штате дивизии в 10,5 тысяч человек, в боях на Курской дуге в 1943-м средняя численность дивизии составляла 6,5 тысяч. В апреле 1945 года на направлении главного удара на Берлин дивизии насчитывали 4–5 тысяч человек. А в Пруссии — 3 000. Обершарфюрер СС Эрнст Баркман (танковый ас из дивизии «Великая Германия») писал в своем дневнике накануне наступления при Балатоне:

«Я верю в успех. У русских некому воевать. Их дивизии потрёпаны. У них остались только второсортные солдаты —

---

274 ЖБД 47 армии за май 1945
URL: https://pamyat-naroda.ru/documents/view/?id=437716075, С. 167.

275 ЖБД 47 армии за март 1945
URL: https://pamyat-naroda.ru/documents/view/?id=437716222, С. 102.

276 URL: https://pamyat-naroda.ru/documents/view/?id=437716215, С. 66.

раненные или прежде признанные негодными. Русские набирают новобранцев в диких азиатских окраинах, либо на западных землях, они не желают воевать за большевиков»[277].

При этом при появлении возможности использовать мобресурсы освобождаемых западных регионов Союза осенью 1943 года было принято решение отказаться от призыва в Средней Азии и Закавказье, отправив призванных не в бой, а на «трудовой фронт»[278].

Затягивание войны еще на год-полтора с потерей еще как минимум одного-двух миллионов мужчин надорвало бы силы страны. К 1945 году призывные комиссии отмечали, что 17–18-летние юноши, то есть «возраста 1925–1927 годов» просто физически недоразвиты[279]. Причина понятна: голодомор в раннем детстве, а затем военные лишения в их же подростковые годы…

Конечно, можно было бы сказать, что в 1945 советские командиры и солдаты «научились воевать», и это умение компенсировало бы относительную нехватку личного состава.

Но вот историк (да, анонимный, да, «диванный эксперт» — но систематически работающий с военными архивами и СССР, и Германии) сравнил схожие боевые действия: массированное стратегическое наступление на заранее укрепленные позиции.

А именно потери вермахта при атаке на Курскую дугу в июле 1943 и при атаке РККА на Зееловские высоты в апреле 1945-го.

Для сравнения были взяты действия немецкой 292-й пехотной дивизии, которая в составе 41-го танкового корпуса 9-й

---

[277] «Балатон. Гибель панцерваффе»
URL: https://www.youtube.com/watch?v=s_hn4bdvvqk

[278] Сообщение Алексея Исаева в его телеграмм-канале «Железный ветер» от 24 июля 2024 г.

[279] Алексей Исаев в передаче «Пути победы» на телеканале Победа 6 февраля 2024 г.

армии Моделя прорывалась на Поныри (северный фас «огненной дуги»).

5 июля 1943 года ширина полосы наступления это дивизии составляла 7 км. Плотность боевого состава без деления на первый и второй эшелон — 530 человек на километр. Потери в течение пяти дней наступления составили 2013 человек, или 402 человека среднесуточно, или 288 человек на километр.

16 апреля 1945 года на Зееловские высоты под Берлином шли три советских гвардейских стрелковых корпуса (28-й, 29-й и 4-й) из армии Чуйкова.

Численность советского стрелкового корпуса приблизительно равна численности немецкой пехотной дивизии.

28 гв. СК — ширина полосы наступления 6 км. Плотность условного боевого состава по первому эшелону **533 человека на километр.** Потери — не менее 3 081 человек, или **770 человек среднесуточно, или 514 человек на километр.**

29 гв. СК — ширина полосы наступления 2,5 км. Плотность условного боевого состава по первому эшелону **1 360 человек на километр.** Потери не менее 3 790 человек, или **948 человек среднесуточно** или **1 516 человек на километр.**

4 гв. СК — ширина полосы наступления 2,5 км; Плотность условного боевого состава по первому эшелону **1 240 человек на километр. Потери** не менее 3 801 человека, **950 человек среднесуточно,** или **1 520 человек на километр.**

При этом у немцев атака 292-й пехотной дивизии была поддержана артогнем с плотностью 32 орудия и миномета на километр фронта. Советский штурм Зееловских высот проходил при концентрации 260 штук орудий на один километр атакуемого фронта[280]. И все равно потери оказались в два раза выше…

То есть Красной армии и в год Победы нужно было много солдат. А их запасы кончались.

---

280 URL: https://rostislavddd.livejournal.com/573097.html

Выход из войны Англии означал бы увеличение минимум в два раза количества немецкой авиации на нашем фронте (не только за счет той немецкой авиации, которая была задействована на англо-германских фронтах, но и за счет тех тыловых эскадр, которые защищали саму Германию от английских налетов).

Подводный флот был не нужен Рейху для борьбы против СССР. Он строился только для блокады Англии. Отказ от строительства огромного числа подлодок позволил бы во много большем объеме производить танки…[281]

Не будь разгрома союзной авиацией промышленных центров Германии, в 1945-м не было бы такого падения военного производства Германии, которое имело место в реале. Отсутствие морской блокады («санкций») также помогло бы германской экономике. Например, качество брони немецких танков стало бы лучше при наличии импортных добавок.

Имея доступ к ресурсам мировой торговли, Гитлер слушал бы своих генералов, потому что мог бы ставить во главу угла не

---

[281] На создание танков Германия потратила более 2.7 млрд рейхсмарок: На строительство подводных лодок — более 4.8 млрд рейхсмарок. Даже в 1945-м Германия тратила на подводные лодки больше, чем на танки (исключение — 1944 год). Судостроение без особых проблем может быть переориентировано на выпуск танков. Соответствующий опыт был в Советском Союзе, где судостроительный завод «Красное Сормово» выпустил 12 000 танков Т-34. У немцев же было наоборот: один из ведущих немецких автомобильных заводов MAN занимался выпуском дизельных двигателей для подводных лодок. Сократив затраты на судостроение на 50%, гитлеровская Германия смогла бы увеличить производство танков в два раза. Однако в решающий период Великой Отечественной войны (1941–42 гг.) Германия продолжала уделять больше внимания выпуску подлодок для борьбы с англо-американским флотом, чем выпуску танков для Восточного фронта. (См. Гайворонский К. Флот, утопивший Гитлера. https://republic.ru/posts/90245). Германия произвела 1 113 подводных лодок. Из этого металла можно было изготовить 40 000 танков типа Pz-III или Pz-IV. И это не просто затрата металла, но затрата более дорогого металла и более квалифицированных рабочих часов, чем при производстве танков. При этом США и Британия на борьбу с подлодками потратили в 10 раз больше ресурсов, чем Германия потратила на их изготовление.

экономические мотивы, а чисто военные (речь идет о Курляндском котле, контроль над которым гарантировал поставки руды из Швеции, но отвлекал несколько армий от защиты самой Германии; о защите за-днепровского Мариупольского марганца, которая не позволила насытить войсками Восточный вал[282] или о переброске последних танковых войск весной 1945 года на защиту последних нефтяных вышек Венгрии вместо защиты Берлина).

Если бы США остались в стороне от войны, их ученый потенциал не был бы мобилизован на проект «Манхэттен», и в итоге первыми атомную бомбу создали бы немцы, а симпатизантам СССР из числа американских ядерщиков просто нечего было бы передать советским коллегам. И каково было бы году так в 1948-м противостоять Гитлеру, имеющему баллистические ракеты[283] и атомные бомбы?

---

[282] Эрих фон Манштейн, тогдашний командующий немецкими войсками на этом фронте:

«По политическим и военно-экономическим соображениям Гитлер настаивал на удержании сначала Донбасса, а потом Днепровской дуги (и одновременно в полосе группы „А" — Кубани и Крыма). Тем самым группа „Юг" с ее правым флангом сначала на Миусе и Донце, потом — на излучине Днепра была, так сказать, прикована к такому району, удержание которого с оперативной точки зрения было ошибкой. Вклиниваясь далеко на восток во вражеский фронт, этот район давал противнику возможность провести наступление с двух сторон, причем наши армии имели в тылу море. Но важнее всего было то, что в результате удержания этих выступающих бастионов длина фронта на участке группы увеличивалась в роковых для нас масштабах. Для обороны этого участка мы должны были использовать силы, без которых мы просто не могли обойтись на северном фланге группы армий. Но как раз здесь, а не в районе Донца или Днепра находился ключ к решению оперативной задачи. То, как складывалась теперь обстановка, означало следующее: или мы, если это будет необходимо, добровольно отдадим Донец и Днепр, или, при попытке удержать эти районы любой ценой, мы должны пожертвовать группами „Юг" и „А"».

[283] Первая фотография Земли из космоса была сделана с немецкой ракеты Фау-2. Это было 24 октября 1946 г., когда американцы заменили боевую часть трофейной раекеты кинокамерой.

Если бы и в этих условиях СССР победил, то эта была бы совсем другая победа. Скорее — по очкам, чем нокаутом.

В этой ситуации вполне возможен был бы путь переговорного завершения войны. Это мог быть «политический ничейный исход войны на востоке» (Манштейн), или даже Брестский мир наоборот. Победа была бы оформлена не как безоговорочная капитуляция, подписанная в пригороде Берлина, а как обычный мирный договор, заключенный в нейтральной Женеве и кладущий конец военным действиям. Амбиции Германии были бы сильно потеснены советскими танковыми армиями. Польша была бы разделена еще раз. Возможно, удалось бы потребовать с Германии репарации и контрибуции. Но честь повесить Гитлера и Гиммлера была бы оставлена самим немцам на будущее время.

Говоря так, я проявляю больший оптимизм, чем сами лидеры Советского Союза.

30 ноября 1943 года в Тегеране на торжественном обеде в честь 69-летия Уинстона Черчилля Сталин произнес тост с такими словами:

«Я хочу сказать вам, что, с русской точки зрения, сделали Президент и Соединённые Штаты для победы в войне. Самые важные вещи в этой войне — машины. Соединённые Штаты доказали, что могут производить от 8 000 до 10 000 самолётов в месяц. Россия может производить, самое большее, 3000 самолётов в месяц. Англия производит 3 000–3 500 в месяц, в основном тяжёлые бомбардировщики. Таким образом, Соединённые Штаты — это страна машин. Без этих машин, поставлявшихся по ленд-лизу, мы бы проиграли эту войну»[284].

---

[284] Foreign Relations of the United States: Diplomatic Papers, the Conferences at Cairo and Tehran, 1943 — United States Government Printing Office, Washington, 1961. P. 469) История публикации этого тоста: Нагирняк В. Тост за ленд-лиз.

Есть и мемуар Хрущева:

«Хотел бы высказать своё мнение и рассказать в обнажённой форме насчёт мнения Сталина по вопросу, смогли бы Красная Армия, Советский Союз без помощи со стороны США и Англии справиться с гитлеровской Германией и выжить в войне. Прежде всего, хочу сказать о словах Сталина, которые он несколько раз повторял, когда мы вели между собой „вольные беседы". Он прямо говорил, что если бы США нам не помогли, то мы бы эту войну не выиграли: один на один с гитлеровской Германией мы не выдержали бы её натиска и проиграли войну»[285].

Могло бы быть иначе? Мне кажется, «точка бифуркации» — это 8 апреля 1940 года. Немецкий десант в Норвегию. Если бы он был неудачен (вполне возможно: немцы опередили англичан лишь на сутки: британский флот вторжения уже был в море, когда пришло известие о том, что немцы его опередили). 7 мая 1940 года в английской Палате общин состоялись слушания, посвящённые поражению в Битве за Норвегию, на следующий день состоялось голосование по вопросу доверия правительству. Несмотря на полученный формальный вотум доверия, Чемберлен решил подать в отставку в связи с острой критикой, которой подверглась политика кабинета. Во главе Британии встал Черчилль.

Через месяц военная катастрофа (в т. ч. Дюнкерк) поставила Британию перед выбором: принять ли мирные предложения Гитлера или продолжить войну в одиночку. Если бы премьером попрежнему был Чемберлен, то он скорее всего принял бы условия почетного мира: Европа — у Гитлера, зато весь остальной мир — у «Владычицы морей».

URL: http://warspot.ru/10639-tost-za-lend-liz

[285] Хрущёв Н. С. Время. Люди. Власть. (Воспоминания). Книга I. — М., 1999.

«Самым важным для Великобритании последствием неудачной войны стала отставка Чемберлена. Если бы не Норвегия, он бы скорее всего сохранил свой пост и на время Французской кампании, а это могло бы обернуться катастрофой для Британии и всего мира — кабинет Чемберлена с большой вероятностью затеял бы мирные переговоры с Гитлером»[286].

В обозримой перспективе это означало бы отказ Гитлера от нападения на СССР (который и сам в этих условиях забыл бы о своих планах расширения «советского мира»). Евреев, наверное, вместо Освенцима выселяли бы на Мадагаскар. В Европе, почти всецело ставшей фашистской, воцарился бы мир…

Но что потом? Власть нацистов укрепляется на десятилетия. Какие мутации произошли бы (завершились бы) в сознании немцев под управлением Геббельса?

Поколения, прошедшие через гитлерюгенд, могли бы стать вовсе невменяемыми.

Или, напротив, произошло бы отрезвление? Главное топливо нацизма — чувство обиды, «ресентимента» было бы исчерпано, ибо удовлетворено. Люди, насыщенные и хлебом, и победами, могли бы начать требовать возврата к демократическим свободам, чего режим вовсе не хотел им предоставлять. Не исключено, что по ту сторону «победы» со временем произошло бы отторжение продолжающейся милитаристской накачки (как и произошло в СССР). В немецкой культуре всегда были антивоенные голоса[287]. И, может быть, со временем именно они стали бы выразителями нового мейнстрима.

---

[286] Хастингс М. Вторая Мировая война. Ад на земле. — М., 2015. С. 64.

[287] «Баллада о солдате» Бертольда Брехта, пер. С. Болотина и Т. Сикорской:

— Вас пули сразят
И штыки вас пронзят,
И поглотит вода без возврата…
Там громадины льда,

С другой стороны, лет через 10–15 немецкие сумрачные гении все же разработали бы и атомную бомбу, и баллистические ракеты, и супербомбардировщики. И, скорее всего, это было бы их монополией[288]. И тогда всему миру пришлось бы очень плохо…

Не ходите туда, —
Жёны сказали солдатам.
— Нет, наш солдат не боится гранат!
Бьёт барабан, и смеётся солдат,
Шагает, шагает, шагает куда-то —
На север, на запад, на восток и на юг,
И не выпустит винтовку он из рук! —
Жёнам сказали солдаты.
— Ты исчезнешь, как дым,
Ты умрёшь молодым,
Не заменит ничто нам утраты.
И развеется дым,
И тепло вместе с ним, —
Жёны сказали солдатам.
Но наш солдат со штыком на ремне
Бросился вплавь и исчез в глубине,
И в пучине, в пучине погиб без возврата.
Месяц взошел, засверкала вода, —
Мертвый солдат тихо плыл среди льда…
Что же жёнам сказали солдаты?..
— Он исчез, словно дым,
И тепло вместе с ним,
Он оружие поднял на брата…
Безумен и слеп,
Кто пойдёт за ним вслед! —
Жёны сказали солдатам.
1929

[288] Если бы Берлину удалось удержать Токио от нападения на США, тогда Америка осталась бы мирной и изоляционистской, не перешла бы на военные рельсы и не торопила бы атомный проект.

Глава 36

Сказка об американской поддержке Гитлера

Пропагандисты секты «весь-мир-против-нас» говорят, что «англосаксы» накачивали Третий Рейх для нападения на СССР.

Правда лишь в том, что Германия 1930-х годов была включена в глобальную экономику.

Да, были уступки Германии, договоры с ней, инвестиции. Причины этого — вовсе не в желании выковать орудие для покорения России.

Англия опасалась Франции. Да, своей недавней союзницы.

Франция бурлила. Велик был риск повторения испанского сценария: прихода коммунистов к власти и гражданской войны. Победа коммунистов (на выборах или на баррикадах) превращала Францию в марионетку Сталина, а СССР превращала в сильнейшую европейскую державу. Англия, верная своей стратегии союза со второй европейской силой, стала заигрывать с Германией и Италией. Отсюда разрешение Германии строить большой флот как противовес французскому[289].

---

[289] См. беседу историков Ф. Лисицына и А. Исаева о постройке ликнора «Бисмарк».

URL: https://www.youtube.com/watch?v=-qWPyNG1xlE

США инвестировали в немецкую экономику по чисто финансовым мотивам: из-за затяжного социально-экономического кризиса, вызванного поражением в войне, в Германии была очень дешевая, но высококвалифицированная рабочая сила. По тем же мотивам в 80-е годы Запад вкладывался с Китай. И как первое не было знаком солидарности с гитлеровской идеологией, так второе не было знаком согласия Запада с идеологией маоистской. Печальное исключение — бизнесмен Генри Форд.

Адепты секты «весь Запад всегда против России» любят говорить о том, что Запад был солидарен с Гитлером.

Любимый аргумент — американский журнал Time провозгласил его «человеком года» и вообще его выдвигали на Нобелевскую премию[290].

Что было на самом деле?

1. Журнал Time — это просто журнал, и никак не официальное издание руководства США.

2. Титул «Человек года» не содержит нравственной оценки или согласия: речь идет о человеке, наиболее повлиявшем на события уходящего года, и неважно — было ли это влияние позитивным (с точки зрения журнала) или негативным. Основатель Time Генри Люк (Henry Luce) постановил, что «Человек года» — не почетное звание, а выделение ньюсмейкера, который больше всего повлиял на мировые события к лучшему или худшему.

Дважды таковым Time называл Сталина (1939[291] и 1942[292]). «Человеком года» в 1979 году был аятолла Хомейни, в 2007-м —

---

[290] «В 1939 году в качестве кандидата на получение Нобелевской премии мира был выдвинут Адольф Гитлер, незадолго до этого признанный в США журналом Time „Человеком года“ „За распространение демократии по миру“». URL: https://tass.ru/spec/nobel

[291] Перевод статьи о Сталине тут: https://0gnev.livejournal.com/43698.html

[292] Перевод статьи о Сталине тут: https://0gnev.livejournal.com/27858.html «Достижения китайского генералиссимуса Чан Кайши, Черчилля и Рузвельта в прошлом году бледнеют по сравнению с тем, чего удалось добиться в 1942 году Иосифу Сталину. Сталин сумел остановить Гитлера.

Путин. 13 июля 1942 года на обложке журнала Time был генерал Роммель (на фоне Суэцкого пролива и подписью «Судьба Египта — это судьба Ближнего Востока».

Перечисляя кандидатов на титул «Человека 1942 года» (победил Сталин), Time так презентовал японского премьера Хидеки Тодзио: «Как и Сталин, он действовал круто. И его народ проявил не меньшую решимость. Тодзио принял самое рискованное политическое решение года — вступить в борьбу с Британией и США, и по итогам сорок второго его расчет оправдался. Японские армии захватили Гонконг, Филиппины, Сингапур, голландскую Ост-Индию и Бирму. Никогда еще в истории ни одна страна не завоевывала столь обширные территории за столь

Один раз ему это уже удалось — в 1941 году; но тогда, к началу войны, в его распоряжении была вся территория России. В 1942 году Сталин добился намного большего. В начале года положение Сталина было незавидным. В 1941 году он расплатился 400 000 квадратных миль территории за сохранение большей части армии. Сталин потерял немалую часть — какую именно, известно только ему — танков, самолетов и военного снаряжения, которые он с такими трудами много лет накапливал для отражения нацистской агрессии. Он утратил примерно треть промышленного потенциала России, необходимого для восполнения этих потерь. Утрачена была и почти половина самых плодородных сельскохозяйственных земель страны. Лишившись всего этого, Сталин должен был ждать нового удара, в который нацистская военная машина вложила всю свою мощь. На каждого обученного солдата, потерянного немцами в боях 1941 года, он потерял как минимум одного бойца, а то и больше. Каждой крупице ценного опыта, приобретенного его солдатами и командирами, немцы могли противопоставить не меньший накопленный опыт. Сталин по-прежнему мог опереться на потрясающую волю русского народа к борьбе — этот народ заслужил не меньшую славу, чем британцы, выстоявшие под массированными немецкими бомбардировками в 1940 году. Но как бы ни был стоек этот народ, немцам все же удалось захватить Белоруссию и Украину. Смогут ли русские удержать Донбасс, Сталинград, Кавказ? Даже самая сильная воля к борьбе может рухнуть под бременем постоянных неудач. Из новых ресурсов в 1942 году Сталин располагал только одним — американской помощью. Но и она, как показали события, поступала слишком поздно и в слишком малых объемах из-за немецких ударов по морским коммуникациям на Севере и наступления на Кавказ. С этими ограниченными средствами Сталин решал свою проблему».

короткий срок. И редко в истории случалось, чтобы военный потенциал какой-либо страны столь сильно недооценивался. Тодзио, или император Хирохито, с чьим именем на устах японцы ведут „священную войну", мог бы стать человеком года, если бы японское наступление не начало терять „взрывную силу"».

3. Оценка Гитлера самим журналом при этом была вполне однозначна:

> *«Фюрер немецкого народа, Главнокомандующий немецкой армии, флота и ВВС, канцлер Третьего рейха герр Гитлер собрал плоды амбициозной, непримиримой, беспощадной заграничной политики, которую он вел на протяжении пяти с половиной лет. Он порвал версальский договор в клочья. Он снова вооружил Германию до зубов — или почти до зубов. Он похитил Австрию на глазах ужаснувшегося и, видимо, бессильного мира. Все эти события стали шоком для наций, которые всего двадцать лет назад победили Германию на поле брани, но ничто так не ужаснуло мир, как беспощадные, методичные, направляемые нацистами события, которые поздним летом и ранней осенью привели к угрозе мировой войны из-за Чехословакии. Фигура Адольфа Гитлера возвышалась над ежащейся Европой с гонором завоевателя. Фюрер стал „Человеком года" потому, что в 1938 году Гитлер стал самой большой угрозой демократическому, миролюбивому сообществу стран. Поколение назад казалось, что западная цивилизация переросла основные злодеяния варварства, кроме войн между государствами. Российская коммунистическая революция дала толчок злу классовой войны. Гитлер добавил другую, расовую, войну. И фашизм, и коммунизм воскресили религиозную войну. Эти многочисленные формы варварства к 1938 г. дали повод, по которому люди, возможно, в ближайшем будущем прольют немало крови: вопрос противостояния цивилизованной свободы*

и варварского авторитаризма... В религии, две выдающихся фигуры 1938 года стали серьезным противовесом Адольфу Гитлеру. Один из них — 81-летний Папа Пий XI — говорил с „горьким сожалением" об антисемитских законах Италии, нападениях итальянских „групп католического действия", приеме, который Муссолини оказал Гитлеру в прошлом мае. Папа также с прискорбием сказал: „Мы положили нашу уже долгую жизнь на дел мира и процветания народов. Теперь мы предлагаем ее в качестве новой жертвы". Проведя большую часть года в концлагере, протестантский пастор Мартин Нимеллер удостоился признания своей героической веры... Человек, несущий наибольшую ответственность за эту мировую трагедию — это ипохондрический, замкнутый, невзрачный и аскетичный 49-летний уроженец Австрии с усиками а-ля Чарл Чаплин. Но то, что Адольф Гитлер и Ко сделали за это время с немецким народом, повергло цивилизованный народ в ужас. Гражданские права и свободы исчезли. Быть в оппозиции к нацистскому режиму стало равнозначно самоубийству или того хуже. Свобода слова и собраний стали анахронизмами. Репутация ранее знаменитых научных центров испарилась. Образование ограничивается национал-социалистическим катехизисом. Процесс ускорился. 700 тысяч евреев пытали физически, лишали жилья и собственности, отказывали в возможности заработать на жизнь, гнали с улиц. Теперь их удерживают как заложников — известный гангстерский трюк. Но пострадали не только евреи. Из Германии идет постоянный, все увеличивающийся поток беженцев, евреев и неевреев, либералов и консерваторов, католиков и протестантов, которые больше не могли жить при нацизме. 1 133 улиц и площадей, например Ратхаусплатц в Вене, приобрели имя Адольфа Гитлера. Обложка журнала „Тайм", на которой Гитлер-органист играет свой гимн ненависти в оскверненном соборе, пока его жертвы висят на колесе святой Екатерины на виду у нацистских бонз, была нарисована бароном Рудольфом Чарльзом фон Риппером, католиком, который больше не мог переносить Германию»[293].

Это что — букет комплиментов?

Впервые с момента основания номинации, на обложке не был изображен портрет «Человека Года». Вместо этого была опубликована картина фон Риппера: Гитлер (вид сзади) играет на органе в соборе. За органом стоит колесо святой Екатерины, на котором висят жертвы нацистского режима. За всем этим наблюдают фон Гинденбург в парадном одеянии и его соратники.

Подпись на обложке: From the unholy organist, a hymn of hate. — «Гимн ненависти от нечестивого органиста».

Автор рисунка фон Риппер — немец, католик и антифашист. Сразу после прихода нацистов к власти он был арестован. Несколько месяцев подвергался пыткам в концентрационном лагере Ораниенбург. Эмигрировал из Германии. В 1937 году он служил воздушным стрелком в республиканских ВВС Испании, его самолет был сбит, а его левая нога была изрешечена осколками. Когда Соединенные Штаты присоединились ко Второй мировой войне в 1941 году, фон Риппер попытался вступить в армию в качестве солдата, но сначала был отклонен из-за его здоровья. Тем временем он рисовал агитационные плакаты, предназначенные для распространения за рубежом для Управления военной информации. В конце концов, 5 сентября 1942 года он был принят в армию Соединенных Штатов для «только ограниченной службы» из-за полученных ран и первоначально служил лаборантом в больнице. При формировании Инженерного подразделения военного искусства он перешел в это подразделение и в 1943 году был отправлен в Северную Африку в качестве корреспондента. В мае 1943 года фон Риппер был переведен

[293] Статья опубликована 2 января 1939 года. Перевод тут: https://0gnev.livejournal.com/29054.html

в отдел разведки для допроса заключенных. Его направили в 34-ю пехотную дивизию, с которой он участвовал во вторжении в Италию. В Италии он служил исполняющим обязанности офицера разведки 2-го батальона 168-го пехотного полка. Он также возглавлял патрули против нацистских позиций, либо с отрядами солдат, либо в одиночку. За действия в этих боевых вылазках он был награжден Серебряной звездой с дубовыми листьями, а 12 декабря 1943 года был повышен до второго лейтенанта. Он также получил Пурпурное сердце. «Фон Риппер и один из его людей продвинулись вперед под сильным огнем противника и убили двух и ранили троих врагов, взяли 11 пленных и захватили многочисленное оружие противника» — цитата из наградного листа к дубовым листьям при Серебряной звезде.

4. США как государство никого не провозглашает человеком года. Это дело различных изданий и частных фондов. Государства даже не имеют права выдвигать кандидатов.

Номинировал Гитлера член парламента Швеции, социал-демократ Эрик Готфрид Кристиан Брандт. В своем представлении он назвал Гитлера «посланным Богом борцом за мир», выразив уверенность, что диктатор способен «принести мир Европе, а может быть, и всей планете». Это представление наделало немало шума, несколько шведских университетов даже отказались от лекций Брандта. Парламентарий был вынужден униженно оправдываться. Как оказалось, антифашист Брандт решил, что выдвижение Гитлера на Премию мира будет неплохой шуткой[294].

Выдвижение было быстро отозвано, поскольку Брандт, который был антифашистом, никогда не предполагал, что это будет серьезное предложение, а вместо этого рассматривал его только как «сатирическую критику» в отношении другого одновременно выдвинутого кандидата, а именно премьер-министра Великобритании Невилла Чемберлена[295].

---

[294] URL: https://www.maximonline.ru/longreads/get-smart/_article/fail-nobel-committee/

[295] URL: https://ru.qaz.wiki/wiki/Erik_Gottfrid_Christian_Brandt

Еще тезис о якобы поддержке Западом гитлеризма опирают на цитату американского президента Трумэна:

> *«Если мы видим, что Германия побеждает, мы должны помочь России, а если Россия побеждает, мы должны помочь Германии, и таким образом пусть они убивают как можно больше, хотя я не хочу видеть Гитлера победителем ни при каких обстоятельствах»*[296].

Обычно не цитируют последний оборот («я не хочу видеть Гитлера победителем ни при каких обстоятельствах»).

Трумэн в те дни был еще очень далек от президентского кресла. Он лишь один из множества американских парламентариев. Наши парламентарии несут феерически агрессивную чушь уже много лет (начиная с вице-спикера Жириновского, — «чтобы воды Индийского океана омыли сапоги русского солдата»[297]).

---

[296] New York Times 24.06.1941. Page 7, column 8.

«If we see that Germany is winning we ought to help Russia, and if Russia is winning we ought to help Germany, and that way let them kill as many as possible, although I don't want to see Hitler victorious under any circumstances».

[297] URL: https://www.youtube.com/watch?v=ks_tdROyg2g

Подробнее — в книге 1993 года:

«Мы все должны жить свободно, покончить с очагами войны, вражды и ненависти, обеспечить процветание и благополучие для всех народов, в том числе и для русского, который стал бы стабилизирующим фактором, стоял бы как форпост на берегу Индийского океана. И был балансом сил, чтобы исключить столкновения между христианами и мусульманами, между тюркоязычными и фарсиязычными, между различными кланами, племенами, полевыми командирами и т. п. Поэтому Россия должна спуститься и выйти на берег Индийского океана. Выход русских к Индийскому океану — логическое завершение формирования Русской империи, проводившегося столетиями и превратившего ее в мощную сверхдержаву. Выход к Индийскому океану — это „окно на юго-восток" — в противоположном направлении „окна на северо-запад", прорубленного Петром Великим. Это даст ток свежего воздуха, постоянное движение, это гарантия от застоя.

И, конечно, наши историко-политические сектанты не приводят вполне симметричные слова Сталина, сказанные им главе Коминтерна болгарину Димитрову 7 сентября 1939 года:

«Сталин:

— Война идет между двумя группами капиталистических стран (бедные и богатые в отношении колоний, сырья и т. д.)

За передел мира, за господство над миром!

— Мы не прочь, чтобы они подрались хорошенько и ослабили друг друга.

— Неплохо, если руками Германии было расшатано положение богатейших капиталистических стран (в особенности Англии).

— Гитлер, сам этого не понимая и не желая, расшатывает, подрывает капиталистическую систему.

Мы можем маневрировать, подталкивать одну сторону против другой, чтобы лучше разодрались.

— Пакт о ненападении в некоторой степени помогает Германии.

— Следующий момент — подталкивать другую сторону»[298].

Выход к Индийскому океану — это не захват территорий. Это миротворческая миссия России. Это гарантия от уничтожения для малых народов восточного региона. Для России выход к Индийскому океану — это обеспечение стране надежных границ во взрывном, нестабильном сейчас юго-восточном регионе. Выход к Индийскому океану — это исторически обусловленное будущее России, это перспектива ее развития в XXI веке.

PS. И все же Россия вышла к Индийскому океану. Два года назад прошли совместные российско-индийские учения, во время которых российские моряки „омыли" свои сапоги в Индийском океане».

(Жириновский В. В. Последний бросок на юг. Гл. «Заключение»)

[298] Фотокопия русского оригинала Дневника: URL: http://docs.historyrussia.org/ru/nodes/102784-iz-dnevnika-generalnogo-sekretarya-ispolkoma-kominterna-g-m-dimitrova-7-sentyabrya-1939-g

Шахматные геополитические расклады частного лица Трумэна остались лишь его словами: Америка с 1939 года уже активно поддерживала воюющую против Гитлера Англию, и очень скоро стала оказывать помощь СССР.

А вот аналогичные расклады лидера СССР Сталина определили политику Советского Союза в 1938–1941 годах, которая, по его же словам, «в некоторой степени помогает Германии».

Кроме того, у Сталина это вовсе не единичное высказывание, а его принципиальная позиция:

19 январе 1925 г. на пленуме ЦК ВКП(б) при обсуждении доклада М. В. Фрунзе о состоянии Красной Армии Сталин выступил с речью, посвященной роли РККА и ее возможном участии в будущих военных конфликтах:

«...В связи с тем, что предпосылки войны назревают и война может стать, конечно, не завтра и не послезавтра, а через несколько лет, неизбежностью, в связи с тем, что война не может не обострить кризиса внутреннего, революционного, — в связи с этим не может не встать перед нами вопрос о нашем вмешательстве в эти дела. Я полагаю, что силы революционного движения на Западе велики, они могут привести к тому, что кое-где они сковырнут буржуазию, но удержаться им без нашей помощи едва ли удастся. Вот перед нами лимитрофы — Эстония, Латвия, Литва, кое-как они там зашевелились, зашебаршили, хотели кое-чего добиться, но все факты говорят, что серьезного добиться нельзя без наличия Красной Армии, которая требует единства и должна стоять начеку, как факт. Если революционное движение назреет, в связи с осложнениями между империалистами в Северной Африке и на Востоке и в связи с усилением революционного движения или, вернее, револю-

---

Болгарское издание: Димитров Г. Дневник. Март 1933 — февруари 1949. Избрано. — София. 2003. С. 181.

ционных настроений в английском рабочем движении. Если что-либо серьезно назреет, то наше вмешательство, не скажу обязательно активное, не скажу обязательно непосредственное, оно может оказаться абсолютно необходимым. В этом именно надежда на то, чтобы победа могла быть для нас одержанной в данной обстановке. Это не значит, что мы должны обязательно идти на активное выступление против кого-нибудь. Это неверно. Если у кого-нибудь такая нотка проскальзывает — это неправильно. Если война начнется, мы, конечно, выступим последними, самыми последними, для того, чтобы бросить гирю на чашку весов, гирю, которая могла бы перевесить»[299].

Ну, а потом была Вторая Мировая война, в которой Великая Отечественная война СССР была значимым, но лишь эпизодом.

---

[299] РЦХИДНИ. Ф. 17. Оп. 2. Д. 162. Лл. 62–64.

Это выступление Сталина не было включено в стенограмму пленума, но уже после войны при подготовке Собрания Сочинений Сталин включил его в вышедший в 1948 г. том 7-й, подвергнув правке. Так, перед словами «если война начнется…» была вставлена фраза: «Наше знамя остается по-старому знаменем мира, но…» (далее по тексту). Также после фразы «кое-где сковырнут буржуазию. Это так», слова «без нашей помощи едва ли удастся» были вычеркнуты. В таком виде оно было опубликовано (см. Сталин И. В. Собр. соч. Т. 7. С. 11–14).

Глава 37

Вторая Мировая: переворачивание фронтов

При обсуждении темы «второго фронта» стоит помнить, что история Второй Мировой знает несколько случаев «переворачивания фронтов» как оперативного, так и стратегического уровня:

Оперативный уровень — это эпизоды сознательного, а не случайного «дружественного огня» *(friendly fire)*.

Пример случайного friendly fire — это Гулльский инцидент. Осенью 1904 года Вторая Тихоокеанская эскадра под командованием адмирала Рожественского была сформирована из кораблей Балтийского флота и направлялась на Дальний Восток для участия в русско-японской войне. В ночном тумане Северного моря началась перестрелка между русскими кораблями. В крейсер «Аврора» попало 5 снарядов, выпущенных русскими кораблями. Был смертельно ранен судовой иеромонах Анастасий Рукин. На корабле пробиты передняя дымовая труба, машинный кожух и надводный борт в трёх местах. На броненосце «Орёл» выстрелом разорвало дульную часть 75-мм орудия. Кораблями сделано 500 выстрелов из орудий и 1 800 из пулемётов. Бой проходил посреди рыболовецкой флотилии. 2 рыбака убито, 6 ранено, одно судно пошло ко дну, 5 получили повреждения различной степени тяжести. Возмущенная британская пресса назвала эскадру «флотом сумасшедших» («this fleet of lunatics»)[300].

7 ноября 1944 г. американские штурмовики отработали по колонне советской техники возле югославского города Ниш. Погиб командир 6-го гвардейского корпуса генерал-лейтенант Котов.

Другой пример случайного огня по неопознанным союзникам — сбитие советским асом Кожедубом двух американских истребителей Ф-51 «Мустанг» над Берлином 17 апреля 1945 года[301].

Пример не случайного, а сознательного огня по своим — это поступок американского летчика Луиса Кёрдса. Он — один из немногих американских асов, сбивших самолёты трёх стран «оси». На его боевом счету 7 немецких, 1 итальянский и 1 японский самолет. А еще он сбил американский. 10 февраля 1945 Кёрдс выполнял разведывательный полет возле острова Батан, где находились японские войска. В это время он увидел двухмоторный транспортный самолёт, направлявшийся в сторону островного аэродрома. Увидев при подлёте к транспортнику опознавательные знаки, Кёрдс понял, что это был самолёт США, собиравшийся садиться на аэродром. Как потом выяснилось, пилот С-47 заблудился во время полёта и был вынужден из-за нехватки топлива направиться к ближайшему обнаруженному с воздуха аэродрому, не зная его принадлежности. Летчиков ждал плен. Кердс решил не допустить его посадки и не нашел никакого другого способа, как сбить свой транспорт, расстреляв его двигатели. Самолёт упал в море, все американцы забрались на надувные плоты и некоторое время спустя были подобраны спасательным гидросамолётом.

---

300 См.: Сергеев Е. Ю. Большая игра, 1856–1907: мифы и реалии российско-британских отношений в Центральной и Восточной Азии. — М., 2012. С. 257.

301 URL: https://topwar.ru/27942-kak-ivan-kozhedub-amerikancev-sbil.html

Но были сознательные, планируемые крупные атаки по союзникам.

В июле 1940 года состоялось крупнейшее морское сражение Второй Мировой войны в Западном полушарии: операция «Катапульта».

Британцы атаковали и уничтожили не советский флот и не немецкий. Они уничтожили французский флот.

Как сказал генерал Шарль де Голль:

> *«Нет ни одного француза, который не почувствовал бы боли в сердце и гнева, узнав, что корабли французского флота потоплены нашими союзниками. Эта боль, этот гнев поднимаются у нас из глубины души. Нет никаких оснований скрывать эти чувства, и, что касается меня, я их выражаю открыто. Поэтому, обращаясь к англичанам, я призываю их избавить нас и самих себя от попыток изобразить эту ужасную трагедию как боевой успех, достигнутый на море. Это было бы несправедливо и неуместно. Корабли в Оране не были в состоянии сражаться. Они стояли на якоре, не имея никакой возможности маневра или рассредоточения... Наши корабли дали английским кораблям возможность произвести первые залпы, которые, как известно, на море имеют решающее значение на таком расстоянии. Французские корабли уничтожены не в честном бою»*[302].

Легендарный американский линкор «Массачусетс» первые в своей жизни залпы сделал по французскому линкору «Жан Бар» в ноябре 1942 года, за 5 часов боя выпустив 786 снарядов главного (406 мм) калибра. Были повреждены французский лидер Milan и эсминец Fougueux; эсминец Boullonnais был потоплен. Сам «Массачусетс» получил два попадания.

---

[302] Выступление генерала де Голля по Лондонскому радио 8 июля 1940. // де Голль Ш. Военные мемуары. Призыв, 1940–1942. — М., 2003. С. 321.

Это была операция «Факел»: высадка англо-американских сил во французских колониях Северной Африки.

Также стоит помнить, что 22 июня 1941 года... англичане выбили французов из Дамаска (кстати, в тех сражениях в Сирии даже чехи воевали против чехов)[303].

---

[303] После Первой Мировой Сирия и Ливан оказались под французским мандатом. Накануне Второй Мировой тут было 120 000 французских солдат. Ну, относительно французских. На 70 процентов это были колониальные войска (Сенегал и прочая Африка). Были и русские бойцы. За французскую державу им ни капельки не было обидно, и потому они спокойно приняли капитуляцию Франции и подчинились правительству Виши. Летом 41-го англичане атаковали их из Палестины и из Ирана (который успешно оккупировали вместе с СССР). Слово «англичане» тут тоже довольно условно: это были части «Свободной Франции» — индусы, австралийцы, чехи.

После капитуляции Франции чехословацкие военные (206 человек), находившиеся в ее ближневосточных владениях, из Ливана перебрались в британскую Палестину. Там 28 октября 1940 г. в составе английской армии началось формирование 11-го чехословацкого батальона, которым командовал подполковник Карел Клапалек (Karel Klapálek). С 10 декабря 1940 г. батальон (800 человек) проходил интенсивную подготовку в учебном лагере под Иерихоном в Иудейской пустыне. С 18 марта 1941 г. чехословацкий батальон совместно с польскими подразделениями охранял лагерь для итало-германских военнопленных (10 000 человек) под Александрией в Египте. В июне — начале июля 1941 г. 11-й батальон принял участие в боях против войск правительства Виши в Сирии. Среди пленных оказались чехи и словаки, служившие во французском Иностранном легионе. Им было позволено вступить в батальон.

В 1941-м у враждующих в Сирии сторон пехоты было одинаково. У французов были танки, зато у англичан были самолеты. Турция не пропустила помощь от немцев и вишистов. Французы сдались. Операция обернулась потерей примерно 7 000 британских и голлистских солдат и офицеров. Потери вишистов составили около 2 600 человек, в том числе 800 убитыми. По окончании боевых действия из плененных 30 тысяч вишистов на сторону Ш. де Голля перешли, по разным данным, от 5 500 до 7 000 человек. Сыграли свою роль лояльность французов «законному» правительству в Виши, а также опасения за оставшиеся во Франции семьи. Эвакуация солдат и офицеров «Армии Леванта» на родину затянулась до конца сентября. В Марселе их встречали как героев, а генерал А. Дентц даже устроил по этому случаю парад.

(подробнее: https://www.unification.com.au/articles/840/

Впрочем, для Англии это была старая головная боль: как не допустить использования немцами трофеев против Англии. С этой целью они заняли Архангельск в 1918-м (где были огромные склады тогдашнего ленд-лиза).

С той же целью в конце августа 1939 года англичане предложили полякам план «Пекин» — немедленную, еще до начала военных действий, эвакуацию самых современных польских военных кораблей в Британию (три эсминца успели уйти).

Через два года Черчилль раздумывал о добивании советского Балтийского флота — чтобы в случае падения Ленинграда флот, лишившийся последней базы, не достался немцам. Черчилль умолял Сталина затопить Балтийской флот, обещая потом помочь в его восстановлении. И это его предложение нашло согласие у советского Верховного.

«Два слова о записке Посла Великобритании в Москве г-на Криппса, переданной В. М. Молотову 12 сентября 1941 года. В этой записке сказано: «В случае, если Советское Правительство будет вынуждено уничтожить свои военно-морские суда в Ленинграде, чтобы предотвратить переход этих судов в руки неприятеля, Правительство Его Величества признает требование Советского Правительства после войны об участии Правительства Его Величества в замене уничтоженных таким образом судов». Советское Правительство понимает и ценит готовность Английского Правительства возместить частично ущерб, который будет нанесен Советскому Союзу в случае уничтожения советских кораблей в Ленинграде. ***Не может быть сомнения, что в случае необходимости советские корабли в Ленинграде действительно будут уничтожены советскими***

и Фомин А. М. Британская политика и стратегия на Ближнем Востоке в 1941 г.: три войны «к востоку от Суэца» // Вестник Московского Университета. Серия XXV. Международные отношения и мировая политика. 2020. 12 (3).

***людьми.** Но за этот ущерб несет ответственность не Англия, а Германия. Я думаю поэтому, что ущерб должен быть возмещен после войны за счет Германии»*[304].

Письмо Сталина Черчиллю 13 сент 1941

Советские моряки помогли англичанам отнять остров Мадагаскар у французов:

Осенью 1941 года Государственный комитет обороны СССР принял решение перегнать с Черного моря на Север и на Дальний Восток три больших танкера («Сахалин», «Варлаам Аванесов», «Туапсе») и линейный ледокол «А. Микоян». Нейтральная Турция пропустила невооруженный караван через Проливы. Все же танкер «Варлаам Аванесов» был потоплен итальянцами в Мраморном море. Оставшиеся два танкера доставили 15 тыс. тонн топлива для операции из Порт-Саида в порты Южной Африки. Этого хватило для снабжения английской эскадры из 50 кораблей под командованием контр-адмирала Эдварда Н. Сайфрета (линейный корабль Ramillies, авианосцы Illustrious и Indomitable, крейсеры Hermione и Devonshire и более мелкие суда). Высадка на остров началась 5 мая 1942 года. Бои закончились только 6 ноября 1942 года.

Джулиан Джексон в своей биографии де Голля отметила, что французы дольше держались против союзников на Мадагаскаре в 1942 году, чем против немцев во Франции в 1940 году.

Из советских кораблей танкер «Туапсе» был потом потоплен в Карибском море, и только танкеру «Сахалин» и ледоколу «Микоян» удалось добраться до Владивостока…

В той же войне самого большого своего успеха на море немецкая авиация добилась 9 сентября 1943 г.: «…эскадра итальянских боевых кораблей во главе с адмиралом Карлосом

---

[304] Переписка Председателя Совета Министров СССР с президентами США и премьер-министрами Великобритании во время Великой Отечественной войны 1941–1945 гг. — М., 2005. С. 21.

Бергамини направилась к побережью Туниса, чтобы сдаться союзникам. Вскоре немецкий самолет-разведчик обнаружил итальянскую эскадру в Тирренском море восточнее Сардинии и командир 2-й авиадивизии генерал-лейтенант Йоханнес Финк приказал атаковать бывших союзников. В воздух поднялись 11 Do-217K-2. Около 15.00 три «Дорнье» атаковали флагманский линкор «Рома» (Roma). Линкор, заметив бомбардировщики, начал поворот, и белая кильватерная струя была очень хорошо видна с воздуха. В 15.30 первая бомба упала в кормовой части корабля. В 15.46 «Рома» получила второе попадание, при этом взорвался один из артиллерийских погребов, и линкор быстро ушел на дно. Погибли адмирал Бергамини, 66 из 71 офицера линкора и 1188 моряков»[305].

А самое успешное сухопутное сражение Второй Мировой произошло в Северной Италии в сентябре 1943-го. Семь дивизий окружили и пленили 80 дивизий.

Точнее: в ходе операции «Ось» семь немецких дивизий принудили к сдаче и взяли в плен 80 дивизий итальянских (20 000 убитых; 800 000 пленных; немецкие трофеи составили 255 000 винтовок, 38 383 пулемета, 9 988 орудий, 970 танков, 4 553 самолета)[306].

Можно вспомнить и оккупацию немцами столицы союзной Венгрии осенью 44-го вкупе с интернированием адмирала Хорти. И пленение советскими частями еще недавно союзных им польских повстанцев.

Случаи стратегического «переворачивания фронтов» более заметны и известны.

Рассмотрение этого вопроса хорошо бы совместить с вопросом о том, было ли Мировых войн Две или только Одна. Может, Второй Мировой и вовсе не было, а с августа 1914 по сентябрь

---

[305] Зефиров М. Штурмовая авиация Люфтваффе. — М., 2001.

[306] URL: http://militera.lib.ru/research/cartier/03.html
и https://it.wikipedia.org/wiki/Operazione_Achse

1945 года по планете перекатывалась одна и та же Великая Война, в которой были и перемирия, и операции по демилитаризации, и перетасовка альянсов, и перевороты, и гражданские войны.

Так считал Черчилль: «Рассматривая, как я это делаю, эту войну против германской агрессии как одно целое и как тридцатилетнюю войну, начавшуюся в 1914 году» (Письмо Сталину 27 февр. 1944); «Мне приятно думать, что мы были вместе в той смертельной борьбе так же, как мы вместе и в нынешней тридцатилетней войне» (Письмо Сталину. 19 дек 1944)

Вот Румыния: в 1916 она объявила войну Германии. В начале 1918-го — капитулировала. В ноябре того же года — вновь объявила ей войну; в 1941-м стала союзником Германии, а в 1944-м — опять противником…

Не раз менялись отношения двух Китаев: Мао и Чан Кай Ши то воевали друг против друга, то вместе — против японцев.

Но если ограничиться только Европой и только 1939–45 годами, то и тут мы видим, что Финляндия, Румыния, Болгария, начав войну на стороне Германии, потом действовали против нее, причем это происходило без смены их королей и президентов. 1 036 финских солдат погибли, пропали без вести и попали в плен в боях с немцами в ходе так называемой Лапландской войны с 1 октября 1944 года по 31 мая 1945 года Потери ранеными в Лапландской войне составили около 3 тыс. человек. Эта война проходила на севере Финляндии, где немецкие войска удерживали часть финской территории. Маннергейм после войны даже получал какое-то время советскую военную пенсию.

В такой поворот уже входил и венгерский диктатор Хорти, но был арестован немцами.

В Италии перемена фронта сопровождалась правительственным переворотом (но не сменой короля).

Словаки подняли восстание против своего правительства, союзного Гитлеру, и против немецких оккупантов.

Франция меняла фронт и союзника дважды.

Сужение перспективы со «Второй Мировой» до «Великой Отечественной» не позволяет заметить, что и Советский Союз совершил ту же операцию перемены врагов и союзников.

В первый год Второй Мировой Кремль явно поддерживал Берлин.

В выступлении Молотова на сессии Верховного совета СССР 31 октября 1939 года было сказано:

> *«Германия находится в положении государства, стремящегося к скорейшему окончанию войны и к миру...», в то время как «...правительства Англии и Франции, однако, не хотят прекращения войны и восстановления мира, а ищут нового оправдания для продолжения войны против Германии... причем английское правительство объявило, что будто бы для него целью войны против Германии является не больше и не меньше, как „уничтожение гитлеризма" ...Но такого рода война не имеет для себя никакого оправдания...идеологию нельзя уничтожить силой, нельзя покончить с нею войной»*[307].

Речь Молотова очень понравилась в Берлине. Глава немецкой делегации на советско-германских экономических переговорах К. Риттер заявил советскому полпреду в Германии А. А. Шкварцеву, что в речи Молотова «сказано все, чего они желали и чего они ждали»[308].

Не скрывал своего удовлетворения и Геббельс, записавший в дневнике: «Выступил Молотов. Очень сильно за нас... Мы можем быть довольны этой речью»[309].

---

307 Доклад Молотова на V сессии Верховного совета СССР 31 октября 1939 г. // Известия. 1 ноября 1939 г. С. 1.

308 Дневник полпредства СССР в Германии // АВП РФ, ф. 082, оп. 22, п. 93, д. 7, л. 280 (запись от 2 ноября 1939 г.)

309 Goebbels J. Die Tagebucher. Samtliche Fragmente, Bd. 3/Hrsg. von E. Frohlich. Mimchen, 1987. S. 628 (запись от 2 ноября 1939 г.)

Речь Молотова в виде 2 миллионов листовок уже 10 и 11 ноября была сброшена над различными районами Франции[310].

Сталин, отвечая 25 декабря 1939 года на поздравления Гитлера и Риббентропа по случаю своего 60-летия, писал:

> *«Дружба народов Германии и Советского Союза, скрепленная кровью, имеет все основания быть длительной и прочной»*[311].

9 апреля 1940 года Германия вторглась в Норвегию и Данию. Глава внешнеполитического ведомства и одновременно глава правительства СССР В. М. Молотов принимает германского посла Шуленбурга.

> *«Тов. Молотов отвечает послу (на заявление, что вторжение в Норвегию и Данию стало ответом на планы Англии и Франции использовать территории северных стран в военных целях против Германии), что ему понятны действия*

---

[310] См.: Случ С. З. Советско-германские отношения в сентябре-декабре 1939 г. и вопрос о вступлении СССР во Вторую мировую войну // Отечественная история. 2000. № 6.

[311] Полностью:

«Господину ИОСИФУ СТАЛИНУ. Москва. Памятуя об исторических часах в Кремле, положивших начало решающему повороту в отношениях между обоими великими народами и тем самым создавших основу для длительной дружбы между ними, прошу Вас принять ко дню Вашего шестидесятилетия мои самые тёплые поздравления. ИОАХИМ ФОН-РИББЕНТРОП. Министр иностранных дел».

(«Правда», 23 декабря 1939 г.)

«МИНИСТРУ ИНОСТРАННЫХ ДЕЛ ГЕРМАНИИ господину ИОАХИМУ ФОН РИББЕНТРОПУ. Благодарю Вас, господин министр, за поздравления. Дружба народов Германии и Советского Союза, скрепленная кровью, имеет все основания быть длительной и прочной. И. Сталин»

(«Правда», 23 декабря 1939 г.) Републикация: Оглашению подлежит: СССР — Германия. 1939–1941: Документы и материалы / Сост. Ю. Фельштинский. — М., 1991. С. 167.

германского правительства, так как, видимо, Англия слишком далеко зашла в отношении нарушения нейтралитета Норвегии и Дании... Поэтому меры Германии в отношении Норвегии и Дании следует считать вынужденными. В телеграмме, которую Шуленбург в тот же день отправил в Берлин, говорится, что в заключение В. М. Молотов отметил: „Мы желаем Германии полного успеха в ее оборонительных мероприятиях"»[312].

Посол Норвегии в Москве информировал свое правительство, эмигрировавшее в Лондон:

«Общая политическая ориентация СССР прежде всего является враждебной по отношению к Англии и Франции»[313].

4 июля Молотов пишет: «Советское правительство приняло предложения Германского правительства о ликвидации дипломатического представительства в Бельгии и Норвегии, т. к. «в этих областях действует германское законодательство» и правительства этих стран бежали[314]. Взамен полпредства в Норвегии остается консульство»[315]. Советское консульство работало в Осло до 8 мая 1941 года, то есть и при правительстве фашиста Квислинга. При этом 28 ноября 1940 г. посол Э. Масенг в беседе с исполняющим обязанности заведующего Отделом Скандинавских стран НКИД СССР И. Г. Сысоевым говорил, что «Об отношениях к Миссии фактического норвежского правительства

---

[312] Советско-норвежские отношения 1917–1955. Сборник документов. — М., 1997. С. 294–295.

[313] Там же. С. 297.

[314] Таким же аргументом советская пропаганда объясняла свое вторжение в Польшу в 1939 году. И на этот раз параллельно разрабатывалась идея военного десанта на норвежский Шпицберген (о. Медвежий) (Записка зав. отделом скандинавских стран НКИД СССР П. Д. Орлова заместителю комиссара иностранных дел С. А. Лозовскому 3 августа 1940 // Там же. С. 300).

[315] Там же. С. 299.

(в Осло) приходится судить по тому, что оно пользуется услугами Миссии в своих сношениях с советским правительством»[316].

Ранее, в начале 1939 года СССР признал законным германскую оккупацию Чехословакии: 5 апреля М. Литвинов поручил послу А. Мерекалову посетить МИД Германии и потребовать, чтобы «представители германского командования в Чехословакии прекратили действия, препятствующие выполнению фирмой «Шкода» советских заказов, выданных ей в апреле-июне 1938 года и частично уже оплаченных»[317].

5 мая советник МИД Германии К. Шнурре известил поверенного в делах Г. Астахова, что правительство Германии «положительно» решает вопрос о советских контрактах с фирмой «Шкода» на изготовление зенитных орудий и приборов управления огнем. Через двенадцать дней Шнурре сообщил Астахову, что немецкая сторона «положительно изучит возможность» оставления в силе на территории «протекторатов Богемии и Моравии» положений советско-чехословацкого торгового договора 1935 года. Стоит отметить, что при про-немецком правительстве Петэна действовало советское посольство. Полномочный представитель СССР — Александр Ефремович Богомолов — назначен в 10 октября 1940 г., повышен до статуса посла в марте 1941 и оставался в Виши до июня 1941 года.

Французский посол в Москве Э. Лябонн свои верительные грамоты Кремлю вручил 22 июня 1940 года — в день капитуляции Франции[318].

17 июня 1940 г. Молотов поздравил германского посла с победами на Западном фронте:

---

316 Там же. С. 306.

317 Год кризиса. Документы и материалы в 2 т. Т. 2. 2 июня 1939 г. — 4 сентября 1939 г. // М-во иностр. дел СССР. — М.: Политиздат, 1990. С. 362. Документ № 252.

318 См.: Дербасов М. В. Дипломатические отношения СССР с правительством Виши (июль 1940 — июнь 1941 гг.) // Современная научная мысль. Журнал НИИ истории, экономики и права. — М., 2022. № 6.

«В начале беседы тов. Молотов поздравил германского посла с победами германской армии и заметил, что вряд ли Гитлер и Германское правительство ожидали таких быстрых успехов»[319].

Тот же Молотов в докладе на сессии Верховного совета СССР 1 августа 1940 признавал, что германо-советское соглашение «обеспечило Германии спокойную уверенность на Востоке»[320]. Это же он сказал в лицо Гитлеру:

«Если говорить в данный момент об итогах советско-германских соглашений, то надо сказать, что Германия, не без воздействия пакта с СССР, сумела так быстро и со славой для своего оружия выполнить свои операции в Норвегии, Дании, Бельгии, Голландии и Франции»[321].

СССР вовсе не соблюдал «нейтралитет» в начале Второй Мировой, но явно помогал Германии.

«Уже 18 сентября 1939 года в Мурманске от британского флота укрылось 18 немецких судов. Когда после дозаправки топливом они покидали Мурманск, суда других государств, находившиеся там же, были специально задержаны до тех пор, пока немецкие суда не оказались в полной безопасности. И это полностью соответствовало ранее высказанному пожеланию немецкой стороны „выпуск пароходов других национальностей из Мурманска производить не ранее 8–10

[319] Беседа В. М. Молотова с послом Ф. Шуленбургом // Документы внешней политики (далее — ДВП) СССР. Т. XXIII. Кн.1. — М.: Международные отношения, 1998. С. 353.

[320] «Правда», 2 августа 1940 г.

[321] Беседа Председателя Совета Народных Комиссаров СССР, народного комиссара иностранных дел СССР В. М. Молотова с рейхсканцлером Германии А. Гитлером 12 ноября 1940 г. // Документы внешней политики. Т. 23. Кн. 1. — М., 1998. С. 66.

часов после ухода каждого немецкого судна, так как иностранные пароходы, следуя за немецкими судами, могут выдать их местонахождение английским военным кораблям". Спустя неделю последовала просьба о снабжении тёплой одеждой команд германских судов, находящихся в Мурманске. Благожелательная реакция Москвы на эти и другие пожелания командования германского флота, а также резко отрицательные замечания Сталина в беседе с Риббентропом по адресу Англии и её политиков („большевики всегда больше всего ругали и ненавидели Англию"[322]) *подвигли командование ВМФ и лично главкома гроссадмирала Редера значительно „поднять планку" своих запросов (снабжение крейсеров, подводных лодок и вспомогательных судов топливом и провиантом в советских портах, ремонтные и восстановительные работы с использованием советских верфей, отправка советских танкеров и грузовых судов в открытое море для дозаправки немецких крейсеров и подводных лодок топливом и продовольствием с целью продления сроков их пребывания в зоне боевых действий против Англии. Антибританское взаимодействие двух держав на море особенно убедительно проявилось в истории с базой Норд на Кольском полуострове. Кригсмарине была предоставлена бухта Западная Лица*[323]*, в которой ВМФ Третьего Рейха „мог делать то, что он хочет, и ему разрешено осуществлять любые намерения, которые он сочтет необходимыми". При этом был санкционирован заход в эту бухту германских военных кораблей всех типов. Эта база*

---

322 «Советское правительство никогда не имело симпатий к Англии. Необходимо лишь заглянуть в труды Ленина и его учеников, чтобы понять, что большевики всегда больше всего ругали и ненавидели Англию». (Документы внешней политики СССР. Т. 22. Кн. 2. С. 609)

323 Эта база находится в 45 километрах от государственной границы с Норвегией. Являлась портом приписки первой советской атомной подводной лодки К-3 («Ленинский комсомол»). В настоящее время является портом приписки нескольких опытовых атомных подводных лодок.

рассматривалась главным военно-морским командованием Германии и особенно командованием подводного флота рейха как чрезвычайно удобный и стратегически важный опорный пункт для ведения интенсивной борьбы прежде всего против британского судоходства на Севере. Более того, гросадмирал Редер предполагал использовать базу Норд в ходе осуществления плана вторжения в Норвегию для синхронизации высадки войск на севере и юге страны с использованием авиации и флота, что существенно сокращало маршрут. И действительно, танкер Jan Wellem, который прибыл своевременно для снабжения немецких эсминцев, задействованных в ходе высадки в Нарвике в Норвегии, прибыл с советской базы Норд. Командование вермахта и глава внешнеполитического ведомства Третьего Рейха исходили из того, что политика СССР имеет „чёткую антибританскую направленность". Выступая 10 ноября 1939 г. на совещании с писателями, начальник Политуправления Красной армии Л. З. Мехлис заявил, что главный враг СССР, „конечно — Англия, в то время как Германия делает в общем полезное дело, расшатывая Британскую империю. Разрушение её поведёт к общему краху империализма"»[324].

28 сентября 1939 года состоялись переговоры Сталина с Риббентропом:

«...г-н министр завел речь о том, что с немецкой стороны в связи с военными действиями против Англии может возникнуть пожелание использовать мурманскую гавань немецкими подводными лодками для того, чтобы производить там ремонт подлодок и, возможно, немецких вспомогательных крейсеров. Господин Сталин заявил, что Совет-

---

[324] Случ С. З. Советско-германские отношения в сентябре — декабре 1939 г. и вопрос о вступлении СССР во Вторую мировую войну // Отечественная история. 2000. № 6. С. 10–12.

ское правительство в принципе согласно оказать Германии помощь и в этом отношении»[325].

Всего с начала войны в Териберке и Мурманске нашли убежище 12 германских судов с экипажами число 2 140 человек. Для их перевозки в Германию правительство СССР выделило пять поездов[326].

Летом 1940 года германский крейсер «Комет» в сопровождении советских ледоколов «Ленин», «Иосиф Сталин» и «Лазарь Каганович» прошел по Северному морскому пути от Мурманска к Берингову проливу — чтобы вести охоту за английскими кораблями в Тихом океане, где он потопил восемь гражданских кораблей. Совершив кругосветное плавание, крейсер вернулся в Германию в конце ноября 1941 года.

Но было и обратное: помощь германского кригсмарине советским подводным лодкам.

Немецкое посольство сообщало в Берлин:

«103/111857

Посольство в Советском Союзе в Министерство Иностранных дел.

Очень срочно

Москва, декабрь 9, 1939 — 21 ч.40 м.

Только для статс-секретаря лично Верховному командованию Вермахта и флота.

Советский морской комитет строго конфиденциально проинформировал нас, что блокада подводными лодками против Финляндии планируется в Ботническом заливе. Глава военно-морского флота спрашивает, могли ли бы немецкие

---

325 Документы внешней политики СССР. Т. 22. Кн. 2. С. 614.

326 URL: https://www.murmanarchiv.ru/exhibitions-events/2009-06-08-10-18-49/1700-l-r-

пароходы на регулярном маршруте в северную Швецию брать еду и топливо для секретной поставки в море на российские подводные лодки. Поставленные количества были бы возвращены в желаемом нами виде, например, в любом советском порту, где у наших военно-морских сил есть подобные потребности. Русские сообщат детали своих пожеланий, места контактов и т. д. сразу, как только Германия даст принципиальное согласие. Русские просят предельной скорости, т. к. первые поставки в море они планируют через 3–4 дня. Я очень рекомендую согласиться с русским запросом потому что, во-первых, такая помощь имела бы небольшой эффект на положение финнов и не повлияла бы на результаты конфликта; во-вторых, потому что возвратные поставки на Дальнем Востоке открыли бы большие возможности для военно-морских операций; и в-третьих, потому что немецкое военно-морское командование на основании этой помощи сможет требовать у советского флота в будущем. Баумбах. Шуленбург»

Реакция:

«103/111858. Меморандум представителя 1-го политического департамента Берлин, декабрь 10, 1939

В составе: советник барон фон Хейден-Ринш, секретарь дипломатической миссии Федерер.

В соответствии с телеграммой N 905 от 9 декабря из Москвы, адмирал Фрик информировал нас в 1 час дня по поручению гросс-адмирала Рёдера, что запрос гросс-адмирала относительно просьбы русских о том, что германские суда на пути в северную Швецию могут обеспечивать советские подводные лодки топливом и продовольствием, в принципе должен решиться положительно.

Вскоре после этого, адмирал Фрик сообщил, что Фюрер это одобрил и что флот поэтому пошлет соответствующую инструкцию в Москву через Министерство иностранных дел.

Федерер»[327].

А за попытку лечить лишь одного польского моряка то же правительство СССР готово было объявить войну Эстонии…

СССР в интересах Германии осуществлял «серый импорт», т. е. закупал для Германии товары в нейтральных странах, в том числе и в США. За 1940 год через территорию СССР прошло 59% от объемов всего германского импорта и 49% экспорта, а до 22 июня 1941-го — 72% и 64% соответственно .

В это время Англия целый год воевала в одиночестве против Гитлера и его союзников («темные дни» после капитуляции Франции в 1940-м). А вот СССР в своей более поздней войне против Германии ни дня не был один.

В итоге имел место инцидент на приеме в честь победы в советском посольстве в Париже. На него пригласили участников Сопротивления из бывших российских граждан. Княгиня Зинаида Шаховская в беседе с советским дипломатом на вопрос: «А Вы тоже против Гитлера сражались в этой войне?» ответила: «Мы ещё тогда были против, когда вы были за».

---

[327] Источник: Akten zur deutschen auswärtigen Politik 1918–1945, Serie D: VIII, 1. Band — 4. September 1939 — 18 März 1940.

Глава 38

В поисках «второго фронта»

Немного хронологии:

«Первый фронт» европейской Второй Мировой — это германо-польский фронт, открытый 1 сентября 1939 года.

Второй фронт — это франко-англо-германский фронт протяженностью от Альп до Бельгии, открытый 3 сентября.

Третий фронт — это польско-советский фронт осени 1939 года.

Четвертый фронт — это норвежский фронт с апреля 1940 года.

Пятый фронт (с 1 июня 1940) — это северо-африканский англо-итальянский (позже и германский) фронт в Африке[328].

---

[328] Тут 6-я австралийская дивизия в ходе операции «Компас» в декабре 1940 — феврале 1941 года при поддержке 7-й британской танковой дивизии в Бардии взяла в плен 40 тысяч итальянцев. Затем австралийцы взяли Тобрук, захватив в плен ещё 25 тысяч итальянцев. 4 февраля 1941 6-я австралийская дивизия взяла город Бенгази. Сколько фашистов в эти месяцы убила или пленила Красная Армия? Всего за шесть лет войны в 6-й дивизии служили около 40 000 человек. Из них 1 763 человека погибли или погибли, еще 3 978 были ранены, и в общей сложности 5 153 человека стали военнопленными.

URL: https://wiki5.ru/wiki/6th_Division_(Australia)

Шестой фронт (с 1 июня 1940) — это восточно-африканский фронт.

Седьмой фронт — это балканский фронт, где Италии и Германии противостояли Греция, Сербия и Британия[329].

Стоит добавить еще и морской и воздушный фронты, с 1939 года сжигавшие огромные ресурсы Германии.

Советско-германский фронт стал лишь восьмым по времени открытия[330]. И в 10 часов утра 22 июня 1941 года советское радио

То есть потери составили четверть личного состава. Вряд ли это можно назвать тихой и безопасной службой.

329 27 мая 1941 года на Крите 2/7-й пехотный батальон 6-й австрийской дивизии вместе с новозеландским 28-м (маори) батальоном, предпринял штыковую атаку на позицию, известную как 42-я улица в городе Ханья, в результате которой погибло 280 немцев.

И это опять к вопросу о колониях заморских или континентальных. Новозеландским маори было не больше дела до войны в Европе, чем якутам. Но и тем и другим пришлось сражаться за интересы метрополии за многие тысячи километров от дома. Впрочем, желали не все. В британской Индии против участия его народа в Мировой войне выступал махатма Ганди. А в СССР не-энтузиазм в защите общей советской родины был столь велик, что 13 октября 1943 года Государственный комитет обороны СССР принял постановление № ГОКО-4322сс «О призыве на военную службу призывников рождения 1926 г.» В этом документе говорилось:

«Призыву не подлежат призывники местных национальностей: Узбекской, Таджикской, Туркменской, Казахской, Киргизской, Грузинской, Армянской и Азербайджанской Советских Социалистических республик, Дагестанской, Чечено-Ингушской, Кабардино-Балкарской, Северо-Осетинской автономных Советских Социалистических республик и Адыгейской, Карачаевской и Черкесской автономных областей». (Подробное исследование сюжета в книге: Бугай Н., Кринко Е., Безугольный А. Горцы Северного Кавказа в Великой Отечественной войне 1941–1945. Проблемы истории, историографии и источниковедения».

(Москва, 2012)

330 При этом Англия с 1940-го воевала на полном пределе своих сил и ресурсов. Америка (на которую напали в декабре 41-го), с 1942-го перестраивалась на войну и смогла это сделать всего за год. До этого она просто не имела сухопутной армии и современной авиации — за ненадобностью.

еще славило Роммеля за его успехи в войне против англичан в Африке[331].

«Западный фронт» ни на один день не исчезал: после разгрома Франции он переместился на Балканы, в Африку и Атлантику, откуда в 1943 вернулся в Сицилию и Италию. В переписке Сталина с Черчиллем и Рузвельтом поэтому употребляется точный термин — «второй фронт в Европе». Опущение этого уточнения и создает ощущение, будто СССР воевал в одиночестве до лета 44-го.

Эти фронты отнюдь не были малозначимы.

21 мая 1941 года английский минный заградитель «Абдиэль» выставил 150 мин у острова Лефкас в Ионическом море. К вечеру того же дня эти мины отправили ко дну итальянский эсминец Carlo Mirabello, канонерскую лодку Pellegrino Matteucci, а также немецкие транспорты Kybfels и Marburg. Эти транспорты перевозили гусеничную технику немецкой 2-й танковой дивизии из Греции в Италию.

Это одна из старейших танковых дивизий Вермахта. Ее первым командиром был Гудериан. Она воевала в Польше и Франции (отражала контратаку танков де Голля), она брала Афины. Именно этой дивизии удалось через Клин и Солнечногорск добраться до самых Химок в 8 км от Москвы, а ее 5-й танковый разведывательный батальон даже успел доложить, что видит Кремль, прежде чем был отброшен началом советского зимнего наступления.

Вот что важно: английские мины 21 мая 1941 года отправили на дно более половины танков дивизии. Была потеряна значительная часть артиллерии и важных материальных средств дивизии. 5 офицеров, 38 унтер-офицеров и 141 солдат утонули[332].

---

331 Телеканал «Звезда». Передача «На пути к Победе». 3 марта 2022 г.

332 См.: https://www.lexikon-der-wehrmacht.de/Gliederungen/Panzerdivisionen/2PD.htm.

Гальдер пишет в своем дневнике:

«22 мая. Утреннее совещание: Из состава 2-й танковой дивизии (Патрас), по-видимому, потеряно 122 танка, 200 автомашин, 29 мотоциклов; утонуло 1 328 человек... Хойзингер (полковник ОКХ Adolf Heusinger) *сообщает из Греции: Донесение о потопленных танках у Патраса не соответствует действительности. Танки 2-й танковой дивизии находятся уже в Таранто. Потоплены, кажется, в основном легкая и тяжелая артиллерия 2-й танковой дивизии. Очень трудно возместить потерю тягачей. Число потерь в личном составе подтверждается».*

«28 мая 2-я танковая дивизия затонула»[333].

Еще 3 мая Гальдер писал о ней:

«2-я танковая дивизия выступает 14 и 15.5 из Патраса (гусеничные части) и Спалато (колесные части). Отдых и пополнение — с 31.05 в Мюнхене. К 20.06 дивизия будет готова к отправке из Мюнхена и, если будет необходимо, успеет прибыть к началу боевых действий на Востоке»[334].

Не успела. В реальной истории 2 танковая дивизия на Восточный фронт она прибыла только к октябрю — чтобы принять участие в создании «Вяземского котла». Восстановленный вместо утонувшего 74-й артполк (*AR.74*)[335] этой дивизии бил 16 ноября по панфиловцам у разъезда Дубосеково…

Из-за английских мин дивизия потеряла боеспособность и не смогла принять участие в реализации «Барбароссы», где она

---

333 Гальдер Ф. Военный дневник Т. 2. — М., 1969. С. 541.

334 Там же. С. 499.

335 Этот полк на Kybfels потерял 80 машин. Всего на этом судне затонуло 175 машин 2 танковой дивизии
URL: https://de.wikipedia.org/wiki/Kybfels_(Schiff,_1937)

должна была действовать в группе армий «Юг». Если бы она была в распоряжении Клейста (1-я танковая группа) — его наступление на Киев было бы успешнее, и тогда в августе группе армий Центр, быть может, не потребовалось бы тормозить наступление на Москву и поворачивать на помощь группе армий «Юг».

На Восточно-африканском фронте (Эфиопия, Сомали…) англичане блокировали и разбили трехсоттысячную итальянскую армию. Из них 230 000 попали в плен — к ноябрю 1941 года.

2 мая 1943 капитулировала итало-германская группировка в Тунисе (250 тысяч человек). Советские патриоты хотели бы их видеть на Курской дуге?[336] Для сравнения: в феврале 1943 года в сталинградском котле Красная армия взял в плен 91 545 человек.

То есть союзники в 1943-м в Африке уже взяли в плен в два раза больше фашистов, чем РККА в Сталинграде.

17 августа 1943 на Сицилии в плен было взято еще 127 000 солдат Оси.

Еще 100 000 германских солдат в это время оставалось в материковой Италии. Две группы армий: группа армий «B» во главе с фельдмаршалом Роммелем и группа армий «Юг» во главе с Кессельрингом.

---

[336] Современники считали иначе:
В Египте генерала Роммеля
С английским боксом познакомили.
Немецкий бравый генерал
Оттуда в Ливию удрал.
В песчаной Ливии и Триполи
Ему опять изрядно всыпали.
От зуботычин он раскис.
Потом оправился в Тунис.
Чем он окончит матч с Монтгомери
Прочтете в следующем номере!
(Сергей Маршак. Окно ТАСС № 704, 15 апреля 1943 года)

В начале ноября 1943 года общая численность немецких войск в Норвегии составляла 380 тыс. человек. К августу 1943 года в Дании находилось 170 000 немецких военнослужащих (эквивалент 14 дивизий)[337].

По состоянию на начало 1944 года в Норвегии находились 13 немецких дивизий.

Присутствие этого миллиона фашистских солдат на восточном фронте точно ничего бы не изменило? И это — еще до высадки в Нормандии…

В тот момент войны, что в советской историографии считается «переломным» (лето 1943 года), в составе немецкой армии было только пять батальонов тяжелых танков «Тигр».

«Тигриный» батальон 501 был пленен англичанами в Тунисе в мае 1943 года (17 марта в нем было 11 тигров).

Тигриный батальон 502 действовал у Ладожского озера против Ленинградского фронта[338].

---

[337] 2 октября 1943 года было ведено новое штатное расписание пехотных дивизий, в соответствии с которым численность пехотной дивизии уменьшалась почти вдвое и должна была составлять 10 708 человек и 2 005 хиви (советских военнопленных)

[338] «**24–25 июля 1943**. Части 2-й роты действуют к северу от реки Мойка. Фельдфебель Цветти ведет бой вместе с 3-м батальоном 407-го (мот.) ПП 121-й ПД. Он уничтожает 6 дотов, 13 танков Т-34 и предотвращает захват 2 поврежденных «Тигров». В последующие дни «Тигры» используются совершенно хаотически, без эффективной поддержки пехоты и в неблагоприятной местности. Все это приводит к постоянным поломкам техники.

31 июля 1943. В строю 18 «Тигров», 1 Pz. Kpfw. III ausf. N и 3 Pz. Kpfw. III ausf. L.

2 августа 1943. 1 увязший «Тигр» 2-й роты пришлось взорвать на нейтральной территории.

4 августа 1943. «Тигры» поддерживают контратаку 2-го батальона 220-го (мот.) пп 58-й пд на ж/д развязке возле MGA вдоль «Туристической тропы».

5 августа 1943. Единственный танк (командир штабсфельдфебель Вочтер), действующий вместе с 58-й пд уничтожен противотанковым расчетом.

На южном фасе Курской дуги был только один батальон «тигров» — 45 машин в составе *Schwere Panzer-Abteilung 503*. Он действовал в составе 3-го танкового корпуса оперативной группы «Кемпф» (т. е. не на Прохоровском поле), потеряв безвозвратно 4 танка.

504-й «тигриный» батальон в те дни был развернут против союзников на Сицилии и потерял там 16 из 17 своих танков.

505-й «тигриный» батальон был у Моделя на северном фасе Курской дуги (в составе 46 танкового корпуса).

То есть треть немецких чудо-танков в переломную минуту воевала с англо-американцами. И при этом 501 и 504 батальоны понесли много более тяжелые потери, чем их коллеги на Восточном фронте.

Но ораторы типа «полковник Баранец» из «Комсомольской правды» талдычат: «Второй фронт они открыли только, когда мы уже ввалились считай на территорию Германии — Польша и Висла была позади»[339].

---

10 августа 1943. К бою готовы 13 «Тигров».

12 августа 1943. Командир батальона отказывается выполнить бессмысленное задание и на следующий день отстранен от должности!

20 августа 1943. В строю 6 танков «Тигр I».

31 августа 1943. К бою готовы 11 «Тигров».

сентябрь 1943. Битва подходит к концу, Советские войска не добиваются поставленных целей. В этих боевых действиях батальон уничтожает более 100 танков.

5 сентября 1943. 1-я рота дислоцируется в п. Тосно, 2-я рота остается в п. Черново, остальной батальон находится в окрестностях п. Гатчина. Все танки срочно ремонтируются.

10 сентября 1943. В строю 13 танков «Тигр I».

20 сентября 1943. К бою готовы 21 «Тигр». 1 «Тигр» отправлен на завод для технического обслуживания.

30 сентября 1943. В строю снова 26 танков «Тигр I».

URL: http://tankfront.ru/deutschland/sPzAbt/sPzAbt502.html

[339] URL: https://www.kp.ru/daily/26674/3696391/, 4-я минута.

Автор такого ежедневного бреда — военный обозреватель «Комсомольской Правды» и член Общественного совета при Министерстве обороны РФ.

На тот момент, когда окончательно принималось решение о высадке во Франции (на конференции в Тегеране в конце ноября — начале декабря 1943 года), Красная армия ещё стояла на плацдармах на Днепре. Кировоград, Кривой Рог, Никополь ещё ждали освобождения. Блокаду Ленинграда пока не сняли.

Высадка в Нормандии — 6 июня 1944 года. Операция «Багратион» началась 23 июня 1944 года. То есть ко времени «Оверлорда» советский фронт стоял еще на **восточной** границе Белоруссии. Псков был еще на линии фронта. Первый плацдарм на Висле появился 1 августа. Реальное преодоление этой реки всем фронтом произошло лишь в январе 1945 года. Но ведь Баранцам перевирать историю можно, да?

Сравним два танковых сражения.

11-14 мая 1940 года. Битва при Анню (Hannut), Бельгия. И прохоровский танковый бой, СССР.

Французский кавалерийский корпус имел в общей сложности 520 танков (по иным данным — 600). Немецкий 16-й корпус Гёпнера имел 618 танков (по иным данным — 674). В атаке 13 мая он сконцентрировал 560 из них на фронте шириной около 12 километров.

При этом немцы имели двукратный перевес в противотанковой артиллерии.

12 мая 85 мессершмиттов совершили 340 боевых вылетов, отдав 4 своих истребителя за 26 сбитых самолетов союзников. Немецкая зенитная артиллерия сбила еще еще 25.

Немцы потеряли 164 танка, французы — 104[340].

1 200 танков, участвующих в одном сражении — это много больше, чем под Прохоровкой. Но соотношение потерь совсем другое…

---

340 См.: https://en.wikipedia.org/wiki/Battle_of_Hannut#Allied_forces https://warspot.ru/10329-pervoe-tankovoe-srazhenie-vtoroy-mirovoy-voyny

https://warspot.ru/10493-uteryannaya-pobeda-frantsuzov

12 июля 1943 года на «танковом поле» оборонялась лишь одна мотопехотная (не танковая!) дивизия — «Лейб-штандарт Адольф Гитлер». В ней было 67 танков и САУ, в том числе всего 4 «Тигра». Ее правый фланг и тыл прикрывал танковый полк дивизии Дас Райх (25 танков, участвовавших в боях за совхоз Комсомолец[341].

На том же «танковом поле» в течение примерно 9–10 часов боя действовало 368 советских танков и САУ[342].

5 гв. ТА Ротмистрова в этот день потеряла 340 танков и 19 самоходок (уничтожены 193 танков и 14 САУ)[343].

Алексей Исаев говорит, что дивизия АГ вместе с «Мертвой Головой» (которая в основном воевала южнее «танкового поля») в тот день потеряли порядка 50 машин[344]. Но безвозвратные потери были меньше.

Александр Томзов: «Автору данной статьи удалось лично ознакомиться с содержимым папки RH 10/64 и поэтому хочется отметить, что в ней конкретных данных о потерях бронетехники 2-го танкового корпуса СС в боях 12 июля нет, а есть только данные об изменении ремфонда дивизии СС «Адольф Гитлер» на 24:00 11 июля и на 24:00 13 июля (и фрагментарно за 12 июля), на основе которых можно понять, что в ходе боев 12–13 июля (то есть за 2 дня) по дивизии «АГ» в безвозвратные потери были списаны только 2 Pz. IV lg, в краткосрочный ремонт отправились 15 Pz. IV lg и 1 Pz. III и в долгосрочный ремонт 2 Pz. IV lg и 2 Pz. III. И это без учета танков, которые были отремонтированы в ночь с 12 на 13 июля, введены в бой и снова подбиты — но хотя этих данных нет, общей картины относительно небольших потерь «АГ» в боях 12–13 июля их отсутствие не меняет.

---

341 Замулин В. Прохоровка — неизвестное сражение. — М., 2017. С. 611–612. и 781.

342 Там же. С. 612.

343 Там же. С. 628.

344 URL: https://www.youtube.com/watch?time_continue=266&v=k7hZBUK3TQw&feature=emb_logo

По потерям дивизий «Мертвая Голова» и «Райх» таких подробностей, как по «Адольфу Гитлеру», в этой папке нет. Величина изменения ремфонда этих двух дивизий за период 11–13 июля неизвестна. Так что на основании каких данных К.-Х. Фризер и другие исследователи (ссылающиеся на его работы) приводят цифры потерь 2-го танкового корпуса СС за 12 июля как от 0 до 5 танков безвозвратно и от 50–60 до 160 танков и «штугов», отправившихся в ремонт, причем с указанием конкретных цифр и со ссылкой на RH 10/64 — непонятно»[345].

Из четырех «Тигров» дивизии АГ уничтожен был только один.

Через сутки после легендарного боя, к вечеру 13 июля, в дивизии АГ было 67 боеспособных машин, то есть потерянные машины были восполнены теми, что прибыли из ремонта[346].

Это не помешало патриарху Кириллу спустя 80 лет назвать этот день и этот бой «торжеством русского оружия»[347].

Эту формулу можно было бы приложить к боям советских Т-34 и КВ против слабо вооруженных немецких танков летом 1941 года.

Но в 1942 году панцерваффе перешли на новые танковые пушки: с февраля 1942 года было решено выпускать Pz. Kpfw. IV Ausf. F2 с более длинным орудием 7,5 cm KwK 40 L/43. Ствол пушки был удлинен с «окурка» длиной 1,8 м до 3,2 м. Теперь Т-34 можно было уничтожить с расстояния 1000–1500 м.

Советские машины стали крайне уязвимы, что показали и катастрофическая летняя кампания 42 года и та же Прохоровка. Технические показатели по параметру предельной дистанции

---

345 Томзов А. Потери бронетехники группы армий «Юг» в Курской битве // Танковый Удар. Советские танки в боях 1942–1943. Сборник. — М., 2007. С. 315.

346 Замулин В. Мифы и легенды Огненной дуги. — М., 2018. С. 410.

347 Видеообращение Патриарха Московского и всея Руси Кирилла по случаю 80-летия битвы на Прохоровском поле. URL: http://www.patriarchia.ru/ db/text/6040672.html

эффективного поражения сблизились лишь с появлением Т-34-85 в 1944 году.

Можно про иные эпизоды войны говорить, что это был «триумф советской военной мысли» или «победа духа русского солдата». В начале и (с меньшими основаниями) в конце Отечественной войны можно говорить о превосходстве именно советской техники («оружия»). Но никак не в Прохоровском бою.

В этом же обращении патриарх поведал, что «под Прохоровку германское командование вывело самые боеспособные части в надежде прорвать оборону советских войск». Но на Прохоровском поле была лишь одна германская дивизия. И как раз в день знаменитого боя у нее не было приказов на прорыв. Немецкая разведка знала о приближении советских резервов, и потому дивизия АГ перешла к обороне. А вот у Ротмистрова и его 5 танковой армии на тот день как раз был приказ на прорыв на глубину аж на 40 километров (до Яковлево[348]). И он и близко не был выполнен.

Ну, а самое дивное суждение патриарха на эту тему уверяло, будто «Именно на Прохоровском поле произошел коренной перелом в Великой Отечественной войне».

Это перелом произошел не там и не тогда, а в целом в ходе войны. И это был перелом скорее психологический. В 1941 году вермахт мог совершать одновременно три стратегические наступательные операции тремя группами армий на фронте в 2 000 км; в 1942 — только на 600 км; в 1943 — еле-еле на 150.

При этом немцы уже были слишком слабы, чтобы обороняться на всех 2 000 км фронта. Они не хотели повторять ошибку Красной армии 41 года (ради обороны размазать силы ровным слоем и отдать инициативу противнику) и поэтому избрали активную оборону.

---

348 Яковлево — опорный пункт второго эшелона советской обороны. Немцы вышли к нему к концу первого дня своего наступления, к вечеру 5 июля.

После предполагавшегося срезания курского выступа их план не предполагал стратегического наступления (отсюда и введение Майнштейном всех имеющихся у него сил в первый же день боев, без сохранения резервов, которые могли бы развивать успех). Задача была — выбить русские наступательные резервы (танки). Разгром армии Ротмистрова под Прохоровкой оказался единственной реализованной частью этого плана.

На «огненной дуге» стало ясно, что танковые войска Германии уже не могут быть инструментом решения стратегических наступательных задач. То есть Германия больше не может добиваться блестящих политически значимых побед. Перелом — в этом, а не в потере какого-то конкретного числа танков. 1 июля 1943 года в вермахте было 240 «Тигров»; 1 августа — 261; по «Пантерам»: 428 и 524; по Т-4: 1 772 и 1 374. Но через год их уже 2336 при 632 «Тиграх» и 549 «Пантер»[349].

Перелом состоял не столько даже в ослаблении Германии, сколько в росте сил ее противников и в их дружном переходе к наступательным действиям.

Прохоровка (как и в целом Курская битва) не была катастрофой для танковых войск Германии. В ноябре 1943 года та самая дивизия АГ насчитывала 227 танков[350] — а на Прохоровское поле она вывела 67.

19-я танковая дивизия (именно ее командир генерал Шмидт застрелился в финале Курской битвы — 7 августа и в окружении, но вовсе не в день Прохоровки и не на глазах у Майнштейна, как показано в киносказке «Огненная дуга») в сентябре успешно атаковала 3-ю гвардейскую армию на Букринском плацдарме. Кстати, в безуспешных попытках прорыва на Букринском плацдарме 3-я танковая армия Рыбалко потеряла 321 Т-34,

---

349 Мюллер-Гиллебранд Б. Сухопутная армия Германии 1933–1945 гг. — М., 2002. С. 743.

350 Jentz Thomas. Panzertruppen The Complete Guide to the Creation & Combat Employment of Germany's Tank Force. 1943–1945. — Atglen, United States of America: Schiffer Publishing Ltd, 1996. P. 117.

49 валентайнов, 10 СУ-76, 17 СУ-122, 9 СУ-152 (безвозвратно в октябре 1943 в боях на плацдарме утрачено 165 Т-34, 41 Т-70, 68 британских «Валентайнов»). Потери много больше, чем у немцев под Прохоровкой. Но ведь никто не называет Букринский плацдарм могилой советских танковых войск.

Всего же у немцев на 1 июля 1943 года было (на всех фронтах и в резерве) 3 452 танка и 1 737 САУ, а через год — 1 июня 1944 года — 5 481 танк и 3 524 САУ[351].

За июль 1943 года немецкая промышленность произвела 244 Т-4, 202 Тигра, 65 Пантер и 389 различных САУ[352]. Это новая техника, а не отремонтированная. И это явно больше всех безвозвратных танковых потерь на Курской дуге.

Для сравнения: справка по потерям матчасти, составленная управлением БТиМВ 1-го Белорусского фронта за период с 14 апреля по 5 мая 1945 года, сообщает, что всего по фронту потерян 471 ИС-2, в том числе 179 безвозвратно[353]. Потерю 470 танков только одного и не самого массового типа одним фронтом за одну наступательную операцию никто не считает «разгромом бронетанковых сил РККА» и тем паче их «концом». Но про «Цитадель» и даже про Прохоровский бой говорят именно так.

Но возвращаемся к боям на Западном фронте.

Еще один крупный танковый бой на Западном фронте это Рождественское сражение на Маасе в Арденнах в 1944 м (у бельгийского села Сель). 350 танков американской 2-й бронетанковой дивизии вместе с 3-м Королевским танковым полком (3-й RTR) — 60 танков. Им противостояла немецкая 2-я танковая дивизия; по состоянию на 16 декабря в её составе было 120 танков и САУ. Потери сторон в боях 24–25 декабря — 82 немецких танка против 27 американских[354].

---

351 Мюллер-Гиллебранд Б. Сухопутная армия Германии 1933–1945 гг. — М., 2002. С. 430.

352 Там же. С. 730–731.

353 URL: https://warspot.ru/21197-zaschita-ot-faustpatrona-upuschennaya-vozmozhnost-ili-bespoleznaya-trata-resursov

354 См.: Черников С. Кровавое рождество генерала Лаухерта. URL: https://warspot.ru/21062-krovavoe-rozhdestvo-generala-lauherta

Стоит отметить, что этот бой показан в финале американского фильма «Битва в Арденнах» (1965). Советский режиссер Озеров в «Огненную дугу» (1970) явно взял из него технику показа танкового боя.

И все равно неосоветские пропагандисты твердят, что Франция сдалась без боя, а американцы просто совершили прогулку по Европе…

Вот и патриарх Кирилл заверяет, будто в 1941-м «Снова вся Европа во главе с Гитлером вступила в пределы нашего Отечества»[355].

«Именно наш народ сломал хребет страшному врагу, перед которым отступила вся Западная Европа и который был сломлен только благодаря мужеству и жертвам 27 миллионов людей, хотя и превосходил нас во много крат своей военной мощью, организацией и международной поддержкой. Победа в Великой Отечественной войне — это Божие чудо… И совершенно неслучайно, что окончание войны совершилось в день памяти святого великомученика и Победоносца Георгия»[356].

Вся Европа «отступила»? Это значит сдалась?

Пропагандисты любят говорить — мол, «вся Европа легла под Гитлера». Скажите это над волнами Северной Атлантики, ставшей могилой для 3 670 моряков норвежского торгового флота, которые погибли на 706 норвежских судах, потопленных германскими подлодками и самолетами[357].

---

[355] «Слово», 6 мая 2018 г.
URL: http://www.patriarchia.ru/db/text/5190985.html
Впрочем, в слове от 22 июня 2024 тот же оратор поменял свои взгляды: «Народ наш сумел победить врага, которого не могла победить вся объединенная Европа».
URL: http://www.patriarchia.ru/db/text/6139095.html

[356] Слово патриарха Кирилла, 6 мая 2015 г.
URL: http://www.patriarchia.ru/db/text/4068673.html

[357] Соколов Б. В. Кто воевал числом, а кто умением. — М., 2011.

Скажите это в лицо французскому военному летчику по имени Сент-Экзюпери…

Кстати, про военных летчиков.

3 июня люфтваффе впервые бомбили Париж. В ответ 7 июня первый воздушный налет по Берлину был проведен французским бомбардировщиком Farman NC.2234 по имени «Жюль Верн».

Это был гражданский транспортный самолет F.223.1. Тихоходный, но с огромным запасом хода (8 000 км).

Ночной удар пришелся по цехам фабрики «Сименс». «Жюль Верн» нес восемь 250-кг бомб и несколько десятков «зажигалок». У него были стойки для фугасных бомб, но не было ни одной возможности для размещения небольших зажигательных бомб. Поэтому бортмеханик Корнейе (Corneillet) и и бомбардир Дешам (Des Champs) просто открыли пассажирскую дверь и выбросили зажигалки вручную.

На обратном пути «Жюль Верн» прошел через зону боевых действий, приземлившись в парижском Орли в 10:30 8 июня.

На следующий день министерство пропаганды Германии заявило, что были проведены учения по отражению воздушного налета[358].

В ночь с 10 на 11 июня «Жюль Верн» бомбил завод Heinkel в Ростоке. Двумя днями позже он бомбил промышленный комплекс к югу от Венеции, а следующей ночью — нефтеперерабатывающий завод возле Ливорно[359].

Это немалые потери, сопоставимые с потерями в личном составе Северного флота (безвозвратно — 10 905 человек) (Чухраев Э. Неизвестное об известном. ВМФ Советского Союза в Великой Отечественной войне: где правда? URL: https://proza.ru/2019/04/03/1484). Причем этих норвежских моряков никто не мобилизовывал в антинацистские конвои. Они шли добровольно.

[358] «Первая настоящая бомбардировка Берлина» произошла только 25 августа 1940 года. В налете участвовал 81 английский бомбардировщик, правда, Берлина достигли лишь около половины из них.

[359] URL: https://www.historynet.com/target-berlin-the-first-air-raid-on-the-german-capital/

Франция в 1940 году сопротивлялась 47 дней.

За эти дни Германия потеряла убитыми 48 185 солдат и офицеров (всего — 150 492 человека).

Через год в июне-июле 1941-го на советском фронте Германия потеряла 73 000 солдат[360]. Потери наполовину большие.

Но: в 1940 году вермахту противостояла 51 англо-французская дивизия (плюс 32 голландских и бельгийских), в 1941-м — 165 советских дивизий.

Во Франции за май-июнь 1940-го вермахт потерял 640 танков[361]. Через год его аналогично-двухмесячные потери на восточном фронте составили 503 танка.

За первые три недели войны на Западном фронте (с 10 по 31 мая 1940 г.) безвозвратные потери люфтваффе составили 978 машин. За первые три недели войны на Восточном фронте (с 22 июня по 12 июля 1941 г.) безвозвратные потери люфтваффе составили 550 самолетов. А всего с 10 мая по 24 июня 1940-го люфтваффе безвозвратно потеряло на Западном фронте 1 401 самолет.

При этом немецкие потери после эвакуации англичан из Дюнкерка (4 июня) были выше, чем до нее.

10 мая — 4 июня — 10 252 убитых (всего вместе с ранеными и пропавшими без вести 61 238; среднесуточные потери — 2 355)
5 — 25 июня — 16 822 (всего вместе с ранеными и пропавшими без вести 95 254; среднесуточные потери — 4 536)[362].

---

360 Мюллер-Гиллебранд Б. Сухопутная армия Германии 1933–1945. — М., 2002. С. 732.

361 Алексей Исаев говорит о потере немцами 753 танков («Блицкриг 1940 года. Эвакуация из Дюнкерка и капитуляция Франции. 3 Часть». URL: https://www.youtube.com/watch?v=KyAwt8abIZk 1 час 22 мин)

362 URL: https://paul-atrydes.livejournal.com/149287.html
У Алексея Исаева числа несколько иные (50 000 и 67 000, что странно, потому что вместе эти числа не дают им же названное число в 150 492 общих потерь Германии), но пропорция та же: «Блицкриг 1940 года. Эвакуация из Дюнкерка и капитуляция Франции. 3 Часть».

То есть пока Франция еще могла сопротивляться[363] — она это делала успешнее, чем Красная армия в первые месяцы войны. Но у Франции не было бесконечных территорий и 20 000 танков…

Но именно там и тогда состоялось крупнейшее танковое сражение Второй Мировой. 11–14 мая 1940 года. Битва при Анню (Hannut). Бельгия.

В этой битве Французский кавалерийский корпус имел в общей сложности 520 танков. Немецкий 16 корпус Гёпнера имел 618 танков[364]. В атаке 13 мая на фронте около 12 километров он сконцентрировал 560 из них. При этом немцы имели двукратный перевес в противотанковой артиллерии.

12 мая 85 «мессершмиттов» совершили 340 боевых вылетов, отдав 4 своих истребителя за 26 сбитых самолетов союзников. Немецкая зенитная артиллерия сбила еще 25. За четыре дня боёв немцы потеряли в общей сложности 163 танка, французы — 121. Но поскольку союзники отошли, все их потери стали безвозвратными, а немцы смогли вернут в строй 111 подбитых машин[365].

1 200 танков, участвующих в одном сражении — это много больше, чем под Прохоровкой[366]. Но соотношение потерь совсем другое…

URL: https://www.youtube.com/watch?v=KyAwt8abIZk, 1 час 21 мин.

363 Ее потери — 92 000 убитых, 250 000 раненых. Потери Британии — 3 500 убиты, 12 600 раненых, Бельгия — 7 500 убитых, 15 850 раненых, Голландия — 2 890 убитых, 6 889 раненых.

364 По иным данным немцы имели 655 танков против 478 французских, но 40% из них составляли пулемётные Pz. I, способные бороться лишь с пехотой. На 366 немецких пушечных танков приходилось 411 французских пушечных машин.

URL: https://warspot.ru/10329-pervoe-tankovoe-srazhenie-vtoroy-mirovoy-voyny

365 См.: https://en.wikipedia.org/wiki/Battle_of_Hannut#Allied_forces

https://warspot.ru/10329-pervoe-tankovoe-srazhenie-vtoroy-mirovoy-voyny

https://warspot.ru/10493-uteryannaya-pobeda-frantsuzov

366 Сегодня порой говорят, что на Восточном фронте крупнейшим по числу танков сражением тоже было не Прохоровское, а Дубненское

Несколько позже под Абвилем атаки союзников дорого им обошлись: 27 мая — 65 подбитых танков и еще 55 от механических поломок. С 29 по 30 мая — потеряно 105 танков, 4 июня — еще 50 танков[367]. А итоговые цифры таковы: на стороне «Оси» погибли 28 100 французов (включая призванных из Эльзаса-Лотарингии), а в боях против гитлеровцев погибло 273 000 человек (в том числе 10 000 казненных бойцов сопротивления).

Великобритания ли «легла под Гитлера»? Этого она точно не сделала.

Норвегия была захвачена полностью. Но был и ее вклад в общую победу: в апреле 1940 года «…Нновехонький крейсер „Блюхер" с тысячью германских солдат на борту приближался к норвежскому Оскарборгу. Защитники древней крепости тщательно зарядили две пушки XIX века „Моисей" и „Аарон"[368]. Комендант полковник Биргер Эриксен, зная, что радиус поражения

1941 года. Но это была катастрофа советских мехкорпусов. В одном из эпизодов той битвы 57 немецкая пехотная дивизия 28 июня отбросила 212-ю моторизованную дивизию, заняв Броды, окружила 7-ю моторизованную дивизию и приняла участие в разгроме 12-й советской танковой дивизии. В битве за Дубно-Луцк-Броды сошлось 3 128 советских и 728 немецких танков. В результате разгром был полным: советские войска безвозвратно потеряли 2648 танков, а немцы — 85 танков безвозвратно и 200 танков поврежденными и отправленными в мастерские на долгосрочный ремонт. Но, скорее, советские и немецкие танки просто проехали мимо друг друга. Боев в формате «танки против танков» там практически не было. Сильнейшие советские мехкорпуса были разбиты пехотными дивизиями вермахта.

Также больше танков, чем под Прохоровкой, немцам удалось собрать в декабре 1944-го в Венгрии в ходе той операции, которую в СССР назвали «Балатонской оборонительной»: к ней относятся слова Гудериана о том, что на Восточном фронте никогда не было операции с таким большим количеством немецких танковых дивизий, как в те дни.

367 URL: https://wiki5.ru/wiki/Battle_of_Abbeville

368 Норвежские 280-мм орудия были закуплены в 1892 году у Круппа в Германии. Первая пушка сорвалась с крана и утонула. Когда же ее достали, то благочестивые норвежцы назвали ее «Моисей» (еврейское «взятый (спасённый) из воды»). Второе орудие, понятно, было названо в честь брата Моисея Аарона.

у этих орудий невелик, распорядился выжидать до последнего. Лишь когда крейсер от берега отделяло всего 5ООм, старинные пушки изрыгнули огонь. Один снаряд угодил в контрольный противовоздушный центр крейсера, а другой точненько в запасные баки с авиационным топливом, и к небу взметнулся огненный столп. Еще две пробоины в судне произвели запущенные с берега торпеды. Охваченный огнем „Блюхер" сильно накренился, на борту начали взрываться боеприпасы. Корабль быстро затонул, унеся с собой тысячу немецких солдат»[369].

Просто для памяти: ВМФ СССР за всю войну так и не смог потопить ни одного крупного немецкого боевого корабля — крейсера или линкора. Исключением можно было бы счесть **«Орион»** — немецкий *вспомогательный* крейсер. Этот учебно-артиллерийский корабль использовали в качестве транспорта для эвакуации по Балтийскому морю беженцев из восточной Германии. 4 мая 1945 года по пути в Копенгаген он был потоплен бомбами в ходе налёта 51-го минно-торпедного авиаполка СССР. Из более чем 4 000 человек, находившихся на борту, погибло 150.

В Первую Мировую на Балтике Германия потеряла пять крейсеров: «Магдебург» сам сел на мель, «Фридрих Карл», «Аугсбург» и «Газелле» погибли на минах, а британская подлодка Е-1 торпедировала немецкий крейсер «Мольтке». То есть тоже русский флот огнем своих линкоров и крейсеров не смог потопить ни один крупный вражеский корабль).

Но, может, слова патриарха о «враге, перед которым отступила вся Западная Европа» говорят об отступлении в чисто военном смысле?

Так Красная Армия в километрах отступила много-много дальше, чем любая европейская! А вот англичане все же ни одного немца на свою территорию (кроме нескольких островков в Ла-Манше) не пустили.

---

[369] Хейстингс М. Вторая мировая война: Ад на земле. — М. 2015. С. 53.

Они отступали, да — во Франции, в Африке… Но и наша армия отступала до Сталинграда.

Причем в ноябре 41-го одновременно прошли первые наступления нашей армии под Ростовом и англичан в Африке.

Так же параллельно советская и английская армии снова отступали летом 42-го.

И снова практически одновременно нанесли решительные поражения общему врагу на исходе 42-го[370].

Слово «только» в обороте о том, что только советский народ «сломал хребет страшному врагу» неудобно и комментировать. Ибо оно носит оскорбительно-исключающий характер.

Патриаршее утверждение якобы общеевропейской войны против СССР это еще и следование официальной пропагандистской линии.

---

[370] Но было и отличие: начало японо-американской войны позволило СССР забрать свои войска с Дальнего Востока под Москву. А вот 32 000 австралийских солдат, напротив, были отозваны из Северной Африки для защиты своего дома.

Потери норвежской армии и флота в кампании 1940 года, а также во время последующих действий в составе Антигитлеровской коалиции оцениваются в 1,3 тыс. человек. Еще примерно 700 норвежцев погибли, сражаясь в войсках СС, а 1,5 тыс. бойцов норвежского Сопротивления стали жертвами германских репрессий. Кроме того, в ходе боевых действий погибло 1,8 тыс. мирных жителей, а 3 600 моряков торгового флота погибли в ходе битвы за Атлантику на судах, потопленных германскими подлодками и самолетами. Жертвами Холокоста стали 700 евреев Норвегии. Согласно официальным данным норвежского МИДа всего в ходе Второй мировой войны погибло 10 262 норвежца, включая 3 670 моряков торгового флота на 706 потопленных норвежских судах. Число норвежцев, казненных немцами за участие в Сопротивлении, оценивается в 366 человек. Во время кампании 1940 года норвежцы потеряли 1 335 убитыми и пропавшими без вести, британские войска — 1 896 человек убитыми, пропавшими без вести и тяжелоранеными, а французские и польские войска вместе — 530 человек погибшими. Еще 1,1 тыс. норвежцев погибли в составе Армии Свободной Норвегии в составе британских войск в 1940–1945 годах (см. Соколов Б. В. Кто воевал числом, а кто умением. — М., 2011).

НТВ вещает о «разгроме **европейских** полчищ под Сталинградом»[371].

Губернатор Петербурга Александр Беглов 28 апреля 2022 года выступил в Законодательном собрании:

> *«Мы хорошо помним, кто организовал эту блокаду. Кольцо вокруг Ленинграда держали войска 13 европейских государств, тех самых, которые сегодня вместе с США пытаются взять в блокаду уже всю нашу страну. Они снабжают оружием нацистов на Украине точно так же, как их отцы и деды снабжали гитлеровские войска»*[372].

Вот интересно: параллельно со Сталинградской битвой какое-то сражение шло при каком-то Эль-Аламейне. С одной стороны там были те же европейцы, что и на берегах Волги и Дона — итальянцы и немцы. А с другой — не-европейцы?

Впрочем, в войсках Монтгомери и в самом деле были не-европейцы:

9-я австралийская дивизия; 2-я новозеландская дивизия; 1-я южноафриканская дивизия; 4-я индийская дивизия; (а еще, кроме английских соединений: 1-я греческая бригада; 1-я боевая французская бригада; 2-я боевая французская бригада; Боевая французская воздушная колонна[373].

Ах, как издевались советские пропагандисты над американскими школьниками, которые считали, что СССР был врагом США в годы второй мировой. А тут целый губернатор культурной столицы уверяет, что армии США, Англии и Польши держали Ленинград в блокаде.

Главное же обвинение США — в том, что те медлили с открытием «второго фронта». За этим обвинением скрывается уди-

---

[371] 29 января 2023 г. URL: .ntv.ru/peredacha/based_on_real_events/m75060/o714832/video/

[372] URL: https://www.zaks.ru/new/archive/view/225636

[373] Монтгомери Б. Мемуары фельдмаршала. — М., 2006.

вительный волюнтаризм. Все, мол, можно сделать мгновенно, была бы только воля. В этом случае марксисты забывают свой собственный марксизм его тезисом о том, что экономика определяет политику.

А экономика США к началу 40-х годов была в состоянии затяжного кризиса и еще не оправилась от Великой депрессии.

Кроме того, ход и итоги Первой Мировой склонили американское общественное мнение к изоляционизму. Довольно того, что океаны защищают нас от далеких европейских и азиатских конфликтов, а потому свой военный бюджет мы раздувать не станем.

США развивали свой флот. А их сухопутные силы были минимальны, потому что для них просто не было подходящих задач и угроз. Ну не с Канадой же им воевать или с уже поверженной Мексикой?

Но вот Япония и Германия объявили войну США. Даже для американского флота она началась неудачно. До осени 1942 года японцы теснили союзников и стремительно расширяли границы своей империи. Это означает, что приоритетом для США была война на море и, соответственно, запросы ВМФ.

Не было миллионов подготовленных солдат и сотен тысяч офицеров. К 1939 году армия США занимала 17-е место среди армий мира по численности и боевой мощи — сразу после Румынии.

На 30 июня 1939 года в американской армии было 187 983 человека. Из этого числа 22 387 служило в авиации. Когда в 1940 году началась мобилизация, в армии было всего 14 000 профессиональных офицеров. Средний возраст майоров был почти 48 лет. И было у них всего лишь 488 пулеметов.

В арсеналах США не было тысяч готовых танков и самолетов. За 1938 год было произведено всего 18 средних танков и 74 легких. В 1939 году производство танков выросло и составило 13 машин в месяц. Всего их было 325 штук.

В мае 1940 года, в месяц, когда немецкий блицкриг пронесся по Бельгии и Нидерландам и захватил Францию, армия США имела в общей сложности 464 танка, в основном легкие танкетки. Первый современный танк М-3 сошел с конвейера только 24 апреля 1942 года.

Орудий крупного калибра было всего 280 штук.

Главное же в том, что перевод экономики на военные рельсы требует времени, а в США просто не было и заводов для массового производства сухопутных вооружений.

Еще в декабре 1940 года президент Рузвельт призвал к созданию «Великого арсенала демократии».

В ответ Форд приказал своей Ford Motor Company построить огромный новый авиационный завод в Уиллоу-Ран (Willow Run) недалеко от Детройта, штат Мичиган. Весной 1941 года строительство завода началось. Производство компонентов бомбардировщика B-24 началось в мае 1942 года, а первый полный B-24 сошёл с конвейера в октябре 1942 года. Завод с площадью 330 000 м² стал самым большим конвейером в мире в то время. На пике своего развития в 1944 году завод производил 650 B-24 в месяц, а к 1945 году Ford собирал каждый B-24 за восемнадцать часов, при этом один сходил с конвейера каждые 58 минут. Ford произвёл 9 000 B-24 в Willow Run, половину из 18 000 B-24, произведённых во время войны.

Другой американский бомбардировщик — это B-17. Перед атакой Японии на Перл-Харбор чуть менее 200 машин этого типа состояли на вооружении армии США. В августе 1944 в строю было 4 574 самолёта этого типа, а всего их было выпущено 12 731.

В 1941 году правительство запустило программу тяжелых бомбардировщиков B-29. В Сиэтле весной 1941-го на территории, прилегающей к заводу Boeing, началось строительство завода, финансируемого из федерального бюджета. Спустя несколько месяцев заводской комплекс получил название Wichita

Division от компании Boeing Airplane Company. Первый B-29 выкатили из мастерских в Уичито в апреле 1943 года, затем темпы производства увеличились, чтобы удовлетворить потребности военно-воздушных сил. В декабре 1943 года штат предприятия составил 29 795 человек, многие из которых не имели опыта в авиастроении, в том числе многие женщины. Благодаря напряженным усилиям, работая днем и ночью, в 10-часовые смены, заводской персонал выиграл весной 1944 года то, что окрестили «битвой при Канзасе». В июле 1945 года темп выпуска достиг 4,2 бомбардировщика B-29 в сутки. Всего с завода Boeing в Уичито сошло 1 644 таких самолета.

А истребителей, похожих на современные европейские, у США просто не было. С 1942 года на заводе в Инглвуде начинается производство «Мустангов».

В 1940 году Германия производила в четыре раза больше самолетов, чем США. А без господства в воздухе можно было провести десант на незащищенные французские колонии в Северной Африке, но не в Европе.

Аналогичной была ситуация с танками. Не снижая производство машин (с конвейера «Дженерал Моторс» в годы войны сходило по одному армейскому джипу в минуту), надо было развернуть мощности для производства танков.

Среди сложностей перехода к военной экономики был разрыв цепочек трансграничных поставок. Например, превращение океанов в сферу неограниченной подводной войны привело к тому, что США оказались отрезаны от поставок естественного каучука. Значит, опять требовалось время для строительства заводов по производству искусственной резины. А без нее ни танки, ни самолеты, ни пушки, ни джипы не могли бы пойти в бой.

И еще нужно было время для накопления боевого опыта, в том числе — опыта десантов.

Соединённые Штаты Америки вступили в Первую мировую войну 6 апреля 1917 года. В октябре на линию фронта прибыла первая дивизия. В сентябре 1918 года 1-я американская армия провела первую самостоятельную операцию против Сен-Миельской группировки противника.

Во Второй мировой разворачивание американских сил шло быстрее. Но на этот раз у них не было гостеприимных портов в Европе.

Британо-канадская попытка десантироваться в Нормандии в августе 1942 года потерпела сокрушительную неудачу (см. десант в Дьеппе). Она привела к выводу о невозможности захвата с моря крупного европейского порта[374]. Значит, высаживаться надо на обычные пляжи. А это требует особой инженерно-технической подготовки: ведь мало высадиться, надо тут же на пустом месте построить причалы, к которым смогут подходить корабли с припасами и с тяжелой техникой. И эта задача была решена. Но не за один день.

...Стоит заметить, что советской армии за годы Отечественной войны вообще не удалось пополнить свою историю удачными крупными десантами[375]. А потому именно ее пропагандистам не с руки пенять, что кто-то, мол, неправомерно затянул сроки подготовки десантной операции.

И все же всего лишь за год США перешли к наступательным действиям. Хотя и опыт Первой Мировой, и здравый смысл подсказывали, что экономическая блокада куда опаснее для Германии, чем для США.

Неосталинисты, оправдывая отказ от помощи Варшавскому восстанию, поясняют, что почти полгода наш фронт стоял на

---

[374] Операции 1918 года с целью заблокировать базы германских кораблей (рейды на Остенде и Зеебрюгге) тоже не внушали оптимизм.

См.: Больных А. Г. Морские битвы Первой мировой: Схватка гигантов. — М., 2000. URL: https://document.wikireading.ru/11614

[375] Союзные войска при высадке в Нормандии потеряли 10 249 человек из 156 000. Советский Керченский десант в декабре 1941 года обернулся потерей 41 935 человека из 82 500.

Висле под Варшавой (с августа 44-го по январь 45-го), т. к. надо было накопить силы для удара. И это при уже давно отмобилизованных армии и экономике. Неужто американцам не нужно было большего времени для создания армии, способной к действию на чужом континенте?

Еще тезис современных ревизионистов: 3 сентября 2022 года на соловьевском ютьюбе у Карнаухова некий историк Александр Мясников выдал:

«Американцы кинули две ядерные бомбы, а до этого много-много лет воевали на море, и кроме своих поражений на Перл-Харборе они ничего не поимели, и тем не менее они считаются победителями Японии. Это ужасно, что есть люди, которые все время пытаются перевернуть историю»[376].

То есть не было ни сражения у атолла Мидуэй, ни битвы за Гуадалканал, ни Филиппинской операции, ни боев за Иводзиму… И как это Япония к лету 1945 осталась практически без флота и без авиации, запертой на своих островах?

В войне на Тихом океане Соединённые Штаты потеряли погибшими и умершими примерно 200 тысяч военнослужащих. Потери японцев (не гражданских лиц, а именно военных) были в 7 раз больше (1 554 500)[377].

И уж совсем запредельно переврал историю Никита Михалков:

«Америка и большинство стран Запада работали на гитлеровскую Германию до момента, пока не стало ясно, что побеждает Советский Союз»[378].

---

376 URL: https://yapolitic.ru/39269-solovev-live-labirint-karnauhova-030922, см. 1 час 2 мин.

377 См.: http://ajrp.awm.gov.au/ajrp/AJRP2.nsf/530e35f7e2ae7707ca2571e3001a112d/e7daa03b9084ad56ca257209000a85f7?OpenDocument

378 «Бесогон». Эфир на телеканале «Россия» 23 июня 2023 г. URL: https://www.youtube.com/watch?v=h-wchLrr988, 13-я минута.

Ну не знают эти пропагандисты, что было 7 ноября 1941 года.

В этот день с трибуны Мавзолея[379] Сталин сказал:

«Теперь положение нашей страны куда лучше, чем 23 года назад. У нас есть теперь союзники, держащие вместе с нами единый фронт против немецких захватчиков. Мы имеем теперь сочувствие и поддержку всех народов Европы, попавших под иго гитлеровской тирании»[380].

И в этот же день Илья Эренбург писал о не-одиночестве Советского Союза:

«Мы знаем героизм других народов. Мы обнажаем головы перед чужими могилами. Защитники Москвы с волнением думают о стойкости Лондона. Два года город туманов и парков, город-порт и город милого диккенсовского уюта живет под бомбами, под бомбами он работает, под бомбами думает. Слава Англии! — чистосердечно восклицает русский народ. Слава высоко поднятой голове! Не пролив остановил немцев — воля английского народа, его гордость. Мы приветствуем английских летчиков. Они впервые сказали на добром языке фугасок: „Как аукнется, так и откликнется". Они били и бьют логово проклятого зверя. Мы приветствуем тебя, пионер свободы, неукротимый народ Франции. Ты пал на поле боя, преданный и обманутый. Мы помним героев Арраса, защитников Тура, твою отвагу и твою беду. Немцы думали, что ты умер, что народ Вальми и народ Вердена станет народом изменника Дарлана, вора Лаваля. Ты ранен, но ты жив. Мы приветствуем

---

[379] На самом деле — нет. Киношники не успели на парад и запись речи Сталина делали уже позже в кремлевских помещениях.

[380] Сталин И. В. Сочинения. Т. 15. — Издательство «Писатель», 1997. С. 85.

армию генерала де Голля, армию изгнания, армию мести. Мы приветствуем французских патриотов, которые не сложили оружия. Слава заложникам Нанта! Их пытали страхом. Их агонию растянули на недели. Перед смертью они пели песню свободы — „Марсельезу". Эту песню услышали и защитники Москвы.

Мы приветствуем чехов. Они первые узнали всю меру горя. Они не сдались. Орудия защитников Москвы салютуют мученикам Праги. Мы приветствуем народ воинов — сербов. Не впервые их страна сожжена и залита кровью. В горы ушел народ. На немецкие приказы он отвечает свинцом. Немцы вынуждены издавать в Белграде военные сводки — война в Югославии закончена на бумаге, но на югославской земле война только начинается. Под Москвой мы платим и за Белград, за его развалины, за его ночи.

Мы приветствуем храбрых греков. Мы были с ними душой на горных перевалах Албании. Мы восторгались тогда их стойкостью. Теперь мы вознаграждаем их за мужество: мы истребляем их палачей. Мы приветствуем неустрашимых норвежцев, рыбаков, которые стали солдатами, партизан Ларсена, молчаливых и стойких людей Севера. Мы приветствуем спокойных голландцев. Они отказались от мира ради чести. Мы помним и развалины Роттердама. Мы приветствуем народ труда — бельгийцев, их каждодневное, упорное сопротивление. Брюссель снова узнает радость восемнадцатого года: он увидит бельгийскую армию в своих стенах. Мы приветствуем нашу сестру Польшу. Слава польским партизанам! Мы слышим их выстрелы. На нашей земле строится теперь польская армия. И поляки, защищавшие Варшаву, получив винтовки, благоговейно целуют оружие. Они с нами пойдут на врага. С нами отвоюют свою землю. Мы приветствуем арсенал свободы — Америку. Руку и сердце дает она смятенной Европе. Слава труженикам

Америки, ее инженерам и рабочим, — это тыл Европы, это наш тыл...»[381].

Не знают пропагандисты и того, что в сентябре 1943 в конце интронизационной службы патриарха Сергия «На молебне при многолетиях было провозглашено многолетие „решительному победоносному воинству, верховному вождю его **и всем союзным с нами армиям**"»[382]. При этом английского и американского послов на этой службе не было. А чувство благодарности союзникам — было.

Сегодня пропаганда уверяет, что «мы были одни против всего Запада»...

Но в данном случае я склонен верить тов. Сталину. А он, прекрасно зная состояние и экономики, и армии помимо всяких религиозных отсылок считал, что нападением на СССР Гитлер совершает самоубийство. Сталин так считал (и не ошибся) еще и потому, что он знал, кто в этом случае выйдет из международной изоляции, а кто ее смертельно усугубит. Если СССР был одинок, то отчего Сталин сказал про документальный фильм «Разгром немецких войск под Москвой»[383] — «Один хороший фильм стоит нескольких дивизий»?[384]

Число советских дивизий этот фильм увеличить не мог. Но он умножил число американских дивизий на немецком фронте.

---

[381] Эренбург И. Любовь и ненависть. URL: .lib.ru/prose/russian258ikiped/erenburg_ig3/046.html

[382] URL: https://bogoslov.ru/article/6193107?fbclid=IwAR0kq5-At-WQmGCIZkGGS29QBhIEQ69V8wuMIXVCPGbtl-XoxF3swm8pZxzI

[383] Фильм показали в Нью-Йорке в августе 1942 года. В марте 1943 года на 15-й церемонии вручения премии «Оскар» он стал победителем в номинации «Лучший документальный фильм».

[384] URL: https://vm.ru/society/999902-razgrom-nemeckih-vojsk-pod-moskvoj-istoriya-pervogo-russkogo-filma-poluchivshego-oskar

Глава 39

Как Сталин союзников спасал

5 июня 2019 года в канун годовщины высадки союзных войск в Нормандии, официальный представитель МИД РФ Мария Захарова заявила:

«Открытие 2-го фронта даже с учетом поздних сроков должно было облегчить выполнение боевых задач соединениями советской армии. Однако на практике пришлось выручать западных союзников, потерпевших от нацистов поражение в Арденнах. Надеемся, что об этом помнят наши партнеры»[385].

Это она вторит Мединскому:

«В январе 1945 г. мы вновь спасали американцев, застрявших в Арденнах, начав свое наступление на неделю раньше...»[386]

Немецкое наступление началось 16 декабря. На главном участке фронта командование Вермахта обеспечило количественное превосходство в людях, танках и артиллерии. Сперва наступление развивалось достаточно успешно — прежде всего

---

385 URL: https://x.com/MID_RF/status/1136236071262593025

386 Мединский В. Война. Мифы СССР. 1939–1945. — М., 2010. С. 443.

из-за нелетной погоды. Тотальное преимущество союзников в авиации временно не могло быть использовано.

Уже 22 декабря американцы, перегруппировавшись и подтянув свои огромные резервы, начали контратаковать (Брэдли и Паттон с Юга). К 25 декабря наступление Германии полностью захлебнулось. 26 декабря была остановлена последняя наступавшая дивизия вермахта — 2-я танковая. Немцы не достигли ни одной из целей операции. В это же время над Арденнами наконец прояснилось небо. С целью облегчить положение в Арденнах 1 января, Вермахт предпринял попытку наступления на южном фланге Западного фронта, в Эльзасе и Лотарингии. Но и это наступление быстро захлебнулось. Первого же января в ставке Гитлера было решено наступление в Арденнах прекратить. 3 января началось общее наступление Монтгомери у северного основания «арденнской дуги». 5 января немецкие войска оставили почти всю занятую в результате наступления территорию. 16 января армии союзников полностью восстановили прежнюю линию фронта

5 января 1945 года Черчилль телеграфирует Сталину:

«Я только что вернулся, посетив по отдельности штаб генерала Эйзенхауэра и штаб фельдмаршала Монтгомери. Битва в Бельгии носит весьма тяжелый характер, но считаю, что мы являемся хозяевами положения. Отвлекающее наступление, которое немцы предпринимают в Эльзасе, также причиняет трудности в отношениях с французами и имеет тенденцию сковать американские силы. Я по-прежнему остаюсь при том мнении, что численность и вооружение союзных армий, включая военно-воздушные силы, заставят фон Рундштедта пожалеть о своей смелой и хорошо организованной попытке расколоть наш фронт и по возможности захватить порт Антверпен, имеющий теперь жизненно важное значение».

Его же телеграмма от 6 января:

«На Западе идут очень тяжелые бои, и в любое время от Верховного Командования могут потребоваться большие решения. Вы сами знаете по Вашему собственному опыту, насколько тревожным является положение, когда приходится защищать очень широкий фронт после временной потери инициативы. Генералу Эйзенхауэру очень желательно и необходимо знать в общих чертах, что Вы предполагаете делать, так как это, конечно, отразится на всех его и наших важнейших решениях. Согласно полученному сообщению наш эмиссар главный маршал авиации Теддер вчера вечером находился в Каире, будучи связанным погодой. Его поездка сильно затянулась не по Вашей вине. Если он ещё не прибыл к Вам, я буду благодарен, если Вы сможете сообщить мне, можем ли мы рассчитывать на крупное русское наступление на фронте Вислы или где-нибудь в другом месте в течение января и в любые другие моменты, о которых Вы, возможно, пожелаете упомянуть. Я никому не буду передавать этой весьма секретной информации, за исключением фельдмаршала Брука и генерала Эйзенхауэра, причем лишь при условии сохранения ее в строжайшей тайне. Я считаю дело срочным».

Его же телеграмма 9 января:

«1. Я весьма благодарен Вам за Ваше волнующее послание. Я переслал его генералу Эйзенхауэру только для его личного сведения. Да сопутствует Вашему благородному предприятию полная удача. 2. Битва на Западе идёт не так уж плохо. Весьма возможно, что гунны будут вытеснены из своего выступа с очень тяжелыми потерями. Мы и американцы бросаем в бой все, что можем. Весть, сообщенная Вами мне, сильно ободрит генерала Эйзенхауэра, так как она

даст ему уверенность в том, что немцам придется делить свои резервы между нашими двумя пылающими фронтами».

Черчилль просил информацию, но не помощи. И ни о какой возможной катастрофе на своем фронте он не пишет[387]. В январе арденнский кризис был уже преодолен[388]. А безраздельно господствующая в воздухе союзническая авиация стирала в порошок любое шевеление немцев. Погода ей уже не мешала.

Речь идет о координации своих действий, чтобы утяжелить положение Германии, а не о спасении англо-американцев.

---

387 Ее и не было. Ср. описание событий у генерала Эйзенхауэра. 19 декабря он сказал своему штабу:

«Настоящая обстановка не грозит катастрофой, а дает благоприятную возможность нанести противнику поражение. За этим столом лица должны быть только бодрые… В стратегическом плане мы были наступающей стороной, а выйдя из укрытия „линии Зигфрида", противник предоставил нам исключительную возможность для нанесения по нему удара, и мы должны были ухватиться за нее как можно скорее. Было бы необоснованно и неправильно утверждать, что войска союзников не испытывали напряжения и беспокойства в течение первой недели вражеского наступления в Арденнах. Но было бы столь же неправильно преувеличивать степень этого беспокойства и его воздействия на настроение в высших инстанциях союзного командования. Несмотря на развернувшиеся в декабре оборонительные бои, мы не переставали разрабатывать планы по возобновлению нашего общего наступления. 31 декабря я направил Монтгомери и Брэдли краткую записку, в которой рассматривались все операции на период, пока мы не достигнем Рейна по всему фронту от Бонна и далее на север».

(Эйзенхауэр Д. Крестовый поход в Европу. — Смоленск, 2000)

388 «Де Голль 3 января прибыл ко мне… Когда происходила эта беседа с де Голлем, кризис в Арденнах уже миновал. Теперь уже мы наступали на арденнском выступе» (Эйзенхауэр Д. Крестовый поход в Европу. Смоленск, 2000). В Европе к концу войны было около 3 миллионов только американских военных с 7 500 танками и БТР. По данным Эйзенхауэра в арденнском сражении (всего; т. е. и в оборонительной, и в наступательной его частях) потери союзников составили 77 тыс. человек, из них около 8 тыс. убитыми, 48 тыс. ранеными и 21 тыс. пленными или пропавшими без вести. Потеряны 733 танка и самоходных противотанковых орудия. Это никак не катастрофа. Причем потери при наступлении союзные армии понесли большие, чем при обороне.

Алексей Исаев справедливо пишет про этот «звонок другу»:

«С Арденнским контрнаступом американцы к январю 1945 г. справились сами-сами. Паттона развернули, контрударили на Бастонь и т.д. Черчилль умолял совсем про другое. Помимо Арденн был ещё контрнаступ немцев в районе Страсбурга. Больших проблем не создал, но был риск потери Страсбурга. Временной. Эйзенхауэру как главнокомандующему было на этот медвежий угол покласть, сдадим/отберем, не приоритетное направление, но вот Де Голлю — нет. Т. к. он понимал, что вернётся Страсбург Франции в руинах. Пошла цепочка по политической линии Де Голль → Черчилль → Сталин. Сталин не преминул набрать политические очки, пообещал, что обязательно бахнет. Хотя по факту Висло-Одерская операция даже несколько подзадержалась. В декабре 44-го мосты на Висле ломало ледоходом. По факту да, с началом Висло-Одерской «Нордвинд» свернули, СС Фрундсберг и 25 пгд поехали под Берлин»

ТГ-канал «Железный ветер». 9 августа 2024 г.

Но что же Сталин?

7 января он пишет Черчиллю:

«Мы готовимся к наступлению, но погода сейчас не благоприятствует нашему наступлению. Однако, учитывая положение наших союзников на Западном фронте, Ставка Верховного Главнокомандования решила усиленным темпом закончить подготовку и, не считаясь с погодой, открыть широкие наступательные действия против немцев по всему центральному фронту не позже второй половины января»[389].

---

[389] Переписка председателя Совета Министров СССР с президентами США и премьер-министрами Великобритании во время Великой Отечественной войны 1941–1945 гг. — М., 1958.

Это обман союзника.

На самом деле Висло-Одерская операция планировалась (и была готова) на первые дни января. Войска были готовы уже к 8–10 января, но по причине плохой погоды наступление было задержано до 12–14 числа. (О том, что сроки начала Висло-Одерской операции никогда не сдвигались на более ранние по сравнению с запланированными (но было все ровно наоборот — см. у Алексея Исаева[390]).

Одним из документов, свидетельствующих о готовности Красной Армии начать наступление раньше 12 января, является план сосредоточения войск 1-го Белорусского фронта, который был утвержден Г. К. Жуковым 29 декабря 1944 года. По плану стрелковые дивизии первого эшелона должны были выйти к Висле и передвигаться на плацдармы к 8 января 1945 года, а ко 2 января там уже должен был занять позиции 6-й артиллерийский корпус. Строго по плану, 3 января, началось выдвижение главных сил, однако 6 января оно было неожиданно прервано и отложено до 9 января. Затем срок отодвинули до 12 января. О перенесении даты начала операции свидетельствуют также личный план работы командующего 8-й гвардейской армией генерала В. И. Чуйкова и доклад командующего артиллерией фронта генерала В. И. Кузнецова. Причиной переноса наступления указывалось ухудшение погодных условий, не позволявших полномасштабно использовать авиацию и артиллерию.

Сведения о переносе сроков начала операции содержатся также в документах 2-го и 3-го Белорусских фронтов, 1-го Украинского фронта. Так, например, командующий 3-м Белорусским фронтом генерал И. Д. Черняховский в декабре 1944 года требовал от войск быть готовыми к наступлению 8 января, а началось оно только 13 января. Войска 1-го Украинского фронта планировали перейти в наступление 9 января, а выступили только 12 января.

---

390 URL: https://echo.msk.ru/programs/victory/644363-echo/

В документах ни разу не встречается дата 20 января, к тому же там нет ни единого указания на перенос наступления на более ранний срок.

Если бы операция назначалась на 20 января, то зачем Конев уже в первые дни января сосредоточил на сандомирском плацдарме ударную группировку, состоявшую из пяти общевойсковых, двух танковых армий и трех танковых корпусов? Держать такую массу войск на ограниченном пространстве перед носом у противника в течение полмесяца (с 5 по 20 января) не было никакой необходимости. В то же время такие действия не только не обеспечивали скрытной подготовки наступления, но и могли привести к большим потерям. По опыту войны танковые армии, например, занимали выжидательные районы за 2–4 дня до начала операции, что было вполне достаточно для подготовки наступления[391].

Черчилль тоже явно лукавил, упирая на тяжесть боёв и на то, что в бой бросается всё что можно: союзное командование в эти дни в бельгийском тылу спокойно формировало 15-ю резервную армию, привезенную из Техасского Хьюстона.

Упоминания о тяжести боев и потерь были общим местом в переписке союзников. Это был аргумент двойного назначения: в ходе войны он должен был призвать партнера к активизации его действий; по окончании — стать полновесной монетой в торгах между победителями.

Лукавил и Сталин, намекая в своем послании от 7 января на то, что Красная армия перейдёт в наступление ранее запланированного срока.

Но самым удивительным был финальный сталинский обман союзников.

1 апреля 1945 года Сталин отправил телеграмму Эйзенхауэру:

---

[391] Киселев В. Висла-Арденны 1945 год. // Обозреватель № 9 (13). — М., 1993. URL: https://i-sng.ru/observer/observer/N09_93/9_22.HTM

«1. Ваш план рассечения немецких сил путем соединения советских войск с Вашими войсками вполне совпадает с планом Советского Главнокомандования.

2. Согласен с Вами также и в том, что местом соединения Ваших и советских войск должен быть район Эрфурт, Лейпциг, Дрезден. Советское Главнокомандование думает, что главный удар советских войск должен быть нанесен в этом направлении.

3. Берлин потерял свое прежнее стратегическое значение. Поэтому Советское Главнокомандование думает выделить в сторону Берлина второстепенные силы.

4. План образования второго дополнительного кольца путем соединения советских и Ваших войск где-либо в районе Вена, Линц, Регенсбург также одобряется Советским Главнокомандованием.

5. Начало главного удара советских войск — приблизительно вторая половина мая. Что касается дополнительного удара в районе Вена, Линц, то он уже осуществляется советскими войсками. Впрочем, этот план может подвергнуться изменениям в зависимости от изменения обстановки, например, в случае поспешного отхода немецких войск сроки могут быть сокращены. Многое зависит также от погоды.

Что касается неприятельских войск на восточном фронте, то установлено, что их количество постепенно увеличивается. Кроме 6-й танковой армии СС на восточный фронт переброшено: три дивизии из Северной Италии и две дивизии из Норвегии»[392].

На карте Берлинской операции, начавшейся 16 апреля, хорошо видно, что она аккуратно проходит мимо Дрездена и Лейпцига. В итоге Эрфурт американцы взяли 12 апреля, а Лейпциг — 19 апреля. Советская армия взяла Дрезден 8 мая.

---

[392] АВП РФ, ф. 06, оп. 7, п. 54, д. 683, л. 2. Заверенная копия. URL: http://stalinism.narod.ru/vieux/berlin.htm

Кроме того, Сталин дезинформировал о сроках советского наступления: «начало главного удара советских войск, приблизительно — вторая половина мая».

Помянутая Сталиным 6-я танковая армия СС была выведена с арденнского участка фронта для восстановления еще в январе. С 6 марта она уже сражается с советскими войсками под венгерским Балатоном. В чем тут новизна этой информации для Эйзенхауэра 1 апреля — непонятно. Он уже давно знал, что этой армии перед его войсками нет. Но Сталин неслучайно упоминает именно ее: мол, армия, напугавшая союзников в Арденнах, теперь в Венгрии, а значит, немцы знают, что советский главный удар тоже будет нанесен именно там, а не на берлинском направлении.

В этот же день 1 апреля 45-го Сталин обманул также Жукова и Конева, зачитав составленную им самим телеграмму Эйзенхауэра о якобы повороте союзников на Берлин.

Глава 40

Патриарх о превосходстве Германии

Вернемся к словам патриарха Кирилла:

«Именно наш народ сломал хребет страшному врагу, который превосходил нас во много крат своей военной мощью, организацией и международной поддержкой. Победа в Великой Отечественной войне — это Божие чудо... И совершенно неслучайно, что окончание войны совершилось в день памяти святого великомученика и Победоносца Георгия»[393].

Перед нами пример, когда в угоду догматической риторике приносится в жертву историческая реальность. Да, в нашей гомилетике так принято: «я такой убогий и немощный, но сила Божия чудесно совершилась в моем недостоинстве». Так принято говорить в любой речи нареченного епископа.

Германия многократно и во всем превосходила СССР? Это не так. Военная мощь Красной армии к июню 1941-го многократно и по большинству показателей превосходила мощь Вер-

---

393 Слово патриарха Кирилла, 6 мая 2015 г.
URL: http://www.patriarchia.ru/db/text/4068673.html

махта и его союзников (уступая разве что в числе грузовиков, бензовозов и тягачей). Но сильно проигрывала в организации и — отчасти — качестве техники. Хотя немцы охотно использовали трофейную советскую артиллерию.

Германия превосходила нас во много крат международной поддержкой? — Отнюдь. Против СССР воевали 7 стран: Германия, Италия, Словакия, Румыния, Венгрия, Финляндия, Хорватия (Болгария, Япония, фашистская Испания остались в стороне и войну СССР не объявляли). На январь 1942 года антигитлеровская коалиция насчитывала 26 государств. К концу войны их было 58[394].

С испанскими фашистами у Гитлера вообще были сложные отношения. 5 ноября 1937 г. Гитлер заявил своим военным сотрудникам, что быстрая победа Франко не соответствует интересам Германии, т. к. продолжение борьбы позволяло Италии укрепиться на Балеарских островах, — главной коммуникационной линии Франции. Геринг заключил из этого, что надо сократить или даже прекратить помощь националистам, и Гитлер утвердил его предложение[395].

Фюрер действовал как реалист. Каудильо отплатил ему той же монетой.

23 октября 1940 г. фюрер встретился с Франко на французской границе в Эндай, но по итогам семи часов переговоров соглашение о военном союзе не было достигнуто. «Франко уклонился от всех требований Гитлера. Он позволил создавать бригады добровольцев, но испанская армия не двинулась никогда и никуда. В сущности, это было первое дипломатическое поражение Гитлера», — констатирует историк Андрей Буровский[396]. Главное: Франко отказался пропустить немецкие танки

---

394 См.: Брилёв С. Забытые союзники во Второй мировой войне. — М., 2013. С. 9–10.

395 См.: Картье Р. Тайны войны. — Мюнхен, 1948. URL: http://militera.lib.ru/research/cartier/02.html

396 URL: https://www.gazeta.ru/science/2020/10/22_a_13329595.shtml

к английскому Гибралтару. Уже после всего Геринг сказал, что «Потеря Гибралтара могла побудить Англию просить мира. Невыполнение плана было одной из главных ошибок войны»[397].

Экономическая мощь всей Европы работала на вермахт? И это не так.

Если бы вся экономика покоренной нацистами Европы и в самом деле работала со всей своей довоенной эффективностью, то СССР не устоял бы.

Даже экономика Германии стала работать в режиме «все для фронта, все для победы» лишь после Сталинградского разгрома, то есть лишь за два года до конца войны.

Германия хорошо помнила «брюквенные зимы» Первой Мировой. И Гитлер, который все же по воле избирателей пришел к власти, вовсе не хотел порождать волну недовольства в своем фан-клубе, снижая его уровень потребления. Так что к новой мировой войне Германия подошла в расслабленном состоянии.

Первые месяцы войны уровень военного производства был удивительно низок. В начале наступления на Польшу в сентябре 1939 г. в Германии ежемесячно производилось около 700 самолетов (из них около 400 военных), 60 танков, 1 750 автомобилей и 1 или 2 подводные лодки.

Для сравнения: как в 1944 г. после двух лет бомбардировок, в результате которых многие заводы оказались разрушены, ежемесячно выпускалось более 1 500 танков и самоходных артиллерийских установок, а в сентябре 1944 г. было изготовлено только 2 950 штук только истребителей.

В июне 1941 г. у вооруженных сил Германии имелось всего лишь 2 500 танков (против 21 000 у СССР). Такое количество соответствовало полуторамесячному объему производства в 1944 г.

---

[397] URL: https://translated.turbopages.org/proxy_u/en-ru.ru.946c17bc-64a3e057-72931332-74722d776562/https/www.historynet.com/lost-prison-interview-with-hermann-goring-the-reichsmarschalls-revelations/

Если в 1940 г. в Германии и в Советском Союзе доли военной продукции в валовом объеме промышленности каждой страны были приблизительно равны, то в 1941–1942 гг. эта доля в Германии была в 2 раза меньше, в 1943 г. она составляла около 2/3 от советской, и только в 1944 г. достигла уровня Советского Союза[398].

Вооруженные силы Германии при нападении на Советский Союз в июне 1941 г. имели ничтожно малые резервы, абсолютно не адекватные в войне с крупнейшей сухопутной армией мира.

Всего с 22 июня и до конца 1941 г. на советско-германском фронте из резерва были введены 2 танковые, 1 моторизованная и 25 пехотных дивизий — и это в ситуации, когда в Красную Армию было мобилизовано сотни новых дивизий.

Катастрофа вермахта на Волге многое изменила в самой Германии. Время благодушного оптимизма кончилось. Началась военная мобилизация всей экономики и «тотальная война».

Первую мировую Германия закончила, трезво признав свое поражение, когда линия фронта еще далеко не дошла до границ Империи. Во Вторую мировую немцы дрались в полной безнадеге до конца, даже после падения Берлина.

Это их упорство стоило жизни сотням тысяч людей, а может быть, и миллионам. Одна из причин этого упорства — действенная пропаганда.

Сталинград ранил нацистского зверя — и тот действительно стал еще опаснее и злее. Именно после Сталинграда министр пропаганды Третьего Рейха Йозеф Геббельс 18 февраля 1943 года в берлинском Дворце спорта произнес эффектную и эффективную речь о переходе к «тотальной войне» и к военной экономике.

---

398 Нигматулин Б. И. Лидер: победы и поражения. Экономика и управление Германии в период Второй мировой войны // ОРГЗДРАВ: Новости. Мнения. Обучение. Вестник ВШОУЗ. 2016. № 3–4 (5–6). С. 92–93.

Ее стоит прочитать, чтобы понять, отчего его имя стало нарицательным. И чтобы испугаться — **как же беззащитен человек перед лицом таким манипуляторов…**

«…Кризис, с которым мы столкнулись на восточном фронте, достиг своего апогея. Мне и, пожалуй, всем вам, было очень волнующе от ощущения того, что во время нашего многочисленного собрания здесь, в Дворце спорта, мы были соединены по радио с последними героическими бойцами. Они передали нам по радио, что они слышали прокламацию Фюрера и, наверное, последний раз в своей жизни вместе с нами подняли руки и пели национальный гимн. Какой пример подали немецкие солдаты в эту великую эпоху! И какое обязательство накладывает это на всех нас, в особенности на весь немецкий тыл! Сталинград был и остаётся великим сигналом тревоги, который подаёт судьба немецкому народу!

Сейчас не время спрашивать, как всё это произошло. Это может подождать до тех пор, пока немецкий народ и весь мир не узнает полную правду о несчастье последних недель, о его глубокой и судьбоносной значимости. Время не ждёт! Времени на бесполезные дискуссии больше не осталось. Моя задача — представить вам неприкрашенную картину сложившейся ситуации, а также сделать жёсткие выводы, которые будут служить руководством к действию для немецкого правительства, так же, как и для немецкого народа.

Ни в коем случае нельзя оспаривать серьёзность ситуации. Я не хочу, чтобы у вас сложилось ложное представление о положении дел, которое может привести к ложным выводам и дать немецкому народу ложное ощущение безопасности, что при нынешней ситуации более чем неуместно.

Буря, надвигающаяся этой зимой на наш древний континент из степей, затмевает собой весь прежний человече-

ский и исторический опыт. Немецкая армия и её союзники — это единственно возможная защита.

Когда Фюрер приказал армии атаковать Восток 22 июня 1941 года, мы все знали, что это будет решающая битва этой великой борьбы. Мы знали риски и трудности. Но мы также знали, что риски и трудности со временем увеличиваются, а не уменьшаются. Было без двух минут полночь. Дальнейшее выжидание запросто могло привести к уничтожению Рейха и полной большевизации европейского континента. Неудивительно, что из-за строжайшей секретности большевистского правительства и предпринятых им мер, вводящих в заблуждение, мы не смогли должным образом оценить военный потенциал Советского Союза. Только сейчас мы видим его подлинные масштабы. Именно поэтому борьба, которую наши солдаты ведут на востоке, превосходит по своей суровости, по своим рискам и трудностям всё человеческое воображение. Она требует от нас полной народной мощи. Мы не верим никаким территориальным обещаниям, который может дать Советский Союз. Большевизм установил идеологические, так же, как и военные границы, которые представляют угрозу для всех государств.

Война механизированных роботов с Германией и Европой достигла своей кульминации. Оказывая сопротивление страшной и непосредственной угрозе с оружием в руках, немецкий народ и его союзники по странам Оси выполняют, в прямом смысле этого слова, европейскую миссию. Нашу храбрую и справедливую борьбу с этой мировой чумой не остановить воплями международного еврейства, раздающимися во всём мире. Она может и должна окончиться только победой. (Слышны громкие возгласы: „Немецкие мужчины, к оружию! Немецкие женщины, к работе!")

Армады танков, с которыми мы столкнулись на восточном фронте, являются результатом 25 лет социального бесправия и нищеты большевистского народа. Нам нужно ответить аналогичными мерами, если мы не хотим потерпеть поражение.

Я твёрдо убеждён, что нам не преодолеть большевистскую угрозу, если мы не станем использовать аналогичные (но не идентичные!) методы.

Тотальная война — это требование данной минуты. Мы должны положить конец тому буржуазному отношению, которое мы столь часто наблюдали в этой войне: помойте мне спинку, но так, чтобы меня не намочить! (Каждую фразу встречают растущие аплодисменты и одобрение.) Нам угрожает гигантская опасность. И усилия, с которыми мы её встретим, должны быть столь же гигантскими. Настало время снять лайковые перчатки и воспользоваться кулаками. (Громкие возгласы одобрения. Пение с балконов и партера говорит о полном одобрении присутствующих.) Мы больше не можем беспечно и не в полную силу использовать наш военный потенциал у себя дома и в той значительной части Европы, которую мы контролируем. Мы должны использовать все наши ресурсы, причём настолько быстро и тщательно, насколько это возможно с организационной и практической точек зрения.

Нас совершенно не беспокоит то, что наши враги за рубежом утверждают, будто наши методы ведения тотальной войны напоминают методы большевизма. Однако вопрос здесь не в методе, а в цели, а именно в устранении опасности. Вопрос не в том, хороши ли наши методы или плохи, а в том, насколько они успешны. Национал-социалистическое правительство готово использовать любые способы. И нам плевать, если кто-то против. Мы не намерены ослаблять военный потенциал Германии мерами, поддер-

живающими высокий, почти как в мирное время, уровень жизни для определённого класса, и тем самым подвергать опасности нашу военную экономику. Мы добровольно отказываемся от значительной части нашего уровня жизни, чтобы усилить нашу военную экономику настолько быстро и основательно, насколько это возможно.

Спросите у любого в Германии, и он вам скажет: самое радикальное — это всего лишь достаточно радикальное, и самое тотальное — это всего лишь достаточно тотальное для того, чтобы одержать победу.

Настало время заставить лодырей работать. (Бурное согласие.) Их нужно вывести из состояния покоя и комфорта. Сигнал тревоги должен прозвучать для всего народа. За работу должны взяться миллионы рук по всей стране. Усердные граждане вправе ожидать, что если они работают по десять, двенадцать, четырнадцать часов в день, лодырь не будет стоять рядом с ними и считать их глупцами.

Отсюда возникает ряд мер, учитывающих оптику войны. Так, например, мы распорядились закрыть бары и ночные клубы. Я просто представить себе не могу, чтобы у людей, выполняющих свой долг для военной экономики, ещё оставались силы на то, чтобы сидеть по ночам в местах такого рода. Отсюда я могу сделать только один вывод — что они относятся к своим обязанностям несерьёзно. Мы закрыли эти заведения из-за того, что они стали для нас оскорбительными, и из-за того, что они нарушают картину войны. Мы ничего не имеем против развлечений как таковых. После войны мы с радостью станем придерживаться правила: „Живи и дай жить другим". Однако во время войны лозунг должен быть таким: „Сражайся и дай сражаться другим!"

Мы закрыли также дорогие рестораны, которые требуют ресурсов, далеко выходящих за разумные пределы. Вполне возможно, что кое-кто считает, что во время войны самым важным является его желудок. Однако мы не можем принимать во внимание таких людей. На фронте все, начиная с простого солдата и заканчивая фельдмаршалом, едят с полевой кухни. Я не думаю, что это слишком много — требовать, чтобы мы, находящиеся в тылу, уделяли внимание, по крайней мере, самым основным законам общественного мышления.

Бесчисленные дорогие магазины также были закрыты. Нередко они попросту оскорбляли покупателей. Там, как правило, и покупать-то было нечего, если только люди вместо денег не платили маслом или яйцами. Какая польза от магазинов, которым больше нечего продавать и которые только расходуют электроэнергию, отопление и труд рабочих, которого так не хватает в других местах, в особенности на военных заводах?

Это не оправдание — говорить, что открытый вид этих магазинов производит приятное впечатление на иностранцев. Иностранцев впечатлит только германская победа! (Бурные аплодисменты.)

Мы хотим использовать этих, стоящих в пустых магазинах, людей для полезного труда на военную экономику.

Мы скорее походим несколько лет в изношенной одежде, нежели допустим, чтобы наш народ носил лохмотья столетиями. Какая польза сегодня от модных салонов? Они только используют свет, тепло и рабочих. Они появятся снова тогда, когда закончится война. Какая польза от салонов красоты, которые поощряют культ красоты и отнимают колоссальное количество времени и энергии? В мирное время они замечательны, но во время войны они являются пустой тратой времени. Когда наши солдаты будут возвращаться с победой, наши женщины и девушки смогут поприветствовать их и без пышных нарядов! (Аплодисменты.)

Правительственные учреждения будут работать более быстро и менее бюрократично. Оставляет не очень хорошее впечатление, когда учреждение закрывается ровно через восемь часов работы, минута в минуту. Не люди для учреждений, а учреждения для людей. Нужно работать до тех пор, пока не будет выполнена вся работа. Таково требование войны.

Недопустимо, что некоторые мужчины и женщины неделями отдыхают на курортах и в санаториях, отнимая места у солдат в увольнении или у рабочих, имеющих право на отпуск после года тяжёлого труда.

Выглядит не очень красиво, когда мы уделяем огромное внимание пропаганде темы „Колёса должны крутиться ради победы!", и в результате люди воздерживаются от ненужных поездок только для того, чтобы лицезреть, как безработные искатели удовольствий получают для себя больше места в поездах. Железная дорога служит для перевозки военных товаров, так же, как и людей, занимающихся военными делами. Отпуск заслуживают только те, кому нужно отдохнуть от тяжёлого труда. У Фюрера не было ни дня отпуска с тех пор, как началась война. И если первое лицо государства относится к своим обязанностям столь серьёзно и ответственно, следует ожидать, что его примеру последует каждый гражданин.

С другой стороны, правительство делает всё, что может, чтобы предоставить рабочим отдых, столь необходимый им в эти нелёгкие времена. Театры, кинотеатры и концертные залы работают в полном объёме. Радио работает над расширением и улучшением своей программы. Мы не хотим, чтобы у нашего народа было мрачное, зимнее настроение.

То, что служит народу и поддерживает его боевую и рабочую мощь, полезно и жизненно необходимо для военной экономики. Мы хотим устранить обратное. Поэтому, для того чтобы уравновесить меры, о которых я говорил выше, я приказал, чтобы количество культурных и духовных учреждений, служащих людям, было не уменьшено, а увеличено. Пока они помогают, а не мешают военной экономике, правительство должно их поддерживать. Это относится и к спорту. Спорт в настоящее время не только для определённых кругов; это дело всего народа. Освобождение атлетов от военной службы неуместно. Цель спорта — закалять тело, причём для того, чтобы использовать его соответствующим образом тогда, когда народу это больше всего необходимо.

Фронт разделяет наши желания. Задача состоит в том, чтобы освободить солдат для фронта, а рабочих — для военной промышленности. Вот почему мы обратились к мужчинам, не работающим на военном производстве, и к женщинам, не работающим вообще. Они не могут игнорировать, и они не будут игнорировать наш призыв. Трудовые обязанности для женщин весьма широки. Я убеждён, что немецкая женщина полна решимости занять место, оставленное мужчиной, ушедшим на фронт, причём сделать это как можно скорее. Нам нет нужды указывать на пример большевизма.

Мы не станем смотреть на справки от докторов. Также мы не станем слушать оправдания тех женщин, которые утверждают, что их муж, родственник или близкий друг нуждается в помощи, — лишь бы только уклониться от работы. На это мы будем отвечать соответствующе. Те немногие, кто попытается на это пойти, только потеряют уважение окружающих. Люди станут их презирать. Да, никто не требует, чтобы женщина, не имеющая необходимой физической силы, шла работать на танковый завод. Однако в военной промышленности есть много других занятий, которые не требуют больших физических усилий и которые женщина сможет выполнять, даже если она происходит из высших кругов. Нет никого, кто был бы слишком хорош для работы, и перед нами будет стоять выбор — либо отказаться от того, что у нас имеется, либо лишиться всего.

Настало также время спросить у женщин, имеющих прислугу, действительно ли она им необходима. Заботиться о доме и детях можно и самому, там самым освободив прислугу для других дел, или же доверить дом и детей заботам прислуги или Эн-эс-фау [NSV, партийная благотворительная организация] и пойти работать самому.

Я с презрением отвергаю вражеское заявление, согласно которому мы подражаем большевизму. Мы не хотим подражать большевизму — мы хотим его победить, какие бы средства для этого ни понадобились. Через немецкий народ должна пройти река готовности. Я надеюсь, что властям сообщит о себе бесчисленное количество женщин и, прежде всего, мужчин, не выполняющих важной работы для фронта.

Я обращаюсь сейчас ко всему немецкому народу и, в частности, к партии, как руководитель тотализации нашей внутренней военной экономики. Для каждого из нас превыше всего стоит один нравственный закон: не делать ничего, что вредит военной экономике, и делать всё, что приближает победу.

Я твёрдо убеждён, что немецкий народ был глубоко потрясён ударом судьбы под Сталинградом. Он взглянул в лицо суровой и безжалостной войны. Теперь он знает страшную правду и полон решимости следовать за Фюрером сквозь огонь и воду! (Зрители встают и как бушующий океан начинают распевать: „Фюрер, приказывай — мы следуем за тобой! Да здравствует наш Фюрер!")

Я пригласил на сегодняшнее собрание типичных представителей немецкого народа, в лучшем смысле этого слова. (Слова министра сопровождались бурными аплодисментами, которые усилились, когда он перешёл к собравшимся представителям армии.) Передо мной — ряды раненных немецких солдат с Восточного фронта, без ног и без рук, с раненными телами, потерявшие зрение, пришедшие с сиделками, мужчины в расцвете сил на костылях. Пятьдесят из них носят Рыцарский Крест с Дубовыми Листьями, являсь яркими примерами нашего сражающегося фронта. За ними — рабочие с берлинских танковых заводов. За ними — партийные служащие, солдаты сражающейся армии, врачи, учёные, артисты, инженеры и архитекторы, учителя, чиновники и служащие учреждений, гордые представители каждой области нашей интеллектуальной жизни, которые даже посреди войны творят чудеса человеческого гения.

Я вижу в Дворце спорта тысячи немецких женщин. Здесь и молодёжь, и старики. Ни один класс, ни одна профессия, ни один возраст не остались без приглашения. Я могу со всей уверенностью сказать, что передо мной собралась показательная выборка немецкого населения — как с тыла, так и с фронта. Так ли это? Да или нет? (Творящееся в Дворце спорта — нечастое зрелище даже для этой старой боевой арены национал-социализма. Массы людей вскакивают на ноги. Тысячеголосый ураган выкрикивает „Да!" Участники испытывают стихийный народный референдум и волеизъявление.) Вы, мои слушатели, на данный момент представляете весь народ. Я хочу задать вам десять вопросов, на которые вы ответите за немецкий народ на весь мир, но прежде всего для наших врагов, слушающих нас по радио.

Я спрашиваю вас: намерены ли вы следовать за Фюрером сквозь огонь и воду к победе и готовы ли вы взять на себя даже самое тяжёлое личное бремя?

Я спрашиваю вас: готовы ли вы следовать за Фюрером как фаланга тыла, стоя позади сражающейся армии, и вести войну с фанатичной решимостью, несмотря ни на какие повороты судьбы, до тех пор, пока победа не будет за нами?

Я спрашиваю вас: намерены ли вы и весь немецкий народ трудиться, если Фюрер прикажет, по 10, 12 и, в случае необходимости, 14 часов в день и отдать всё для победы?

Я спрашиваю вас: хотите ли вы тотальную войну? Если потребуется, хотите ли вы более тотальную и радикальную войну, чем вы вообще можете сегодня представить?

Я спрашиваю вас: доверяете ли вы Фюреру сильнее, крепче и непоколебимей, чем прежде? Готовы ли вы целиком и полностью следовать ему, куда бы он ни пошёл, и делать всё, что только потребуется для доведения войны до победного конца? (Многотысячная толпа поднимается как один, проявляя беспрецедентный энтузиазм. Тысячи голосов сливаются в один: „Фюрер, приказывай — мы следуем за тобой!" Дворец сотрясает волна возгласов „Хайль!" Словно по команде, поднимаются флаги и знамёна, как высшее выражение торжественного мига, когда толпа воздаёт честь Фюреру.)

Я спрашиваю вас: готовы ли вы отныне отдавать все свои силы для обеспечения восточного фронта людьми и вооружением, необходимыми ему для того, чтобы нанести большевизму смертельный удар?

Я спрашиваю вас: клянётесь ли вы торжественно перед фронтом, что тыл надёжно стоит за ним и что вы отдадите ему всё, что ему нужно для победы?

Восьмое. Я спрашиваю вас: хотите ли вы, в особенности женщины, чтобы правительство делало всё возможное, чтобы побудить немецких женщин отдать все свои силы работе на военную экономику, а также освободить мужчин для фронта везде, где это только возможно, тем самым оказав помощь мужчинам на фронте?

Я спрашиваю вас: одобрите ли вы, в случае необходимости, самые радикальные меры против небольшой кучки уклонистов и спекулянтов, делающих вид, будто сейчас не война, а мир, и использующих народную нужду в своих корыстных целях? Согласны ли вы, что наносящие вред военной экономике должны лишиться головы?

Я спрашиваю вас: согласны ли вы, что прежде всего во время войны, согласно платформе национал-социалистической партии, все должны иметь одинаковые права и обязанности, что тыл должен нести тяжёлое бремя войны совместно и что бремя следует поровну разделить между начальниками и простые служащими, между богатыми и бедными?

Я задал вопросы, и вы мне на них ответили. Вы — часть народа, и ваши ответы — это ответы немецкого народа. Вы сказали нашим врагам то, что они должны были услышать, чтобы у них не было никаких иллюзий и ложных идей.

Мы — дети народа, сплочённые самым критическим моментом за всю нашу национальную историю. И мы обещаем вам, обещаем фронту, обещаем Фюреру, что мы превратим тыл в такую силу, которой Фюрер и его сражающиеся солдаты смогут полностью доверять. Мы торжественно клянёмся, что будем делать в нашей жизни и работе всё, что необходимо для победы. Мы наполним наши сердца политическим рвением, вечным огнём, пылавшим во время великих битв партии и государства. Никогда во время этой войны мы не позволим себе стать жертвой лживой и лицемерной объективности, которая столько раз приносила великие беды немецкому народу на протяжении его истории!

Мы на пути к окончательной победе. И победа эта покоится на нашей вере в Фюрера. В этот вечер я хочу ещё раз напомнить всему народу о его долге. Фюрер ждёт, что наши будущие поступки затмят всё, что мы делали до сих пор. Мы не хотим обмануть его ожиданий. Так же, как мы гордимся им, он должен гордиться нами.

Народ готов на всё. Фюрер приказал, и мы последуем за ним. В этот час национальных раздумий и размышлений мы твёрдо и непоколебимо верим в победу. Мы видим её перед собой; нам нужно только протянуть к ней руку. Мы должны научиться подчинять ей всё. Таков долг данной минуты. И наш лозунг должен быть таким: „Воспрянь, народ, и пусть грянет буря!» (Заключительные слова министра потонули в нескончаемых бурных аплодисментах)"»[399].

Вот после этого германская экономика стала военной[400]. Но было поздно: американская экономика успела перестроиться на военный лад, а советская и так жила в нем.

Пропагандисты любят говорить о том, сколь велик вклад чешского машиностроения в снабжение Вермахта. Но эта формула не учитывает передвижение границ и людей в 1938–45 годах. Самая мощная промышленность Чехословакии была в Судетской области. Она стала территорией Рейха, причем 170 000 чехов было оттуда выселено. В Чехословакии в межвоенный

---

399 URL: http://militera.lib.ru/h/jacobsen/04.html

400 За первые два с половиной месяца войны весь Восточный фронт получил на восполнение потерь 89 танков. Причем ровно половину от этого «огромного количества» составляли легкие чешские Pz-38 (t). Всего же до конца 41-го года на Восточный фронт было отправлено 513 танков и «штурмовых орудий». Для сравнения: в 1944 г. ежемесячно выпускалось более 1,5 тыс. танков и САУ.

период жило 3,5 миллиона немцев (при 7 миллионах чехов). В Судетах они составляли несомненное большинство[401]. Так что вопрос об этнической характеристике тех, кто работал на танковых заводах бывшей Чехословакии, непрост.

Но одно я имя я знаю. Алексей Михайлович Сурин происходил из харьковских помещиков. Окончил Политехнический институт в Киеве, затем — Высшую артиллерийскую школу. Участвовал в Первой мировой войне, а потом в Гражданской. После поражения белых поселился в Праге, работал техником в фирме ЧКД, с 1925 участвовал в разработке танка LT vz.38. И под

---

[401] Во время Великой депрессии высокоиндустриальные и ориентированные на экспорт регионы, населенные немецким меньшинством, вместе с другими периферийными регионами Чехословакии пострадали от экономической депрессии больше, чем внутренние части страны, которые в основном населялись чешским и словацким населением. К 1936 году 60 процентов безработных в Чехословакии составляли немцы. Уровень безработицы, а также введение чешского языка в школах и во всех общественных местах сделали людей более открытыми к идеям национального сопротивления.

24 апреля 1938 года на партийном съезде СДП в Карловых Варах (Карлсбаде) Конрад Генлейн — лидер судетских немцев — провозгласил восемь требований:

Признание полного равенства и равноправия с чешским народом. Признание этнической группы в качестве юридического лица для обеспечения ее равного статуса в государстве. Создание и признание немецкой территории поселения. Создание немецкого самоуправления в районе немецких поселений во всех сферах общественной жизни, касающихся интересов и дел немецкой этнической группы. Создание правовой защиты для граждан, проживающих за пределами территории компактного проживания своей национальности. Устранение несправедливости, причиненной судетским немцам с 1918 года и возмещение причиненного ущерба. Признание и реализация принципа, согласно которому государственные служащие на территории Судет являются немцами. Полная свобода права заявлять о немецкой национальности, немецких образе жизни, взглядах и идеологии.

Сомнительными я бы назвал только 6 и 7 пункты. Предметом переговоров могло бы быть обсуждение прав чехов на «немецких территориях».

Но Гелейну переговоры были уже не нужны. Гитлер уже поручил ему совсем другое.

немецкой властью он продолжал работать над разработкой танков и самоходных орудий на базе LT vz.38, хотя и старался минимизировать контакты с немцами. Когда Гудериан лично попросил его дать оценку конструкции немецких танков, Сурину чудом удалось выкрутиться. В конце 1944 г. был представлен к Ордену Германского Орла, однако решил избежать позора и с помощью своего двоюродного брата-врача, симулировал приступ стенокардии и до конца войны остался «на больничном».

Участвовал в разработке САУ Panzerjäger auf 38 (t) (она же Hetzer) для нужд Вермахта. Будучи главой конструкторского бюро, осторожно саботировал работы. Затягивал сроки, предлагал различные решения, которые явно шли во вред разработке. Передние опорные катки истребителя танков оказались перегружены. Сурин об этих проблемах точно знал, но, разумеется, умолчал. Главный конструктор продолжал тихий саботаж, аккуратно внося в конструкцию изменения, ухудшавшие характеристики машины. Созданные им проблемы всплыли в ходе войсковых испытаний. Чтобы решить проблему самоходок апрельского выпуска, у которых перегруз оказался особенно ярко выражен, Сурин предложил сделать в лобовой броне несколько отверстий, прикрытых листами толщиной 5 мм… Тем самым инженер-конструктор сделал самоходки апрельского выпуска негодными к боевому применению. Тут уже налицо был акт открытого саботажа, но Сурину повезло, упомянутая симуляция болезни его все же спасла.

Позже эта история вторично спасла Алексею Сурину жизнь: о том, как главный конструктор BMM русского происхождения занимался саботажем, стало известно советским органам безопасности. Потому Сурина после освобождения Чехословакии не тронули[402].

Тихий саботаж немецких заказов шел по всей оккупированной Европе.

---

402 URL: https://ru.wikipedia.org/wiki/Сурин,_Алексей_Михайлович

Франция в 1938 года, выпустила 227 000 машин всех типов. В 1940-м — 25 000 грузовиков. Но за следующие три года ведущий завод Рено смог выпустить лишь 4 000 машин (то есть 1 300 в год). Франсуа Леидэ (зять Луи Рено, отвечавший за промышленность в правительстве Петена) позднее оправдывался: «Да, я был коллаборационистом, но при этом как мог защищал интересы Франции. Руководимая мной автомобильная промышленность намеренно замедляла выпуск!»[403]

Главное же: считать пособниками людей из захваченных стран, которых заставили работать, — это неверно. Французы, чехи или поляки просто ходили на свои прежние рабочие места.

Около 3 миллионов советских граждан были увезены на работу в Германию. Полмиллиона советских граждан работало в административных структурах (в том числе в школах) на оккупированных территориях[404]. Миллионы же их просто работали на полях и заводах Украины, Белоруссии, Смоленщины в годы оккупации.

Вот Георгий Сергеевич Павлов, член «днепропетровской группы» и друг Л. И. Брежнева. Сам он войну провел в эвакуации. Но его отец Сергей Иванович (умер в 1948) работал на руководящей должности на машиностроительном заводе в Мариуполе в период гитлеровской оккупации. Был сканадал, и в феврале 1951 г. Георгий Сергеевич лишился поста второго секретаря Челябинского обкома ВКП(б). Но после смерти Сталина его карьера снова пошла в гору. А Брежнев, едва придя к власти, сразу поставил его на пост управляющего делами ЦК КПСС.

Вообще в Мариуполе немцам удалось восстановить электростанцию, механический, монтажный, электроремонтный, кисло-

---

403 URL: https://5koleso.ru/articles/istoriya-avto-brendov/krah-imperii-renault-kak-lui-reno-stal-vragom-naroda-i-poteryal-vse/

404 См.: Ермолов И. Г. Три года без Сталина. Оккупация: советские граждане между нацистами и большевиками. — М., 2010.

родный цехи «Азовстали», проводились работы по восстановлению мартеновских печей «Азовстали», на заводе имени Ильича восстановили электростанцию, механический, транспортный, котельный, строительный, ремонтный, силикатный цеха, листопрокатный стан «750», а в сортопрокатном цехе к 1943 году пустили 2 стана, которые с большими перебоями из-за поломок выдавали листовое железо для авторессор. На апрель 1942 года на Азовском заводе № 1 работало 5 300 человек, на заводе № 2 — 8 400 человек. К концу 1942 года в городе действовали: Мармашзавод, завод «Металлоширпотреб», судоремонтный завод, порт, швейная фабрика, котельно-сварочный завод, а также ряд частных мастерских по всяческим ремонтам. В первый же месяц оккупации заработали хлебозаводы № 1 и № 4, продукция которых практически полностью предназначалась для снабжения оккупационной армии. В апреле 1942 года пущена в эксплуатацию маслобойня в порту. На Правом берегу функционировал мясокомбинат, закупавший выбракованных лошадей на убой, а также скот у населения. Гормолокозавод (директор Иванов) перерабатывал молоко (продукция шла в германскую армию). Работали также макаронная фабрика и водочный завод. Своей особой гордостью немцы считали пивоваренный завод, возрождавший немецкие пивоваренные традиции. Его продукция использовалась также для обеспечения немецкой армии. Остербайтерами стало около 60 тыс. мариупольцев[405].

Достаточно известно, что в 1944 году немецкие генералы предлагали отойти на правый берег Днепра и оставить Никополь. Гитлер отказал[406]. В итоге 6-я армия вермахта была еще раз окружена и разбита (ранее с формированием, носившем такой же

---

405 URL: https://ru.wikipedia.org/wiki/%D0%98%D1%81%D1%82%D0%BE%D1%80%D0%B8%D1%8F_%D0%9C%D0%B0%D1%80%D0%B8%D1%83%D0%BF%D0%BE%D0%BB%D1%8F

406 Альберт Шпеер. Воспоминания. URL: https://lib.ru/MEMUARY/GERM/shpeer.txt

номер, это произошло в Сталинграде). Почему Гитлер был так категоричен? Дело в Никопольском марганцево-рудном бассейне и комбинате. Только в 1941 году отсюда в рейх было отправлено 5 443 тонны марганцевой руды и 50 тонн ферросилиция. Эти легирующие материалы были необходимы для производства брони. Но кто же работал в рудниках и на комбинате? Опять же — тысячи местных жителей.

Ну и кто из пропагандистов дерзнет сказать, что СССР или хотя бы Донбасс работал на Гитлера? А может еще и Белоруссию включить в список стран, воевавших против СССР?

Комсомольский полковник Баранец врет, будто Польша поставила Гитлеру 280 танков[407]. Вполне может быть, что такое количество трофейных польских танков Гитлер как-то использовал. Но считать это помощью Польши — бред.

В составе германской армии было три сотни трофейных Т-34. Они получали индекс PzKpfw T-34 747 (r). Т-34 образца 1942 года получил прозвище «Микки-Маус», т. к. два круглых посадочных люках в башне в открытом состоянии вызывали такую ассоциацию.

В ходе немецкого контрнаступления под Харьковом весной 1943 года 2 танковый корпус СС захватил 50 Т-34. Они были распределены между дивизией «Рейх» (где сформировали отдельный батальон, на вооружении которого числилось 25 танков Т-34)[408] и дивизией «Мертвая голова», где летом 1943 было 22 советских танка.

---

[407] URL: https://www.kp.ru/daily/27387/4580911/

[408] URL: https://topwar.ru/28546-trofeynaya-bronetankovaya-tehnika-vermahta-sssr.html?ysclid=ljoq494s97749901184

Таблица в этой публикации уверяет, будто Финляндия поставила Германии 240 танков — при том, что собственного танкового производства в этой стране просто не было. В Зимнюю войну Финляндия вступила, имея 34 танка «Рено FT» (часть без вооружения) и 32 танка «Виккерс» (большинство без вооружения; только 13 танков участвовали в боях с Красной армией). Потом, правда, ее армия пополнилась трофейной со-

Означает ли это, что СССР с 1941 по 1945 годы был в числе стран, которые «оказывали помощью фюреру»?

В ответ пропагандисты начинают ссылаться на то, что люди разных наций были в германских вооруженных формированиях. Это так. Но больше всего «помощников» было среди русских.

Они назывались «хиви» — сокращенно от немецкого Hilfswilliger, желающий помочь. Иногда их называли восточными добровольными помощниками — Ost-Hilfswillig. Иногда о принадлежности хиви к вермахту говорила лишь нарукавная повязка с надписью «Im Dienst der Deutschen Wehrmacht» (На службе Германского Вермахта). Женский вспомогательный персонал вермахта имел повязки с надписью «Deutsche Wehrmacht». Повязка с надписью «На службе войск СС» — «Im Dienst der WaffenSS» — выдавалась служащим-добровольцам Ваффен SS.

Обычно хиви не получали оружия, т. к. их обязанности не предусматривали непосредственного участия в боевых действиях. Хиви таскали оборудование связи и саперное имущество следом за немецкими чинами, подносили патроны и снаряды, в составе патрулей фельджандармов помогали регулировать движение, служили санитарами, водителями и повозочными, переводчиками в штабе и т. п. Такой подход не исключал использования самих «хиви» в бою с оружием в руках, но и не определял именно эту задачу главной, в отличие от «восточных батальонов», казачьих частей и национальных формирований СС.

Германия имела около 1,2–1,5 миллиона помощников — выходцев из Советского Союза, включая и эмигрантов из царской России, в т. ч. 750–800 тысяч русских, из них — 70–80 тысяч

ветской техникой. К июню 1941-го финская армия располагала примерно 120 танками (http://tankfront.ru/finland/history.html). Как она могла передать Германии в два раза больше, чем имела сама? Баранец брешет, будто Финляндия передала Германии 850 самолетов, в то время как на июнь 1941 года финская армия располагала всего лишь 215 боевыми самолётами. Более того, Баранец уверяет, будто нищая Румыния передала Германии 140 танков и 820 самолетов!

казаков; 200–250 тысяч украинцев; 47 тысяч белорусов; 88 тысяч латвийцев; 69 тысяч эстонцев; 20 тысяч литовцев. Представители народов Закавказья и Средней Азии составляли почти 180 тыс., Северного Кавказа — 30 тыс., грузин — 20 тыс., армян —18 тыс., азербайджанцев — 35 тыс., поволжских татар — 40 тыс., крымских татар — 20 тыс. и калмыков — 5 тыс.

Таким образом, 5% от призывной численности Красной Армии за все годы войны воевало против своей страны.

Уже к середине войны немецкие вооруженные силы были на 15–20% наполнены хиви. Так, 11–я армия фельдмаршала Манштейна летом 1942 года имела в своем составе 47 тысяч добровольных помощников. В составе 6-й армии Паулюса зимой 1941–1943 гг. находилось 51 780 человек русского вспомогательного персонала (плюс зенитно-артиллерийский дивизион, укомплектованный украинцами). К концу 1942 года каждый пехотный полк Вермахта имел в своем составе роту хиви, составленную из военнопленных, в структуру которой входило 10 немецких инструкторов. А установленные с 2 октября 1943 года штаты пехотной дивизии предусматривали наличие 2 005 добровольцев на 10 708 человек немецкого личного состава, что составляло около 19% общей численности дивизии[409].

И это — не считая собственно «власовцев», в рядах которых оказались даже два Героя Советского Союза: летчики Бронислав Романович Антилевский и Семен Трофимович Бычков. По немецким данным, только добровольно, не говоря уже о сбитых, перелетели на немецкую сторону десятки советских самолётов — к 1943 году их было 66, в первом квартале 1944 года прибавилось ещё 203[410]. Командовал собранной из них эскадрильей

---

[409] См.: Александров К. Русские солдаты Вермахта. Герои или предатели. — М., 2005; Ковалев Б. Н. Коллаборационизм в России в 1941–1945 гг. — Великий Новгород, 2009; Дробязко С. И. Восточные добровольцы в вермахте, полиции и СС. — М., 2000.

[410] Хоффманн И. История власовской армии. Paris: Ymca-press, 1990. (Гл. 4. Военно-воздушные силы РОА).

Виктор Иванович Мальцев. В 1918 г. вступил в Красную армию; в 1930-е гг. занимал пост командующего ВВС Сибирского военного округа, полковник…

Конечно, есть в литературе тезис о том, что Великая Отечественная война вобрала в себя и особую форму Гражданской войны.

Но если эти цифры попробовать вместить в логику и аргументы секты «вся Европа с Гитлером против нас», то и в самом деле получится, будто против СССР воевал и Советский Союз.

А вот что касается других стран и наций, тут сложнее. Были авантюристы-добровольцы из разных стран — «искатели приключений», которым все равно за что воевать. Были антикоммунисты. Но было и другое. Об этом — в следующей главе.

Глава 41

Прописка и мобилизация

Это глава о воинской прописке — когда человек помимо своей воли и своего самосознания вдруг оказывается в подданстве у другой страны, которую он считает своим врагом, но порой вынужден даже служить в ее армии и воевать против тех, кого сам считает «своими».

В 1688 году Белград с ликованием встречал австрийские войска как освободителей. Однако на следующем этапе затяжной австро-турецкой войны Вена решила, что не сможет удержать все свои приобретения и решила пожертвовать недавно освобожденным ею же от турок Белградом.

В 1690 году император Леопольд I издал прокламацию, в которой приглашал сербов, желающих избежать турецкой мести, селиться под его покровительством в Южной Венгрии, в пустынном крае на севере от Дуная и Савы, также незадолго перед тем отнятом у Турции.

Им были гарантированы церковная и школьная автономия, свобода от податей, право избирать себе воевод и патриархов, и управление по собственным законам и обычаям, — при условии, что они будут защищать имперскую границу от турок.

В Австрию переселилось около 37 000 сербских семей, а это не менее 185 000 человек. Зато вокруг одной только Приштины опустело 360 деревень.

Сербский патриарх Арсений III Черноевич ушел с переселенцами.

Итог: со времен этого «великого переселения» (термин сербской историографии) сотни тысяч сербов оказались на территории Австрийской империи и стали ее гражданами.

В эпоху мобилизационных армий их никто не спрашивал — хотят они воевать или нет. А после призыва их опять же не спрашивали — на какой из фронтов они согласны ехать.

В 1914 году сербы, живущие в своем Королевстве, оказали неожиданно серьезное сопротивление австрийцам. Это означало, что им пришлось скрестить оружие в том числе и с сербами, одетыми в австрийские шинели.

В течение того года, что Сербия оказывала сопротивление, в сербский плен попало от 60 до 70 тысяч австро-венгерских солдат, из них 20 тысяч — славянского происхождения. Когда сербская армия эвакуировалась на греческие острова, она смогла вывезти часть военнопленных. Среди тех, кто оказались на о. Асинара, было 4 874 серба и **294 русских**[411].

Сербов, призванных в австрийскую армию, отправляли и на русский фронт. И они воевали. На фронте у солдата главный мотив — выжить. А для этого надо отбиваться и отстреливаться. Второй мотив — отомстить за смерть друзей. Если Вена годами держала славянские части на русском фронте (пусть и под контролем германоязычных офицеров) — значит, их боеспособность считалась приемлемой.

Эти сербы попадали в русский плен. К сентябрю 1917 года в русском плену находилось более 300 тысяч австро-венгерских военнослужащих югославянских национальностей. В России из них создавались сербские формирования.

---

411 Петра Свольшак. Словенские солдаты в годы Первой мировой войны.

«Уже летом 1915 года в Россию прибыла делегация сербского правительства для вербовки добровольцев в сербскую армию из числа военнопленных. Под руководством сербского консула Марко Цемовича и главы сербской военной миссии полковника Лонткиевича к октябрю 1915 года удалось навербовать около 5 тысяч добровольцев, которых по Дунаю отправляли в Сербию. 1-я Сербская пехотная дивизия, созданная исключительно из добровольцев-военнопленных (по большей части сербов) понесла огромные потери летом 1916 года в боях в Добрудже против болгарских войск, потеряв из 18 459 человек 8 539»[412].

Далее многие сербы и целые сербские формирования приняли участие в Белом движении. Ветеран-Каппелевец вспоминал:

«Ободренные прибытием братьев-югославян и удачным действием нашей артиллерии, под могучий боевой клич сербов „На нож" цепи поднимаются и одним неудержимым, все сметающим со своего пути порывом сбивают красных и на их плечах врываются в предместье города, где встречаются огнем броневых автомобилей красных, на миг их задерживающих. Под влиянием того же еще неослабевшего порыва соединенные войска с помощью ручных гранат ликвидируют броневики и врываются в город. Казань взята».

С 1919 года в военном отношении формально все сербские и югославянские формирования с ведома Королевского сербского правительства перешли под командование французского генерала Мориса Жанена, командующего союзными войсками в Сибири, о чём 21 января 1919 года французская военная миссия

---

412 Петра Свольшак. Словенские солдаты в годы Первой мировой войны. URL: https://cyberleninka.ru/article/n/slovenskie-soldaty-v-gody-pervoy-mirovoy-voyny/viewer

из Владивостока официально уведомила консула Миланковича[413].

Надо ли сербов и Сербию упоминать в числе «интервентов», напавших на «молодое советское государство»?

А еще был Балканский фронт. Болгария и Турция были союзниками, вместе их дивизии сражались против румынских и русских войск на фронте в Добрудже. Но все же интересно отметить, что в болгарских частях имелось немало турок, призванных на службу из Добруджи, а в турецких — не меньше болгар, мобилизованных турками во Фракии[414]. Полагаю, что так же было и во время предшествующих Балканских войн.

Это трагедия людей с «новых территорий» некой империи. Рейх их считает своими гражданами, а, значит, своим мобресурсом. И натягивает на них свою форму.

В начале XIX века Наполеон весьма произвольно установил границы Франции: Голландия Бельгия, центральная Италия, левый берег Рейна были приписаны к Парижу. В итоге 25,6% наполеоновских солдат были уроженцами «новых территорий»: они родились в Амстердаме, Турине, Гамбурге, Риме, Генуе или Брюгге; многие из них не говорили по-французски. Их призывали на общих основаниях. Всего таких за годы наполеоновских войн было призвано около 400 000 человек. В Россию ушло 88 884 из них[415].

В следующем веке случилось обратное.

Германия объявила Страсбург территорией Третьего Рейха, вернувшейся в родную гавань. При мобилизации новых граждан

---

413 Капустин Л. Г., Ладыгин И. В. Сербские и другие югославянские добровольцы в Сибири в годы Гражданской войны 1918–1922 гг. URL: http://bsk.nios.ru/content/serbskie-i-drugie-yugoslavyanskie-dobrovolcy-v-sibiri-v-gody-grazhdanskoy-voyny-1918-1922-gg

414 Калиганов И. Сквозь прорезь оружейных прицелов: болгары против русских в Добрудже в 1916 г. // Славянский мир в третьем тысячелетии. К 1150-летию славянской письменности. Кн. I. — М., 2013. С. 317.

415 Соколов О. Армия Наполеона. — М., 2020. С. 493 и 539.

вряд ли учитывалась самоидентификация призывника — считает ли он себя немцем или французом. Так что вермахт забирал оттуда не только этнических немцев, но и французов.

«По подсчетам немецкого историка Мюллера, французов из аннексированного Эльзаса, которые были призваны в вооруженные силы Третьего рейха, их было около 50 тысяч. По К. Бишопу, из Эльзаса и Лотарингии на службу поступило 140 тысяч человек... Подсчёт осложняет то, что Эльзас и Лотарингия после поражения Франции стали территорией Третьего рейха, потому нацисты на общих основаниях призвали жителей этих районов в армию»[416].

Аналогичная судьба ждала 10 200 жителей Люксембурга, также объявленного исконной территорией Рейха.

При неявке в призывной пункт имущество уклониста подлежало конфискации, а его родственники (включая братьев и сестер) — депортации[417]. Настроения этих призывников отнюдь не всегда были прогерманскими:

---

[416] Дорощук И. Французские вооруженные формирования в рядах Третьего рейха // Вопросы студенческой науки. Выпуск № 11 (75), ноябрь 2022 г.

URL: https://cyberleninka.ru/article/n/frantsuzskie-vooruzhennye-formirovaniya-v-ryadah-tretiego-reyha

Конкретные цифры: «В поисках людей в армию было мобилизовано пригодное для несения военной службы население „присоединенных к Германии областей" и фольксдойче. По состоянию на 1 апреля 1944 г. количество солдат — выходцев из таких областей составляло: 14 937 — эльзасцы, 3 986 — лотарингцы, 2 212 — люксембуржцы, 1 944 — уроженцы Эйпен-Мальмеди, 9 840 — уроженцы Нижней Штирии, 5 345 — уроженцы Каринтии и Крайны, 7 7 861 — фольксдойче «по III списку», 5 891 — прочие лица немецкого происхождения. Всего 122 016 человек, что составило 3% от общей численности сухопутных сил. Кроме того, войска СС также укомплектовывали уроженцами этих областей свои „негерманские" дивизии» (Мюллер-Гиллебранд Б. Сухопутная армия Германии 1933–1945 гг. — М., 2002. С. 374).

[417] Тамбов. Солдаты поневоле. Эльзасцы и Вторая мировая война. — СПб, 2017. С. 7. Уголовная ответственность семьи называлась Sippenrecht. Норма принята в 1943 году.

«Сбор эльзасских призывников на вокзале в Кольмаре, посадка в поезд, раздача сухих пайков. Переехав через Рейн, поезд медленно прошел мимо места, где содержали французских военнопленных. Сухие пайки тут же полетели из окон, вызвав возмущение и ярость немецкого офицера, командовавшего эшелоном»[418].

А если такой француз потом попадал в плен, то по советским документам он считался кем? Раз призван с территории, которую СССР считал французской, значит — француз… Потому 1 500 человек из советского лагеря были отправлены в Африку для продолжения войны уже в рядах голлистов.

Умолчав о последнем, так удобно потом стало брехать про то, что якобы и Франция воевала против СССР.

При этом самые молодые, 1926 года рождения, эльзасцы была направляемы в ваффен-СС. Некоторые из них попали в дивизию «Дас Райх», которая во Франции совершит одно из самых страшных преступлений нацистов: 10 июня 1944 года в деревне Орудур-сюр-Глан жители были согнаны в церковь и там сожжены (197 мужчин, 240 женщин и 205 детей)[419].

Сама моторизованная дивизия СС «Райх» была сформирована в Пльзне. Окружающие Плзень Судеты отошли к Рейху в 1938-м[420] («рейхсгау Судетенланд»). Сама Пльзень чуть

---

418 Там же. С. 282.

419 Там же. С. 368.

Впрочем, это преступление совершила не вся дивизия, а конкретно 200 человек из 1-го батальона упомянутой дивизии. Из них позже 28 человек предстали перед судом: 7 немцев, 21 эльзасец. 20 человек из них были признаны виновными и осуждены, но после протестов в Эльзасе французский парламент амнистировал их.

420 В 1918 году при распаде Австро-Венгрии на немецкоязычных территориях была провозглашена республика Немецкая Австрия, которая в ноябре 1918 года объявила о создании на территории приграничной Чехии провинций Немецкая Богемия и Судетенланд. Однако попытки присоединения чешских территорий были подавлены чехословацкими войсками. И в 1919 году Сен-Жерменский договор закрепил суверенитет Чехословакии над Судетской областью.

позже вошла в состав рейхсгау Богемия и Моравия. Были ли в составе этой дивизии этнические чехи, объявленные немцами, не знаю[421].

Но есть немецкий герой по фамилии — Чех (*Alfred Czech).* В отличие от его фамилии, его фотография очень хорошо известна. 12-летний Чех жил в Верхней Силезии, которая после войны отошла к Польше. Мальчик выдал полиции советского диверсанта, за что был награжден золотыми часами[422]. А затем он вывез из-под огня несколько раненых немецких солдат, за что был награжден Железным Крестом. И вот кинохроника, на которой фюрер 20 марта 1945 вручает мальчику этот крест и треплет его по щеке, стала широко известна[423].

Еще история:

8 июля 1943 года. Южный фас Курской дуги. Немецкий летчик направляет свой поврежденный самолет на советский танк[424]. Подбитый таким образом танк принадлежал к 99-й танковой бригаде (2 танковый корпус Юго-Западного фронта). Самолет — Fw 190F-3 W. Nr. 670237 I./Sch. G. 1.

Летчик — Paul Waleszuk[425].

Как Павел Валещук оказался в люфтваффе?

А просто в одной из областей Польши, объявленной территорией Рейха, а именно Западной Пруссии (со столицей в Данциге) гауляйтер Форстер просто объявил всех местных жителей немцами. А это влекло за собой обязанность мобилизации.

---

421 «Чешские власти депортировали сотни немецких антифашистов обратно в Судеты. В увозивших их поездах многие из них кончали жизнь самоубийством. А тех, кто доехал, уже на вокзалах ждало гестапо». URL: https://www.svoboda.org/a/430799.html.

422 URL: https://www.trud.ru/article/22-04-2005/86742_zheleznyj_krest_s_bazara.html

423 URL: https://ru.wikipedia.org/wiki/Цех,_Альфред

424 Виталий Горбач говорит о таких немецких таранах (самолет-танк) в те дни во множественном числе: 19-я минута. URL: https://www.youtube.com/watch?v=p8-fjeVcnRQ

425 См.: Хазанов Д. Авиация в Курской битве. — М., 2013. С. 162.

«Подход Альберта Фостера к „германизации Польши" весьма отличался от методов его „коллеги", Артура Грейзера[426]*. Для Грейзера „германизировать" — означало согнать поляков с их мест проживания (фактически в чистое поле), отобрав их имущество, и заселить освободившиеся дома этническими немцами. Для Фостера „германизировать" — означало просто объявить полякам, что отныне они — немцы. При этом создавались организации, аналогичные немецким, как например, „Гитлерюгенд"»*[427].

Эти историю важно помнить, услышав речитатив про то, что «вся Европа в едином русофобском порыве рванулась на Сталинград».

А со временем мы услышим такие истории по окончании российско-украинского конфликта. Возможно, что даже с обеих сторон.

Но бывало и обратное: судьба пленного определялась местом его довоенной прописки. 28 июля 1799 года. В итальянской Мантуе французский гарнизон капитулировал перед австрийцами. В рядах французской армии были поляки-добровольцы. Французские солдаты и офицеры получили право свободного выхода с условием в течение года не воевать против Австрии и России. Однако это условие не касалось поляков, большинство которых, происходя из польских земель Австрии и будучи ее подданными, считались дезертирами и подлежали выдаче австрийскому военному командованию. О том, что договор поляков не касается, им не сказали. В итоге все поляки была арестованы. Солдаты были прогнаны сквозь строй, офицеры попали в крепость.

Хуже пришлось гражданам Чехословакии. По ходу весеннего наступления на Харьков 1943 года в бою у деревни Соколово

---

[426] Грейзер — гауляйтер Вартеланда, т. е. Западной Польши со столицей в Познани.

[427] URL: https://ru.wikipedia.org/wiki/Форстер,_Альберт

немцы взяли в плен 20 чехословаков из 1-го чехословацкого отдельного пехотного батальона под командованием Людвига Свободы[428].

Русская википедия пишет, что все пленные были казнены немцами за государственную измену, т. к. с немецкой точки зрения были гражданами Протектората Богемии и Моравии)[429]. Так и в самом деле сказано в мемуарах генерала Свободы. Возможно, это вообще легенда, которая возникла по аналогии с похожим сюжетом времен Первой мировой войной, когда австрийские власти действительно устраивали показательные казни чешских легионеров, воевавших на стороне противника.

Всех 10 раненых из чехословацкого батальона, оставшихся в Харькове, немцы убили вместе с оказавшимися там же красноармейцами.

При этом судьба примерно 20-ти человек, взятых в плен под Соколово, сложилась по-разному. По именам из этих примерно 20-ти чешских пленных известно 16 человек. Чешские историки пишут, что эти четверо безымянных были евреи, расстрелянные сразу после пленения.

16 человек после Соколово оказались в обычных немецких концлагерях для военнопленных. Пятеро в итоге погибли в лагере, а еще трое, скорее всего, погибли в лагере. Трое бежали из заключения.

Еще пятеро из них были вывезены в Чехию, где по заказу немецкого государственного министерства по делам Богемии и Моравии на основе интервью с ними была создана брошюра «Говорит военнопленный». Эта брошюра была должна опошлить борьбу чехов и их воинскую часть, представив ее как инструмент на службе «евреев Москвы и Лондона».

---

428 Подбор материалов по этому сюжету тут: https://www.fronta.cz/dotaz/sokolovo-1943-ceskoslovensti-zajatci. Благодарю пражского историка Владимира Поморцева за помощь в прооверке этого материала.

429 URL: https://ru.wikipedia.org/wiki/Бой_под_Соколово

Двое из этой пятерки уже успели к тому времени записаться в хиви и выйти из лагеря, поэтому на фотографиях в пропагандистской брошюре «Говорят военнопленные» они в немецкой форме.

Немецкая пропаганда попыталась представить, что в чехословацких частях служат одни евреи. Однако это утверждение сразу опровергает даже национальность этих пятерых военнопленных из пропагандистской брошюры. Среди них были два чеха, один словак, один русин и только один еврей — его немцы потом отправили в лагеря, где он и погиб[430]. Остальные четверо коллаборационистов благополучно дожили до конца войны и потом получили сроки по 10–20 лет уже в послевоенной Чехословакии.

Сводные данные по национальному составу 1-го чехословацкого пехотного батальона приводит Валентина Марьина в своей монографии[431]: в апреле 1942 года в батальоне было 110 чехов, 142 русских чехов [видимо, речь о чехах, живших в СССР], 43 польских чеха, 21 словак, 19 подкарпатских русин, 3 венгра, 286 евреев.

То есть количество евреев на тот момент было очень близко к половине, однако меньше половины[432].

Уже после битвы под Соколово советские власти разрешили набирать в чехословацкую бригаду также русинов, бежавших из Подкарпатской Руси (первое время их считали гражданами вражеской Венгрии). Поэтому к осени 1943 года чехословацкие

---

[430] См.: E. Kulka, Židé v československé Svobodově armádě. Praha, 1990. А также: https://www.fronta.cz/dotaz/sokolovo-1943-ceskoslovensti-zajatci

[431] Советский Союз и чехословацкий вопрос во время Второй мировой войны. 1939–1945 гг. Кн. 1, 1939–1941 гг. — М., 2007.

[432] Намек на эту особенность чехословацкого батальона можно услышать в фильме «Соколово». Советский генерал (в его роли Юрий Соломин) спрашивает Свободу: «Ваши бойцы необстреляны. Они выдержат немецкий удар?» И слышит в ответ: у них есть боевой опыт; многие прошли войну в Испании.

части по национальному составу уже на две трети состояли из русинов, которых в советских лагерях было очень много (после оккупации восточной Польши образовалась общая советско-венгерская граница). Накануне штурма Киева на 30 сентября 1943 года в бригаде насчитывалось 3517 человек, в том числе 563 чеха (16%), 343 словака (9,7%), 2210 русин (62,8%), 204 еврея (5,8%), 13 венгров, 2 латыша, 5 поляков, 2 немца. 6 русских, 169 советских граждан.

Минус несколько десятков евреев в этой статистике по сравнению с предыдущими цифрами, очевидно, означает погибших и попавших в плен евреев из чехословацкого батальона в битве под Соколово и следующих событиях 1943 года.

После освобождения Украины в чешские части были призваны волынские чехи, что привело к росту антисемитизма. Свобода пытался успокоить эти настроения сфабрикованным судом над евреем Максимилианом Хольцером, обвиненным в поражении под Соколовым, где сам Свобода был главным свидетелем. Хольцер был приговорен к смертной казни, но «добровольно» вступил в штрафную часть, куда его якобы отправили с пометкой о том, что живым он не вернется (Он был расстрелян 25 ноября 1944 года). На пресс-конференции в 1963 году Свобода заявил, что этот инцидент произошел по недоразумению[433].

А в 1944 г. во время боев за итальянский Монте Кассино в составе американской армии был 100-й батальон «Нисей», состоящий из японцев, живущих в окрестностях Перл-Харбора (т. е. на Гавайях) …[434]

---

[433] URL: https://cs.wikipedia.org/wiki/Bitva_u_Sokolova

[434] Командиром батальона был полковник Мэррит Бут. Двумя десятилетиями ранее он, будучи молодым выпускником Вест-Пойнта, участвовал в программе военного сотрудничества с Японией и год провёл в роли командира взвода Императорской армии. Офицерами боевой группы были белые американцы, прошедшие краткосрочные офицерские курсы или призванные из резерва.

А бывало, что довоенная прописка спасала от мобилизации в армию страны проживания.

Один из немногих русских летчиков, исполнявших мертвую петлю еще в довоенное время, Адам Мечиславович Габер-Влынский, был уроженцем Львова. Он остался подданным Австро-Венгрии и в годы войны. Поэтому он не мог участвовать в боевых действиях. Но он стал обкатчиком-испытателем самолетов и учителем русских летчиков. В 1917 году все без исключения серийные самолеты «Дукса» облетывали только он и Б. И. Россинский (в будущем широко разрекламированный как «дедушка русской авиации», он получил пилотское свидетельство в Московской школе в 1911 году, где его инструктором на «Фармане» был тот же Габер). На долю «старшего сдатчика» пришлось 28 «Фарманов» в феврале-марте, а далее все «Ньюпоры-XVII» шли только через его руки, в августе и сентябре аж по 29 единиц (11 августа — личный рекорд: 5 аэропланов!) Всего в 1911–1917 годах он облетал более тысячи самолетов «Дукса», и, по неполным данным, сдал военному ведомству 483 аэроплана

В боях на Монте Кассино подразделение заслужило прозвище «батальона Пурпурных сердец». В одной из рот к февралю 1944 года оставалось в строю 14 человек. Батальон взял и долго удерживал важную высоту, но в конце концов был выбит немцами.

После пополнения солдатами-нисеями в марте 1944 года 100-й батальон был переброшен на плацдарм Анцио и участвовал в освобождении Рима.

С середины октября 1944 года боевая группа участвовала в тяжёлых боях во Французских Вогезах, брала городки Брюйер и Бифонтэн, где им противостояли в том числе и индийцы-эсэсовцы из «Азад Хинд».

Его солдаты в числе первых вошли в знаменитый концлагерь Дахау.

Подвиги бойцов 100-го батальона и 442-й полковой боевой группы были отмечены одной Медалью Почёта, 52 Крестами за выдающиеся заслуги и 559 Серебряными Звёздами. В 2000 году решением комиссии, рассматривавшей факты занижения уровня наград по расовым соображениям, 19 Крестов и одна Бронзовая Звезда были «проапгрейджены» до Медали Почёта. С 21 высшей военной наградой США 442-й полк стал самой награждённой частью американской армии.

URL: https://warspot.ru/15162-samurai-protiv-reyha

(Россинский — немногим более 100 машин). Для справки: с 1914 года по октябрь 1917 года на долю завода «Дукс» пришлось 1 596 сданных самолетов из 5 620, построенных за это время в России[435]. Да, в рядах противников СССР были и добровольцы из разных европейских стран. Но вот по меньшей мере 23 400 итальянцев погибли, сражаясь на стороне антигитлеровской коалиции. Дает ли это основание говорить, будто Италия была державой, союзной Сталину, а не Гитлеру?

При этом только об Испании можно сказать, что добровольцы ее «Голубой дивизии» ехали на фронт с согласия своего правительства. Остальные рекрутировались с территорий, уже оккупированных Германией и вопреки воле своих законных правительств, находившихся в изгнании.

---

[435] URL: http://авиару.рф/aviamuseum/aviatory/letchiki/rossijskaya-imperiya-2/gaber-vlynskij-adam-mechislavovich/

Глава 42

Несколько слов про НАТО

В первый раз мысль о том, что Россию надо пригласить в НАТО, возникла в европейских умах в начале XVII века:

«Когда б Великий князь Московский, или Русский царь, которого приемлют писатели за старинного скифского владетеля, отрекся приступить к всеобщему соглашению, о котором бы наперед ему сделать предложение, то так же бы с ним поступить, как с султаном Турским, то есть отобрать у него все, чем он владеет в Европе, и прогнать его в Азию, чтобы он без всякого нашего сопримешения мог бы, сколько ему угодно, продолжать войну, почти никогда у него не прекращающуюся, с Турками и Персами»[436].

Это герцог М. де Сюлли в своем завещании предлагает французскому королю Генриху IV создать конфедерацию христианских народов. Столетие спустя эта идея весьма нравилась Вольтеру и царице Екатерине, которая даже заказала бюст автора этой идеи в свой рабочий кабинет.

---

[436] Записки Максимилиана Бютена герцога Сюлли, первого министра Генриха IV. Т. 10. — М., 1776. С. 364, 360–361.
URL: https://rusneb.ru/catalog/000199_000009_006500633/

Наиболее полное развитие идеи Сюлли получили в «Проекте установления вечного мира в Европе», написанном в 1713 г. аббатом Ш. Сен-Пьером *(Projet* pour rendre la *paix perpétuelle* en Europe. Par l'*abbé* Castel de *Saint-Pierre).* Сен-Пьер благожелательно относился к перспективам России войти в будущую конфедерацию. Он включил ее в свой список европейских держав, разъяснил, почему, с его точки зрения, вступление в союз в интересах русских монархов, и сослался на то, что «Генрих IV не отказывал Царю в месте во всеобщей лиге».

Идея Сюлли вполне здрава и логична: Россия сама должна выбрать, где и с кем она — с Азией или Европой.

Казалось бы, Россия этот выбор ясно и навсегда сделала при Петре. Ведь даже советская конфронтация с Европой была вызвана стремлением большевиков навязать Европе европейскую же модель развития — марксизм.

И лишь при развитом путинизме стали заколачивать окно в Европу.

А после Второй мировой остатки Европы, независимой от Москвы, сами решили отгородиться от непрошеного ими экспорта революционного счастья.

Попытки Сталина оккупировать Турцию и Персию, его поддержка гражданской войны в Греции[437] показали, что его военный зуд не прошел. Хрущёв вспоминал, что после войны Сталин

---

[437] Отношения между странами на уровне послов были прерваны в 1947 и не возобновлялись до 1953 г. Помощь коммунистическим партизанам через албано-греческую границу и отправка грузов из стран народной демократии продолжались вплоть до разгрома партизан. В ноябре 1948 — сентябре 1949 г. Польша, Чехословакия, Румыния и Венгрия морским путём направили для бойцов этой армии 14,5 тыс. т военных грузов, 30 тыс. т продовольствия и 4.6 тыс. т топлива; в октябре 1948 — августе 1949 г. самолётами для повстанцев доставили 20 т взрывчатых веществ и лекарств. (см.: Калинин А. А. Советский Союз и гражданская война в Греции (1946–1949 гг.) // Российская история, 2016. № 6. С. 129).

пытался «прощупать» капиталистический мир штыком[438]. В послевоенном 1946 году только танков Т-34 было выпущено 25 914 штук[439] (потом ему на смену пришел Т-54[440]). 720 штук тяжелых танков ИС-3 было произведено до окончания войны с Японией, а до середины 1946 года их было выпушено 2 311.

9 февраля 1946 года Сталин выступил на предвыборном собрании (выборы в Верховный Совет СССР). В этой речи он напомнил:

«Марксисты не раз заявляли, что капиталистическая система мирового хозяйства таит в себе элементы общего кризиса и военных столкновений, что ввиду этого развитие мирового капитализма в наше время происходит не в виде плавного и равномерного продвижения вперед, а через кризисы и военные катастрофы».

Речь вроде бы шла о причинах уже прошедших мировых войн. Но поскольку на большей части планеты капитализм сохранялся, и даже победа не превратила СССР во Всемирный Союз Республик, формулирование такого геополитического «закона» означало неизбежность новой войны.

Блок НАТО возник как реакция на госпереворот, устроенный советскими агентами в Чехословакии 22 февраля 1948 года. Западные державы неожиданно быстро отреагировали на коммунистический путч в Праге. Уже 17 марта 1948 г. Британия, Франция и страны Бенилюкса при поддержке США создали оборонительный Западноевропейский союз, ставший первым шагом в создании НАТО.

---

[438] Хрущёв Н. С. Время. Люди. Власть (воспоминания в 4-х кн.) Кн. 4. — М., 1999. С. 433.

[439] URL: https://ru.wikipedia.org/wiki/%D0%A2-34-85

[440] В 1948 году было сделано 593 шт., а всего до конца 50-х годов — 20375.

В 1948 году в Совете Безопасности ООН состоялось 9 заседаний по чехословацкому вопросу, где большинство западных государств осудили коммунистический переворот. Постоянный представитель Великобритании при ООН Кадоган на заседании 22 марта отметил:

> *«Одна за другой смежные с СССР страны подпали под жестокую власть коммунистического меньшинства... В других странах мы наблюдали тот же самый процесс, когда хорошо организованное меньшинство захватывало власть, производило чистку всех противящихся ему элементов, упраздняло демократический образ правления, отменяло все обычные свободы и создавало полицейское государство по определённому образцу. То, что произошло в прошлом месяце в Чехословакии, случилось ещё раньше в Румынии, Болгарии, Албании, Венгрии и Польше. В нарушение сделанных в Ялте торжественных международных обещаний о том, что всюду будет введён свободный демократический образ правления, во всех этих странах все партии, кроме коммунистической, были постепенно или сразу ликвидированы»*[441].

Северо-Атлантический союз создавался не для вторжения в СССР, а для сдерживания его экспансии. И даже монопольно владея атомной бомбой, имея экономику, не разоренную войной, США ничего не требовали от Союза, кроме сдержанности в насаждении коммунистических порядков в других странах.

Идея НАТО — в отделении занавесом своего мира, а не во вторжении в чужой мир. Как очень точно сказал первый генеральный секретарь НАТО лорд Исмэй[442], цель Североатлантического союза — «держать Советский Союз вне (Европы), Амери-

---

441 URL: https://ru.wikipedia.org/wiki/Февральские_события_в_Чехословакии

442 До этого назначения — министр по делам Содружества Британской Империи.

канцев — внутри (Европы), и Германию под (контролем)» («*keep* the Soviet Union *out*, the Americans in, and the *Germans* down»)[443].

Он же приводил такие цифры:

«В день, когда Германия капитулировала, американская вооруженная сила в Европе составляла 3 100 000 человек: в течение одного года она сократилась до 391 000. Британская сила в Европе составляла 1 321 000 человек; через год их осталось всего лишь 488 000 человек. В день Победы Канада имела 299 000 человек в Европе: в течение года они все вернулись домой»[444].

Советская армия к концу войны насчитывала 11 300 000 человек. Конечно, и в ней прошла послевоенная мобилизация. Но и после нее численность советской группы войск в Германии составила к 1949 году 2 900 000 человек. Кроме этого, в Польше стояла Северная группа войск (в 1946 году — 300 000 человек). А еще в Европе стояли Центральная и Южная группы войск.

Было чего опасаться…

И не вполне верно говорить, что раз Организация Варшавского договора была создана после НАТО (1955 и 1949 гг. соответственно), то, значит, в ответ на него. Политические культуры двух блоков были слишком различны. Западный мир предпочитал язык права и привык фиксировать взаимные обязательства. В русско-советском обиходе достаточно приказов сверху, причем даже устных. Сталин и без формального публичного «договора» мог быть уверен в том, что коммунистические лидеры Восточной Европы предоставят все свои ресурсы в его распоряжение.

И кстати, даже члены НАТО вовсе не обязаны воевать друг за друга. Лишь в версии Путина есть это обязательство: «Есть

---

443 URL: https://www.nato.int/cps/en/natohq/declassified_137930.htm

444 Lord Ismay. NATO. The first five years 1949–1954. — London, 1955. P. 3.

статья 5 договора о создании НАТО, из которой ясно, что все страны альянса должны воевать на стороне одного из своих членов, если он подвергается какой-то агрессии»[445].

На самом деле:

> *Article 5. The Parties agree that an armed attack against one or more of them in Europe or North America shall be considered an attack against them all and consequently they agree that, if such an armed attack occurs, each of them, in exercise of the right of individual or collective self-defence recognised by Article 51 of the Charter of the United Nations, will assist the Party or Parties so attacked by taking forthwith, individually and in concert with the other Parties, such action as it deems necessary, including the use of armed force, to restore and maintain the security of the North Atlantic area. Any such armed attack and all measures taken as a result thereof shall immediately be reported to the Security Council. Such measures shall be terminated when the Security Council has taken the measures necessary to restore and maintain international peace and security*[446].

> *«Стороны соглашаются, что вооруженное нападение на одну или несколько из них в Европе или Северной Америке будет рассматриваться как нападение на них всех, и поэтому они соглашаются, что в случае такого вооруженного нападения каждая из них, в осуществление права на индивидуальную или коллективную самооборону, признаваемого статьей 51 Устава Организации Объединенных Наций, окажет помощь Стороне или Сторонам, подвергшимся нападению, немедленно предприняв индивидуально и совместно с другими Сторонами такие действия, которые она сочтет необходимыми, включая применение вооруженной силы, для восстановления и поддержания безопасности Североатлан-*

---

[445] URL: http://kremlin.ru/events/president/news/67825

[446] URL: https://www.nato.int/cps/en/natolive/official_texts_17120.htm

тического района. О любом таком вооруженном нападении и всех мерах, принятых в результате этого, немедленно сообщается Совету Безопасности. Такие меры будут прекращены, когда Совет Безопасности примет меры, необходимые для восстановления и поддержания международного мира и безопасности».

То есть: каждая страна сама выбирает способ и пределы своей реакции, и сама определяет меру своей вовлеченности в чужой конфликт. «Действия, которые она сочтет необходимыми», могут включать «применение вооруженной силы», но могут и не включать.

Война Турции с Грецией за Кипр не привела к военному вовлечению остальных членов НАТО. Тезис о том, что 5 статья договора о создании НАТО якобы обязывает всех членов альянса вступить в войну в защиту одного из членов опровергается не только спокойной реакций НАТО на англо-аргентинскую войну, но и антиколониальными войнами, в которых Франция, Португ алия, Бельгия потерпели поражения уже после создания НАТО. И их союзники не посылали им в помощь армейские части. Даже для войны с кубинскими «прокси» в Анголе.

И еще два мифа: якобы НАТО обещал не расширяться и якобы при этом Россия туда просилась.

На деле:

«Этого в принципе быть не могло, ибо НАТО — это международная организация и от ее имени никто не может давать никакие абсурдные заверения, кроме генерального Секретаря НАТО, тем более заявления, которые идут вразрез с ее Уставом. Для этой лжи используется один конкретный юридический ***Договор об окончательном урегулировании в отношении Германии*** Treaty on the Final Settlement with Respect to Germany (так называемый «Договор 2+4») от 12 сентября 1990, который отменил остатки оккупационного статуса Германии: ФРГ и ГДР (Великобританией, Францией, США и СССР), в котором из 8-ми положений есть 6-е — *Иностранные войска и ядерное оружие или его носители не будут размещаться и развёртываться на территории бывшей ГДР.*

Это положение неукоснительно соблюдается по сей день. Ни одной базы США не появилось на территории бывшей ГДР. **Из 223-х** военных баз и комплексов (включая госпитали) **остались лишь три** и 21 переведены в Бундесвер (Bundeswehr — Министерство обороны Германии), остальные **199 закрыты** с 1992 по 2014. Найдите в Гугле *List of United States Army installations in Germany* и там есть таблица по всем 223-м базам, и когда они закрылись.

Понятно, что это положение Договора касается исключительно Восточной Германии и никакого отношения к НАТО вообще не имеет

В этом Договоре нет даже упоминания ни о НАТО, ни о Российской Федерации — по той причине, что ни НАТО, ни РФ к *Договору об объединении Германии*, подписанному в формате 2+4 (ФРГ и ГДР + США, Великобр, Франция, СССР) не имеют никакого отношения.

НАТО — это оборонительный блок государств Атлантического бассейна со своим строгим Уставом и любое государство этого бассейна (а вся Европа и Черное море также относятся к нему) может в него вступить, но только по прописанной многолетней процедуре (с пятилетним «планом действий по членству» — ПДЧ — после одобрения заявки на вступление всеми членами блока), обладая определенным набором стандартов, и лишь полным всеобщим одобрением всех членов альянса.

Про то, что «нам» в членстве НАТО отказали… Как можно отказать тому, кто даже заявку не подавал и которая никогда не рассматривалась альянсом. Чтобы подать заявку в НАТО, в РФ должен был пройти Всероссийский референдум, а в случае его положительного результата, Госдума и Совет Федерации должны были принять соответствующие изменения в Конституции и Закон о вступлении РФ в НАТО, и лишь затем Президент РФ мог подать заявку в НАТО, которая должна была рассматриваться и затем голосоваться на саммите НАТО. Ничего подобного никогда не происходило»[447].

А вот Древнейший международный русский договор письменно и со многими подписями обещал не трогать Крым и Херсонес: «И о Корсунской стране. Да не имеет права князь русский воевать в тех странах, во всех городах той земли, и та страна да не покоряется вам, но когда попросит у нас воинов князь русский, чтобы воевать, — дам ему, сколько ему будет нужно… Да не имеют права русские зимовать в устье Днепра, в Белобережье и у святого Елферья; но с наступлением осени пусть отправляются по домам в Русь»[448].

И почему он не исполняется?

Нет Византийской империи, от имени которой его подписал император Роман? Так и Советского Союза, которому якобы обещали не-расширение НАТО, тоже нет.

Впрочем, тот, кому это якобы обещали (т. е. М. С. Горбачев), ясно сказал в «Российской газете» 16 октября 2014: «…вопрос о „расширении НАТО" в те годы вообще не обсуждался и не возникал. Говорю это со всей ответственностью. Ни одна восточноевропейская страна его не поднимала, в том числе и после прекращения существования Варшавского договора в 1991 году. Не поднимали его и западные руководители. Обсуждался другой вопрос, который поставили мы: о том, чтобы после объединения

---

447 Ortolog
URL: https://diak-kuraev.livejournal.com/4187237.html?thread=703142501#t703142501

448 А ѡ Корсуньстѣи странѣ: елико же есть городовъ на тои части, да не имать волости кнѧзь Рускии, да воюеть на тѣхъ странахъ, и та страна не покарѧетсѧ вам. [И] тогда аще просить вои оу насъ кнѧзь Рускии, да воюеть, да дамъ ему елико ему будеть требѣ… И да не имѣють власти Русь зимовати въ вустьи Днѣпра, Бѣлъбережи ни оу с(вя)т(а)го Ельферья, но егда придеть ѡсень, да идуть въ домы своя в Русь» (Лаврентьевская летопись. В год 6453 (945)).

Германии не произошло продвижения военных структур НАТО и развертывания дополнительных вооруженных сил альянса на территории тогдашней ГДР»[449].

И, как уже было сказано, ни одной американской базы на территории бывшей ГДР так до сих пор и не появилось. А свои военные базы суверенная страна (Германия) имеет право на своей территории располагать где ей угодно[450].

---

[449] URL: https://rg.ru/2014/10/15/gorbachev.html

[450] Ср.: «Официальный представитель Госдепартамента Нед Прайс заявил, что администрация США ожидает от России разъяснений насчет военных учений, проводимых на западе страны, возле границы с Украиной. Прайс заявил, что в рамках деэскалации ситуации на Украине России следует разъяснить учения на западе страны или прекратить их вовсе.

„Мы полагаем, что в этом случае деэскалация предполагала бы возвращение российских военнослужащих в казармы, разъяснения по поводу этих маневров или их прекращение, а также возвращение тяжелых вооружений в места их обычного хранения", — потребовал представитель Госдепа. 11 января посольство России ответило на призывы США „отвести войска" от Украины. Ведомство заявило, что страна продолжит учения на своей территории и назвало дислокацию суверенным делом… „Наше решение — где и когда проводить военные учения на национальной территории. Мы продолжим проводить их, потому что это соответствует интересам безопасности", — говорится в сообщении».

URL: https://lenta.ru/news/2022/01/12/explain/

Это было 11 января 2022 года. До 24 февраля оставлось… Но я сейчас не об этом.

Часть 4

ПАТРИАРХ КИРИЛЛ И НАПОЛЕОН

Теперь я предлагаю повторить основные вышеприведенные мифы и тезисы, предельно сузив «объектив».

Посмотрим на одну войну — 1812 года. И на ее интерпретацию одним нашим современником — патриархом Кириллом.

Выбор предмета объясняется статусом мифотворца. А точнее тем, что он как раз не творец, а ретранслятор мифов. Но очень статусный и громкий.

Каждый раз, когда патриарх Кирилл касается тем национальной церковной истории, он или воспроизводит штампы советской средней школы (реже — создает свои сказки, что тоже интересно). Кирилл получил вечерне-заочное среднее образование в середине прошлого века. Университетской школы критического анализа источников и мифов он не прошел. Но он прекрасно улавливает императивы современной государственной пропаганды и следует им. Его статус патриарха и его нарочитая профессиональная ортодоксальность сдерживают от попыток оригинальничанья. То есть его слова нельзя смягчить формулами «да это он спьяну сказанул» или «это просто ради красного словца» или «вот до чего доводит желание выделиться».

Поэтому пробы, взятые с его речей, стерильны: миф Гражданской Религии России как он есть. И по ним хорошо видно, как потребности и логика этой Религии растворяют в себе всемирную и национальную историю, а также христианскую этику.

Число исторических сюжетов, к которым прикасается патриарх, весьма невелико. Ледовое побоище — Куликовская битва — избавление Москвы от татарских набегов — Смутное время — война 1812 года — Великая Отечественная война.

Посмотрим же на основные этапы войны 1812 года в их толковании современным патриархом,

Глава 43

Наполеоновские планы или что значит «уничтожить Россию»

Прежде всего — какими патриарх видит планы Наполеона и мотивы его вторжения.

«В 1812 году могущественный Наполеон, покоривший бóльшую часть Европы, поставил задачей уничтожить Россию»[451]. *«Наполеон, объединив под своей властью многие народы, решил уничтожить Россию»*[452]. *«Наполеон в его стремлении оккупировать всю страну... план захвата Петербурга»*[453].

«В Бородинской битве решался вопрос — быть России или нет, будет Русская Церковь существовать, или не будет. Именно так ставился вопрос»[454].

---

451 «Слово», 4 ноября 2013 г.
URL: http://www.patriarchia.ru/db/text/3345776.html

452 «Слово», 24 июня 2015 г.
URL: http://www.patriarchia.ru/db/text/4133019.html

453 «Слово», 21 июля 2020 г.
URL: http://www.patriarchia.ru/db/text/5666796.html

454 «Слово», 21 июля 2023 г.

«Война 1812 года, когда объединенная Европа под руководством агрессора Наполеона вступила на нашу землю с полной уверенностью, что наступает конец России»[455].

«Он, войдя в пределы России и увидев в каждом селении храм, в каждом городе святыни, поставил своей задачей не только пленить народ наш, подчинив его своей власти, но и уничтожить веру. Полководец тот был опытен и вел свои войска к духовному центру нашего Отечества. Ему не нужна была тогдашняя политическая столица России — ему нужно было сердце России с ее святынями, с ее храмами. Он хотел воссесть на престол здесь, в Кремле, и завершить историю Святой Руси»[456]. *«Потому что уж больно богата и привлекательна была для этих захватчиков наша земля»*[457].

Итак, в течение десяти лет московский патриарх накачивает своих слушателей идеей о том, что

— Наполеон = вся Европа;

— Наполеон хотел захватить всю Российскую Империю;

— цель этого захвата (оккупации) была тотальна: уничтожение России и «пленение нашего народа»;

— средством к этому пленению народа было разрушение храмов, веры и православия;

— итогом должна было стать какая-то интронизация Бонапарта («воссесть на престол здесь, в Кремле»);

— глубинный мотив планируемого захвата — прибрать к своим рукам «богатства нашей земли».

URL: http://www.patriarchia.ru/db/text/6044268.html

455 «Слово», 6 мая 2018 г.
URL: http://www.patriarchia.ru/db/text/5190985.html

456 «Слово», 9 сентября 2012 г.
URL: http://www.patriarchia.ru/db/text/2457627.html

457 «Слово», 21 июля 2023 г.
URL: http://www.patriarchia.ru/db/text/6044268.html

Возможно, оратор еще объяснит, что он понимает под «уничтожением России».

Эта формула может относиться к пяти сценариям.

Первый: полный раздел враждебной и побежденной страны на части, с последующей их передачей в состав других стран. Именно — полный.

Даже утрата 80 процентов территории Турецкой империи в XVIII—XX веках не привела к уничтожению Турции.

А полностью — это как в проекте Дмитрия Медведева, зам. председателя Совета безопасности РФ и третьего президента России:

«Украина не нужна России. Ведь недоукраина — и не страна вовсе, а облако в штанах. Рваное, потрёпанное и засаленное, вконец прохудившееся лоскутное одеяло. Новая Малороссия образца 1991 года — искусственно нарезанные территории, многие из которых исконно русские, случайно отторгнутые в XX веке. Здесь живут миллионы наших соотечественников, которые в течение многих лет подвергаются издевательствам со стороны нацистского киевского режима. Именно их мы защищаем в ходе специальной военной операции, беспощадно уничтожая врага. Но кусочки России, названные Украиной в границах 1991 года, — просто недоразумение, порождённое распадом Союза ССР. И поэтому недоукраина не нужна нам. Нам нужна Большая Великая Россия»[458].

*«Теперь пора сказать, **как исчезнет Украина**. Украина исчезает после завершения СВО в процессе её раздела между*

[458] URL: https://vk.com/dm?w=wall53083705_54704
https://www.kommersant.ru/doc/5925569
8 апреля 2023 г.

Россией и рядом государств Евросоюза. Западные земли Украины присоединяются к ряду стран ЕС. Народ центральных и некоторых иных бесхозяйных областей Украины в рамках ст. 1 Устава ООН немедленно заявляет о своём самоопределении путём вступления в Российскую Федерацию. Его просьба удовлетворяется, и ***конфликт завершается с достаточными гарантиями его невозобновления в долгосрочной перспективе****. Других вариантов просто нет»*[459].

«Мы не должны останавливаться до тех пор, пока не будет полностью демонтировано нынешнее террористическое по своей сути украинское государство. Оно должно быть уничтожено дотла. Вернее так, чтобы даже пепла от него не осталось. Чтобы эта мерзость никогда, ни при каких условиях не могла возродиться. Если на это потребуются годы и даже десятилетия — так тому и быть. Только так — полная утилизация государственной машины враждебной страны и абсолютные гарантии лояльности на будущее. Их может дать лишь контроль России за всем, что происходит и будет происходить на территориях бывшего бандеровского государства. И мы его добьёмся»[460].

«Существование Украины ***смертельно опасно*** *для украинцев. И я имею в виду отнюдь не только нынешнее государство, бандеровский политический режим. Я говорю о любой, совершенно любой Украине. Почему? Наличие самостоятельного государства на исторических российских территориях теперь будет постоянным поводом для возобновления военных действий. Именно поэтому существование Украины и фатально для украинцев. Выбирая между вечной войной и неизбежной гибелью и жизнью, абсолютное боль-*

---

459 URL: https://t.me/medvedev_telegram/330 https://ria.ru/20230525/ukraina-1874219595.html 25 мая 2023

460 19 августа 2023 г. URL: https://t.me/s/medvedev_telegram

шинство украинцев выберет в конечном счёте жизнь. ***Поймут, что жизнь в большом общем государстве, которое они сейчас не сильно любят, лучше смерти. Их смерти и смерти их близких***»[461].

Публично этот сценарий был заявлен 7 сентября 2018 году на страницах «Независимого военного обозрения» (приложение к «Независимой газете»). Автор — Александр Анатольевич Храмчихин, заместитель директора Института политического и военного анализа:

«Как ни странно, в Кремле, в экспертных кругах, среди простого населения России до сих пор сильна идея „братства" с Украиной и надежда на то, что можно создать единую пророссийскую Украину Теперь говорить о подобном варианте может только „альтернативно мыслящий". Как было сказано выше, украинская идея — антироссийская по определению. Поэтому Россия и Украина — либо одна страна, либо враги, третьего не дано. Конечной целью России должен быть территориальный демонтаж Украины, причем добиваться этого надо невоенными методами. Впрочем, давно и прекрасно понятно, что никакой агрессии против Украины Москва не готовит. Просто потому, что мы экономически не потянем содержание разворованной страны с крайне озлобленным населением. Как в Грузии — разгромили и ушли. Дальше разваливать Украину надо будет экономическими и политическими методами. Что касается демонтажа Украины, нужно пояснить, что дело отнюдь не в каких-то будущих „базах НАТО под Харьковом", это полный пропагандистский фейк, такой же, как несостоявшаяся „база НАТО в Севастополе". Дело в том, что нашим врагом является сама Украина, врагом чрезвычайно опасным,

---

[461] 17 января 2024 г.

несмотря на свою слабость (в каком-то смысле слабость делает ее даже еще опаснее). Поэтому и нужно превратить ее в несколько небольших государств»[462].

Второй сценарий «уничтожения страны» — это ее оккупация и силовое переформатирование всего ее населения.

Вот как это выглядит в тексте **государственного** информационного агентства РИА («ТАСС уполномочен заявить»):

«Денацификация необходима, когда значительная часть народа — вероятнее всего, его большинство — освоено и втянуто нацистским режимом в свою политику. То есть тогда, когда не работает гипотеза „народ хороший — власть плохая". Денацификация — это комплекс мероприятий по отношению к нацифицированной массе населения, которая технически не может быть подвергнута прямому наказанию в качестве военных преступников. Денацификация этой массы населения состоит в перевоспитании, которое достигается идеологическими репрессиями (подавлением) нацистских установок и жесткой цензурой: не только в политической сфере, но обязательно также в сфере культуры и образования. Денацификация может быть проведена только победителем, что предполагает (1) его безусловный контроль над процессом денацификации и (2) власть, обеспечивающую такой контроль. Денацифицируемая страна не может быть суверенна. Идеология денацификатора не может оспариваться виновной стороной, подвергаемой денацификации. Сроки денацификации никак не могут быть менее одного поколения, которое должно родиться, вырасти и достигнуть зрелости в условиях денацификации. Название „Украина", по-видимому, не может быть сохранено в качестве титула никакого полностью

---

[462] URL: http://nvo.ng.ru/concepts/2018-09-07/1_1012_ukraine.html

денацифицированного государственного образования на освобожденной от нацистского режима территории. Политическая устремленность вновь созданных на свободном от нацизма пространстве народных республик не может быть нейтральной — искупление вины перед Россией может реализоваться только в опоре на Россию. Эти государственности в тесном взаимодействии с российским ведомством по денацификации Украины, будут исходить из принятия под российским контролем республиканской нормативной базы (законодательства). Денацификация Украины — это и ее неизбежная деевропеизация и деукраинизация — отказом от начатого еще советской властью масштабного искусственного раздувания этнического компонента самоидентификации населения территорий исторических Малороссии и Новороссии. Украина, как показала история, невозможна в качестве национального государства»[463].

Третий рейх хотя бы не публиковал свой план «Ост». И советские люди не могли читать «Фолькишер беобахтер». А тут так доступно и так откровенно пишется все, чтобы дать стимул

---

[463] Тимофей Сергейцев. Что Россия должна сделать с Украиной (https://ria.ru/20220403/ukraina-1781469605.html) Из статьи следовал вполне однозначный ответ на вопрос, вынесенный в ее заголовок — уничтожить. Автор — российский политтехнолог. В 2004 году консультировал Виктора Януковича. В 2009 году был одним из председателей предвыборного штаба Арсения Яценюка.

«Мы листья пальмы заменили вербой.

Враги ценней друзей. И мы станцуем вальс

Большой войны. И летчик Аненербе

Оставит мне свой летный аусвайс».

Такими стихами собственного сочинения в сентябре 2014 года политтехнолог Тимофей Сергейцев закончил статью «Зачем жил ГП», посвященную основателю «методологического» оккультно-политического движения, философу Георгию Щедровицкому (ГП — это его инициалы: Георгий Петрович).

к сопротивлению. Мол, мы вас оккупируем, варваризируем («деевропеизируем»), разделим вашу страну, засудим или вышлем за границу несогласных, установим свой режим правления и свою военную цензуру на многие десятилетия вперед и научим нашу (не вашу) родину любить.

И все же главное сказано верно: только так и можно уничтожить другую страну — переформатированием самосознания и исторической памяти ее населения. Но в наполеоновских планах такого и близко не было.

Третий сценарий уничтожения страны — это тотальное уничтожение ее населения с его жизненной инфраструктурой. То, что называется «вбомбить в каменный век».

За эталоном такой программы опять же далеко ходить не надо.

«Возможно, с помощью ЯО нам придётся сносить всё и вся в Европе. Очевидно, что при создании на границе с Россией развёрнутой группировки НАТО в 300 тыс. человек мы не сможем обойтись демонстрационным ударом ядерным оружием. Он будет даже вреден, т. к. при таком напряжении тут же может быть и ответный в нашу сторону. Нам придётся сразу сносить с помощью ЯО всё и вся в Европе: все точки базирования ядерного оружия противника, базы ПРО в Румынии и Польше, все военно-морские и воздушные базы, пункты управления, места сосредоточения войсковых группировок и т. п. Под шумок можно навсегда избавиться от Британии».

Так пишет политолог Юрий Баранчик[464], ранее работавший в администрации президента Белоруссии, министерстве иностранных дел РБ. С 2013 года в Москве. Заместитель директора

[464] В своем телеграмме 21 марта 2023 г. — https://tgstat.ru/channel/@barantchik;
его републикует МК — https://www.mk.ru/politics/2023/03/21/politolog-baranchik-sprognoziroval-yadernyy-apokalipsis-po-vine-zapada.html

Института РУССТРАТ. Шеф-редактор информационного агентства REGNUM, руководитель информационно-аналитического интернет-проекта «Империя».

Так и не найденный преступный план «Ост», судя по его отрывкам, все же не предполагал тотальное уничтожение всего населения и всех городов на оккупированной нацистами территории. Оттого белорусские предки Баранчика и выжили. Но в современной России уже не стыдно предлагать «окончательное решение» для неудобных народов и стран («навсегда избавиться от Британии»).

1 июня 2023 года на государственном телеканале «Россия» ведущая программы «60 минут» Ольга Скабеева призвала ни в чем себе не отказывать на пиру разжигаемой ею же ненависти: «то, что сейчас приходит в голову — уничтожить к чо́ртовой матери в Харьковской области всё живое в наказание»[465].

Днем ранее олигарх и спонсор «русской весны» 2014 года Малофеев в прямом эфире своего «первого православного телеканала» «Царьград» призвал нанести по Украине «удар тем оружием, которого у нее нет», «превратив полицейскую операцию (СВО) в настоящую войну». То есть заместитель председателя Всемирного русского народного собора (т. е. Кирилла) призвал нанести ядерный удар по Украине[466].

«Всем!ру» — рупор «Национально-освободительного движения» (НОД) депутата Евгения Федорова[467] — разъясняет:

«Элементарная логика подсказывает нам, что украинский этап начавшейся Третьей мировой войны в обозримом будущем закончится исчезновением с карты мира Украины

---

[465] https://smotrim.ru/brand/60851

[466] Тут вспоминается стих Сергея Михалкова про бульдога:
…У них он научился
Рычать при слове «мир».

[467] Член комитета Государственной думы РФ по бюджету и налогам, член Центрального политсовета «Единой России».

в её нынешнем виде. Оставшаяся часть бывшей Украины, вместе с давно уже не русским городом Киевом, скорее всего, сможет продолжить существование под прежним названием. Но, прежде чем Россия согласится на это, необходимо провести деиндустриализацию территории до состояния максимально приближённого к Дикому Полю. Кстати, именно этим в настоящее время, похоже, и занимаются министерство обороны Российской Федерации и наша доблестная армия. Еженощно, а в последнее время и ежедневно, серьёзно калибруется именно промышленная инфраструктура тех регионов, которые по ходу текущего этапа Третьей мировой под полный контроль России вряд ли перейдут»[468].

Уже даже не стыдно даже говорить об «окончательном решении» некоторых национальных вопросов: «Владимир Путин взял на себя — без капли преувеличения — историческую ответственность, решив не оставлять решение украинского вопроса будущим поколениям. Ведь необходимость его решения всегда оставалась бы»[469].

Четвертый путь к «уничтожению страны» — это разрушение самой ее социальной ткани. Современная публицистика и тут дает нам пример-эталон-инструкцию:

«Описывать конкретные приемы воздействия на массу с целью ее хаотизации здесь смысла нет: кто должен, тот это делать должен уметь. На войне, как известно, „победителей не судят". Наилучшим фоном для создания хаоса послу-

---

[468] Борис Терехов, обозреватель Wsem.ru. «Кому вообще нужна эта Украина?» (wsem., 12.01.2024). URL: https://wsem.ru/publications/komu_voobshche_nuzhna_eta_ukraina_19287/#

[469] Петр Акопов обозреватель РИА «Новости». URL:
https://ria.ru/20220226/rossiya-1775162336.html;
https://web.archive.org/web/20220226051154
https://ria.ru/20220226/rossiya-1775162336.html

жила бы „случайная" остановка в зонах конфликта электростанций, в том числе и атомных, испорченная вода в густонаселённых районах Парижа, Берлина, Лондона и Нью-Йорка, сбой работы железнодорожных коммуникаций, „самоликвидация" плотин и ГРЭС, что вызвало бы масштабные наводнения по всему ЕС и США, перебои в мобильной и интернет-связи, которые накалят градус напряжённости в обществе до предела, испорченная нефть и „случайно" загоревшиеся по всему Западу нефтехранилища вызовут сбои в работе гражданского и общественного транспорта, большую волну паники. Один из наших потенциальных союзников — Иран, имеющий плотную сеть исламской агентуры по всему Западу, Северная Корея, которая имеет на вооружении миллионы служителей идеи чучхе, тысячи из которых на протяжении полувека под видом беженцев проникали в Южную Корею, Японию и США, Китай же мог бы „подсобить" России с кибератаками на всю систему жизнеобеспечения, Афганистан с великим воодушевлением помог бы нам в пределах своей агентурной сети на Западе. У всех стран свободного мира свои счёты с мировым Содомом и Гоморрой, поэтому для каждой из них совместные с Россией действия по ликвидации западной цивилизации просто жизненно необходимы. Западный человек, привыкший к комфорту, ни морально, ни физически не готов к резкой отмене привычной для себя среды обитания. Такой человек, столкнувшись с новой реальностью, которая поставит его на грань жизни и смерти, в очень короткий срок из типичного мирного „бюргера" превратится в животное, готовое ради своего выживания на всё, но не умеющее ничего. Иными словами, западный человек — это „ходячий мертвец", западный мир — „масса ходячих мертвецов", чьи дни сочтены. Таков ключ к нашей Победе. Правда за нами!»[470]

---

[470] Никита Горыныч, 6 августа 2022 г. URL: https://topcor.ru/27276-kljuch-k-pobede-rossii-v-bitve-s-kollektivnym-zapadom.html

Пятый сценарий — синтетический, объединяющий планы всех вышеприведенных. Его предлагает беглый украинский дипломат и желанный гость российских телеканалов Ростислав Ищенко.

«Любая оставшаяся Украина будет чувствовать себя победителем, сохранившим независимость и стремиться к территориальному реваншу, и поэтому я считаю, что как бы и чем бы ни закончилась СВО, Украина после неё должна навсегда прекратить своё существование. Если мы не можем переварить её всю и сразу, то лучше разделить с соседями (включая, кстати, Белоруссию), чем оставлять хоть один махонький островок независимости. Не было и не будет для России более опасного движения, чем украинство. Нам неимоверно повезло, что Украина так отчаянно сопротивляется и не даёт возможность завершить СВО какимнибудь промежуточным миром. Только это сопротивление даёт надежду на то, что пусть не по заранее намеченному плану, а просто волей обстоятельств, российское руководство будет вынуждено в конечном итоге ликвидировать Украину, как государство, украинство, как идею и украинский дух, как разносчик смертельно опасной инфекции»[471].

Тот же автор годом ранее:

«Мы больше не можем быть гуманными с негуманоидной формой жизни, её скорейшее уничтожение — есть высшее проявление гуманности, ибо уменьшит количество жертв инфернальной украинской государственности. Тем больше порядочных людей выживет, тем меньше их духовно сломают в эти последние дни (недели, месяцы) существования Украины, чем жёстче и последовательнее мы будем уни-

---

[471] Ростислав Ищенко. СВО: осознание цели. URL: https://ukraina.ru/20230808/1048567312.html

чтожать поражённое украинством общество. Подчеркну, не людей, а общественные структуры, превращающие людей в нелюдей. Эта война закончится только тогда, когда мысль о возможности восстановления украинской государственности будет приравнена к преступлению против человечности, как призыв к возрождению ублюдочной формы нацистского рейха. Либо мы без Украины, либо Украина без нас. Вместе нам на Земле тесно»[472].

Таков эталон «войны на уничтожение» И именно к этому эталону я и предлагаю обращаться каждый раз, когда из святейших или иных звуковых отверстий будет раздаваться, что Карл, Наполеон, японский император или англосаксы хотели уничтожить Россию.

Ищенко последователен и честен. Тот, кто ставит целью уничтожение некоей страны, должен мыслить, как он[473]. Радикальный русофоб, чтобы оправдать такое звание, должен же в мани-

---

472 URL: http://nashagazeta.net/239623-mnenie-ukraina-bez-pogrebinskogo-ili-pogrebinskiy-bez-ukrainy.html

Текст вышел в газете, представленной как «издание Луганского областного совета», но первоисточник, наверное, тут:
https://ukraina.ru/opinion/20220328/1033626682.html

473 У него есть последователи:

«Из прекрасно написанного текста Ищенко следует, что русские относятся к украинцам как к раковой опухоли на своем теле. Украинцы — это русские, которым захотелось быть европейцами. У них два выхода, или осознать, что они русские (то бишь носители православного менталитета), или… (участник диалога: «Тут Людочка внезапно застеснялась, и вместо „…или мы их убьём" поставила многоточие; это прелестно»). Почему обязательно убьем… Можно по их же рекомендации — чемодан, вокзал, европа… Зашла от скуки, написала в ответ на конкретное сообщение. Вооруженного врага надо убивать, а украина сама объявила себя врагом. Безоружных и мирных никто не убивает, кроме самих же укро-воинов. У украинцев действительно нет иного выхода кроме как осознать свою принадлежность к русскому миру или умереть. Но не в смысле, что их убьют, их будут терпеливо воспитывать, историю им преподавать, кино показывать. Кто не вразумится, может уехать. Умереть как „украинец", этот придуманный и насажденный фантом, враждебный русскому православному миру».

фесте о начале войны или хоть кому-то в своем окружении, или в своем дневнике отчеканить столь же внятно цели начинаемой им агрессии:

> *«Россия должна навсегда прекратить своё существование. Если мы не можем переварить её всю и сразу, то лучше разделить с соседями, чем оставлять хоть один махонький островок независимости. Наше руководство будет вынуждено в конечном итоге ликвидировать Россию как государство, русскость, как идею и русский дух, как разносчик смертельно опасной инфекции. Либо мы без России, либо Россия без нас. Вместе нам на Земле тесно».*

Но, кроме Гитлера, никто такие цели не ставил. А считать всех неприятных тебе людей гитлерами — это и моветон, и историческая дезориентация. Геноцидом император французов все же нигде не занимался[474].

Наполеон, искавший в 1808 году руки русской принцессы Екатерины Павловны[475], а в 1810 году — ее сестры Анны Павловны, не был русофобом и не делал в своей пропаганде ставку

(Людмила Козлова. URL: https://diak-kuraev.livejournal.com/4178967.html?thread=702124823#t702124823)

474 Французский современный историк Жан Тюлар справедливо отмечает: «Наполеон старался избегать ломки местных особенностей, он уважал язык, религию и традиции стран, находившихся в его Империи. Он старался привлечь к себе местные элиты и никоим образом не покушался на своеобразие народов, входящих в орбиту французского влияния. Нигде в наполеоновской Империи вы не найдете ни следов геноцида, ни интеллектуального империализма, ни презрения к побежденным. Единственное, что требовалось — это принятие учреждений и законодательства Французской Империи, среди которых первое место занимал Гражданский кодекс».

(Соколов О. Армия Наполеона. С. 569)

475 «Александр был не прочь согласиться на этот брак, — писала в своих воспоминаниях одна из фрейлин при дворе российского императора, графиня София Шуазёль-Гуфье, — но встретил такую сильную оппозицию со стороны вдовствующей императрицы Марии Фёдоровны и самой молодой великой княжны, что должен был им уступить».

на русофобию. А вот ответ Екатерины Павловны на это сватовство отдает ксенофобией: «Я скорее пойду замуж за последнего русского истопника, чем за этого корсиканца»[476].

Во дни пребывания Наполеона в Москве графиня Н. А. Зубова, уезжая из своего подмосковного имения в Петербург, оказалась в Москве. Французы остановили ее карету и допросили. Узнав, что это дочь генералиссимуса Суворова, «немедленно воздали ей воинские почести и пропустили ее экипаж»[477].

Интересное наблюдение сделал исследователь О. Соколов:

Основной официальной публикацией наполеоновской империи являлась ежедневная газета Moniteur Universel. До самого начала боевых действий в официальной газете Франции можно найти только либо положительные высказывания, либо абсолютно нейтральные заметки о Российской империи. Вот некоторые из них, появившиеся в 1812 году, накануне войны:

«Из Петербурга, 8 февраля. Придворный советник Бродский, владелец земель под Константиноградом в Полтавской губернии, нашел простой и надежный способ делать прививку баранам... через несколько дней после прививки бараны обладают тем же иммунитетом, что и ребенок, которому сделали вакцинацию».

«Из Петербурга, 23 февраля. Его Величество император объявил об учреждении двух золотых медалей в сто дукатов

(Император Александре I в воспоминаниях графини Шуазёль-Гуфье // Русская старина. 1877. Кн. 12. С. 587–588)

476 Тимощук В. В. Брачные проекты вел. кн. Екатерины Павловны и Анны Павловны // Русская старина. 1911. № 21.

477 Шумигорский Е. С. Суворочка // Исторический вестник. 1900. № 5. С. 547.

Приводя этот рассказ, Н. Троицкий замечает:

«Такие примеры французской галантности оставались с русской стороны безответными».

(Троицкий Н. 1812. Великий год России. — М., 2007. С. 324)

каждая за ответы на вопросы, на которые экономическое общество не смогло найти удовлетворительного решения».

«Из Петербурга, 3 марта. Два ученых путешественника, г-да Энгельгардт и Паро, вернулись из путешествия, которое они совершили по Кавказу, направляясь в Дерпт. Они посвятили целый год барометрическому изучению уровня земли Каспийского и Черного морей. Чтобы исследовать, какой из двух этих морских водоемов имеет более высокий уровень».

«Из Петербурга, 3 марта. В Тверской губернии были открыты источники минеральной воды, которая очень напоминает по своим свойствам воды Пирмона и Спа».

«Из Петербурга, 10 апреля. Администрация почт предприняла необходимые меры, чтобы на дороге из Белоруссии через Лугу установить надежное сообщение для почты. На каждой почтовой станции будет находиться по 36 лошадей».

Нужно обладать, очевидно, извращенным сознанием для того, чтобы в статьях о прививках баранам и тверской минеральной воде видеть антирусскую направленность. Наполеон, даже развернув в полной мере все военные приготовления, не исключал, что он найдет способ уладить дело с Александром миром. А если и придется воевать, то, как уже неоднократно говорилось, он полагал, что война будет краткой, и очень быстро придется перейти к стадии переговоров. Потому накал антирусских настроений в обществе был императору абсолютно ни к чему[478].

Другой русский исследователь напоминает:

«В интересах научной точности следует сказать, что на первых порах о военных действиях, происходивших в далекой

[478] Соколов О. Битва двух империй. 1805–1812. — СПб, 2012. С. 541–542.

России, ни в Париже, ни во Франции, ни в Европе почти никто не был осведомлен. 22–23 июня 1812 года, когда великая армия Наполеона уже вышла к берегам Немана, сосредоточиваясь для вторжения в Россию, французская официозная печать продолжала уделять главное внимание вопросам литературы и искусства, не обнаруживая ни малейших признаков озабоченности проблемами международного положения. Moniteur в эти дни публиковал на своих страницах пространные обзоры переписки Цицерона и Брута с длинными цитатами из сочинений древнеримских авторов. Армия вторжения уже давно переправилась через Неман, заняла Ковно, Вильно, далеко продвинулась в глубь Российской империи, а французская печать все еще хранила молчание о военных действиях. Лишь спустя две недели после начала военных операций, 8 июля 1812 года, Moniteur, опубликовав на пяти страницах дипломатическую переписку двух держав, в конце сообщил, что истребование князем Куракиным паспорта означало разрыв между державами и что с этого времени император и король считает себя в состоянии войны с Россией»[479].

То есть никакого нагнетания «русофобии» и близко быть не могло. Наполеон шел на переговоры и оскорблять словами партнера по переговорам вовсе не намеревался. В тронном зале Тюильри, на заседании сената 20 декабря 1812 г., говоря о только что кончившемся походе на Россию, Наполеон сказал: «Война, которую я веду против России, есть политическая: я ее вел без враждебного чувства»[480].

Интересно, что среди солдат Великой Армии были жаргонные клички для англичан или австрийцев. Но «русские в целом не удостоились того, чтобы получить какое-либо прозвище».

---

479 Манфред А. З. Наполеон Бонапарт. — М., 1987. С. 610–611.

480 Тарле Е. В. Нашествие Наполеона на Россию 1812 года // Сочинения. Т. 7. — М., 1959. С. 440.

Впрочем, башкиры получили прозвище «купидонов» или «амуров» из-за своих луков[481].

В самом конце 1812 года в Париже и в самом деле появилась книга Лезюра «О развитии русского могущества» с знаменитым фальшивым «Завещанием Петра Великого». Но эта книга не готовила страну к войне против угрожающей Европе России, а оправдывала уже состоявшийся факт войны и, более того, «вышла она только потому, что война совершенно вышла за пределы тех рамок, которые изначально предначертал ей французский полководец»[482].

Никто не слышал из уст Бонапарта призывов к «окончательному решению русского вопроса» и уничтожения ее «дотла». «Утверждения, будто Наполеон ставил целью „захватить" Россию, „расчленить и уничтожить" ее, даже „стереть с лица Земли", „превратить русский народ в своих рабов", надуманны и несерьезны. Наполеон, конечно же, не ставил перед собой столь нереальные задачи»[483].

Предел его геополитических мечтаний: или Россия уходит из большой европейской политики, вернувшись к своим недавним границам середины XVIII века (до «разделов Польши»), или следуя по пути Тильзита-Эрфурта, она становится еще больше, но при этом став союзником Франции.

Наполеон не ставил цели уничтожения социальных структур и несущих конструкций Российской империи (четвертый путь к «уничтожению страны» — разрушение самóй ее социальной ткани). Он не решился призвать русских крепостных к восстанию. Он не объявил о введении своего «кодекса». Свои жизненные ресурсы русские при отступлении уничтожали сами.

Наполеон ставил своих маршалов королями в Неаполе, Вестфалии и Швеции. Но не было и намеков на то, что он желает

---

481 Земцов В. Н. Великая армия при Бородино. — М., 2008. С. 118.

482 Соколов О. Битва двух империй. 1805–1812. — СПб, 2012. С. 542.

483 Троицкий Н. А. 1812. Великий год России. — М., 2007. С. 117.

отстранить императора Александра Павловича от его власти над Россией. Он не отрицал прав Александра на русскую корону. Не помышлял о смене династии Романовых, о возведении своего маршала или родственника на московский престол, или хотя бы о понижении статуса Александра с императора до короля или великого князя.

Наполеон даровал маршалу Нею титул князя Московского. Prince de la Moskowa точнее было бы перевести как «князь Москворецкий». Бородинскую битву наполеоновские хронисты именовали «битвой при Москва-реке», и именно к этому событию и этой локации отсылал титул Нея. Титул давал Нею не больше власти над Москвой, чем титул «князя Италийского» давал Суворову на Аппенинском полуострове или «графа Рымникского» в этой придунайской области[484]. В 1814 году русский царь Александр утвердил маршала Нея в этом его титуле[485] в награду за то, что именно Ней был душой «бунта маршалов», понудившего Наполеона к отречению.

Находясь в Витебске 28 июля, Наполеон говорил, что он желает победы в генеральном сражении лишь для того, чтобы спасти лицо и власть Александра: после такой проигранной битвы Александр уже сможет заключить мир, не подвергая себя бесчестию[486].

Уже в ходе начавшейся войны в беседе с посланником царя Балашовым Наполеон утверждал законность власти Александра:

> *«Он — император по праву своего рождения; он должен царствовать и назначить генерала для командования»*[487].

---

484 Впрочем, этот титул оказался роковым для его сына Аркадия, унаследовавшего титул и погибшего в водах одноименной реки во время очередной русско-турецкой войны в 1811 году.

485 Лякин В. А. Наполеон в России: 167 дней. — Мозырь, 2013. С. 194.

486 Тарле Е. В. Нашествие Наполеона на Россию 1812 года // Сочинения. Т. 7. — М., 1959. С. 528.

487 Там же. С. 482.

Мог ли Бонапарт лишить некую неприятную ему страну государственного суверенитета? Да, такое в его политике бывало не раз. В Италии и в германских землях он то лишал политической субъектности, то, напротив, наделял ею разные города и области[488].

Но никаких его планов об отмене Российской Империи историкам не известно. Напротив, он на всех этапах кампании 1812 году мечтал о встрече с русским царем и мирных переговорах с ним[489].

Наполеону нужны были не руины России, а сильная Россия в качестве его союзника. «С самого начала правления Александр избрал путь конфронтации с Францией, в то время как никакие геополитические или экономические соображения этого не требовали. Наполеон не только не вынашивал коварных замыслов против России, но мыслил ее как своего основного потенциального союзника в борьбе против английской гегемонии»[490]. «После Трафальгара шансы на прямой удар и высадку в Англии уменьшились почти до нуля. Остался только второй выход. В качестве могущественной державы, с которой можно было бы договориться, Наполеон фактически рассматривал только Россию. Почему? Ответ очень прост: Франция не имеет с Россией непосредственных границ[491], нигде их интересы не пересекаются

---

488 25 февраля 1803 г. германские государства приняли план своего перекроя, предложенный «посредниками»: Россией и Францией. Сейм и император Франц утвердили «Имперский рецесс (протокол)» (Reichsdeputationhauptschluss). Упразднялось 112 относительно значимых государств: три электорства, 20 епископств, 44 аббатства, 45 вольных городов.

489 «Наполеон в начатой им войне строил все планы, все расчеты только на последующем соглашении с царем».
(Манфред А. З. Наполеон Бонапарт. — М., 1987. С. 608)

490 Соколов О. Армия Наполеона. — М., 2020. С. 330.

491 Что понимал и сам царь:
«Несмотря на то, что в силу местоположения моих владений мне нечего особенно опасаться французов, я все же счел, что не могу оставаться безразличным к опасностям, угрожающим другим государствам Европы».

настолько, чтобы не было возможности разрешить их мирным путем. Между двумя державами, напротив, лежат государства, с которыми у каждой из них серьезные проблемы. Война с Россией была для Наполеона стратегически и политически ненужной, а в военном смысле невыгодной. Напротив, мир и союз сулили надежды на то, что его империя надежно утвердится. Понятно, что император французов делал все возможное, чтобы поддержать и сохранить любой ценой этот мир»[492].

В ноябре 1812 г. в боях под Красным казаки отбили часть обоза маршала Даву. Среди других бумаг и планов там оказались карты Турции, Средней Азии и Индии, «так как Наполеон проектировал нашествие на Индостан сделать одним из условий мира с Александром». Это обстоятельство подтвердил в разговоре с английским генералом Вильсоном сам Александр, утверждая, что, отвергнув мир с Наполеоном, он, царь, спас для англичан Индию[493]. Все-таки сделать некую державу своим военно-политическим союзником и уничтожить ее — это не одно и то же.

Кроме того, Наполеон видел, сколь дорого ему обходится удержание под контролем партизанящей Испании (при том, что король формально был его союзником). И сил на постоянное содержание оккупационного корпуса в далекой России у него не было. А хаос на севере Европы на месте разрушенной русской государственности столь же мало устраивал Наполеона, сколь и руководство современного Евросоюза.

«К великому разочарованию поляков, он не присоединил к Польше Литвы (под Литвой подразумевались тогда Литва и Белоруссия), а создал для Литвы особое временное управление. Это

(Письмо от 25 апреля/7 мая 1804 послу России в Вене А. К. Разумовскому // Внешняя политика России XIX и начала XX века: документы Российского министерства иностранных дел. Сер. 1, 1801–1815 гг. в 8 томах. Т. 2. С. 35)

[492] Соколов О. Погоня за миражом. Политическая обстановка и план Наполеона накануне войны // Родина. 1992. № 6–7. С. 19.

[493] Тарле Е. В. Нашествие Наполеона на Россию 1812 года // Сочинения. Т. 7. — М., 1959. С. 474.

означало, что он не хочет предпринимать ничего, что могло бы в данный момент помешать миру с Александром. Уже тут начала проявляться двойственность настроений и планов Наполеона в отношении исхода предпринятого им похода. По-видимому, он допускал, что война закончится полной покорностью Александра и превращением России в послушного вассала, нужного для дальнейшей борьбы против Англии в Европе, а может быть, и в Азии. По мере развития событий он склонялся больше к тому, что война эта превратится просто в „политическую войну" — так и говорил он о ней немного спустя, — войну кабинетов, как выражались в XVIII в., в нечто вроде дипломатической дискуссии, продолжаемой при помощи нескольких "жестов оружием", после чего обе стороны приходят, наконец, к какому-нибудь общему соглашению. По мере того как обнаруживались трудности затеянного по хода, в уме Наполеона явно тускнело первое воззрение на эту войну и выдвигалось второе»

Наполеон вовсе не собирался «разрушить русское государство». Он всего лишь 1) хотел царя «понудить к миру». Точнее — к уже подписанному Тильзитскому миру[494], а еще точнее — к отказу от торговли с Англией, к исполнению взятых им на себя тильзитских договоренностей об анти-английских торговых санкциях; 2) охладить воинственный пыл Александра, который перед этим раз за разом нападал на Францию.

> *«До последнего момента Наполеон испытывал колебания в вопросе о том, нужно ли идти на эту войну; он не был в том уверен. У него оставалась надежда, что грозные приготовления напугают Александра, что царь не выдержит, пойдет на уступки и тем будет достигнута моральная и политическая победа»[495].*

---

494 «Мир может быть заключен между нами и без промедления; он может быть таким, как в Тильзите», — говорил Наполеон 19 сентября в Кремле (Земцов В. Н. Наполеон в 1812 году. Хроника. — М., 2022. С. 443).

495 Манфред А. З. Наполеон Бонапарт. — М., 1987. С. 605.

И даже военная победа, к которой стремился Наполеон, это вовсе не то же самое, что и уничтожение государства. Вот разбил Карл русскую армию под Нарвой. И что? Московское царство исчезло? Его бытие оказалось под угрозой? После Нарвской победы, одержанной в 1700 году, Карл ушел и целых 9 лет не появлялся на подмосковных землях. Разве после разгромов при Аустерлице или Фридланде Россия перестала существовать? Или Франция после Ватерлоо?

Может, Наполеон предполагал «раздел Российской империи», подобный разделам Польши? И это не так. Он и в самом деле не исключал возврата соседям России (не себе) тех территорий, что Петербург недавно от них откусил.

3 (15) августа 1811 г. на торжественном приеме дипломатического корпуса в Тюильри по случаю своего дня рождения Наполеон обрушился на русского посла кн. А. Б. Куракина с упреками в том, что Россия полностью подчинилась влиянию Великобритании, которая хочет поссорить союзников ради собственного возвышения. Он уверял, что Австрия и Пруссия не поддержат Россию, т. к. они обижены русской аннексией пограничных областей: «Пруссия не забыла, что вы взяли у нее Белосток, а Австрия помнит, что для округления границ вы охотно отрезали у нее несколько округов Галиции». По той же причине не поможет и Швеция, желающая возвратить себе Финляндию, и Османская империя, не оставившая претензий на Закавказье. «Континент против вас! Не знаю, разобью ли я вас, но мы будем драться!», — такими словами Наполеон завершил свой монолог перед изумленным Куракиным[496].

Летом 1812 года, получив известие о замирении России с турками и шведами, Наполеон воскликнул:

> *«Неслыханная вещь! Две державы, которые должны были потребовать все обратно у русских, становятся их*

---

[496] Попов А. Н. Отечественная война 1812 года. Т. I. — М., 1905. С. 96.

союзниками как раз тогда, когда представляется прекрасный случай вновь завоевать потерянное»[497]*. Особенно негодовал он на турок, по адресу которых «истощил весь словарь французских ругательств»*[498]

Разгромив пруссаков под Йеной, Наполеон отнял у них польские земли, полученные в ходе недавних «разделов Польши», и в 1807 году создал на них Великое Герцогство Варшавское[499] во власти Саксонского короля.

Вскоре, в 1809 году, после очередной победы над Австрией (одержанной в союзе с Россией), Наполеон присоединил к Варшаве те польские земли, что в ходе все тех же разделов захватила Австрия.

Можно предположить, что и в случае победы в России Наполеон так же вернул бы полякам те провинции, что были в их власти до начала «разделов». В упомянутой беседе с Куракиным Наполеон прямо сказал: «вы потеряете все ваши польские провинции».

Европа очень хорошо помнила этот недавний передел границ. Жозеф де Местр, живший в Петербурге в качестве посла короля Сардинии, писал летом 1812 года:

«Польшу отдают шаг за шагом. Отступая… Наполеон, вторгнувшись в Россию (вернее, в русскую Польшу)…»

Письмо 34. Королю Виктору Эммануилу I.
Полоцк, 22 июня (3 июля) 1812

---

[497] Труды Российского Исторического Общества. Т. 70. С. 211.
Архив кн. Воронцова. Т. 10. — М., 1876. С. 270.

[498] Тарле Е. В. Нашествие Наполеона на Россию 1812 года // Сочинения. Т. 7. — М., 1959. С. 780.

[499] Статья 5 Тильзитского договора 1807 года между Наполеоном и Александром гласила:
«Провинции, которые 1 января 1772 года составляли часть прежде бывшего королевства Польского и после того перешли в разные времена во владение Пруссии, поступят… в полную собственность и обладание е. в. короля саксонского, под названием Варшавского герцогства».

Бонапарт был все же ограниченным монархом. Ограниченным в том смысле, что он должен был соответствовать как европейским аристократическим, так и французским революционным правилам приличия.

А что казалось «приличным», хорошо видно из воспоминаний графини Шуазёль-Гуфье — француженки, бывшей при русском дворе и оставшейся в Вильно после отъезда оттуда царя: «Наполеону следовало отнять у России то из Польши, что ею не было завоевано, но приобретено по разделу»[500].

История XVIII века и передвижения границ, произошедшие в нем, для европейских элит 1812 года были вполне недавними и даже современными им впечатлениями.

Вот секретнейшее наставление князю Александру Вяземскому от императрицы Екатерины Второй, отправленное в 1764 году:

> *«Малая Россия, Лифляндия и Финляндия суть провинции, которые правятся конфирмованными им привилегиями. Нарушить оные отрешением всех вдруг весьма непристойно б было; однакож и называть их чужестранными и обходится с ними на таком же основании есть больше нежели ошибка, а можно назвать с достоверностию глупостью. Сии провинции, также и Смоленскою, надлежит легчайшими способами привести к тому, чтоб они обрусели и перестали б глядеть как волки к лесу; к тому приступ весьма легкой, есть ли разумные люди избраны будут начальниками в тех провинциях; когда же в Малороссии Гетмана не будет, то должно старатся чтоб век и имя Гетманов изчезло, не токмо б персона какая была произведена в оною достоинство»*[501].

---

500 Воспоминания об императоре Александре I и императоре Наполеоне I графини Шуазёль-Гуфье. — СПб, 1879. С. 52.

501 Сборник Императорского Русского Исторического Общества. Т. 7: Бумаги Императрицы Екатерины II. Ч. 1. — СПб, 1871. С. 348

То есть еще даже во второй половине XVIII века Смоленщина и левобережная (!) Украина воспринимались царицей как «новые территории», которые еще предстоит дополнительно русифицировать. До первого раздела Польши оставалось еще 8 лет. Тем более в Европе к 1812 году не могло быть устойчивой привычки считать Лифляндию, Финляндию, Вильно или Минск «исконно русскими землями».

И сам Наполеон четко отличал эти «новые территории» от «древних провинций» России[502]. Отторжение вряд ли грозило Смоленску или Киеву.

Когда прусский король при заключении антирусского союза с Францией попросил в качестве награды передачу ему Курляндии, Лифляндии и Эстляндии, Наполеон лишь зло заметил: «А клятва над гробом Фридриха?»[503] (Это был намек на сентиментальную клятву в вечной любви и дружбе, разыгранную Александром I, Фридрихом-Вильгельмом III и королевой прусской Луизой в октябре 1805 г. в потсдамском мавзолее). Никаких обещаний, а уж тем более российских земель Фридрих от Бонапарта не получил[504].

Если у Наполеона и были территориальные претензии к России они никак не угрожали существованию России, которая, как

---

502 10 июля в 6-м бюллетене Великой армии император писал:

«Русские заявляют о готовности дать нам сражение перед тем, как отступят в свои древние провинции». Он полагал, что бой произойдет под Витебском (см. Земцов В. Н. Наполеон о войне с Россией в 1812 году // Эпоха 1812 года. Исследования. Документы. М., 2023, с. 27). 5 августа в письме Богарнэ он интересуется, имеют ли место волнения крестьян «в старой Польше или же старой России».

(Земцов В. Н. Наполеон в 1812 году. Хроника. — М., 2022. С. 292)

503 Тарле Е. В. Нашествие Наполеона на Россию 1812 года // Сочинения. Т. 7. — М., 1959. С. 440.

504 13-я статья тайного договора Франции и Пруссии от 24 февраля 1812 говорила, что в случае успешного завершения кампании Пруссия получит компенсацию в виде некоей территории. Но какой именно — указано не было См. Clercq M. De, Recueil des traités de la France, t. 2, P., 1880. P. 359.

мы сегодня видим, может существовать и без новоприобретенных (к 1812 году) Финляндии и Польши[505].

Коленкур описывает, как в июне 1811 года «император развил перед ним (некиим своим министром) свой политический план, согласно которому необходимо нанести удар Англии в лице единственной решающей державы, еще остающейся на континенте и могущей причинить ему беспокойство, присоединившись к Англии. Он говорил, что будет полезно отстранить русских от европейских дел и создать в центре государство, которое было бы барьером против нашествий северной державы»[506].

Уже в ходе идущей войны Наполеон говорит:

---

505 «Ст. 3. Все договоры и акты, заключенные правительством быв. Российской империи с правительствами королевства Прусского и Австро-Венгерской империи, касающиеся разделов Польши, ввиду их противоречия принципу самоопределения наций и революционному правосознанию русского народа, признавшего за польским народом неотъемлемое право на самостоятельность и единство, — отменяются настоящим бесповоротно.

Ст. 4. Все тайные договоры, соглашения и обязательства, заключенные, но не опубликованные в установленном для таких актов порядке, быв. правительствами России с правительствами Австро-Венгрии, Германии и государств, в состав последней входящих, — отменяются бесповоротно в осуществление провозглашенных декретом Совета Народных Комиссаров от 28 октября 1917 г. о мире.

Ст. 5. О принятых в ст. ст. 1–4 сего декрета постановлениях Народному комиссариату по иностранным делам предписывается известить германское и австро-венгерское правительства для отказа от исполнения упомянутых договоров в порядке ст. ст. дополнительных к мирному договору, заключенному в Бресте 3 марта 1918 г., договоров России с Германией и Австро-Венгрией. Председатель Совета Народных Комиссаров В. Ульянов (Ленин)».

(Декрет об отказе от договоров, заключенных правительством быв. Российской империи с правительствами Германской и Австро-Венгерской империй, королевств Пруссии и Баварии, герцогств Гессена, Ольденбурга и Саксен-Мейнингена и города Любека // Декреты Советской власти. Т. III. 11 июля — 9 ноября 1918 г. — М.: Политиздат, 1964. С. 259–260)

506 Коленкур А. Мемуары. Поход Наполеона в Россию. — М., 1943. С. 59.

«Надо отбросить их в их льды, чтобы в течение 25 лет они не вмешивались в дела цивилизованной Европы. Даже при Екатерине русские не значили ровно ничего или очень мало в политических делах Европы. В соприкосновение с цивилизацией их привел раздел Польши. Теперь нужно, чтобы Польша в свою очередь отбросила их на свое место. Надо воспользоваться случаем и отбить у русских охоту требовать отчета в том, что происходит в Германии. Пусть они пускают англичан в Архангельск, на это я согласен, но Балтийское море должно быть для них закрыто. Я не хочу, чтобы петербургское правительство считало себя вправе сердиться на то, что я делаю в Германии, и чтобы русский посол осмеливался угрожать мне, если я не эвакуирую Данциг. Каждому свой черед. Прошло то время, когда Екатерина делила Польшу, заставляла дрожать слабохарактерного Людовика XV в Версале. После Эрфурта Александр слишком возгордился. Приобретение Финляндии вскружило ему голову. Если ему нужны победы, пусть он бьет персов, но пусть он не вмешивается в дела Европы»[507].

То есть и тут Наполеон не отрицает будущую субъектность России: пусть воюет в Азии и торгует с англичанами. Но какое ей дело до перекраивания границ далеких от нее германских княжеств и королевств?

Посмотрите на историю России рубежа XVIII—XIX веков: она активно и быстро продвигает свои границы на запад и столь же активно вмешивается в любые европейские конфликты, причем нередко «переворачивая союзы». Как говорил канцлер Безбородко в конце своей карьеры, назидая молодых дипломатов: «Не знаю, как будет при вас, а при нас ни одна пушка в Европе без позволения нашего выпалить не смела». И предел желаний ее правителей совсем не был виден («нам нужен мир, и желательно

---

[507] Там же. С. 89–90.

весь»). Так что идея «кордона» с той поры не раз посещала умы европейских политиков — и это был способ не агрессии против России, а защиты от нее.

У Наполеона же вообще не было ясного плана на 1812 год. Он колебался — продлится ли его поход один год или целых три. Где он закончится? Неизменно одно: по его итогам он хотел видеть Россию союзником.

Но поскольку менее важные для него союзники желали вернуть себе «новые территории России», то эти их аппетиты для Наполеона были не очень важны. Эти территории могли бы отойти не к самой Франции, а к ее недавним противникам (Австрии, Пруссии, Турции), и потому позиция Наполеона тут была весьма гибкой. Он мог обещать вернуть Крым Турции, а мог — турецкие Валахию и Молдавию — России. Кто пойдет на военный союз с ним — тот и получит эти неинтересные для Франции территории.

У обеих сторон были большие амбиции в разных сторонах света, а потому они могли обмениваться любезностями, даря третьи страны друг другу. И лишь у поляков не было запасной Польши…

> *«В 1812 г. царизм стремился к захвату Константинополя, а Наполеон, желавший сохранить Турцию как устойчивый противовес России, препятствовал этому, хотя Александр I в обмен на согласие французов „уступить" русским Константинополь даже предлагал Наполеону „армию для похода в Индию"»*[508].

Проект царского манифеста о войне с Наполеоном в 1812 году так пояснял неизбежность войны:

> *«Он покушался мрачными своими происками склонить Оттоманскую порту к продолжению войны своей с Нами, за что и предлагал ей свой союз с обещанием возвратить ей не*

---

[508] Троицкий Н. А. 1812. Великий год России. — М., 2007. С. 117.

только Молдавию и Валахию, в сию войну оружием нашим завоеванные и которые с другой стороны в секретной Ерфуртской конвенции, в 1808 году с нами заключенной[509]*, торжественно признал уже он за нами навсегда утвержденными, но и те приобретения, коими мы с самого Кайнарджинскаго мира обладаем»*[510].

Но сам Наполеон говорил обратное министру полиции Балашову, которого царь послал к нему через несколько дней после начала войны. Беседа имела место 30 июня, причем по слову Балашова, в той самой виленской комнате, «из которой пять дней тому назад император Александр I изволил меня отправить». От Наполеона же он услышал, что Александр сам, уклонившись от тильзитской политики «попортил свое царствование»: царь получил бы не только Финляндию, но получил бы Молдавию и Валахию, а со временем «он получил бы герцогство Варшавское, не теперь, о нет! но со временем»[511].

То есть ради мира Наполеон готов был даже всю Польшу отдать царю. И уже в финале кампании 1812 года он «сожалел, что его планы восстановить Польшу поссорили его с Россией»[512].

Вывод историка:

«Говоря о планах Наполеона, первым делом следует отбросить распространенное в марксистской литературе представление, будто он намеревался завоевать Россию и лишить ее национальной и религиозной независимости. Эти рассуждения советских сочинителей, видевших во всех углах мира своих врагов, явно навеяны событиями Гражданской и Великой Отечественной войн, и свидетельствуют

---

[509] Статья 22 Тильзитского договора, напротив, обязывала российские войска выступить из княжеств Валахского и Молдавского.

[510] Русская Старина. 1870. Т. I.

[511] Тарле Е. В. Нашествие Наполеона на Россию 1812 года // Сочинения. Т. 7. — М., 1959. С. 480.

[512] Коленкур А. Мемуары: поход Наполеона в Россию. — М., 1943. С. 326.

о плохом знании этими авторами исторических реалий начала XIX в. Троицкий верно заметил, что подобные утверждения надуманны и несерьезны. В какой-то степени они имеют своим основанием заявления русской пропаганды времен войны, а потому содержат изрядную долю передержек. Пропаганда во время войны дело объяснимое и даже необходимое, но историк не может ей полностью доверять, он обязан быть объективным. Та настойчивость, с которой Наполеон добивался в Москве заключения мира „любой ценой“[513]*, показывает, что он уменьшил бы территориальные претензии до допустимого для себя минимума, ибо не в этом состояла главная цель его похода. Он не собирался лишать Российскую империю национальной независимости, так же как не думал превращать ее в колонию и размещать там оккупационные войска... Король Неаполитанский Мюрат написал своему министру Ж. А. Агару 18 июля: „Мы бьем англичан на Днепре и Двине“»*[514].

Император французов нигде не заявлял о возможности расширения польских границ в ходе «второй польской войны»:

— во-первых, чтобы не раздражать своих не слишком верных союзников в лице Австрии[515] и Пруссии, ранее принявших участие в разделе Польши наряду с Россией,

---

513 3 октября в Кремле Наполеон направил Лористона на переговоры с царем с напутствием: «Я хочу мира, мне нужен мир, я непременно хочу его получить, спасите только честь!» (Сегюр Ф.-П. История похода в Россию. — М., 2014. С. 272). Погода была прекрасная («как в Фонтебло»), Великая армия еще не знала поражений. 23 августа Коленкур записал слова Наполеона, которые он передавал царю: «Честь русских требует, чтобы они не сдавали свою страну без боя. Не померявшись с нами силами хотя бы раз; после этого легко будет заключить мир — подобно двум дуэлянтам, которые примиряются после поединка».

514 Попов А. И. Великая армия в России. Погоня за миражом. — Самара, 2002. С. 18–20.

515 Договор Франции и Австрии от 14 марта 1812 своей 5-й статьей говорил о восстановлении Царство Польского, которому Вена должна будет уступить Галицию в обмен на Иллирийские провинции

— во-вторых, чтобы не иметь никаких обязательств перед поляками и быть ничем не связанным на желаемых им переговорах с Александром, где главной темой все равно оставалась бы Англия, а не Польша. Наполеон не стал восстанавливать Польшу, т. к. «хотел исключить все, что сделало бы невозможным последующее примирение с русской монархией»[516].

14 июля в кафедральном католическом соборе Вильно проходила пышная церемония присоединения Великого княжества Литовского к «Варшавской генеральной конференции» (провозглашена 28 июня). Епископ объявил, что в память об этом дне решено выдать литовку за поляка и польку за литовца… Наполеон в это время был неподалеку от собора в епископском дворце. Но на эту церемонию не пошел: «уклонившись от участия в официальном политическом действе, император не взял на себя конкретных обязательств»[517].

> *«Никакого плана расчленения России с последующей передачей ее кусков Пруссии, герцогству Варшавскому или Австрии у французского императора не было. Ни в 30-томной Correspondence de Napoleon 1-er, изданной в Париже в середине прошлого столетия, ни в каких-либо других сборниках нет ни одного документа, в котором было бы зафиксировано намерение французского императора «одарить» своих вассалов землями России»*[518].

В имперскую эпоху истории России европейцы хотели от нее лишь одного: успокойся! сиди в своих лесах и не вторгайся

Clercq M. De, Recueil des traités de la France, t. 2, P., 1880. P. 371.

516 Манфред А. З. Наполеон Бонапарт. — М., 1987. С. 606.

517 Земцов В. Н. Наполеон в 1812 году. Хроника. — М., 2022. С. 252–253. Интересно, что на обратном пути при отступлении Наполеон отказался заехать в Вильно (Там же. С. 606).

518 Абалихин Б. О вреде чтения школьных и институтских учебников // Родина. 1992. № 6–7. С. 181.

в наши страны. В принципе несколькими веками ранее того же хотели русские князья от Орды. Но то один, то другой не выдерживали и просили ордынцев все же приехать и вмешаться на его стороне. Так было и с европейскими правителями в их отношениях с Петербургом. Они и зазывали «казаков», они же их боялись[519]. Как писал историк Николай Ульянов: «У России не было реальных поводов для участия в наполеоновских войнах. Европейская драка ее не касалась, а у Наполеона не было причин завоевывать Россию. Веди она себя спокойно, занимайся собственными делами, никто бы ее пальцем не тронул»[520].

Есть еще один вариант снижения чужого суверенитета — это контроль над экономикой и ресурсами.

«Потому что уж больно богата и привлекательна была для этих захватчиков наша земля» [521].

Интересно, в каком веке и кто из европейских «захватчиков» восхищался богатством русской земли и ее жителей. В 1812 году «наша земля» вовсе не была богата. Вдобавок, Наполеон шел через бедные литовско-белорусские земли, по дорогам Смоленщины[522]. Москва к тому времени, хоть и «приросла Сибирью»,

---

519 Меттерних, министр иностранных дел Австрии осенью 1812 года довольно точно прокомментировал сообщение о падении Москвы: «…я тут вижу только потерю европейского существования России» (цит. по: Манфред А. З. Наполеон Бонапарт. — М., 1987. С. 612). Это не потеря существования, а потеря потенциала для влияния на жизнь Европы.

520 Ульянов Н. Александр Первый — император, актер, человек? // Родина. 1992. № 6–7. С. 144.

521 «Слово», 21 июля 2023 г.
URL: http://www.patriarchia.ru/db/text/6044268.html

522 «В бедных с хозяйственной точки зрения западных приграничных районах России было очень трудно содержать на постое крупную армию в течение нескольких недель кряду, за исключением разве что тех нескольких недель, которые следовали непосредственно за сбором урожая» (Ливен Д. Россия против Наполеона: борьба за Европу, 1807–1814. М., 2012. С. 189). Ср: «…бедной является наша земля. Здесь у нас нет

но выкачивала оттуда лишь пушнину. Вряд ли французы или итальянцы занялись бы ее добычей в такой дали. Никаких открытых к тому времени залежей полезных ископаемых на западе Империи просто не было. И даже свинец для пуль приходилось завозить из Англии[523].

Сокровища Кремля? Но Наполеон не мог быть уверен в том, что их не успеют вывезти.

Наверно, для «уничтожения страны» надо дойти до ее сердца, покорить ее политические и экономические центры. Но такого не было в замысле Наполеона. Нигде в его словах о планируемой кампании просто нет слова «Москва», зато есть множество упоминаний польских и литовских (белорусских) городов и рек.

Старый граф Воронцов, русский посол в Лондоне, за три недели до перехода Наполеона через Неман писал: «Вся Европа ждет с раскрытыми глазами событий, которые должны разыграться между Двиной, Днепром и Вислой»[524]. Тут очень четко и вполне в соответствии с наполеоновскими планами описан ожидаемый театр военных действий и, как видим, он находится очень далеко от Москвы или Петербурга. Это то, что называется «приграничное сражение», которое Наполеон желал сделать и генеральным.

ни нефти, ни газа, ни драгоценных металлов. Здесь у нас есть дивный русский пейзаж, есть красота наших полей и березовых рощ».

(Слово патр. Кирилла, 1 сентября 2013 г. URL: http://www.patriarchia.ru/db/text/3200694.html)

523 «В эти годы в России было мало свинца, и стоил он очень дорого. Частично свинец тайно и по высокой цене ввозился из Англии. В результате на одного российского пехотинца приходилось шесть боевых патронов в год, и ему приходилось тренироваться, используя глиняные пули. Обыкновенный английский пехотинец получал тридцать патронов, а легкий пехотинец — пятьдесят».

(Ульянов Н. Александр Первый — император, актер, человек? // Родина. 1992. № 6–7. С. 165)

524 Тарле Е. В. Нашествие Наполеона на Россию 1812 года // Сочинения. Т. 7. — М., 1959. С. 468.

22 июня Наполеон написал воззвание к великой армии:

«Солдаты, вторая польская война начата. Первая кончилась во Фридланде и Тильзите. В Тильзите Россия поклялась в вечном союзе с Францией и клялась вести войну с Англией. Она теперь нарушает свою клятву. Она не хочет дать никакого объяснения своего странного поведения, пока французские орлы не удалятся обратно через Рейн, оставляя на ее волю наших союзников. Рок влечет за собой Россию, ее судьбы должны совершиться. Считает ли она нас уже выродившимися? Разве мы уже не аустерлицкие солдаты? Она нас ставит перед выбором: бесчестье или война. Выбор не может вызвать сомнений. Итак, пойдем вперед, перейдем через Неман, внесем войну на ее территорию. Вторая польская война будет славной для французского оружия, как и первая. Но мир, который мы заключим, будет обеспечен и положит конец гибельному влиянию, которое Россия уже 50 лет оказывает на дела Европы»[525].

Даже в названии войны («вторая польская») показаны локальность ее театра и ее целей. Вряд ли с таким манифестом он собирался идти до Москвы. Вообще стоит помнить, что «Какого-либо строго оформленного стратегического или оперативного плана самого Наполеона не сохранилось. Вероятно, в письменном виде таковых и не существовало»[526].

Уже на пути к Неману в Дрездене Наполеон в мае 1812 г. изложил К. Меттерниху (министру иностранных дел союзной Австрии) свой операционный план:

«Я открою кампанию переходом через Неман. Закончу ее в Смоленске и Минске. Там я остановлюсь. Укреплю эти два пункта и займусь в Вильно, где будет моя главная квартира,

---

[525] Тарле Е. В. Нашествие Наполеона на Россию 1812 года // Сочинения. Т. 7. — М., 1959. С. 475.

[526] Безотосный В. Все битвы русской армии против Наполеона. — М., 2012. С. 233.

организацией Литовского государства... Мы увидим, кто из нас двоих устанет первый: я — содержать свою армию за счет России или Александр — кормить мою армию за счет своей страны»[527].

28 июля уже в Витебске, «входя в императорскую квартиру, он снял саблю и, положив ее резким движением на карты, которыми были покрыты столы, вскричал: „Я останавливаюсь здесь! Я хочу здесь осмотреться, собрать тут армию, дать ей отдохнуть, хочу организовать Польшу. Кампания 1812 года кончена! Кампания 1813 года сделает остальное!" **С завоеванием Литвы цель войны была достигнута**, а между тем война как будто только что началась. В действительности же была побеждена только местность, но не люди. Русская армия оставалась в целости»[528].

Но русская армия уклонилась от второго Аустерлица, в связи с чем Наполеон точно отметил в беседе с Балашовым:

«Чем вы хотите воодушевить ваши армии, или, скорее, каков уже теперь их дух? Я знаю, о чем они думали, идя на Аустерлицкую кампанию, они считали себя непобедимыми. Но теперь они наперед уверены, что они будут побеждены моими войсками»[529].

Оттого Наполеон, без боя войдя в Вильно, остался там на целых 18 дней. Его стратегия явно рушилась. Следующая его остановка — в Витебске. Тут 28 июля Наполеон сомневался — не объявить ли ему об окончании кампании. Но в конце концов решил идти на Смоленск[530]. Эта его импровизация вызвала дружный протест его маршалов, включая Бертье — начальника глав-

---

[527] Троицкий Н. А. 1812. Великий год России. — М., 2007. С. 173.

[528] Сегюр Ф.-П. История похода в Россию. — М., 2014. С. 134.

[529] Тарле Е. В. Нашествие Наполеона на Россию 1812 года // Сочинения. Т. 7. — М., 1959. С. 480.

[530] Там же. С. 526.

ного штаба[531], который уж точно знал, что военными планами императора такое углубление в Россию не было предусмотрено…

Решение идти на Смоленск было принято лишь в начале августа. А к Москве его утянула за собой русская армия своим отступлением от Смоленска.

Некоторые историки считают, что задолго до войны Наполеон рассчитывал нанести «главный удар» по Москве. В подтверждение своей версии они приводят высказывание французского полководца о значении петербургского, киевского и московского стратегических направлений:

«„Если я займу Петербург, я возьму Россию за голову, если я займу Киев, я возьму ее за ноги, если я овладею Москвой, я поражу ее в самое сердце". Эту крылатую фразу, обошедшую, кстати, не только учебники, но и многие солидные книги, Наполеон действительно произносил. Но весь вопрос в том, где и когда? Знакомство с первоисточником позволяет точно ответить на этот вопрос: в Смоленске 12 августа 1812 года. Такое определение он дал потому, что главные силы русской армии в тот момент отходили к Москве. Ни до, ни в начале войны Наполеон не помышлял о проникновении в глубь Российской Империи»[532].

---

531 «Вот о ком действительно стоило сожалеть, так это о Бертье, многолетнем начальнике штаба Наполеона. Он так и не решился прийти на помощь императору и 1 июня 1815 года погиб при загадочных обстоятельствах, скорее всего — покончил с собой. Узнав о его смерти, Наполеон, хоть он сам вычеркнул Бертье из списка маршалов, сильно расстроился. Столько лет они провели бок о бок! Штаб работал при Бертье как часы, а должность, учитывая стиль Наполеона, ключевая. Такого, как Бертье, больше, конечно, не было… В искусстве штабной работы Сульту далеко до Бертье. Исполнительного, сверх-надежного, дублировавшего все распоряжения, а главное — настолько хорошо понимавшего стиль Наполеона, что он сам уже мог исправлять неточности и случайные ошибки».

(Куриев М. М. Ватерлоо. Битва ошибок. — М., 2019. С. 39 и 64)

532 Абалихин Б. О вреде чтения школьных и институтских учебников // Родина. 1992. № 6–7. С. 181.

Глава 44

Железная цена, заплаченная за что?

Именно в этом состоит главный вопрос об «Отечественной войне 1812 года»: зачем?

Если победу Наполеона при Бородино русские историки называют «пирровой», то есть несущей семена будущей катастрофы, то отчего же они избегают ставить вопрос о цене для России во всей кампании 1812 года? «По-беда» — это то, что после беды. Так в какую беду вверг Александр свою страну? Во что ей обошелся его парижский триумф? Самое печальное — «Военное министерство, насколько нам известно, никогда не подсчитывало потери в период Наполеоновских войн»[533]. Людишек не считали в самом буквальном смысле…

Наполеон прикидывал, что

«Кампания 1812 г. в России стоила менее 50 тыс. человек собственно Франции. Русская армия, при ее отступлении от Вильно до Москвы, в ходе различных боев потеряла в 4 раза больше, чем армия французская; пожар Москвы, из-за того, что она была деревянной, стоил жизни 100 тыс.

---

[533] Безотосный В. М. Цена и последствия победы // Эпоха 1812 года. Исследования. Документы. — М., 2023. С. 316.

русским, умершим от холода и лишений; наконец, во время марша от Москвы к Одеру русская армия также получила удар, страдая от непогоды того времени года. Она не насчитывала при своем прибытии в Вильно и 50 тыс. человек, а в Калише — менее 18 тыс. Можно полагать, подсчитав все, что потери России в течение этой кампании были в 6 раз большими, чем потери Франции в ее современных границах»[534].

С демографической точки зрения эта война лишила Россию двух миллионов человек в приросте ее населения (включая неродившихся)[535]. «На наш взгляд, (прямые) людские потери России в 1812–1814 гг. можно оценить в приблизительном диапазоне до 1 млн человек»[536].

В деньгах потери России составили «несколько миллиардов тех рублей. Были уничтожены центры сосредоточия фабричной промышленности в Москве и вокруг нее. Многие фабричные заведения хотя напрямую и не пострадали, но оказались разоренными. Поэтому после 1812 г. стали возникать, наряду со старыми центрами, новые, — например, бумажное ткачество в районе

---

534 Земцов В. Н. Наполеон о войне с Россией в 1812 году // Эпоха 1812 года. Исследования. Документы. — М., 2023. С. 53.

535 Корнилов А. Эпоха Отечественной войны и ее значение в новейшей истории России // Русская мысль. 1912. № 11. С. 148.

536 Безотосный В. М. Цена и последствия победы // Эпоха 1812 года. Исследования. Документы. — М., 2023. С. 317.

«Победа далась более высокой ценой, ибо пришлось пожертвовать не только ненадёжными польскими провинциями, но и рядом областей коренной России. Причём, в Смоленской и Московской губерниях „скифская тактика“ ужесточилась до степени „тактики выжженной земли“, так что с собственно русскими землями российское командование обошлось более сурово, чем с изменившими западными областями. Это стало одной из наиболее трагичных страниц той войны, как и судьба русских пленных, из-за этой тактики обречённых на голодную смерть». (Попов А. И. Великая армия в России. Погоня за миражом. — М., 2022. С. 36)

г. Иванова. 1812 год, считал М. И. Туган-Барановский, «ускорил ту промышленную эволюцию, которая определялась общими условиями русского хозяйственного развития, — эволюцию, выражавшуюся в росте кустарной промышленности за счет фабричной, что было характерно для России первой половины прошлого века»[537].

---

[537] Там же. С. 319.

«Логично было предположить, что участие в континентальной блокаде несло России разорение.

К началу 1809 г. в недоимках на купечестве числилось 80,9 тыс. руб. За год они возросли на 181 тыс. руб., достигнув без малого 262 тыс. руб. на начало 1810 г., что составило 8,2% от уплаченных купцами в 1809 г. налогов. Однако, уже в следующем году купечество практически адаптировалось к новым налогам и даже смогло найти средства для погашения задолженности на 339,8 тыс. руб., так что в недоимках к началу 1812 г. состояло только 259,3 тыс. руб. По отношению к сумме уплаченных налогов доля недоимок сократилась до 5,7%.

Что касается крестьянства, то в 1809 г. недоимки с помещичьих крестьян увеличились на 181,2 тыс. руб., в то время как государственные крестьяне смогли сократить задолженность по недоимкам на 47,4 тыс. руб. Повышение налогов в 1810 г. вызвало естественное увеличение недоимок. К началу 1812 г. недоимки с помещичьих крестьян были даже меньше, чем на начало 1809 г. (2 168,5 тыс. руб. против 2 206,2 тыс. руб.) В то же время все увеличение недоимок с государственных крестьян за тот же период (до 3 617,7 тыс. руб. по сравнению с 2 649,6 тыс. руб.) пришлось на 1810 г. и значит, может быть объяснено повышением налогов.

Таким образом, динамика недоимок свидетельствует, что основные податные сословия в целом не только сохранили свою платежеспособность, но даже смогли выплачивать повышенные налоги. Чтобы объемнее представлять себе вышеприведенные цифры, сравним их с данными о недоимках за 1812 г. К началу 1813 г. недоимки с купечества достигли 2 971,2 тыс. руб., увеличившись за год в 11,5 раз! В недоимках числилось более четверти от собираемых с купцов налогов. Не менее сильно пострадало и крестьянство, чьи недоимки выросли до 41,7 млн. руб., из них 69,4% приходилось на долю государственных крестьян. Более того, в последующие два года недоимки продолжали нарастать, так что правительству в конце концов пришлось пойти на их частичное списание.

Как видим, ущерб, нанесенный Отечественной войной, не идет ни в какое сравнение с теми потерями, которые могло причинить участие России в континентальной блокаде».

На переговорах с Балашовым 30 июня 1812 г. (идет десятый день войны) Наполеон ставит лишь одно условие: исполнить тильзитское обещание об анти-английских торговых санкциях. В ответ на письмо Александра I Наполеон предложил: «Будем договариваться сейчас же, здесь, в самом Вильно… Поставим свои подписи, и я вернусь за Неман»[538].

Отказ от торговли с Англией для тогдашнего Газпрома, конечно, был чувствителен. Но не чувствительнее реально понесенных потерь как людских, так и экономических[539].

(Трошин Н. Н. Континентальная блокада и Россия (к вопросу об экономических причинах Отечественной войны 1812 года) // Отечественная война 1812 года. Источники. Памятники. Проблемы. Материалы XVI Международной научной конференции, 6–7 сентября 2010 г. — Можайск, 2011. С. 286)

538 Троицкий Н. А. 1812. Великий год России. — М., 2007. С. 143.

Можно сказать, что именно эта встреча с Балашовым и погубила Великую Армию, т. к. дала Наполеону иллюзию переговорно-дипломатического завершения войны.

«Всем им казалось, когда еще Наполеон стоял в Вильне и когда он шел потом по Литве и Белоруссии, что за первым визитом Балашова в императорский лагерь последует и второй, а может быть, и третий его визит. И всякий раз эти „переговоры на ходу“ будут становиться все благоприятнее для Наполеона, потому что испуганные русские будут делаться все уступчивее по мере продвижения великой армии в глубь страны. Но первая поездка Балашова оказалась и последней. Русские молча отступали, молча сжигали все за собой и разоряли свою страну, молча отдали врагу огромную территорию, но и тени чего-либо похожего на желание мириться не обнаруживали. Совсем бы иначе был принят Балашов в Витебске. Но Балашов не приезжал».

(Тарле Е. В. Нашествие Наполеона на Россию 1812 года // Сочинения. Т. 7. — М., 1959. С. 528)

539 См.: Трошин Н. Н. Континентальная блокада и Россия (к вопросу об экономических причинах Отечественной войны 1812 года) // Отечественная война 1812 года. Источники. Памятники. Проблемы. Материалы XVI Международной научной конференции, 6–7 сентября 2010 г. — Можайск, 2011. С. 278–297. С выводом: «…континентальная блокада была для Александра скорее поводом, чем действительной причиной для разрыва с Наполеоном». Русские (и не только) монахи того времени вообще не интересовались проблемами экономики и низкого торгово-купеческого сословия. И экономика России была вполне закрыто-натуральной.

Или, может, стоило сжигать Москву и класть сотни тысяч русских жизней ради удержания сдуру проглоченной Польши (вместе с миллионом ее евреев)?

Или ради герцога Ольденбургского?[540] Или ради свободной торговли с Англией?

Может, Бонапарт угрожал русской вере?

Но разве были хоть какие-то претензии у Наполеона к православной церкви?

Времена его церковноборчества уже давно прошли. В 1802 году он восстановил религию в правах, подписав конкордат с римским папой. Впрочем, остатки республиканского видения религии очень сильно ожили с началом испанской войны, где

---

[540] В Проекте манифеста о войне с Наполеоном в 1812 году больше всего места было уделено именно ему: «Французскій императоръ декретомъ присоединилъ Ганзеатическіе города и герцогство Ольденбургское къ своей имперіи. Мы не могли молчать безъ потери достоинства и правъ нашихъ при семъ новомъ похищеніи, тѣмъ паче, что герцогство Ольденбургское принадлежало царствующему въ ономъ принцу Голштейнъ-Готторпскому, по уступленію въ Бозѣ почивающихъ предмѣстниковъ нашихъ, любезной сердцу нашему, бабки императрицы Екатерины II-й и любезнаго родителя нашего императора Павла I, коихъ благодѣяніе, оказанное близкому дома нашего родственнику, симъ насильствомъ уничтожилось; что августѣйшіе предшественники наши на Россійскомъ престолѣ приобрѣли упомянутое герцогство въ замѣну отрицанія отъ правъ своихъ на Шлезвигъ-Голштейнскія владѣнія, и что наконецъ самими нами въ Тильзитскомъ договорѣ съ Французскимъ императоромъ нарочною статьею утверждено спокойное владѣніе герцога Ольденбургскаго. Кромѣ государственной обиды, Имперіи нашей нанесенной, въ внезапномъ и неожиданномъ нами присоединеніи Ганзеатическихъ городовъ и всего берега отъ Эльбы до Голландіи, Мы съ горестію усмотрѣли въ семъ поступкѣ какъ пренебреженіе нашихъ собственныхъ неоспоримыхъ правъ, такъ и въ изгнаніи Ольденбургскаго дома, съ коимъ мы нѣсколько времени прежде сего умножили связи родства нашего бракосочетаніемъ сына царствующаго Герцога съ любезною нашею сестрою, намѣреніе нанести личное императорской особѣ нашей оскорбленіе» (Русская Старина. 1870, т. I). Как видим, с российской стороны тут повод к войне был сформулирован по принципу «США вмешивается во внутренние дела СССР по всему миру».

«монахи, священники, инквизиторы стали не просто пропагандистами священной войны против Наполеоновских войск, но и вдохновителями ужасающих зверств по отношению к пленным французам или союзникам. Ответом на это армии был новый виток антирелигиозности. В бою под Брагой в Португалии ополченческая рота испанцев состояла из молодых монахов. Пощады им не давали»[541].

И все же «каждое воскресенье *после мессы* проводился парад, где ему (Наполеону) представлял вновь сформированные части»[542]. Если даже сам император «не нуждался в гипотезе Бога», он прекрасно понимали значимость религии в политике, и потому не вел против нее войну. Как сказал Меттерних, —

> *«Наполеон не был нерелигиозным в обычном смысле этого слова. Он не допускал, чтобы мог существовать искренний и убежденный атеист; он осуждал деизм, как плод необоснованного умозрения. Христианин и католик, он лишь за положительной религией признавал право управлять человеческими обществами. В христианстве он видел основу всякой истинной цивилизации, в католицизме — культ наиболее благоприятный для поддержания устоев нравственности, в протестантизме — источник смуты и раздоров. Не соблюдая церковных обрядов в отношении к себе самому, он, однако, слишком уважал последние, чтобы позволить себе насмешки над теми, кто придерживался их. Возможно, что его отношение к религии являлось не делом чувства, а результатом дальновидной политики, но это — тайна его души, которой он никогда не выдавал»*[543].

Православные епископы Западной Руси встретили его колокольным звоном. Могилёв был занят корпусом маршала Даву.

---

541 Соколов О. Армия Наполеона. С. 444.

542 Там же. С. 448.

543 URL: http://www.museum.ru/museum/1812/Library/metternih/napoleon.html

13 июля французы приказали архиепископу вместе с духовенством принести присягу новым властям. Обсудив ситуацию с членами консистории и секретарем, архиепископ Варлаам Шишацкий 14 июля в кафедральном соборе присягнул Наполеону. Консистория предписала духовенству сделать то же самое, и две трети духовенства епархии принесли присягу по формуле: «Я, нижеподписавшийся, клянусь всемогущим Богом в том, что установленному правительству от его императорского величества французского императора и италийского короля Наполеона имею быть верным и все повеления его исполнять, и дабы исполнены были — стараться буду».

Вслед за этим архиепископ Варлаам получил отношение от могилевского полицеймейстера о праздновании 3-го августа (по старому стилю) дня тезоименитства Императора Наполеона, и о вечернем освещении (иллюминации), в знак особого торжества, церквей и домов города. Вследствие резолюции архиепископа Варлаама, консистория определила дать знать духовенству всей епархии о торжественном праздновании 3-го августа и назначила для наблюдения за выполнением этого распоряжения особых надзирателей: могилевского благочинного, протоиерея Вонсевича, и состоящего при архиерейском доме иеромонаха Ореста.

Кафедральный протоиерей в своем показании говорит, что 3 и 13 августа, т. е. в день рождения Императора Наполеона и Императрицы Жозефины во время архиерейского служения в кафедральном соборе, он произнес две проповеди по приказанию могилевского архипастыря. Содержание проповеди, сказанной 3 августа, было общее о промысле Божием, но в конце проповеди, сколько он, протоиерей, помнит, было им сказано обращение к Императору французов в таких словах:

> *«На ком же более всего виден промысел Всевышнего, как не на великом Императоре французов: его предприятия и подвиги велики, дела его преславные; его намерения приводят в удивление всю вселенную».*

Позже архиеп. Варлаам сказал, что он велел поспешно списать проповедь с печатных книг, с изменением некоторых слов и с включением имени Наполеона и его супруги.

11 августа, вследствие требования временной комиссии, архиепископ Варлаам издал распоряжение, чтобы в могилевских церквах не звонили в колокола от захода до восхода солнца, а к литургии звонили бы тихо и непродолжительно[544].

Архиепископ Витебский и Могилевский Варлаам повелел всей епархии называть «впредь <…> в благодарственных молебствиях вместо Александра французского императора и италийского короля великого Наполеона»[545]. Синод констатировал, что «две трети духовенства по могилевской епархии учинили присягу на верность врагу отечества»[546].

В Минске католический епископ служил торжественную обедню в честь нового правителя, причем на этой службе присутствовали местные православные священники:

> *«В 11 часов все офицеры, военные и гражданские чиновники собрались к генерал-губернатору и принесли искренние поздравления нашему Великому Воскресителю. Затем во главе с генерал-губернатором отправились к обедне в Кафедральный собор.* ***Обедню служил Его Преосвященство Минский епископ****; этот ревностный пастырь со дня вступления в город наших славных избавителей возбуждал в нашем уважаемом духовенстве при каждом удобном случае патриотические чувства. Его окружали члены Консистории и мо-*

---

544 Сергеев А. Н. Присяга Наполеону и моление за него в Могилевской епархии в 1812 г. // «Русская старина», 1908. Т. 136. С. 577–588.
URL: http://www.museum.ru/1812/Library/Rs7/
Соловьев Ю. П. Коллаборационизм 1812 года. Сословный аспект // Диалог со временем. 2017. Вып. 58. С. 201–223.

545 Акты, документы и материалы для политической и бытовой истории 1812 г. Под ред. К. А. Военского. Т. 3. — СПб, 1912. С. 170.

546 Там же. С. 236.

нашеские ордена. ***Во время богослужения присутствовали даже греко-российские священники, оставшиеся в нашем городе*»[547].**

Православные священники Смоленска встречали Наполеона с крестом в знак покорности. 27 октября 1812 г.

«...французский губернатор Смоленска потребовал, чтобы наличное духовенство городское встретило бежавшего из Москвы Наполеона. Напрасно отговаривался Мурзакевич... В конце концов, опасаясь гнева Наполеона и разрушения собора и храмов и не видя особого преступления в вынужденной встрече побежденного *врага, Мурзакевич с Зверевым и Соколовым пошли к Днепровским воротам»*[548].

Далее отец Никифор пишет в своем дневнике:

«Утром пришли о. Поликарп и о. Яков, чтоб идти встречать Наполеона. Зайдя в Собор, взяв ризы, крест, пошли к Днепровским воротам, где городское начальство ожидало. Часовые у ворот за нами присматривали. Продрогнув на холоде, с разрешения, мы разошлись. О. Поликарп сказал: „Наполеона не будет"... 28 октября. Идя к больному мещанину Ив. Короткому, что у Днепровских ворот возле дома Ив. Ковшарова, с черствою просвирою, нечаянно попавшийся мне губернатор Жомини сказал мне по латыни: „Вот Наполеон идет!" — Я, не знавши его, посторонился, но Наполеон у меня спросил: „Pope? (поп?)" Я ответствовал: „Так". И когда ближе он подошел, я, в недоумении и страхе,

[547] Празднование дня рождения Наполеона 15-го августа 1812 г. // Временная минская газета (Tymcz. Gaz. Mińska). 1812, № 10. Републикация: Акты, документы и материалы для политической и бытовой истории 1812 г. Под ред. К. А. Военского. Т.1. — СПб, 1912. С. 361.

[548] Мурзакевич Н. А., История города Смоленска. — Смоленск, 1903. С. 11.

вынул просвиру, которую он велел взять одному генералу. Всего этого никто не видел»[549].

В декабре 1812 г. протопоп смоленской Никольской церкви отец Алексей Васильев донес духовному начальству о том, как трое батюшек ходили встречать Наполеона. В Смоленск для дознания прибыл в сопровождении местного епископа Иринея (Фальковского) рязанский архиепископ Феофилакт (Русанов), который расследовал от имени Святейшего Синода дела духовенства, остававшегося на оккупированной французами территории (позже владыка Феофилакт потрудился на этот счет и в Минской, и в Могилевской епархиях). 20 декабря рязанский архиерей допрашивал отца Мурзакевича: «Зачем встречал Наполеона?» Отец Никифор отвечал: «Чтобы спасти храмы Божии: первосвященник иудейский Иоддай встречал язычника Александра Македонского, а папа Лев святый Аттилу, у врат Рима, угрожавшего граду разорением!»

Поведение отца Мурзакевича духовное начальство сочло «ревностью не по разуму» и передало дело смоленского священника в уголовный суд. 24 декабря отцы Никифор Мурзакевич, Поликарп Зверев и Яков Соколов были запрещены в священнослужении.

Как видим, Мурзакевич озвучил традиционный аргумент церковных коллаборационистов («сергиан») и поцеловал ручку злодею, чтобы спасти церковь (и как недвижимость, и как общину). Да, он это делал нехотя, под давлением. Но останься Наполеон подольше в Москве, и местные епископы точно так же приноровились бы славить нового царя[550].

---

549 Дневник священника Никифора Адриановича Мурзакевича 1776–1834 г. — Смоленск, 1903. С. 66.

550 Подмосковный помещик О. А. Поздеева писал графу А. К. Разумовскому 21 сентября 1812 г. об исходе жителей из Москвы 1–2 сентября: «…попы толпами бежали из Москвы от своих церквей» (Русский архив. 1872. Т. III. Кн. 10. Стб. 1860). Но при стабилизации новой власти ведь вернулись бы…

В Успенском соборе московского Кремля Наполеон, пожелавший видеть архиерейскую службу, заставил священника Новинского монастыря Пылаева отслужить литургию в архиерейском облачении, за что наградил его потом камилавкой[551].

Возможно, «русская вера» никак не интересовала Наполеона — но тогда и тезис патриарха Кирилла о том, что Наполеон шел ее менять, очевидно ложен. Возможно, Наполеон не отличал католиков от православных. Но католики-поляки вроде не жаловались на притеснения от Наполеона.

Были ли у Наполеона контакты с православным духовенством или хотя бы возможность вблизи наблюдать нравы высшего духовенства до его вторжения в Россию? Такая возможность была у него во время египетского похода, который проходил по земле древнего александрийского православного патриархата. Наверняка ни местный греческий патриарх, ни копты-христиане не доставили ему проблем.

Высшее мусульманские духовенство Египта умоляло его принять их религию. Он сказал (почти как киевский князь Владимир при «испытании вер»), что в исламе ему все нравится, кроме обрезания и запрета на вино. Тогда «Четыре муфтия, наконец, представили составленную и подписанную ими фетфу. В ней было сказано: что обрезание представляет собой дополнение, что оно не было введено пророком, а лишь рекомендовалось им, что можно поэтому быть мусульманином, не будучи обрезанным; что же касается второго вопроса, то можно пить вино и быть мусульманином, но это значит жить во грехе без надежды на награду, обещанную избранным»[552]. После протестов мусульманских масс «муфтии выработали фетфу, в которой говорилось: что новообращенные смогут пить вино и быть при этом мусульманами, если искупят свой грех добрыми делами и благотворительностью; что коран предписывает раздавать в качестве милостыни или обращать на благотворительность не менее одной десятой своего дохода; те же, кто, став мусульманами, будут про-

---

551 Зазулина Н. Война 1812 года. Мифы и реальность. — М., 2014. С. 169.

552 Наполеон. Избранные произведения. — М., 1956. С. 476.

должать пить вино, должны будут довести средства, раздаваемые в качестве милостыни, до одной пятой своего дохода»[553].

Сам он в Египте говорил: «Римские легионы любили все религии»[554]. А «его (Наполеона) неизменным мнением было, что всякий человек должен умереть, не изменив своей религии»[555].

Так что причины предполагаемой Наполеоновской вражды к России — в столкновении двух экспансий, а не в «духовности» или якобы завидных «природных богатствах» России.

И хотя революционно-антицерковные традиции еще были живы в Великой Армии, командование все же запрещало мародерство и святотатство: циркулярное письмо начальника штаба корпуса Мюрата генерала А. Бельяра от 4 июля 1812 г. гласило:

> *«Священная утварь из церкви и золотые вещи некоторых жителей были похищены войсками, мой дорогой генерал, король [Мюрат] предписывает, чтобы были осуществлены все необходимые расследования, чтобы найти и арестовать виновных. Если ничего не найдут в ранцах или мешках, возможно, найдут эти вещи у торговцев, которые обычно общаются с солдатами. Если виновные будут арестованы, король желает, чтобы они предстали перед судом…»*[556]

Сам Наполеон в 1812-м неуклонно каждое воскресенье посещал мессу.

---

553 Там же. С. 477.

554 Там же. С. 424.

Впрочем, «христиане — копты, греки, армяне, жившие в этой стране. Последние воспользовались приходом армии для того, чтобы сбросить иго обычаев, не страшась мусульман. Как только главнокомандующий узнал об этом, он их обуздал. Все вошло в свою колею. Древние обычаи были полностью восстановлены, что наполнило радостью сердца мусульман и внушило им полное доверие…» (Наполеон. Избранные произведения. — М., 1956. С. 473).

555 Там же. С. 475.

556 Service Historique de la Défense (Vincinnes). Série C2 «Correspondance de la Grande Armée». Vol. 128. Цит. По: Мельник З «За веру против Антихриста»: Православная церковь и духовенство в Отечественной войне 1812 г. (критические заметки на полях книг Л. Мельниковой) // Уральский исторический вестник. 2012. № 1 (34). С.74.

Глава 45

Агрессора назначает победитель

Чтобы составить представление о мотивах и замыслах Бонапарта, надо понять, что же в предвоенное время делала Россия, которая в предыдущие годы не раз бросала свои армии в Европу со вполне агрессивными анти-наполеоновскими целями.

«Бонапарт искренне желал мира, а в отношении России его намерения вообще не вызывают никаких сомнений. Его единственной и давней мечтой был русско-французский союз. В этих обстоятельствах были все условия для того, чтобы в Европе воцарился мир. Если такого не произошло, то в этом виноваты не столько объективные причины, сколько деятельность одного человека — Александра Первого... Увы, Наполеон не знал, с кем он имеет дело. Во главе России стоял человек, который поставил себе во главу угла одну задачу — удовлетворить свое чувство личной зависти и мстительности по отношению к Наполеону»[557].

В ноябре 1809 Александр писал своему польскому другу А. Чарторыйскому: «Если будет способ увидеться с Понятов-

---

[557] Соколов О. В. Битва трёх императоров. Наполеон, Россия и Европа. 1799–1805 гг. — СПб, 2019. С. 541 и 548.

ским, то… войдя с ним в рассуждение о трудности восстановления Польши посредством Франции, о жестокой войне из сего имеющей неминуемо последовать и разорении всего края и о жестоких способах, которые Россия будет принуждена принять в свою защиту»[558]. Эта «защита» предполагалась на чужой земле жестокими средствами и — путем атаки: «Известно, что французских войск более 60 тысяч не имеется в Германии и Голландии. Будучи внезапно атакованными, потеряв своих союзников, можно надеяться, что успех будет совершенен» (письмо 25 декабря)[559]. Причем атаке подлежал враг, заведомо малосильный, и потому неспособный к нападению на Россию: «Я надеюсь не на то, что смогу противостоять талантам Наполеона, а прежде всего на то, что у него будет мало сил»[560].

Понятовский, конечно, слова Александра сразу передал Наполеону. «Наполеон, вовремя предупрежденный, получил полтора года на подготовку своего „нашествия", по существу являвшегося актом необходимой самообороны. Россия воспользовалась отсрочкой гораздо хуже»[561].

Наполеон и так видел, что «начиная с 1810 года, русские войска понемногу подтягиваются к границам. В бумагах многих государственных и военных деятелей прослеживается одна идея: начать превентивную войну и раздавить „очаг заразы" — герцогство Варшавское, поднять против Наполеона Германию и уничтожить французскую империю, покончив тем самым с революционной бациллой в Европе»[562].

Начиная с 1810 г., в высших слоях российского руководства появляются планы превентивной войны против Французской

---

558 Соколов О. Битва двух империй. 1805–1812. — СПб, 2012. С. 397.

559 Там же. С. 399.

560 Там же.

561 Покровский М. Н. Русская история с древнейших времен // Избранные произведения. — М., 1965. Кн. 2. С. 218.

562 Соколов О. Погоня за миражом. Политическая обстановка и план Наполеона накануне войны // Родина. 1992. № 6–7. С. 20.

Империи. Вот как излагал в феврале 1811 г. подобный план генерал Беннигсен в проекте, адресованном Александру I:

«Не лучше ли ей (России) *предупредить своих неприятелей наступательной войной... Наиболее полезно овладеть Варшавою кажется мне, что* ***власть Наполеона никогда менее не была опасна для России (sic!), как в сие время, в которое он ведет несчастную войну в Гишпании*** *и озабочен охранением большого пространства берегов...»*[563]

Такие же мысли высказывали в своих заметках Багратион и его начальник штаба Сен-При, Барклай де Толли и Александр Вюртембергский.

31 января 1811 г. Александр писал Чарторыйскому:

«Наполеон старается вызвать Россию на разрыв с ним, в надежде, что я сделаю ошибку и открою наступление. При существующих обстоятельствах это действительно была бы ошибка, и я решил ее не делать. Но все положение вещей изменится, если поляки захотят соединиться со мной. Усиленный 50000 человек, которыми я им был бы обязан, а также 50 000 пруссаков, которые тогда без риска могут к нам примкнуть, я мог бы без кровопролития добраться тогда до Одера»[564].

25 февраля 1811 года в инструкции своему посланнику при австрийском дворе Г. О. Штакельбергу Александр I подчеркнул, что Россия «непременно должна» овладеть Польшей, и только за то, чтобы Австрия не мешала этому, предложил ей Валахию и Молдавию[565].

---

563 Соколов О. Армия Наполеона. — М., 2020. С. 331.

Увы, в первом издании книги Соколова именно эта цитата дается с пустой ссылкой, а во втором — с ложной ссылкой.

564 Цит. по: Безотосный В. Все битвы русской армии против Наполеона. — М., 2012. С. 236.

565 Троицкий Н. А. 1812. Великий год России. — М., 2007. С. 131.

«Любой объективный историк, изучающий политические и военные события этого гигантского противостояния, не сможет уйти от того обстоятельства, что в русском штабе в 1810–1811 гг. постоянно обсуждались планы нападения на герцогство Варшавское с дальнейшим привлечением на свою сторону Пруссии и возбуждением и поддержкой националистических движений в Германии с конечной целью полного разгрома наполеоновской Империи. Невозможно уйти от того факта, что русские войска сконцентрировались на границах почти на год раньше Великой Армии, а характер дислокации русских корпусов не допускает никакого двоякого толкования — армия Александра готовилась к наступательным операциям. Русские полки стояли, буквально уткнувшись носом в пограничные рубежи, что было бы совершенно немыслимо, если бы они готовились к действиям в рамках стратегической обороны, пусть даже активной»[566].

---

[566] Соколов О. Армия Наполеона. — М., 2020. С. 333–334.

Ср.: «И Багратион, и Тормасов заметили, что армии развернуты неправильно, что слишком близко к западным границам находятся все провиантские склады, магазины, и русские войска, отступая, не успеют не то чтобы вывезти, но даже сжечь их. Все это наводит на мысль, что стратегическое развертывание русской армии с самого начала было наступательным» (Ивченко Л // Родина. 1992. № 6–7. С. 38). «Как писал П. М. Волконский 11 мая 1812 г., в тот момент более 800 км отделяли ставку располагавшегося на краю правого фланга Барклая в Шавли, от ставки Багратиона в Луцке. Армии были развернуты для наступления в направлении герцогства Варшавского. Прежде всего они находились в выгодной позиции с точки зрения снабжения себя провиантом, доставляемым из сельской округи. Но они были крайне плохо готовы к отражению нападения» (Ливен Д. Россия против Наполеона: борьба за Европу, 1807–1814. — М., 2012. С. 198). Советский историк М. Покровский также обращал внимание на то, что русские армейские склады были максимально выдвинуты к границам, так как „первоначальный план кампании был рассчитан на наступление", и это подчеркивало предписание, которое царь дал 1 апреля 1812 года генерал-интенданту Е. Канкрину» (Покровский М. Н. Дипломатия и войны царской России в XIX столетии. — М., 1923. С. 46 и 50).

К осени 1811 г. царь договорился о совместном выступлении с Пруссией так, чтобы русские войска «старались бы дойти до Вислы раньше, чем неприятель утвердится на ней»[567]. Но 24 февраля 1812 в 5 часов утра был подписан тайный договор о союзе Наполеона и Пруссии[568]. Планы царя повисли в воздухе…

И все же в апреле 1812-го царь писал Барклаю:

«„Важные обстоятельства требуют зрелого рассмотрения того, что мы должны предпринять. Посылаю Вам союзный договор Австрии с Наполеоном. Если наши войска сделают шаг за границу, то война неизбежна. При приезде моем в Вильну окончательно определим дальнейшие действия. Между тем примите меры к тому, чтобы все было готово, и ***если мы решимся начать войну,*** *чтобы не встретилось остановки“*[569]*. О том, что Барклай был готов перейти границу, свидетельствуют его приказы, отданные по армии для поднятия морального духа войск на случай открытия военных действий, а также задержка выплаты жалования (за границей выдавалось по Особому положению), а оно было выплачено лишь после 22 мая 1812 г., когда*

---

567 Внешняя политика России XIX и начала XX века: документы Российского министерства иностранных дел. Сер. 1, 1801–1815 гг. в 8 томах. Т. 6. С. 200.

568 Прусский генерал Гебхард Леберехт фон Блюхер, будущий «добиватель» Наполеона при Ватерлоо, подал в отставку, отказавшись сражаться за Францию. Всего более 300 офицеров — четверть прусского офицерского корпуса — подали в отставку, большинство отправилось в изгнание в Россию, некоторые — в Испанию или Англию. В их числе — Шарнхорст, начальник Генерального штаба (уехал в Силезию) и его помощник Карл фон Клаузевиц (уехал в Россию). Так же поступил полковник Гнейзенау (трудно при упоминаии Шарнхорста не упомянуть и Гейзенау — их имена через 120 лет получат нацистские линкоры-близнецы).

569 Шишов А. В. Деятельность Барклая де Толли по созданию резервов для полевой армии перед войной 1812 года // Отечественная война 1812 года. Источники. Памятники. Проблемы. — М., 2002. С. 236.

появилась ясность, каким образом армия будет действовать»[570].

В том же апреле Наполеон пояснял маршалу Даву, что тот не должен переходить Вислу. Наполеон считал значимыми границы Польши, но не Пруссии. Он пояснял, что если русские захватят Мемель (Клайпеду), столицу Прусского королевства в 1807–1808 году, но не пересекут Неман (сегодня именно Неман разделяет Россию и Литву; правда на этот раз Россия находится на левом, западном берегу этой реки), Даву должен послать парламентера и выяснить, является ли этот акт объявлением войны. Если же это будет «простым военным маневром» без перехода Немана, необходимо сохранять спокойствие[571].

А посему «можно оставить без комментариев всем известное миролюбие российского монарха (при наличии заранее разработанных превентивных планов военных действий)»[572].

Так что «Спор о том, кто был виновником войны 1812 года, является совершенно праздным. Виноваты были те самые объективные условия, которые в 1809 году предупредили войну»[573]. Речь идет об отказе Пруссии и Польши поддержать новый поход армии Александра в Европу. «Вторжение в Польшу не состоялось лишь потому, что Пруссия, ранее согласившаяся поддержать Россию, в последний момент отказалась»[574].

Наполеон ждал этого русского выступления и даже надеялся на него, чтобы окружить русскую армию, углубившуюся в польскую землю. При этом стоит учесть, что разведка сообщала ему

---

570 Безотосный В. Все битвы русской армии против Наполеона. — М., 2012. С. 237.

571 Земцов В. Н. Наполеон в 1812 году. Хроника. — М., 2022. С. 107.

572 Безотосный В. М. Эпоха 1812 года и казачество. — М., 2020. С. 208.

573 Покровский М. Н. Дипломатия и войны царской России в XIX столетии. — М., 1923. С. 33.

574 Абалихин Б. О вреде чтения школьных и институтских учебников // Родина. 1992. № 6–7. С. 181.

неверные сведения: численность приграничных западных русских армий виделась ему сильно завышенной (до 350 000 человек), и армию Багратиона он считал равновеликой армии Барклая[575].

«Если решение Наполеона о вмешательстве в испанские дела вполне можно рассматривать как грубую политическую ошибку и как несправедливый акт насилия, подготовку к русскому походу сложно квалифицировать подобным образом. Император французов не мог избежать этой войны, т. к. ее готовил и страстно желал Александр I. Единственное, что мог выбирать Наполеон в начале 1812 г., это либо пассивно ожидать нападения, которое без сомнения произошло бы в самый неподходящий для него момент, либо попытаться упредить своего противника. Мысль о том, что Наполеон ни за что ни про что ворвался в пределы России, быть может, подходит для учебника начальных классов, но никак не выдерживает ни малейшего сопоставления с очевидными фактами. Достаточно открыть том корреспонденции Наполеона, относящейся к началу 1812 г., чтобы абсолютно однозначно заключить: чуть ли не до самого июня 1812 г. Наполеон был уверен, что русские войска будут наступать. Даже 10 июня в письме, адресованном начальнику своего штаба Бертье, Император выражает уверенность, что русские вторгнутся на территорию герцогства Варшавского с целью овладеть его столицей: „В то время, как враг углубится в операции, которые не дадут ему никакого выигрыша, ибо по здравому рассуждению он упрется в Вислу и проиграет нам несколько маршей, левое крыло нашей армии, которое должно перейти Неман, обрушится на его фланг и на тылы раньше, чем он сможет отсту-

---

[575] Безотосный В. М. Разведка и планы сторон в 1812 году. — М., 2005. С. 76–77.

пить..."»[576]. *«К 10 июня Наполеон многие расчеты все еще связывал с возможностью наступательного движения русских»*[577].

Александр I выехал к армии (из Петербурга в Вильно) раньше Наполеона — 21 апреля 1812 года. Наполеон, узнав об этом, 9 мая оставил Париж и двинулся на восток. Понятно, что армии обеих империй еще до этого были придвинуты к границе.

> *«Как всё это далеко от тех штампов, которые в течение многих лет повторяются в исторической литературе: „подготовка страны к обороне", „надвигающееся вторжение", „захватнические планы Наполеона" и т. д. и т. п. Не потому против Наполеона собирались русские войска, что он был слишком силён и что границам России угрожали его несметные полчища, а потому, что он был слаб! По крайней мере так думали в ближайшем окружении царя»*[578].

Кроме того, Наполеон считал, что именно Россия объявила ему войну. Нота посла Франции в Санкт-Петербурге Лористона управляющему МИД России А. Н. Салтыкову о разрыве отношений и начале войны с Россией от 10/22 июня 1812 (за два дня до пересечения французской армией границ Российской империи) гласила:

> *«Поскольку князь Куракин... затребовал свои паспорта и трижды повторил свою просьбу, его императорское величество повелел вручить их ему. Он приказывает мне*

---

[576] Соколов О. Армия Наполеона. — М., 2020. С. 333–334.

30 марта 1812 Наполеон писал маршалу Бертье (начальнику своего Главного штаба) что русские остерегутся сделать какое-либо движение, поскольку не могут игнорировать, что Пруссия, Австрия и, возможно, Швеция — «со мной» (Земцов В. Н. Наполеон в 1812 году. Хроника. — М., 2022. С. 91).

[577] Земцов В. Н. Наполеон в 1812 году. Хроника. — М., 2022. С. 184.

[578] Соколов О. Битва двух империй. 1805–1812. — СПб, 2012. С. 400–401.

затребовать мои паспорта, так как моя миссия окончилась, поскольку просьба князя Куракина о выдаче ему паспортов означала разрыв, и его императорское и королевское величество с этого времени считает себя в состоянии войны с Россией»[579].

А. Б. Куракин начал готовиться к отъезду из Парижа весной 1812 года. 6 апреля он поставил вопрос об отправке в Россию 15 опломбированных ящиков с каким-то грузом. В бюллетене французской разведки от 22 апреля также сообщалось, что «князь ускорил свои приготовления к отъезду» и что «уже упаковано столовое серебро». Решался вопрос и в отношении мебели дворца Телюссон. Куракин был принят Наполеоном только утром 27 апреля в Сен-Клу. К полудню этого дня Куракин возвратился в посольство, как передавал французский информатор, «очень грустный» и очень недовольный. Куракин сразу потребовал к себе Кологривова и приказал ему быть готовым к отбытию. Наконец, 11 мая 1812 года *Куракин потребовал* у французского министра иностранных дел *паспорта* для выезда всего персонала *посольства* из Франции[580].

Итак, Наполеон счел объявлением войны сам факт отъезда русского посланника из Парижа.

В современном дипломатическом протоколе это не так. Мне рассказывал мой крестник Владимир Жеглов, временный поверенный в делах РФ на Украине[581], что когда в феврале 2022 года он получил приказ из МИДа о сожжении документов, даже тогда он полагал, что речь идет о разрыве дипотношений, а вовсе не о войне. Аналогично перед Русско-японкой войной: 23 января

---

579 Место хранения оригинала: АВП РИ Ф. Канцелярия Министра иностранных дел Оп. 468. Д. 3785. URL: https://www.prlib.ru/item/351821

580 Земцов В. Н. Князь Куракин и русская разведка в Париже в 1812 году // Новая и новейшая история 2018. Выпуск 5. С. 32–33.

581 URL: https://www.mid.ru/ru/activity/shots/vnutrivedomstvennye_novosti/nekrologi_pamyati_kolleg/1920598/

(5 февраля) 1904 г. Япония разорвала дипломатические отношения с Россией. На вопрос русского посланника барона Р. Р. Розена, не означает ли разрыв войну, последовал отрицательный ответ главы МИД Японии барона Д. Комуры: «О! Нет, пока не война»[582].

Но в XIX веке было иначе. В ноябре 1827 года Верховный визирь просил у Петербурга объяснить причину спешного отъезда русского посла — «он должен подать Блистательной Порте ноту для объяснения причин своего отьезда, но он от сего отказался». В ответном письме, отправленном уже в день объявления войны Россией, вице-канцлер Нессельроде так истолковывал прощальные действия посла Российской империи в Стамбуле: «В следствие поступков самой Порты ему оставалось только, чтобы не унизить достоинство Двора своего оставить Константинополь и чрез то дать чувствовать Министерству Его Султанского Величества, к чему ведут такие поступки, в надежде, что оно еще успеет размыслить о грозящих Турции опасностях… За сим немедленно войски Государя Императора вступают во владения Его Султанского Величества... Государь император в случае открытия негоциаций не может остановить действия своих войск»[583].

На сем полагаю возможным завершить разбор патриаршего (и не только) тезиса о том, что «Наполеон хотел уничтожить Россию». Но стоит обратить на другой модный акцент этой пропаганды, вполне естественный при заказе на погружение страны в режим «осажденной крепости» (в таком режиме Россия легче управляется): весь мир против нас.

---

[582] Айрапетов О. История внешней политики Российской Империи. Т. 4. 1894–1914. — М., 2018 С. 163.

[583] Декларация о причинах войны с Оттоманскою Портою // Полное собрание законов Российской империи. Второе собрание. Т. 3. — СПб, 1830. С. 394. № 1948.

Глава 46

Где тут «вся Европа»?

Речь патриарха Кирилла:

«Война, которую по праву можно считать первой мировой, — война 1812 года, когда объединенная Европа под руководством агрессора Наполеона вступила на нашу землю с полной уверенностью, что наступает конец России»[584].

«В 1812 году объединенная Европа, воспользовавшись обстоятельствами, нагрянула на Русь, желая уничтожить суверенитет нашей страны, разрушить русское государство, подчинить его себе»[585].

И в самом деле, Наполеон в 1812 году был властителем Европы. Когда в 1810 г. в парижском соборе Нотр-Дам праздновалась вторично свадьба Наполеона с Марией-Луизой (в первый раз эта церемония происходила в Вене, причем Наполеона «по доверенности» замещал в церкви его маршал Бертье), то шлейф Марии-Луизы несли одновременно пять королев, и тогда в Ев-

---

[584] «Слово», 6 мая 2018 г.
URL: http://www.patriarchia.ru/db/text/5190985.html

[585] «Слово», 21 июля 2023 г.
URL: http://www.patriarchia.ru/db/text/6044268.html

ропе исподтишка острили, что короли завидуют королевам и горюют, что у самого Наполеона нет тоже шлейфа, который можно было бы за ним нести общими усилиями[586]. Императрица-мать Мария Федоровна 25 августа 1808 года писала сыну царю Александру, что при Наполеоне европейские короли это «порфироносные рабы» (des esclaves sous la pourpre)[587]. И при этом императрица писала, что «на Бонапарта падают проклятия всех угнетаемых им народов»[588].

Все же слова про «объединенную Европу» («никакие то были не французы, то была объединенная Европа») — это дешевый пропагандистский трюк. Она была покоренной, а не объединенной. «Шестнадцать иноплеменных народов, томящихся под железным скипетром его властолюбия, привел он на брань против России», — писал Барклай де Толли. М. И. Кутузов в 1812 г. полагал, что Пруссия — противник, который «по несчастным обстоятельствам завлечен в сию войну»[589]. «Ясно, что уже в начале военных действий Пруссия, заключи она военный союз с Россией, как государство было бы стерто с географической карты французскими войсками. Пруссакам не оставалось иного выбора, как под пушками корпуса Даву выставить воинский контингент против России. Весьма примечательно было то, что ни Пруссия, ни Австрия не объявляли войну России»[590].

Уже в самом начале похода, в июле 1812 г. два баварских кавалерийских полка из дивизии Патруно предпочли сдаться в плен русским. За ними последовали и некоторые баварские пехотные части.

---

[586] Тарле Е. В. Нашествие Наполеона на Россию 1812 года // Сочинения. Т. 7. — М., 1959. С. 470.

[587] Собрание трактатов и конвенций, заключенных с иностранными державами. Составил Ф. Мартенс. Т.14. Трактаты с Францией 1807–1820. — СПб, 1905. С. 59.

[588] Там же. С. 60.

[589] Кутузов М. И. Сборник документов. Т. IV. Ч. 2. — М., 1955. С. 455.

[590] Безотосный В. М. Российско-прусское боевое содружество в борьбе против Наполеона // Российская история, 2012. № 6. С. 31.

Австрия в том году лишь имитировала военную активность на границах России — так же и по тем же причинам, как это делала сама Россия по отношению к ней двумя годами ранее[591]. Единственный бой, в котором принял участие австрийский корпус, принес его командиру Шварценбергу звание фельдмаршала. 12 августа 7-й (французский) корпус генерала Ж.-Л. Ренье ударил по армии Тормасова у местечка Городечно. У Ренье было 13 000 солдат, у австрийцев — 25 000, у русских — 18 000. Тормасов отразил все атаки Ренье, но отошел. Шварценберг помогал своему главным образом артиллерийской канонадой. Оттого Наполеон и сказал о Шварценберге: «Я сделал его фельдмаршалом, но не мог сделать из него генерала»[592].

Готов ли Гундяев привести хоть одно свидетельство о том, что какие-то не-французские королевские дворы в Европе с радостью отправляли свои отряды в этот поход и ставили именно те русофобские цели, что В. М. Гундяев им приписал?

Если уж искать некую общеевропейскую идеологию тех лет, то это будет не ненависть к неизвестной и далекой России, а искренняя у многих влюбленность в Наполеона. В конце концов, в январе 1801 году русский император Павел установил в своем кабинете бюст Бонапарта. А с 1801 по 1803 годы русская печать единодушно воспевала Бонапарта, при этом не опубликовав ни одного критического произведения[593].

И многие из тех «двадесяти языков» (или все же, по Барклаю — шестнадесяти?) с радостью стали союзниками русского царя, едва ослабла наполеоновская удавка.

---

[591] В начале войны русское правительство заключило с венским двором тайное соглашение, согласно которому обе стороны обязались не нарушать русско-австрийской границы. См. Внешняя политика России XIX и начала XX века. Серия I. Т. 6. — М., 1962. С. 449–501. Венский двор выполнил условия соглашения: граница Российской Империи не была нарушена.

[592] Троицкий Н. А. 1812. Великий год России. — М., 2007. С. 207.

[593] Соколов О. В. Битва трёх императоров. Наполеон, Россия и Европа. 1799–1805 гг. — СПб, 2019. С. 188.

Понятное исключение — польские и литовские[594] волонтеры. Они сражались за свою Родину[595].

Посредине между понужденными австрийцами и волонтерами поляками — швейцарцы. Во франкоязычных кантонах этой страны в 1795 году вслед за Французской началась своя революция. Понятно, что республиканская Франция ее поддержала. И в 1803 году был подписан союз, согласно которому Гельветическая конфедерация обязывалась предоставлять Франции четыре пехотных полка[596]. Вряд ли швейцарцы мечтали пойти с оружием на родину Суворова. Но они умеют исполнять не только банковские обязательства[597]. И в 1812 году все четыре

---

594 Впрочем, литовские войска на Москву не ходили, т. к. были готовы лишь к зиме. По замыслу Наполеона, изложенному в письме Маре 20 июля 1812, Великое княжество Литовское должно выставить пять пехотных полков 3-хбатальонного состава и три полка кавалерии. «Этого вполне хватило бы для защиты территории Литвы от казаков» (Земцов В. Н. Наполеон в 1812 году. Хроника. — М., 2022. С. 265). Они насчитывали 19 тыс. человек, включая жандармерию (18 батальонов, 15 эскадронов, 1 артиллерийская рота). В конце войны литовские полки приняли участие в боевых действиях: 22-й и 23-й пехотные полки и 18-й уланский были почти целиком истреблены 13 ноября под Новосверженем, гвардейский полк Конопки погиб в бою под Слонимом, другие части обороняли столицу — Вильно, а затем отступили к Варшаве и Кенигсбергу. Пехотные полки составили гарнизон крепости Модлин, 17-й и 19-й уланские вошли в состав корпуса Даву и до апреля 1814 года сражались под Гамбургом, остальные части были расформированы и включены в польские полки (см. Кудряшев И. Призрак Великой Литвы // Родина, 1992. № 6–7. С. 34).

595 «Вообрази: теперь открывается, что величайшие неистовства совершены были в Москве немцами и поляками, а не французами. Так говорят очевидцы, бывшие в Москве в течение шести ужасных недель».

(Письмо М. А. Волкова — В. И. Ланской. 31 декабря 1812 г. // Каллаш В. В. Двенадцатый год в воспоминаниях и переписке современников. — М., 1912. С. 279)

596 22 мая 1812 года Наполеон писал ландаманну Швейцарской республики Буркхарду, что период действия условий прежнего соглашения Франции с этой страной кончился, и вступают в силу условия нового соглашения. Оно было подписано 22 марта 1812 года (Земцов В. Н. Наполеон в 1812 году. Хроника. — М., 2022. С. 145).

597 6 мая 1527 года 147 швейцарских гвардейцев погибли, защищая папу Климента VII во время захвата и разграбления Рима войсками императора Священной Римской империи Карла V.

полка (вместе около 7 000 человек) были в 9-й дивизии в составе корпуса Удино. (На Москву они не ходили; дважды сражались у Полоцка, но за прикрытие ноябрьской переправы на Березине Наполеон вручил трем сотням выживших 62 креста Почетного Легиона)[598].

Но в целом это была лишь видимость единого континента. Едва ослабла бонапартова петля, и этот континент сразу и дружно стал союзником России.

С другой стороны, «всю Европу» можно найти вот в этом списке 649 русских генералов войны 1812 года[599].

Но патриарху важно создать свой глобус. «Мы находимся на Бородинском поле — том самом поле, где в составе армии Наполеона было около ста тысяч поляков»[600].

На этот раз патриарх довольно точен в цифре, но не в дате и не в месте.

Польский историк Анджей Неуважний утверждает, что всего в кампании 1812 года в составе разных частей приняли участие 96 тысяч поляков и литовцев[601]. Собственно Польское войско в начале похода насчитывало 54 549 человек. В иностранных полках французской службы состояло еще 4 850 поляков[602].

Но вовсе не все поляки дошли до Бородинского поля.

17-я пехотная дивизия Домбровского (12 100 человек) была далеко от Бородино — у Могилева.

В той же дали под Полоцком был Польский 8-й полк улан-полковника Лубенского (26 офицеров и 589 нижних чинов).

---

598 Королев А. Швейцарцы в походе на Россию. URL: https://xfile.ru/x-files/war/shveytsartsy_v_pokhode_na_rossiyu/

599 URL: http://www.museum.ru/1812/Persons/RUSS

600 8 сентября 2012 года, интервью Первому каналу российского телевидения. URL: http://www.patriarchia.ru/db/text/2458219.html

601 URL: https://topwar.ru/192996-polskie-vojska-v-russkom-pohode-napoleona-1812-goda.html?ysclid=lkxm7h424h433101943

602 Речь идет именно о тех, кто участвовал в походе. Большая часть поляков несли гарнизонную службу на родине или были в резервных формированиях. В совокупности на службе числилось 207 500 поляков (Соколов О. Армия Наполеона. — М., 2020. С. 493–494).

15-й уланский полк (из 4-й дивизия легкой кавалерии; 31 офицер и 697 нижних чинов) был прикомандирован к 17-й пехотной дивизии, оставленной в Могилевской губернии[603].

В целом Великая армия на своем марше к Москве несла огромные санитарные небоевые потери. Причем потери французов были меньше потерь союзников.

5-й корпус Ю. Понятовского на 18 (30) июня имел 32 159 человек пехоты и 4 152 человек кавалерии. К 22 июля (3) августа его списки уменьшились на треть — до 22 738 человек.

Польские потери отставшими, больными и дезертирами с 13 (25) июня по 22 июля (3) августа оказались в полтора раза выше французских и немецких. Дивизия Ю. Зайончка из 11 569 человек потеряла 4 999 человек (43,2%), дивизия Каменецкого из 9 059 потеряла 3 920 (43,3%)[604].

Пиком польских усилий в воине 1812 года стало Смоленское сражение. Здесь сказалась и надежда на возвращение древнего русского города (в 1404–1514 и 1611–1654 гг. он был в составе Великого княжества Литовского) и желание показать «мстителю за Польшу» и «всему миру», где стояли рубежные столбы «Великого королевства», и игра на польском энтузиазме самого Наполеона, заявившего, что Смоленск решает судьбу Польши («Поляки, этот город принадлежит нам!»)

5 (17) августа стало днем славы Войска Польского. В парадных мундирах польская пехота пошла в атаку… Они атаковали так отчаянно, что в польской военно-исторической традиции появилось понятие: Smoleńska furia («Смоленская ярость»). Однако русские войска из 6-го корпуса Дохтурова встретили их не менее упорным сопротивлением. Польские потери составили 18 офицеров и 500 солдат убитыми, а также до 1 000 человек ранеными[605].

---

603 URL: https://runivers.ru/doc/patriotic_war/army/?SEC=7926

604 Соколов О. В. Армия Наполеона. С. 396.

605 Кожемякин М. Поляки из армии Наполеона в России, на войне и в плену. URL: http://samlib.ru/m/mihail_kozhemjakin/polska1812.shtml

После смоленских потерь корпус Ю. Понятовского уменьшился еще на 15%. В батальонах оставалось примерно по 470 штыков, в эскадронах — по 400 сабель. На смотре 21 августа (2 сентября) он насчитывал 10 068 человек (6 636 пехотинцев, 1 638 кавалеристов и 1 794 артиллериста при 50 пушках)[606].

Затем была шевардинская прелюдия Бородинского боя. Она привела к потере 25 офицеров и 600 польских солдат[607].

На Бородинском поле поляков мы видим прежде всего в Пятом корпусе Понятовского. В корпусе было 6 пехотных полков (18 батальонов) и 4 кавалерийских полка (16 эскадронов). Но — «князь Юзеф „дотащил" до Бородино менее 10 тысяч организованных „жолнежей"»[608].

По другим, французским, корпусам были приписаны:

9-й уланский полк был в кавалерийской дивизии 1-го корпуса; 6-й и 8-й уланские полки — в 1-м резервном кавалерийском корпусе; 10-й гусарский полк — во 2-м резервном кавалерийском корпусе, 3-й, 11-й и 16-й уланские полки и 141-й кирасирский полк — в 4-м кавалерийском корпусе. Всего — 27 эскадронов[609].

В начале похода в полках было по 600–700 человек[610]. Если половина из них дошла до Бородино, то в совокупности их ополовиненный состав дает цифру менее 3000 сабель (пик).

«Легион Висла»[611] на 15 июня 1812 в трех своих полках числил 3900 человек. На пути от Немана он потерял 726 человек.

---

606 Артамонов В. А. Войско Польское и нашествие Наполеона на Россию. URL: https://www.borodino.ru/wp-content/uploads/2017/08/23_Artamonov.pdf

607 Кожемякин М. Поляки из армии Наполеона в России, на войне и в плену. URL: http://samlib.ru/m/mihail_kozhemjakin/polska1812.shtml

608 Там же. Точнее: на 2 сентября н. ст., то есть еще до Шевардинского боя 5 сентября, в корпусе Понятовского было 8 430 пехотинцев, 1 638 кавалеристов при 60 орудиях (Земцов В. Н. Великая армия при Бородино. — М., 2008. С. 28).

609 Земцов В. Н. Великая армия при Бородино. — М., 2008. С. 80–81.

610 URL: https://runivers.ru/doc/patriotic_war/1812/army/?SEC=7917

611 Он же — 4-я пехотная дивизия генерала М. Клапареда. 11 марта 1812 года Наполеон повелел, чтобы в полках легиона «Висла» все говорили

К 11 (23) августа насчитывал 3170 человек. К Бородино подошли 2 000 «легионеров»[612].

Итого вместо ста тысяч поляков на Бородинском поле их было не более 15 тысяч.

При этом «Легион Висла», входивший в Старую гвардию, как и вся Старая гвардия, участия в бою не принял.

Польский капитан из корпуса Понятовского сетовал:

«Мы с грустью смотрели на многочисленную колонну императорской армии, находившуюся за центром французской армии и стоящую далеко от огня. Если бы император, командовавший нашим польским корпусом, состоявшим из 8 000 отборных солдат и носившим название „Легион Висла", который входил в Старую гвардию, в день битвы присоединил его к войскам Понятовского, мы бы уже к 9 часам отбросили бы корпус Багратиона»[613].

В 10 утра легион Висла получил приказ выдвинуться вперед, но тут же был остановлен, так и не перейдя речку Каменка. Легион стоял перед уже взятой батареей Раевского и значительно правее нее, во второй линии французских войск. Точнее сказать, что легион не стоял, а лежал: солдаты лежали, а офицеры стояли, так как он оказался в зоне поражения русской батареи, которая вела огонь из Горок[614]. И лишь когда бой уже утих, в сумерках, около 20 часов, когда большая часть французских войск отошла от Курганной высоты, в тыл через Горкинский овраг стали медленно продвигаться группы русских солдат. Они наткнулись на легион Висла и после получасовой перестрелки были им отогнаны[615]. В итоге в этот день «мы относительно немного поте-

---

только по-польски и оттуда должны быть удалены немцы и русские (Земцов В. Н. Наполеон в 1812 году. Хроника. — М., 2022. С. 71)

612 Земцов В. Н. Великая армия при Бородино. — М., 2008. С. 198.

613 Арзамасцев И. В. Участие корпуса Понятовского в Бородинском сражении по мемуарам Генриха Дембинского // Отечественая война 1812 года и освободительные походы русской армии 1813–1814 годов. — Бородино, 2020. С. 215.

614 Земцов В. Н., Попов А. И. Бородино. Центр. — М., 2010. С. 85.

615 Земцов В. Н. Бородинское поле. Падение «большого редута» // Бородинское поле. История. Культура. Экология. — Бородино. 2000. С. 50.

ряли: значительное количество офицеров и не более двух сотен солдат»[616].

Если вклад поляков в Бородинское сражение и был значим — то скорее со знаком минус: Пятый корпус Понятовского действовал вяло и не выполнил ту задачу, что поставил перед ним Наполеон (охват левого русского фланга)[617].

Отсутствие «смоленской ярости» и напора и медленность польского наступления польская историография объясняла недостатком сил, залесенностью, эффективностью русского огня, под которым польскую пехоту среди кустарника было трудно собрать в колонны для атаки, и желанием Ю. Понятовского сберечь ядро Войска Польского. «Именно последнее следует признать самым достоверным. Осознав, что русские стоят насмерть, предоставленный самому себе польский генерал не стал «перемалывать» свои силы в ожесточенных атаках. О рейде в русский тыл по старой „Смолянке" Понятовский вряд ли думал, тем более что казаки А. А. Карпова „нейтрализовали" польскую кавалерию генерала Г. Себастиани. Имитация наступления почти до полудня, сорвала замысел Наполеона»[618].

«Ваш Понятовский не идет вперед. Император очень недоволен. Наши потери огромны, русские сражаются исступленно», — такую оценку из штаба французского императора передавали в V корпус[619].

17 августа 2012 года в Королевском дворце Варшавы состоялась торжественная церемония подписания Святейшим Патри-

---

616 Земцов В. Н. Великая армия при Бородино. — М., 2008. С. 214.

617 Напротив, польские уланские полки в составе других корпусов дрались отчаянно. 9 эскадронов, (около 1000 всадников) между 11 и 13 часами совместно с 14-м польским кирасирским полком неоднократно атаковали российские войска к югу от Курганной высоты. После атак Курганной высоты из 180 польских кирасир вышло из строя 107.

618 Артамонов В. А. Войско Польское и нашествие Наполеона на Россию. URL: https://www.borodino.ru/wp-content/uploads/2017/08/23_Artamonov.pdf

619 Kukiel Marian. Jazda polska nad Moskwa. Poznań, 1919. S. 66.

архом Московским и всея Руси Кириллом и председателем Польской епископской конференции митрополитом Юзефом Михаликом «*Совместного послания народам России и Польши*». Послание гласило:

> *«мы, от лица Русской Православной Церкви и Католической Церкви в Польше, обращаемся со словом примирения к верующим наших Церквей, к нашим народам мы вступаем на путь искреннего диалога в надежде, что он поможет нам залечить раны прошлого. События нашей общей, зачастую сложной и трагической истории иногда порождают взаимные претензии и обвинения, которые не позволяют затянуться старым ранам. Объективное познание фактов, выявление драм прошлого и масштабов трагедии ныне становится неотложным делом историков и специалистов. Мы с признательностью воспринимаем деятельность компетентных комиссий и научных коллективов наших стран. Мы убеждены, что их усилия позволят познать нефальсифицированную историческую истину, помогут развеять сомнения и избавиться от негативных стереотипов. Мы считаем, что прочное примирение как фундамент мирного будущего может быть достигнуто лишь на основе полной правды о нашем общем прошлом»*[620].

Прекрасные слова. И в самом деле — старых ран более чем достаточно.

6 сентября 1812 года Даву и генерал Понятовский углубились ради рекогносцировки в Утицкий лес и обнаружили двух мертвых пехотинцев — поляка и русского, лежавших там с 5-го числа. «Оба солдата, смертельно ранивши друг друга своим оружием, и не имея более сил владеть им, сцепились за волосы. По их положению казалось, что каждый из них, прежде чем

---

[620] URL: http://www.patriarchia.ru/db/text/2411498.html

испустить последний вздох, желал видеть смерть своего противника. Князь Понятовский первый заметил эту группу, лица которой продолжали еще сохранять выражение ненависти. „Вот, господин маршал, — сказал он Даву, — пример неискоренимого отвращения, существующего между двумя народами“»[621].

Но зачем же патриарх раздувает масштабы былых конфронтаций? Зачем после сказанных слов об уважении к труду историков так очевидно эти труды игнорировать?

---

[621] Земцов В. Н. Великая армия при Бородино. — М., 2008. С. 83

Глава 47

Россия снова не готова?

Следующий школьно-патриарший миф гласит, что «Враг, во много превосходящий возможности России в военном отношении, перешел наши границы»[622].

Но точно ли превосходство Великой армии было многократным? Таким было мнение Наполеона. Русскому посланцу Балашову он говорил уже после начала войны (1 июля): «У меня в три раза больше сил, чем у вас. У вас пехоты 120 тысяч человек, а кавалерии от 60 до 70 тысяч. Словом, в общем меньше 200 тысяч. У меня втрое больше»[623]. Но разведка у корсиканца работала плохо. И ход кампании вскоре показал его неправоту.

Российские историки уже давно стали говорить иначе:

«Все авторы говорят о тройном превосходстве сил Наполеона — 600 тыс. французов и 200–220 тыс. русских.

---

622 «Слово», 9 сентября 2012 г.
URL: http://www.patriarchia.ru/db/text/2457627.html

623 Земцов В. Н. Наполеон о войне с Россией в 1812 году // Эпоха 1812 года. Исследования. Документы. М., 2023, с. 25; Агронов Л И. Состав и численность наполеоновской армии в период Русской кампании 1812 г // Эпоха 1812 года. Исследования. Документы. — М., 2023. С. 297–385.

Фактически в первом эшелоне французов находилось не более 450 тыс. человек, которые перешли русскую границу в первые недели воины. Позже Наполеон ввел в Россию еще около 200 тыс. солдат. Указывая численность русских войск, сосредоточенных на западной границе, авторы не учитывают Дунайскую армию и резервные корпуса. Вместе с 1-й, 2-й и 3-й армиями их численность составляла около 320 тыс. человек»[624]. *«В любом случает понятно, что абсолютного численного превосходства над противником Наполеон не добился, да и не мог добиться»*[625].

«В западных губерниях России к лету 1812 года сосредоточилось около 320 тысяч солдат. В то же время первый эшелон Великой армии Наполеона, по французским данным, насчитывал 448 тысяч. Общее численное превосходство французов было не столь велико, как считали многие отечественные историки. На 1 июня 1812 года Великая армия вместе с резервами имела в строю 678 тысяч человек. Вспомним, что Наполеон вел войну на два фронта. В Испании он держал 300 тысяч опытных, закаленных солдат (в основном „природных" французов)»[626].

---

624 Абалихин Б. О вреде чтения школьных и институтских учебников // Родина. 1992. № 6–7. С. 180.

625 Земцов В. Н. Наполеон в 1812 году. Хроника. — М., 2022. С. 130.

626 Васильев А. // Родина. 1992. № 6–7. С. 39. Когда я опубликовал этот фрагмент в своем блоге, один из комментаторов верно заметил:

«Можно себе представить войну объединенной Европы против России в 1812-м году. Бородино, Наполеон раздумывает — бросать ли в бой последний резерв, Молодую гвардию. Но тут к полю подходит неожиданная подмога — всего-навсего 200 тысяч солдат из той армии, которую Наполеон оставил против британцев, португальцев и испанских партизан. У Кутузова резервов не осталось, русская армия разгромлена. Тем временем, Витгенштейн противостоит французскому корпусу на петербургском направлении, силы примерно равны. Но Австрия вне-

«На 1 января 1812 года общая численность российских сухопутных войск составила 720 тысяч человек, включая гарнизонные войска (71 тыс.) и артиллерийские парки (21 тыс.), традиционно не включаемые в расчет. По штатному же расписанию количество всех войск достигало 772 тыс. человек, не включая сюда 4 морских полка... С учетом вероятного некомплекта полученная цифра сократится до 420–430 тыс., а за вычетом нестроевых — до 370–380 тыс. человек... Ограничиться только частям, сведенные в три действующие армии, было бы оправдано лишь в том случае, если бы российская армия сама начала наступление»[627].

Называют совершенно разные данные русских сухопутных сил перед войной и во время войны: 570 тысяч человек (из них 100 тысяч иррегулярных войск)[628]; 537,8 тысяч бойцов[629], 480 тысяч регулярных войск (с 1600 орудий)[630], 876 тысяч человек[631],

---

запно бросает против России дополнительные сто тысяч солдат (те самые, которые в 1813-м она бросит против Наполеона). Витгенштейн с боями отходит к Санкт-Петербургу, но с ужасом обнаруживает, что с другой стороны к столице приближается шведская армия... Чтоб вралям пожить в придуманной ими альтернативной истории».
(URL: https://diak-kuraev.livejournal.com/4199096.html?thread=704174264#t704174264)

627 Трошин Н. Н. Об одном документе из архива графа Н. С. Мордвинова (к вопросу о численности и расположении российской армии накануне войны 1812 года) // Отечественная война 1812 года: Источники. Памятники. Проблемы. Материалы 24 конференции. — Бородино. 2021. С. 23–25.

628 Бутурлин Д. П. История нашествия императора Наполеона на Россию в 1812 году. Т. 1. — СПб, 1842. С. 84.

629 Михайловский-Данилевский А. И. Описание второй войны императора Александра с Наполеоном, в 1806 и 1807 годах, по высочайшему повелению. Т. 1. — СПб, 1839. С. 111.

630 Богданович М. История Отечественной войны 1812 года по достоверным источникам. Т. I. — СПб, 1859. С. 77.

631 Военно-статистический сборник. Вып. IV. (Россия). Отд. 2. — СПб, 1871. С. 40.

1 млн человек (с ополчением 1,3 мл.)[632], 537 тыс. человек[633], 480 тыс. человек[634], 590 тысяч[635].

Новейшие подсчеты — у О. Соколова:

«С учетом войск, сражавшихся против Персии, иррегулярных войск, резервных формирований, отдаленных гарнизонов, войск в Финляндии, в Крыму, на Кавказе, в Оренбурге и т. д. общая численность вооруженных сил Российской империи составляла около 650 тыс. человек

Приведенная численность войск на западных границах России весьма отличается от того, что можно найти в традиционной литературе по войне 1812 г. Почти везде фигурируют следующие данные по русской армии — 210–215 тысяч человек (1-я армия — 127 тыс. чел., 2-я армия — 45–48 тыс., 3-я армия — 40–45 тыс.) А далее обычно пишут, что Наполеон располагал более 600 тыс. чел. и тем самым имел трехкратное превосходство в численности.

Все это нельзя назвать иначе как эквилибристикой с цифрами. У „хороших" считают только строевых солдат в самых передовых частях, а у „плохих" складывают всех, кого только можно, вплоть до калек и инвалидов в удаленных гарнизонах.

Поэтому при подсчете общей численности русской армии, готовой к военным действиям, почему-то практически никогда не учитываются войска 1-го и 2-го резервных корпусов, которые в течение двух недель могли оказаться в зоне

---

632 Журавский Д. П. Статистическое обозрение расходов на военные потребности в 1711–1825. — СПб, 1859. С. 184.

633 Бескровный Л. Г. Отечественная война 1812 года. — М., 1962. С. 193.

634 Жилин П. А. Гибель наполеоновской армии в России. — М., 1974. С. 96.

635 Богданов А. П. Русская армия в 1812 году. — М., 1979. С. 72.

ведения военных операций и действительно вскоре поступили на пополнение войск первой линии.

Кроме того, в Русской и Французской армиях существовали разные способы подсчета строевых и нестроевых. Солдаты обоза в русской армии не считались строевыми, а во французской армии считались. Следовательно, во всех французских боевых расписаниях обозных считают, а в русских — они приводятся отдельной строкой, которой ряд историков просто пренебрегает, — ведь речь идет о нестроевых! Но эти нестроевые выполняли точно такую же роль и были вооружены точно так же, как соответствующие солдаты французских обозных частей. Значит, нужно в таком случае для сравнения численности армий либо вычитать численность обозных из французских боевых расписаний, что в ряде случаев невозможно, либо, что проще и правильнее, считать обозных и в русской армии.

То же самое относится и к денщикам. Разумеется, от этой массы полувоенных-полуслуг в бою не было ровно никакого толку. Но дело в том, что во французской армии их официально не существовало, на деле же старшие офицеры брали себе некоторое количество солдат в качестве „ординарцев". Эти солдаты более не служили в строю, и в сражении от них было не больше проку, чем от русских денщиков. Поэтому, если денщики в отличие от обозных солдат представляли собой абсолютно бесполезную в боевом отношении массу, мы никак не можем провести подсчет их количества во французской армии, где их формально не было. Следовательно, невозможно привести численность того или иного французского соединения «очищенной» от денщиков, которые в русской терминологии считались нестроевыми.

Поэтому есть лишь один способ, который позволяет относительно корректно сравнивать численность русской и французской армий; он заключается в том, чтобы учитывать в боевых расписаниях всех строевых и нестроевых. Что же касается частей, стоящих во второй и третьей линиях стратегического развертывания, нужно указывать, какие именно войска и в течение какого срока могли принять участие в боевых действиях. Только так можно правильно оценить численное соотношение войск»[636].

«В это время Великая армия достигла пика своего могущества. Ее общую численность в эти дни приводят почти во всех исторических произведениях, посвященных войне 1812 г., — 678 тысяч человек при 1272 орудиях.

Итак, казалось бы, можно сделать вывод, что Наполеон обладал по отношению к русским войскам, собранным на границе, если не трехкратным, то уж по меньшей мере двукратным превосходством. Обычно в русских исторических сочинениях так и пишется. Авторы приводят, как уже упоминалось, численность трех Западных армий (без нестроевых): 210–215 тысяч человек и тотчас же сообщают, что Наполеон двинул против них 678 тысяч солдат. Это и есть тот лукавый способ подсчета, о котором уже мы писали. Если считать, что в Великой Армии было 678 тысяч человек, то численность русских войск, противостоящих ей, нужно оценивать не менее как в 600 тысяч!

Почему? По той простой причине, что 678 тысяч — это не численность войск, которые могли быть задействованы в начале кампании, а общее количество всех военнослужащих, административно относящихся к Великой Армии, расквартированных на территории Германии и великого герцогства Варшавского, включая, в частности, 41 372

---

[636] Соколов О. Битва двух империй. 1805–1812. — СПб, 2012. С. 586–588. С этим согласен Земцов (Земцов В. Н. Наполеон в 1812 году. Хроника. — М., 2022. С. 71).

раненых, которые лежали в госпиталях! В общее расписание входят и гарнизоны Гамбурга, Данцига, Кюстрина, Штеттина, Глогау, Штральзунда, Магдебурга, которые, естественно, никоим образом не выступили в поход.

Здесь же учитываются такие резервные формирования, как датская дивизия, которая занималась охраной берегов, 31-я дивизия, которая не двинулась с места, 33-я дивизия, только частично принявшая участие в самых последних событиях войны. Кроме того, здесь посчитаны и такие удалённые депо, как кавалерийское депо в Ганновере; наконец, в результирующее число входят и 27 407 солдат и офицеров, находящихся на марше, подчас у берегов Рейна! Словом, учитываются не только те соединения, которые шли далеко позади и присоединились к армии уже во время ее отступления, но и те, которые вообще не приняли никакого участие в войне 1812 г.

Если в качестве потенциальных участников боевых операций считать солдат гарнизона Гамбурга, отстоящего от границ Российской империи более чем на 1 300 км, то в численность русских войск, собранных для войны с Наполеоном, следует включить не только Дунайскую армию Чичагова, но и гарнизоны Риги, Петербурга[637], Москвы и даже Выборга, Симферополя, Воронежа, Костромы, Вологды и т. д. Словом, практически все вооруженные силы России, за исключением тех 20–30 тысяч человек, которые были так или иначе задействованы в боевых операциях против персов, и тех немногих, которые находились на Урале и в Сибири. Более того, мы должны считать и тех, кто потенциально мог быть в самом скором времени задействован для

---

[637] В 1805 году в Петербурге жило 250 тысяч человек. Из которых 50 тысяч были офицерами и солдатами гвардии и армейских частей (Соколов О. В. Битва трёх императоров. Наполеон, Россия и Европа. 1799–1805 гг. — СПб, 2019. С. 156).

предстоящей войны. С этой точки зрения, казак, который лежал дома на печи где-то под Новочеркасском, мог куда быстрее быть поставлен в строй и добраться до мест будущих боев, чем французский новобранец из кавалерийского депо в Ганновере!

Потому, если мы хотим оценить реальное соотношение сил в начале войны, нам нужно считать только войска обеих сторон, которые приняли участие в первых боевых операциях или потенциально могли это сделать. Говоря о русской армии, мы оценили численность войск, сосредоточенных на границе с ближайшими резервами, в 340 тысяч человек. Реально в боевых действиях против этих сил примут участие 10 корпусов Великой Армии (1, 2, 3, 4, 5, 6, 7, 8, 10-й и австрийский), вся резервная кавалерия и Императорская гвардия. Эта группировка на момент начала боевых действий насчитывала в своих рядах около 440 тысяч человек — против 340 тысяч русских войск. Реальное численное превосходство Великой Армии было очень далеко от тех фантастических цифр, которые можно встретить в исторической литературе. Более того, так как боевые действия в конечном итоге разворачивались на территории Российской империи, в русскую армию несравненно быстрее прибывали пополнения, и скоро всякое численное превосходство наполеоновских войск начисто исчезло»[638].

Есть и более высокая цифра:

«Россия в начале войны смогла противопоставить 448-тысячной армии Наполеона 317 тыс. человек, которые были разделены на три армии и три отдельных корпуса. Всего к 1812 г. Россия имела под ружьем немногим меньше, чем

[638] Соколов О. Битва двух империй. 1805–1812. — СПб, 2012. С. 630–632. Соколов О. Армия Наполеона. — М., 2020. С. 538–539.

Франция, — 975 тыс. человек. Но русские войска были рассредоточены еще больше, чем французские: едва успела освободиться от войны с Турцией Дунайская армия, продолжалась война с Ираном, целые корпуса стояли в Грузии и на Кавказской линии, несколько дивизий несли гарнизонную службу в Одессе и Крыму, в Зауралье и Сибири, отдельный корпус внутренней стражи был распределен полубатальонами по всем губерниям для борьбы с крестьянскими волнениями. Поэтому русские численно и уступали французам в зоне вторжения почти в полтора раза»[639].

Итак, дело не в численном превосходстве армии Наполеона, а в оперативном мастерстве. Точнее говоря: русская армия была вполне грамотно построена для вторжения в Польшу и не была вовремя перестроена.

Но патриарху важно всюду увидеть непреодолимые препятствия и неизбежные поражения с тем, чтобы их одоление представить как чудо. В принципе так же креационисты ведут полемику с эволюционистами: «А у вас вот тут переходного звена не хватает! Значит — было чудо!»

---

639 Троицкий Н. 1812. Великий год России. — М., 2007. С. 157–158.
«К 1812 г. Барклай довел численный состав вооруженных сил, включая занятые в войнах с Ираном и Турцией, а также гарнизоны по всей стране, до 975 тыс. человек» (Там же. С. 126).

Глава 48

Бородино. В поисках победителя

Вместе с Наполеоном и патриархом Кириллом следуем дальше, и узнаем, что «Отступив до города Смоленска, армии соединились. Казалось, вот здесь-то и совершится самое главное, враг будет остановлен, но объединенная армия была разбита»[640].

Впервые я читаю, что в Смоленском сражении русская армия была разбита.

Наполеон вел к Смоленску не более 150 000 человек; его корпуса были растянуты на марше. Русская объединенная армия насчитывала 130 000, собранных вместе.

Но это не означает, что все эти силы участвовали в смоленском сражении. В решающий день 17 августа (н. ст.) Барклай оставил в городе пять пехотных дивизий: двухдивизионный корпус Д. С. Дохтурова и дивизии П. П. Коновницына, Д. П. Неверовского, и принца Е. Вюртембергского. Главные силы 1-й армии остались в стороне, на северной (за-днепровской) окраине Смоленска. Армия Багратиона в это время уже была на Московской дороге. Всего Смоленск от 45 000 французов защищали около 30 000 русских солдат[641].

---

640 4 ноября 2013 г. URL: http://www.patriarchia.ru/db/text/3345776.html

641 Безотосный В. Все битвы русской армии против Наполеона. — М., 2012. С. 298.

Так что основные силы русских армий и на этот раз уклонились от генерального сражения, а потому никак не могли быть разбиты.

И все же концу дня русские оставили все предместья, и в ночь на 18 августа Барклай де Толли приказал Дохтурову оставить пылающий Смоленск. Русские потери исчисляются от 12 до 16 тыс. человек. Французские — от 6 000 по французским данным, до 14 тысяч — по русским[642].

Французы считали смоленскую битву своей победой. Русские скорбели, что оставили Смоленск. Но никто не считал русскую армию разбитой — ни Наполеон, ни Барклай.

Никто — пока так не сказал патриарх Кирилл. Кстати, уже через день, 19 августа был бой у Лубино (или при Валутиной Горе). Арьергард генерала П. А. Тучкова отразил натиск Нея. Наполеон болезненно воспринял тяжелые потери французов при Лубино (8–9 тыс. человек против 6 тыс. русских)[643].

И вот нашли большое поле…

Мы уже знаем, что патриарх Кирилл увидел на нем сто тысяч поляков. Кроме того, он увидел там наступление русской армии: «те, кто наступал лоб в лоб на превосходящего силой противника»[644]. Ну, может, контратаки на занятые русские позиции (флеши или Курганную батарею) и можно назвать «наступлением». Но в каждом конкретном эпизоде на этих позициях не было превосходства французов — оттого эти импровизированные контратаки и получались успешными.

Например, на Курганную высоту смог взойти 30-й линейный полк 1-й пехотной французской дивизии. Понятно, что при этом полк понес огромные потери от залпов русской артиллерии. Не успев закрепиться, он тут же был контратакован 18-м, 19-м и 40-

---

642 Троицкий Н. А. 1812. Великий год России. — М., 2007. С. 220.

643 Там же. С. 223.

644 Слово Святейшего Патриарха Кирилла в годовщину Бородинского сражения 8 сент 1812 г. URL: http://www.patriarchia.ru/db/text/2455742.html

м егерскими и Уфимским полком. Контратаку поддержали три конно-артиллерийские роты полковника Никитина[645]. Французский полк на кургане был почти полностью уничтожен.

Багратионовы флеши был взяты 57-м и 72-м полками французской армии. Их контратаковали — и «под давлением Воронцова и Неверовского они начали медленно отходить. Русская кавалерия (Ахтырский гусарский, Новороссийский драгунский, Литовский уланский)» вернули флеши[646].

То есть по мере накопления и подхода сил, каждая из сторон начинала атаку на конкретном участке в уверенности в своем ситуационном превосходстве. Кутузов держал свои резервы в предельной близи от передовой линии. Поэтому они несли огромные потери от французской артиллерии, еще не вступая в бой. Но зато они: а) не давали противнику развить ситуационные успехи, окружить русскую армию или разрезать ее на части; б) могли быстро восстановить положение на фронте.

И в целом в центре русской позиции, у батареи Раевского, соотношение сил было таким:

> *«Наполеон так и не смог сосредоточить у Курганной высоты силы и средства, которые бы превосходили силы и средства противника. В ходе первой атаки батареи у французов было не более 18 тыс. пехоты и примерно 132 орудий (кавалерия вовсе не была задействована), в то время как у русских было 15–18 тыс. пехоты, 1,5 тыс. кавалерии и 197 орудий. Решительный штурм „большого редута" Наполеон провел, бросив в бой около 20 тыс. пехоты, 10 тыс. кавалерии и 200 орудий. Русские располагали 27 тыс. пехоты, 6 тыс. кавалерии и более чем 200 орудий! Успех был достигнут заметным перевесом в кавалерии и более удачным*

---

645 Земцов В. Н., Попов А. И. Бородино. Центр. — М., 2010. С. 16.

646 Земцов В. Н., Попов А. И. Бородино. Южный фланг. — М., 2009. С. 30–31.

использованием артиллерийских орудий, которые вели концентрический и анфилирующий огонь по русским порядкам»[647].

Итог битвы патриарх представляет так: (в случае поражения в битве) «никакая сила уже не смогла бы остановить Наполеона в его стремлении оккупировать всю страну. Именно на Бородинском поле наполеоновской армии был нанесен такой сокрушительный удар, что она лишилась возможности осуществить свои планы, в том числе план захвата Петербурга, тогдашней столицы, и была вынуждена отступить»[648].

Про то, что у Наполеона не было плана «оккупировать всю страну», как и «плана захвата Петербурга»[649], речь шла выше. Но получила ли наполеоновская армии «сокрушительный удар»?

В наполеоновском строю перед боем было 125 000 человек. Общие потери Великой армии убитыми и ранеными составили 32–34 тыс. человек[650]. Антуан Денье служил в кабинете начальника Главного штаба Великой армии маршала Бертье; в ведении этого военного чиновника находились все вопросы, связанные с личным составом войсковых частей и штабов. На основе сведений о потерях всех соединений он составил общую ведомость, согласно которой Великая армия потеряла в трехдневных боях при Шевардино и Бородино 6547 убитых и 21 453 раненых.

Русская армия вывела на поле боя 114 000 регулярных войск, 9 500 казаков, 31 700 ополченцев. Из них она потеряла 53 000 человек[651].

---

647 Земцов В. Н. Великая армия при Бородино. — М., 2008. С. 207.

648 21 июля 2020 года. URL: http://www.patriarchia.ru/db/text/5666695.html

649 Точнее, «петербургский вариант» был, но появляется он у Наполеона только в московском сидении, в октябре: «Петербург будет под угрозой, русские должны пойти на мир, а если обстоятельства и движение противника не позволят продвигаться вперед, останемся в Великих Луках» (цит. по: Безотосный В. Все битвы русской армии против Наполеона. — М., 2012. С. 352). Историк полагает, что и этот план был лишь политической маскировкой отступления от Москвы в Смоленск.

650 Земцов В. Н. Великая армия при Бородино. — М., 2008. С. 227.

651 Там же. С. 230.

Причем мало кто из раненых смог вернуться в строй. 10 000 русских раненых остались на Бородинском поле[652]. Десятки тысяч раненых еще из Смоленска стали свозиться в московские госпитали.

«Русская армия оставила в Москве на милость победителей от 10 до 15 тыс. больных и раненых, большая часть которых была нетранспортабельна. Ко времени освобождения первопрестольной столицы российской армией в ней оставалось не менее 2,5 тыс. русских раненых. Таким образом, можно предполагать, что из 10–15 тыс. больных и раненых, которые были оставлены в Москве, погибли или были угнаны в плен по меньшей мере 8 тыс. человек. Непосредственно в Москве из числа раненых в день Бородина от пожаров, голода, ран и болезней, а также от рук оккупантов, а то и от рук соотечественников, могло погибнуть до 6–6,5 тыс. человек. Грандиозный пожар, начавшийся уже в день вступления войск Наполеона в Москву, имел для оставшихся в городе раненых трагические последствия. Часть раненых погибла непосредственно в огне (в Кудринском Вдовьем доме — не менее 700 человек, значительное число погибло в Спасских казармах и в ряде других зданий и на улицах)»[653].

Не видно тут последствий «сокрушительного удара» по Наполеону.

Наиболее скрупулезные подсчеты (с итогом в 53 000 человек) представлены тут: Шведов С. В… Численность и потери русской армии в бородинском сражении // Бородино: материалы научной конференции 1993 г. — Бородино, 1994. С. 113–114.

652 Целорунго Д. Г. Проблемы современной историографии Бородинского сражения по публикациям 2007–2012 годов.
URL: https://www.borodino.ru/wp-content/uploads/2017/08/24_TSelorungo_D.G.pdf, С. 302.

653 Земцов В. Н. Судьба русских раненых, оставленных в Москве в 1821 г. URL: https://www.borodino.ru/wp-content/uploads/2020/12/17_Zemtcov.pdf, С. 243–244.

Потери французов сопоставимы с их же потерями в «ничейном» сражении при Прейсиш-Эйлау. Но через полгода они же разгромили русскую армию под Фридландом. А потери русской армии под Бородино были много выше, чем ее потери в разгромном Аустерлице[654].

«Историки пытаются доказать, что Наполеон одержал при Бородине „пиррову победу", так как понес слишком тяжелые, невосполнимые потери. Спору нет, урон французских войск очень велик. Но какая же это „пиррова победа", если армия Наполеона, будучи наступающей стороной, теряет около 30 тысяч человек убитыми и ранеными, в то время как русская армия, обороняясь на позиции, усиленной полевыми укреплениями, — более 40 тысяч?»[655].

При этом Наполеон сохранил нетронутой свою гвардию (17 000 человек; четыре дивизии)[656], в то время как в русской армии нетронутыми остались лишь два полка гвардии

---

[654] Русские войска потеряли, по подсчётам Соколова, 25–28 тысяч человек (Соколов О. В. Битва трёх императоров. Наполеон, Россия и Европа. 1799–1805 гг. — СПб, 2019. С. 511). Это 32% ее состава — процент меньший, чем под Бородино.

[655] Васильев А. Круглый стол // Родина. 1992. № 6–7. С. 72.

[656] — гвардейская кавалерийская дивизия генерала Вальтера включала в себя полки: конных гренадер, драгун, конных егерей с приданной ротой мамелюков, 1-й (польский) полк шеволежер-улан, 2-й (голландский) полк шеволежер-улан. При дивизии две роты конной артиллерии. 2 сентября в строю 4 000 человек.

— 1-я гвардейская пехотная дивизия генерала Делаборда была на пути к Бордино (в Гжатске). На 23 августа в ее рядах 4 740 человек.

— 2-я гвардейская дивизия генерала Роге («Молодая гвардия»). 2 сентября ее 8 батальонов насчитывали 3 649 человек.

— 3-я гвардейская пехотная дивизия генерала Кюриаля. 2 августа в 10 ее батальонах насчитывалось 5 305 человек.

— 4-я гвардейская пехотная дивизия генерала Клапареда (легион «Висла»). Ко 2 сентября она насчитывала 2 608 человек.

(Преображенский и Семеновский) и шесть батальонов егерей[657]. В совокупности это 8–9 тыс. человек[658].

… Впервые в 1812 году гвардейские дивизии Делаборда и Роге (Старая и Новая гваридии) вступили в бой лишь 17 ноября под Красным.

> *«Первый раз наши молодые солдаты услышали резкий свист ядер и более глухой гул пролетающих гранат, за которыми следовал грохот разрывов. Наш старый генерал* (Делаборд) *медленно проезжал вдоль строя и приговаривал: „Ну, ну, ребята, поднимите выше носы, когда-нибудь нужно понюхать пороха в первый раз!“»*[659].

Дальнейшее описал Денис Давыдов:

> *«Мы помчались к большой дороге и покрыли нашей ордою все пространство. Наконец, подошла Старая гвардия, посреди которой находился сам Наполеон. Неприятель, видя шумные толпы наши, взял ружье под курок и гордо продолжал путь, не прибавляя шагу. Сколько ни покушались мы оторвать хотя одного рядового от сомкнутых колонн, но они, как гранитные, пренебрегали все усилия наши и оставались невредимыми… Я никогда не забуду свободную поступь и гордую осанку сих, всеми родами смерти угрожаемых воинов! Осененные высокими медвежьими шапками, в синих мундирах, — в белых ремнях, с красными султанами и эполетами, — они казались как маков цвет среди снежного поля!.. Я, как теперь, вижу графа Орлова-Денисова, гарцующего у самой колонны на рыжем коне своем, окруженного моими ахтырскими гусарами и ординарцами лейб-гвардии казац-*

---

[657] Земцов В. Н. Великая армия при Бородино. — М., 2008. С. 207.

[658] Там же. С. 217.

[659] Слова офицера Молодой Гвардии цит. по: Соколов О. Армия Наполеона. С. 625.

кого полка. Полковники, офицеры, урядники, многие простые казаки бросались к самому фронту, — но все было тщетно!.. Гвардия с Наполеоном прошла посреди казаков наших, как стопушечный корабль между рыбачьими лодками»[660].

Это ноябрь. Это Великое Отступление. Это уже почти исчезнувшая Великая армия. А если бы этот «стопушечный корабль» вечером 7 сентября двинулся вперед через уже потерянные русские укрепления?

Французы ощущали себя триумфаторами. Наполеоновские ветераны не мальчики, чтобы впадать в отчаяние от того, что враг отступает не в таком беспорядке, как в иные времена.

Была ли способна французская армия к новому генеральному сражению? Да, была; она его ждала и активно искала.

Была ли готова к нему русская армия после Бородино? — Нет. Кутузов далее весь остаток своей жизни уклонялся от генерального боя[661] и поначалу даже попросту прятался от Наполеона (в своем «тарутинском маневре»). Так кто ощущал себя победителем?

Французы вообще полагали, что входом в Москву закончена вся война.

«Около десяти тысяч неприятельских солдат бродили в течение нескольких дней среди нас, пользуясь полной свободой. Некоторые из них были даже вооружены. Наши солдаты относились к побежденным без всякой враждебности, не думая даже обратить их в пленников, — быть может,

---

660 Давыдов Д. Военные записки. — М., 1982. С. 214.

661 «Кутузов, с своей стороны, избегая встречи с Наполеоном и его гвардией, не только не преследовал настойчиво неприятеля, но, оставаясь почти на месте, находился во все время значительно позади» (Давыдов Д. Военные записки. — М., 1982. С. 224). Это ноябрь, канун Березины.

оттого, что они считали войну уже конченной или, быть может, здесь сказывались беспечность и сострадание, ибо вне битвы французы не любят иметь врагов. Поэтому они разрешали им сидеть у своих костров и даже больше — допускали их как товарищей во время грабежа»[662].

Нет, французы после Бородино никак не чувствовали себя «сокрушенными».

Но неужели дух русской армии, оставившей Бородино и Москву после огромных потерь, мог быть более оптимистичным, чем настроение наступающих французов? «Дух» русской армии и после таких потерь, и в особенности в связи с оставлением Москвы, упал. Генерал Д. С. Дохтуров писал жене 3 сентября ст. ст.:

«Я в отчаянии, что оставляют Москву. Какой ужас! Какой стыд для русских покинуть отчизну без малейшего боя. Какой позор! Теперь я уверен, что все кончено, и в таком случае ничто не может удержать на службе; после всех неприятностей, трудов, дурного обращения и беспорядков, допущенных по слабости начальников, после всего этого ничто не заставит меня служить — я возмущен всем, что творится!»[663]

Бывало ли на памяти русской армии 1812 года, что, отступая, она чувствовала себя победителем?

Кроме того, большинство солдат русской армии были рекрутированы после Аустерлица. Они просто не знали и не могли знать, как выглядит победа на поле боя. В первой для них (для большинства) военной кампании они видели только ретирады (отступления). Вот и сейчас, потеряв треть своих товарищей за

---

662 Сегюр Ф.-П. История похода в Россию. — М., 2014. С. 261–262.

663 Письма Д. С. Дохтурова к его супруге // Русский архив. 1874 № 5, стб. 1098–1099.

один день и отступив (в день боя — по всей линии боестолкновения на 800–1600 метров от изначальных укрепленных позиций, на следующий день — на 6 верст, а потом и за Москву), разве могли они «стратегически» оценить произошедшее в качестве победы?

Как могли они себя чувствовать победителями, если им день за днем приходилось исполнять приказы о поджоге оставляемых ими русских городов и селений?

И даже о Москве лермонтовский стих говорит вполне ясно: «ведь недаром Москва, спаленная пожаром, французу отдана?». То есть Москва отдана французам в уже спаленном состоянии. Москва сначала сожжена, и лишь потом отдана. Но если французы еще ее не получили, то кем же она спалена?

Наполеон в те дни (19 октября) вполне резонно говорил своим русским собеседникам: «Я поступил бы с Москвой так, как поступил с Веной и Берлином, но русские сами сожгли свою столицу… Мои войска занимали почти все европейские столицы, но я не сжег ни одной из них»[664].

Сегодня русские историки уже вполне согласны с французскими: тот, кто приказал вывезти из Москвы все насосы и трубы для тушения огня, тот и приказал ее поджечь…[665] При этом по

---

[664] Земцов В. Н. Наполеон в 1812 году. Хроника. — М., 2022. С. 440 и 442.

[665] Кстати, губернатор Ростопчин в 1815 году покинул Россию и поселился в Париже, где его жена и дочь приняли католичество. Наталия Нарышкина (дочь Растопчина) писала:

«Переход через Березину, где Наполеон мог погибнуть, показал изумленному миру, на что способны смелость и хладнокровие, проявленные посреди наиужаснейшей катастрофы. Вечная слава доблестным французам, обессмертившим доселе никому неизвестную реку, и позор сему старцу, который из низкой зависти помешал адмиралу Чичагову своим коварством, медлительностью и противоречивыми приказами сорвать плод, достойный его рвения и заслуг перед Отечеством».

(Нарышкина Н. 1812 год, граф Ростопчин и его время. — СПб, 2016. С. 186)

Тут надо учесть, что Ростопчин дружил с Чичаговым в их послевоенной парижской эмиграции.

приказу Кутузова Милорадович передал письмо начальнику главного штаба Наполеона маршалу Бертье:

«Раненые, остающиеся в Москве, поручаются человеколюбию французских войск»[666].

Это очень изящно: поджечь город и поручить оставленных там раненых «человеколюбию французских войск».

По мемуару генерала А. П. Ермолова:

«Душу мою раздирал стон раненых, оставляемых во власти неприятеля. В городе Гжатске князь Кутузов дал необдуманное повеление свозить отовсюду больных и раненых в Москву, которых она до того не видала, и более двадцати тысяч их туда отправлено. С негодованием смотрели на это войска»[667].

Адьютант Кутузова М. И. Михайловский-Данилевский свидетельствует:

«Побеги солдат весьма участились после сдачи Москвы. В один день переловили их четыре тысячи»[668].

Генерал Н. Н. Раевский писал 19 сентября:

«Мой корпус, бывший в первой линии, до тех пор держали, пока не истребили. Мы ретировались до Москвы... Войска в упадке духа, укомплектованы ратниками с пиками, хлебом в своей стране нуждаемся, раненых всех бросили, бродяг половина армии»[669].

Донесение Кутузова царю об оставлении Москвы привез полковник граф *Мишо де Боретур.* Реакция императора, которому ранее Кутузов писал о победе, была однозначной:

---

666 Цит. по: Троицкий Н. А. 1812. Великий год России. — М., 2007. С. 318.

667 Записки А. П. Ермолова. 1798–1828. — М., 1991. С. 206.

668 Михайловский-Данилевский А. И. Записки // Исторический вестник. 1890. № 10. С. 153–154.

669 1812–1814. Секретная переписка генерала П. И. Багратиона. Личные письма генерала Н. Н. Раевского. Записки генерала М. С. Воронцова. Дневники офицеров русской армии. — М., 1992. С. 218.

«Как! Разве мы проиграли сражение или мою древнюю столицу отдали без боя?.. Не заметили ли вы в солдатах упадка мужества?»[670]

Граф ответствовал:

«Государь, я должен признаться, что оставил армию, начиная от главнокомандующего и до последнего солдата — в неописуемом страхе»[671].

Причем современники событий говорили о капитуляции Москвы[672].

Если считать Бородино русской победой, то критерии этой победы должны быть относимы и к другим битвам. Нельзя же присуждать себе победы по одним критериям, а другим армиям — по совсем другим.

Итак, если оставлены позиции и понесены тяжелые, большие, чем у противника, потери, но при этом армия в целом сохранила боеспособность, управляемость и «боевой дух», то это победа. В этом случае сколько побед придется вычеркнуть из истории самой русской армии? Например, — можно ли по этим критериям считать победой «Брусиловский прорыв» 1916 года? Армия Австро-Венгрия не капитулировала, не потеряла боеспособности. Напротив, через год оставленные территории были

---

670 Военский К. А. Две беседы полковника Мишо с императором Александром в 1812 году: из документов Военно-ученого архива Главного штаба. — СПб, 1907. С. 25.

671 Там же. С. 26. Потом, правда, граф вывернулся и пояснил, что все боятся заключения мира.

672 Командир французского авангарда генерал Себастиани при встрече с Милорадовичем (командиром русского арьергарда) «после многих изъявлений дружбы, желаний и сожаления, решительно приказал исполнить в точности условия капитуляции» (Маевский С. И. Мой век. 1793–1826. — М., 2015. С. 34). У того же Маевского: «Все умы пришли в волнение: большая часть плакала, многие срывали с себя мундиры и не хотели служить после поносного отступления» (С. 33).

возвращены, а через два года Австро-Венгрия вместе с Германией принимала капитуляцию России в Брест-Литовске. А можно ли говорить о победе под Москвой зимой 1941-го, если чрез полгода Германия возобновила свой натиск? Или надо принять логику тех, кто скажет: вермахт тогда отступил, но не бежал. Ни одна армия не была окружена, но зато Красная Армия понесла не меньшие потери. А весной вермахт сам перешел в стремительное и опасное наступление…

Но патриарх настаивает: «Мы победили тогда французов, потому что они, не сумев восполнить свои силы, в конце концов были вынуждены покинуть Россию, и страна была спасена»[673].

Вот именно «тогда» и не победили. К итоговой победе в кампании привели другие стратегические решения — неверные Наполеона[674] и правильные Александра и Кутузова. Тут та же

---

673 «Слово», 21 июля 2023 г.
URL: http://www.patriarchia.ru/db/text/6044268.html

674 «Без предварительной решительной расправы с фланговыми российскими армиями, — писал польский историк Кукель, — без единого руководителя в тылах, без надлежащего укрепления и снабжения нового центра операции в Смоленске, без организации подвозов, без приготовления к зимней кампании московское направление было смертельным азартом» (цит. по: Попов А. И. Великая армия в России. Погоня за миражом. — М., 2022. С. 22). Сам А. Попов пояснял так: «Огромную роль в гибели Великой армии сыграли ошибки, допущенные её вождём. Первая ошибка была совершена им в ходе подготовки кампании, и заключалась она в несоответствии собранных им громадных людских масс и материальных средств с одной стороны, и средств их пропитания и транспортировки, с другой. Тыловые службы оказались совершенно неподготовленными для кампании такого масштаба. Наполеон слишком долго задержался в Вильно, Витебске и Смоленске. Но эти остановки были неизбежны из-за резкого роста небоевых потерь, отставания обозов и плачевного состояния войск и конского состава. Другой вопрос, почему они оказались в таком состоянии? Ответ на него возвращает нас к первой ошибке Наполеона и к „скифской тактике“. Из-за этих двух обстоятельств тыловые службы Великой армии не справились с возложенными на них задачами. Нормальное снабжение продовольствием и фуражом отсутствовало, что привело к быстрому физическому изматыванию людей и лошадей. Слабость санитарной службы привела к большой смертности среди раненых, так что эти потери стали

ошибка, что и при оценке Прохоровского боя 1943 года: выигранная в итоге война или даже стратегическая операция не означает успеха вот в каждом ее конкретном тактическом эпизоде. Проиграв на Прохоровском поле 12 июля, Красная армия в целом выиграла Курское сражение. Проиграв на Бородинском поле, русская армия все же выиграла кампанию 1812 года. И немецкие танковые части, и Наполеон в Москве вполне смогли восполнить свои потери понесенные в день Прохоровки или Бородино. И танковый корпус СС после Прохоровки, и французская армия после «битвы под Можайском» сохранили свою ударную мощь и боеспособность. Красивости типа «могила французской кавалерии» или «могила панцерваффе» — это лишь красивости. Но то, что происходило на других участках фронта и тыла обеих сторон в обеих Отечественных войнах, совершило перелом в их ходе.

В цифрах это выглядит так:

При вступлении в Москву французская армия захватила в ней 156 орудий, 74 974 ружья, 2 млн патронов, 300 тыс. фунтов пороху, 300 тыс. фунтов селитры и серы, 27 119 артиллерийских снарядов[675].

«Так что мы нашли здесь тройное количество того, что мы растратили в сражении», — удовлетворенно констатировал Наполеон в письме к Маре от 21 сентября 1812 г.[676]

для Великой армии в большей части безвозвратными. Двинувшись за русской армией к Москве, противник чрезмерно растянул свою коммуникацию, для прикрытия и снабжения которой невозможно было выделить достаточное количество войск. Третье промедление в Москве оказалось фатальным…Почти все корпуса Великой армии к августу сократились наполовину. Следовательно, её глобальное ослабление произошло ещё до развёртывания партизанской и народной войны… Голод начался не в Москве, а ещё до начала войны» (С. 35–37).

675 Липранди Ю. П. Материалы для истории Отечественной войны 1812 г. — СПб, 1867. С. 102.

676 Земцов В. Н. Наполеон в Москве. — М., 2014. С. 240.

В октябре на момент выхода из Москвы в войсках, расположенных в Москве, в авангарде Мюрата и «обсервационном корпусе» Бессьера было приблизительно 100 тыс. штыков и сабель: пехоты — 89 640, кавалерии — 14 314; всего — 103 954. Если к этой цифре добавить силы жандармерии, Главной квартиры, большого артиллерийского парка, инженерного парка, военных экипажей, амбулансов и т. д. (всего примерно 12 тыс. человек), общее число, таким образом, будет равняться 115 954 человек при 605 орудиях. «Московский отдых» позволил поставить в строй часть раненых и больных, дать некоторый отдых личному составу. Сегюр прокомментировал результаты пребывания Наполеона в Москве так:

«Наполеон, войдя в Москву с 90 тыс. строевых солдат и 20 тыс. больных и раненых, выходил из Москвы более чем со 100 тыс. здоровых солдат: там он оставил только тысячу двести больных. Пребывание в Москве, несмотря на ежедневные потери, дало ему возможность предоставить пехоте отдых, пополнить провиант, увеличить силы на 10 тыс. человек и разместить или вывести большую часть раненых. Численность французской армии перед выступлением из Москвы, по его мнению, равнялась 123 тыс. человек. Эти данные приведены на основании ведомостей выдачи водочных рационов (по три рациона на человека в день) — в последних ведомостях было 369 тыс. рационов»[677].

3–10 октября в Москве стояло солнечное «бабье лето». Наполеон диктует для 25-го бюллетеня от 20 октября:

«Погода очень хорошая, как в октябре во Франции, может быть, даже немного более теплая…».

---

[677] Там же. С. 236–237.

Коленкур подтверждает:

«Погода стояла настолько хорошая, что местные жители удивлялись. Можно было сказать, что природа тоже вступила в заговор, чтобы обмануть императора. Его величество каждый день повторял, а когда я при этом присутствовал, то он говорил это с особенным подчеркиванием, что „в Москве осень лучше и даже теплее, чем в Фонтенбло"... Прекрасная погода, долго продержавшаяся в этом году, помогала ему обманывать себя. Быть может, до того как неприятель стал тревожить его тыл и нападать на него, он действительно думал, как он это говорил, расположиться на зимние квартиры в России»[678].

Конечно, это улучшило проходимость дорог и настроение армии.

«Получила ли "московская" армия какие-либо подкрепления? Получила. Во время пребывания Наполеона в Москве и „первой фазы отступления" в состав основной группировки Великой армии влилось приблизительно 30 тыс. пехоты и кавалерии»[679].

При этом уже 5 октября Наполеон приказывает начать вывоз раненых в Смоленск, а всем войскам, идущим по «дороге жизни», было приказано уже более не двигаться на Москву.

До Москвы дошли 10 корпусов Великой Армии. Но еще семь корпусов были у них в тылу и на флангах. Два нетронутых армейских корпуса (9 и 11) оставались в резерве на линии Москва — Смоленск — Вильно и не приняли участие в походе

---

678 Коленкур А. Мемуары. Поход Наполеона в Россию. — М., 1943. С. 168 и 157.

679 Там же. С. 232–233.

Сегюр Ф.-П. История похода в Россию. — М., 2014. С. 242.

на Москву. 7 и 12 корпуса (41 тыс. человек при 107 орудиях) действовали против 50-тысячной группировки Тормасова и Чичагова на юге. 2, 6, 10-й корпуса (55 тысяч человек) — на севере против армии Витгенштейна[680].

Пехота в Москве вполне восстановилась. Проблема была в нехватке лошадей. В начале октября в Москве было уже не менее 4 тыс. спешенных французских кавалеристов[681].

Так что даже исход Великой армии из Москвы вовсе не предвещал ее скорой катастрофы.

---

680 Оценка Наполеона:

«…400 тыс. человек перешли Вислу; только 160 тыс. перешли Смоленск для движения на Москву; 240 тыс. человек остались в резерве между Вислой, Днепром и Двиной».

(Земцов В. Н. Наполеон о войне с Россией в 1812 году // Эпоха 1812 года. Исследования. Документы. — М., 2023. С. 51)

681 «В Могилевской провинции Наполеон планировал через руководителей еврейской общины закупить от 3 до 4 тыс. лошадей» (Там же. С. 239).

Глава 49

Мороз и Голод для всех

В этой кампании Наполеон не проиграл ни одной битвы, а армию потерял. Можно говорить об ошибках, допущенных им еще на этапе подготовки русского похода и по его ходу. Но с этической точки зрения (именно она, наверно, должна быть опорной для нас с патриархом) главный уничтожитель Великой армии — это Голод.

Сдачей Москвы Кутузов повторил свой маневр в Рущуке: в 1811 году это была единственная русская крепость на правом берегу Дуная. Кутузов сдал ее без боя турецкой армии, взорвав рущукские укрепления. А когда турки вошли в крепость, блокировал ее. Лишившаяся запасов продовольствия сорокатысячная турецкая армия капитулировала. Дело было на нынешней границе Румынии и Болгарии (Рущук — это Русе). Даты: успешное оборонительное сражение Кутузова на подступах к Рущуку — 22 июня. Затем следует его отход от Рущука на левый берег Дуная. Ахмет-паша переправляется через Дунай лишь 28 августа. 2 октября Кутузов разбивает турецкий лагерь около Рущука, но крепость не берет, блокируя ее. 23 ноября 1811 г. Ахмет-паша подписал акт о капитуляции.

И в этот раз Кутузов навел Голод на неприятельский стан. Французская армия шла по бедным «нечерноземным» областям России. Местные ресурсы едва могли прокормить живущих на ней крестьян. А тут по ним туда-сюда идут огромные многотысячные армии. Причем русская армия, отступая, увозит и сжигает все ресурсы. Остатки добирает Великая армия на своем пути к Москве. И потом все повторяется. Легкая русская кавалерия (казаки, башкиры…) и партизанские летучие отряды опять оказываются впереди[682] французов и по их бокам и опять же — уничтожают все найденное.

Поздней осенью 1812 года оголодавшие люди не могли сопротивляться холодам.

3 декабря 1812 года Наполеон составил 29-й бюллетень Великой Армии, в котором говорится: «По 6-е число ноября погода была прекрасная и движение армии происходило с наилучшим успехом. **Морозы начались 7-го числа.** С сего времени не происходило ни одной ночи, в которую бы мы не лишились нескольких сот лошадей, которые падали на биваках. Во время переходов до Смоленска артиллерия и конница наша также потеряли великое множество лошадей… Морозы, начавшиеся с 7-го числа, вдруг увеличились, и с 14-го по 16-е термометр показывал от 16 до 18 градусов ниже точки замерзания».

Однако, русская армия, хоть и имела шинели (в отличие от французов), но тоже не имела палаток и спала на мерзлой земле.

Кавалергардский офицер Ланской вспоминал о времени преследования французов:

«Наступившие морозы еще сильнее голода донимали наше войско. Когда кавалергардскому полку пришлось обходить Москву, Н. И. Васильчикову удалось выписать из своего име-

---

[682] «Я решился под вечер послать Чеченского полка вперед, чтобы ломать мостики, находящиеся на пути к Красному, заваливать дорогу и стараться всяким образом преграждать шествие неприятеля; всеми же силами, окружая справа и слева и пересекая дорогу спереди, мы перестреливались с стрелками и составляли, так сказать, авангард авангарда французской армии» (Давыдов Д. Военные записки. — М., 1982. С. 214).

ния Лопасни полушубок, и этот единственный экземпляр теплой одежды служил предметом зависти для всех его товарищей. Вся обмундировка во время похода успела обратиться в грязные лохмотья, и заменить их было нечем. Единственная забота офицеров была раздобыть в выжженных и разоренных поместьях что-либо теплое. С. П. Ланской (брат автора. — прим. С. Теплякова) с радостной благодарностью получил от московской помещицы Недоброво, сжалившейся над его заморенным видом, ваточный капот и тут же напялил его на лохмотья мундира. Но еще курьезнее фигуру представлял Е. В. Давыдов. На его долю выпали три разноцветные набивные шали, и, недолго думая, он одною окутал стан, а остальные превратил в шаровары»[683].

«Наши так же были почернелы и укутаны в тряпки… Почти у каждого что-нибудь было тронуто морозом», — вспоминал И. Т. Радожицкий[684]. Случалось, и замерзали русские воины, даже из числа «гвардейских молодцов», а больным и отставшим не было числа[685].

Правда, в отличие от французов, они, как правило, возвращались в строй: 7 декабря Кутузов сообщал Царю, что «догоняют армию… до 16 тыс. выздоровевших», а 19-го — что «таковых прибудет в скорости не менее 20 тыс.»[686]

---

683 Цит.: Кибовский А. В. Кавалергарды и Конная гвардия в 1812–1814 // Цейхгауз. 1998. № 8.

684 Радожицкий И. Т. Походные записки артиллериста с 1812 по 1816 г. Ч. 1. — М., 1835. С. 282–283.

685 Жиркевич И. С. Записки // Русская старина. 1874. № 8. С. 664–665.

Из записок генерала Н. П. Ковальского // Русский вестник. 1871. № 1. С. 98.

Левенштерн В. И. Записки // Русская старина. 1901. № 2. С. 373.

Каллаш В. В. Двенадцатый год в воспоминаниях и переписке современников. — М., 1912. С. 222.

686 Кутузов М. И. Сборник документов. Т. 4. Ч. 2. — М., 1955. С. 455 и 551.

«Надо отметить осторожность Кутузова („подлинное число определить не могу", „надеюсь"). Вполне вероятно, цифрой в 20 тысяч он хотел хоть как-то подправить горестные цифры: русская армия, выйдя в октябре из Тарутина в числе 100 тысяч человек, к Вильно имела в своих рядах только 20 тысяч, хотя Кутузов всячески уклонялся от боя с французами. Даже при оптимистической цифре вернувшихся в строй получалось, что около 60 тысяч либо погибли, либо больны и ранены, либо разбежались»[687]. «В боевых действиях приняли участие примерно 480 тысяч строевых военнослужащих регулярной армии казачьих войск и ополчений. К февралю 1813 русская армия (рубеж „Отечественной войны" и „Европейского похода") лишилась примерно 300 тысяч воинов. Причем, боевые потери составили около 130 тысяч, остальные же 170 тысяч человек выбыли во время переходов на огромные расстояния по плохим дорогам, из-за недостатка продовольствия, воды, фуража, теплого обмундирования, болезней, то и дело принимавших характер эпидемий[688]. Из 622 орудий, которые была у русской армии в Тарутинском лагере, до Вильно довезли лишь 200 — по причине потери лошадей»[689].

Еще в декабре 1812-го Кутузов не скрывал от царя: «если продолжить дальнейшее наступательное движение, подвергнется она в непродолжительном времени совершенному уничтожению»[690]

---

[687] Историк Сергей Тепляков о том, как морозы повлияли на ход войны 1812 года.

URL: https://www.gazeta.ru/science/2012/11/08_a_4845137.shtml

Другая цифра от историка XIX века: 27 500 человек в строю и 48 800 в госпиталях (Богданович М. И. История войны 1812 года. — М., 2012. С. 616).

[688] Шведов С. Правда ли, что победа в войне 1812 года стоила России двух миллионов жизней? // Родина. 1992. № 6–7. С. 176.

[689] Богданович М. И. История войны 1812 года. — М., 2012. С. 616.

[690] Кутузов М. И. Сборник документов. Т. IV. Ч. 2. — М., 1955. С. 582.

В марте к Берлину главная армия подошла в числе «18 000 человек. Понесенная в Отечественную войну ужасающая убыль еще не могла быть пополнена; резервы же, выступившие из России, были задержаны на пути непроходимой грязью»[691].

Не было в ходе этого контрнаступления ни штурмов освобождаемых городов, ни атак на укрепленные позиции противника. Никакого «Восточного вала» Наполеон не строил. Он в Москве спланировал отступление на зимние квартиры — и он его осуществил. Правда, с неожиданными для него самого потерями, но понесенными вовсе не от русских атак.

Голод и Мороз оказались неизбирательным оружием массового поражения. Они действовали и на русских, и на французов, и на военных, и на гражданских. Другое дело, что русские стратеги с самого начала учитывали эти факторы. Затягивание кампании до наступления морозов и организация голода в глубине русской земли прямо планировалось в русских штабах.

Санитарные потери в те времена превосходили боевые. В балканском походе 1829 года (с февраля 1829 по май 1830) русская армия потеряла 2 857 человек убитыми. И — 96 722 просто умершими[692]. В декабре 1828 года в русской армии числилось 93 665 заболевших.

Но об этих замерзших и усерших в болезнях не говорят. Вместо этого начинается разговор о чудесах и иконах.

---

691 Шильдер Н. К. Император Александр I, его жизнь и царствование. Т. 3, — СПб, 1898. С. 142.

692 Епанчин Н. А. Очерк похода 1829 г. в Европейской Турции. Ч. 3. — СПб, 1906. С. 425.

Глава 50
Победоносная икона

Конечно, патриарх не может ограничиться повторением школьных сказок. Он должен продвигать и свои, церковные.

Базовая церковная сказка про войну 1812 года изложена владимирским митрополитом Тихоном Емельяновым:

«В войска приносится Казанская икона Пресвятой Богородицы. Молился перед ней Главнокомандующий Михаил Илларионович Кутузов и все наши воины, и наступает перелом в этой битве»[693].

Или: «Широкое почитание на протяжении веков Казанской иконы Божией Матери в России — это значимое культурно-историческое явление. Без обращения к изучению этого феномена остается неполным представление об отечественной истории, важные страницы которой связаны с чудотворным Казанским образом требуют не только духовного осмысления, но и научного исследования. Это и явление в 1579 году во граде Казани иконы

---

693 URL: http://www.eparh33.ru/news/Slovo_Visokopreosvyaschenneyshego_mitropolita_Tihona_v_den_prazdnovaniya_Kazanskoy_ikoni_Bozhiey_Materi/

Пресвятой Богородицы[694], и победа в Полтавской битве и в Отечественной войне 1812 года»[695].

На самом деле с войсками была не Казанская, а Смоленская икона. К Казанской заходил лишь сам Кутузов перед отъездом из Петербурга.

Но Казанскую к 1812 году патриарх привязывает вот так:

«Ровно через 200 лет — как хотите, так и думайте об этом, день в день — произошло другое событие. Именно

---

694 Серьезный казанский церковный историк П. Гайденко сказал так: «Так что же смущало власти? Во-первых, с девушкой Матроной в видении разговаривала икона, а не Пресвятая Богородица. Данное обстоятельство шло вразрез с тысячелетней практикой церкви, небезосновательно усматривавшей в подобном признаки прелести. Во-вторых, настойчивость девицы и её рассказы были опасны в условиях, когда город пережил ужасный пожар. Возникала угроза бунта на религиозной почве. Чудо ещё необходимо было истолковать. В-третьих, сама десятилетняя Матрона испытала экстатические состояния, бросавшие на неё тень кликушества. В итоге, в действиях власти просматривается ничто иное, как религиозное здравомыслие и следование каноническим нормам своего века. Примечательно, что дальнейшая судьба девушки была предрешена — она была отправлена в монастырь. По сути, с Казанской иконой возникает прецедент особого почитания „говорящих образов" (Гайденко П. И. Почему не поверили Матроне? (ещё раз об обстоятельствах обретения Казанской иконы божией матери) // Сборник материалов Международной научно-практической конференции «Чудотворный Казанский образ Богородицы в судьбах России и мировой цивилизации». Казань, 19–21 июля 2016 г. — Казань, 2016. С. 36.

А вот как он был услышан: «На одну из конференций в Казань приехали москвичи бодаться с нами на данную тему. Один из них в своем выступлении заявил, что не было явления Божией Матери в Казани. Мы все сильно удивились: почему же?! Он объяснил это тем, что явилась не Божия Матерь, а икона. Вот тут в зале начался хохот. Потому что все знают, что Богоматерь является даже голосом, а уж в иконе всегда» (Дмитрий Хафизов: «Папа просил посетить Казань как простой паломник!» 22 Апреля 2021 г. URL: https://www.business-gazeta.ru/article/487429).

695 Патриаршее приветствие участникам конференции «Чудотворный Казанский образ Богородицы в судьбах России и мировой цивилизации» 19 июля 2016 года.

URL: http://www.patriarchia.ru/db/text/4567137.html

в этот день войска под командованием атамана Платова и генерала Милорадовича дали бой арьергарду Наполеона и отбили у него обозы с награбленным. После этого Наполеон уже не спокойно уходил из России, а бежал, как преступник от возмездия. Уже не было сил никого грабить, Наполеон ноги уносил, а сокрушительный удар по наполеоновской армии совершился именно в этот день»[696].

Осенняя Казанская — это 4 ноября по новому стилю.

Наполеон оставил Москву за месяц до этого — 9 октября н. ст.

Битва за Малоярославец — 12 октября н. ст.

С этого дня начался уход Великой армии.

«День в день», то есть 22 октября (3 ноября) 1812 года — Вяземское сражение. Первая определенная победа русской армии. Да, это был первый бой той кампании, когда французы потеряли значительно больше солдат, чем русские. Из 35 000 французов, участвовавших в этом бою, было потеряно 7 000; в это число входят 3 000 пленных — это были раненые, вывозимые из Москвы. Русские потери составили 800 убитых и 1 000 раненых (из 30 000 комбатантов).

После этого дня и в самом деле многое изменилось: ибо в ночь после боя ударил первый мороз, причем сразу минус 18. Но при чем тут «обоз с награбленным»? Почему такое патриаршее внимание именно обозу?

И удар вовсе не был «сокрушительным». К 3 ноября армия Наполеона растянулась на 96 км. Официальным арьергардом был 1-й корпус Даву (13 000 пехотинцев: 83 французских, 2 испанских, 2 баденских и 1 мекленбургский батальон; плюс 12 французских и 4 польских эскадрона). Милорадовича с 17 000 не удалось отрезать корпус Даву, чем был крайне недоволен царь Александр:

---

696 «Слово», 4 ноября 2021 г.
URL: http://www.patriarchia.ru/db/text/5858980.html

«Вы имѣли всю удобность ускорить непріятеля въ его отступленіи подъ Вязьмою и тѣмъ отрѣзать по крайней мѣрѣ тремъ Корпусамъ: Даву, Нея и Вице-Короля, сражавшихся подъ симъ городомъ. Имѣвъ столь превосходную легкую Кавалерію, Вы не имѣли довольно отрядовъ на Смоленской дорогѣ, чтобы быть извѣщену о настоящихъ движеніяхъ непріятеля; ибо въ противномъ случаѣ Вы бы увѣдомлены были, что 17-го числа Наполеонъ съ Гвардіею своею уже прошелъ Гжатскъ.

Нынѣ сими упущеніями Вы подвергли Корпусъ Графа Витгенштейна очевидной опасности, ибо Наполеонъ, оставя предъ Вами вышеупомянутые три Корпуса, которые единственно Вы преслѣдуете, будетъ въ возможности съ Гвардіею своею усилить бывшій Корпусъ Сенъ-Сира и напасть превосходными силами на Графа Витгенштейна. Обращая все вниманіе на сіе столь справедливое поясненіе, я напоминаю Вамъ, что всѣ несчастія, отъ сего проистечь могущія, останутся на личной Вашей отвѣтственности»[697].

Впрочем, и Наполеон был недоволен тем, что русский корпус, вставший между корпусами его армии, не был пленен: он отправил корпус Нея назад, на помощь Даву и надеялся на успех

Этот бой показателен тем, что все успехи в ходе кутузовского «контрнаступления» — это атаки на марше, попытки отрезать те или иные французские части. Разбитый под Аустерлицем Кутузов был готов сразиться с наполеоновскими маршалами поодиночке, но не с самим корсиканцем. И даже перейдя границу Российской империи, он ворчал: «Самое легкое дело — идти теперь за Эльбу, но как воротимся? С рылом в крови!»[698]. Последовавшие вскоре неудачи русско-прусской армии под Лютценом

---

697 URL: https://ru.wikisource.org/wiki/Изображение_военных_действий_1812_года/26/ДО

698 Шильдер Н. К. Император Александр I, его жизнь и царствование. Т. 3. — СПб, 1898. С. 142.

(2 мая), Бауценом (20 мая) и разгром русско-прусско-австрийской армии под Дрезденом (26 августа) показали, что у Кутузова были основания для опасений.

А история Смоленской иконы ставит серьезный религиозный вопрос: почему не спасают свои собственные святыни?

В Смоленске были две Смоленские иконы Богоматери. Одна — т. н. «мономаховская», древняя. Она была в соборе, и в 1812 году заранее была вывезена в Москву. С ней ходил крестный ход вокруг самой Москвы; утрачена в советские годы. Вторая икона — т. н. «годуновская», написанная на самом деле не в годуновской Москве, а в самом Смоленске в начале XVII века. Она была надвратной и находилась в крепостной стене города, смотрящей на Запад («Днепровские ворота»).

Именно надвратный список Смоленской иконы был на Бородинской поле в 1812 году. Не могу не заметить, что это была довольно странная и неочевидная идея: вынести к русской армии икону из города, который традиционно оберегавшая его икона сохранить уже не смогла. И треть русской армии полегла «в день Бородина» (причем тысячи выживших, но раненых, потом заживо сгорели в московском пожаре[699]). В общем, ни Смоленск, ни Москву древний смоленский образ в 1812 не сохранил. А потом и сам не сохранился…

Впрочем, кто кого охранял — вопрос сложный. В 1812 году целый батальон дивизии Коновницына был выделен на охрану Смоленской иконы, возимой с войском[700]. После сдачи Смоленска хранилась в 1-й батарейной роте полковника Василия

---

[699] Клаузевиц, который в те дни служил в корпусе Уварова и во время Бородинского сражения участвовал в рейде на французский фланг в русской военной форме, писал: «Когда мы проходили, улицы были полны тяжелоранеными. Страшно подумать, что большая часть их — свыше 26 000 — сгорела» (Клаузевиц К. 1812. — М., 1937. С. 214).

[700] История этой иконы в 1812 году описана тут:
http://e-vestnik.ru/analytics/smolenskaya_ikona_1812_5593/?m=print
В целом о ее истории я писал тут:
URL: https://diak-kuraev.livejournal.com/752883.html

Глухова (3 пехотная дивизия)[701]. Изначальная Казанская икона Божией матери, также назначенная в хранительницы России, тоже не смогла сохранить себя — и в ночь с 28 на 29 июня 1904 года была похищена из стен Казанского Богородицкого женского монастыря (не найдена до сих пор).

Под немецкой оккупацией 1941 года служба в смоленском соборе возобновилась. Первой 3 августа 1941-го во вновь открытом соборе состоялась молитва по лютеранскому чину для офицеров вермахта. На этой службе присутствовал командующий группой армий Центр фельдмаршал фон Бок. Затем, до сентября, там служили католические капелланы вермахта. Во время подготовки к этой службе храм прибирали и среди мусора и обломков нашли «надвратную икону», которую и поместили на место пропавшего «мономаховского» образа[702].

1 сентября 2013 года в Смоленске Патриарх Кирилл внес нечто новое в историю этой иконы:

«Наши благочестивые предки в годы немецкой оккупации горячо молились Богу. Тогда не было неверующих людей, тогда не было клеветников на Церковь. Тогда маршал Жуков, освободив город Смоленск, пришел и стоял на молебне в нашем Успенском соборе пред иконой „Одигитрия“»[703].

Источником для столь странного утверждения, скорее всего, было упоминание (увы, не публикация) рапорта протоиерея Тимофея Глебова уполномоченному Совета по делам РПЦ по Смоленской области Н. Л. Митину в книге иеромонаха Серафима

---

[701] Еще до начала войны 26 апреля 1812 г. Александр I объявил ему выговор за беспорядки в бригаде, и по этой причине он был переведен с понижением вместе с батарейной ротой № 1 под начальство командира 3-й артиллерийской бригады подполковника Федора Григорьевича Торнова».

URL: http://adjudant.ru/cadet/062.htm

[702] Амельченков В. Л. Смоленская епархия в годы Великой Отечественной войны. — Смоленск, 2006. С. 81 и 85–89.

[703] URL: http://www.patriarchia.ru/db/text/3200694.html

Амельченкова. Глебов, который всю оккупацию прослужил в Смоленском соборе, испытывал острую потребность в самозащите, и в своем рапорте от 30 апреля 1945 года, указал: мол, я служил не только фон Боку, но и Жукову.

Глебов уверял, что 2 октября собор посетил генерал Бурденко, а 9 октября — генерал Жуков[704].

В интернете (даже в самых чудообильных и про-сталинистских сборниках) мне не удалось найти рассказов об этом молебне с Жуковым. Смоленск был освобожден в результате смоленской операции, проходившей в период с 7 августа по 2 октября 1943. Сам город — 25 сентября. В операции участвовали войска Западного фронта (командующий генерал армии В. Д. Соколовский) и левого крыла Калининского фронта под командованием генерал-полковника А. И. Ерёменко. Жуков в это время координировал действия Воронежского и Степного фронтов в ходе Черниговско-Полтавской операции.

Указанная Глебовым дата 9 октября тоже никак не подходит С 1 по 13 ноября 1943 г. проводилась Киевская наступательная операция, где Жуков был представителем Ставки на 1-м Украинском фронте. Сам Киев освобожден 6 ноября, далее наступление дошло до Житомира, но 10−11 ноября у Фастовца начались первые серьёзные контратаки немецких танковых дивизий (об этом в 1985 году был снят фильм «Контрудар»). С 27 сентября и до завершения Киевской наступательной операции Жуков неотлучно находился у Ватутина.

Когда я указал на эту патриаршую нелепицу, в мой блог зашел лучший современный знаток Великой Отечественной Алексей Исаев и подтвердил отсутствие каких бы то ни было подтверждений этой байке[705].

---

704 Там же. С. 132.

705 URL: https://diak-kuraev.livejournal.com/517679.html?thread=134745903#t134745903

В упомянутой книге на с. 119–121 пересказывается и такая байка (правда, автор относит ее к декабрю 1941 года):

«Один из протоиереев смоленского Успенского собора, смеясь, рассказывал мне любопытный эпизод. „Сентябрь 1943 года. Началось отступление гитлеровцев и наступление Советской Армии… И вот из штаба дивизии поступает телеграмма в Ельню, только что освобожденную нашими войсками, к командующему частью полковнику, освободившему город".

Стоп. Один полк освободил Ельню? Это Ельнинско-Дорогобужская операция. В направлении основного удара на Ельню были задействованы 10-я гв. армия под командованием генерал-лейтенанта К. П. Трубникова, 21-ая и 33-ая общевойсковые армии, под командованием генерал-лейтенантов Н. И. Крылова и В. Н. Гордова. Для развития успеха днем 30 августа в зону прорыва был введен 6-й гвардейский кавалерийский корпус и 2-й гвардейский Тацинский танковый корпус. Шести наиболее отличившимся в боях частям и соединениям были присвоены почётные наименования „Ельнинские".

Еще один стоп-знак: из штаба дивизии в штаб полка никаких телеграмм в ту войну просто не посылали. Были телефонная связь, посыльные и иногда радиосвязь.

Слушем дальше: „Из штаба дивизии поступает телеграмма: „Срочно открыть храм, найти священника и служить благодарственный молебен о победе и произнести многолетие великому вождю народов — товарищу Сталину. На молебне лично присутствовать"".

Стоп. Ельня освобождена 30 августа. Переломная встреча Сталина с митрополитами имела место 4 сентября. До этого никакие контакты с церковниками были невозможны. Так что «в Ельне, только что освобожденной» такого быть не могло.

„Снова телеграмма. „Открыть храм, найти священника, возгласить многолетие Сталину. О совершении молебна доложить в штаб. За неповиновение — полевой суд». Срочно и лично едет полковник, — торжественно, на „виллисе" — на улицу Урицкого к попу".

В Ельне не было улицы Урицкого.

„Заходит в дом, а священник, которому было уже за восемьдесят, окаменел совсем. Решил, что раз приехали военные, то немедленно повезут его расстреливать. «За что — и сам не знаю, — признавался он потом, — с немцами вроде бы не сотрудничал, да и не служил лет тридцать… так, плотничал помалу, пока мог".

1943 минус 30…Выходит, батюшка перестал служить году так в 1913-м, еще при царе.

„Да вы что, онемели? — начинает сердиться полковник. — Завтра служить надо, уже и листовки развесили!"

О Березине патриарх Кирилл не говорил ничего. Но зато он обнаружил прусское окончание кампании 1812 года.

8 июля 2016 года он направил губернатору Калининградской области Н. Н. Цуканову поздравление по случаю 70-летия образования региона. «...Калининградская земля прославлена подвигами тех, кто, не щадя своей жизни, мужественно отстаивал свободу и независимость Родины на полях сражений. Так было и в Елизаветинскую эпоху, и во время Отечественной войны 1812 года, и в годы Первой мировой и Великой Отечественной войн», — напомнил Предстоятель Русской Православной Церкви[706].

А у меня не «напоминается».

В 1812 году боев на «Калининградской земле» не было, а ее жители были в составе армии Наполеона. И вряд ли они совершали подвиги, ибо к участию в этом походе были принуждены.

На обратном же пути русская армия, совершая «Заграничный поход», не сражалась на «Калининградской земле», т. к. Пруссия уже стала сначала нейтралом[707], а потом и союзником

В только что освобожденном городе в штабе всего лишь полка была типография, где напечатали листовки с приглашением на молебен? Не верю...

„А отец Василий потом получил и награду — орден Красной Звезды, которым очень гордился и всегда его носил, и завещал похоронить себя с орденом... Такие вот были дела, — закончил свой рассказ протоиерей смоленского собора"».

В общем, не стоит верить сказкам протоиереев смоленского собора. Удивительно, что автор книги о смоленской епархии даже не делает попытки установить — а был ли в ней поп Василий, награжденный орденом Красной звезды...

706 URL: http://www.patriarchia.ru/db/text/4555602.html

707 18 (30) декабря 1812 года подписана Таурогенская конвенция о нейтралитете Пруссии. Ее следствием был отказ Мюрата (взявшего командование над остатками Великой Армии после отъезда Наполеона) от обороны Кенигсберга. В январе 1813 года вся Восточная Пруссия была очищена от французских войск. 16 (28) февраля 1813 года Кутузов подписал соглашение о военном союзе с Пруссией.

Петербурга. И это было уже в 1813 году, а не двенадцатом. «Весь сей путь, от Одера до Эльбы, казался нам триумфальным маршем», — вспоминал русский офицер В. С. Норов.[708]

Пруссия тогда была сильно больше нынешней «Калининградской земли». Поэтому можно сказать, что на территории Пруссии в 1813 году все же были два военных события: осада Торуни[709] и Данцига[710].

— Эти действия происходили вдали от того, что сегодня называется Калининградской областью;

— в другом году, чем указал патриарх;

— осады без штурмов вряд ли предполагали подвиги;

— если подвиги русских воинов там и были, то никак не ради «свободы и независимости Родины», а ради амбиций царя Александра.

Со стороны русских государственных деятелей не мало было возражений против похода на Париж. Сам главнокомандующий М. И Кутузов считал его делом антирусским и пребывал по этому поводу в постоянных противоречиях с императором. Насколько

---

708 Норов В. С. Записки о походах 1812–1813 годов. Ч. 2. — СПб, 1834. С. 12.

709 «В феврале 1813 г., Торунь, занятый гарнизоном из французских и баварских войск, обложен был 10-тысячным русским корпусом гр. Ланжерона. Крепость, устроенная по старым правилам инженерного искусства, не имела ни казематированных помещений для гарнизона, ни запасов; кроме того, к середине марта вследствие заразительных болезней числительность защитников уменьшилась до 2 тыс. чел. 28 марта, по прибытии из Грауденца тяжелых орудий, русские войска приступили к осадным работам, под управлением ген. Оппермана, а с 31 началась стрельба со всех готовых батарей. Осажденные продержались до 4 апреля и даже предпринимали вылазки; наконец, губернатор Торуня, Поатрен-де-Морелью, принужден был отказаться от дальнейшего сопротивления и 6 апреля подписал конвенцию, по которой остаток гарнизона (1200 чел.) сдался военнопленным, а город передан пруссакам».
Торн // Энциклопедический словарь Брокгауза и Ефрона.

710 Данциг осадили, но не штурмовали. После годовой осады гарнизон капитулировал.

эти противоречия были остры, можно судить со слов чиновника Крупенникова, находившегося в комнате умиравшего фельдмаршала, в Бунцлау, и слышавшего последний разговор его с царем.

— Прости меня, Михаил Илларионович!

— Я прощаю, государь, но Россия вам этого никогда не простит.

В конце 1812 года Кутузов напомнил Александру его клятву: не складывать оружия до тех пор, пока хоть один неприятельский солдат останется на его территории. «Ваш обет[711] исполнен, ни одного вооруженного неприятеля не осталось на русской земле; теперь остается исполнить и вторую половину обета — положить оружие»[712].

Ни царь Александр, ни патриарх Кирилл этой мольбы Кутузова не услышали.

И до школьных классов эти мольбы тоже не дошли.

И, конечно, упражнения по придумыванию национальной истории в угоду своей корпоративной корысти не остаются уделом лишь первоиерарха.

Вот Брянская епархия спешит поведать, как гуси Рим спасли:

«Свенская икона, написанная в XII веке, и по сей день хранит Брянскую землю. По молитвам у этого образа отступили наполеоновские войска в 1812 году. Жители Брянска узнав, что им грозит опасность, взяли чудотворный Свенский образ Богоматери и пронесли его крестным ходом по городу. Во время шествия пришла добрая новость: враг отступил. С тех пор в благодарность за спасение 30 августа совершается крестный ход. Сегодняшняя молитва была о спасении нашего Отечества и родной Брянщины от вражеского вторжения».

---

711 «Я не положу оружия, доколе ни единого неприятельского воина не останется в царстве моем» (Полное собрание законов Российской империи. Собрание 1. Т. 32. С. 354).

712 Ульянов Н. Александр Первый — император, актер, человек // Родина. 1992. № 6–7. С. 141.

Пресс-служба Брянской епархии[713].

Другая версия той же епархии:

«В 1812 году, во время войны с французами, их полчища подошли к городу Брянску. В это время благочестивые жители города Брянская обратились с усердной молитвой к Царице Небесной. Взяв Ее чудотворный образ, обошли с ним вокруг города и вскоре получили известие, что в то время, когда в Брянске молились, неприятельские полчища возвратились назад. В благодарность за избавление от неприятеля брянские граждане со всем духовенством опять подняли икону Божией Матери и Крестным ходом обошли город, и в это самое время получили известие об изгнании французов из Москвы»[714].

Вот ведь век живи — век учись. Ну не знал я, что Бонапарт со своими полчищами подступал аж к Брянску! И даже о таковых его планах историки ничего не знают.

Но «военные слухи» и в самом деле будоражили умы — и вот на фоне бегства тех, кто мог бежать (то есть местных дворян и чиновников), «в воскресенье 11 августа 1812 года жители города и его окрестностей пришли в пригородный Брянский Свенский Успенский монастырь на поклонение древней чудотворной Свенской иконе Божией Матери. В какой-то момент паломникам пришла в голову мысль взять чудотворный образ и обнести его крестным ходом вокруг Брянска, дабы оградить родной город духовной стеной от неприятеля. Тотчас крестный ход и состоялся. С тех пор в благодарность за спасение 17 (30) августа совершается крестный ход»[715].

---

713 URL: https://bryansk-eparhia.ru/novosti/sobytiya-eparhii/svyaschennosluzhiteli-sovershili-obezd-vokrug-goroda-bryanska-so-svenskoj-ikonoj-bozhiej-materi/

714 URL: https://bryansk-eparhia.ru/hramy-i-monastyri/svyatyni/ikona-bozhiej-materi-svenskaya/?ysclid=m0mtoo8sq6946810741

715 URL: https://tema32.ru/articles/2012/59/749/?ysclid=m0msmk41ha131233762

Почему 17 августа по старому стилю подается как 30 августа по новому: в XIX веке разница была 12 дней, а не 13.

Непонятно, как связаны 11 и 17 августа. Но еще более непонятно — а где же угроза, да еще и миновавшая?

Слабая угроза если и появилась, то позже, нежели 11 августа: 14 (26) сентября незначительный отряд французов — около 200 человек вошел в соседний (125 километров от Брянска) Рославль. «14 сентября 1812 г. одному из вражеских отрядов удалось ворваться в полуопустевший Рославль. Хотя через несколько часов он оставил его»[716].

Непосредственно к Брянску французские войска не приближались, но в Рославльском уезде они появились еще раз через месяц. К тому времени поворот в войне уже был очевиден: Наполеон оставил Москву 7 (19) октября. Битва за Малоярославец, окончательно поломавшая планы Наполеона, имела место 12 (24) октября.

Итак, 15–16 (27–28) октября были новые бои в районе Рославля:

5-ый полк Калужского ополчения прогнал французский отряд численностью около тысячи человек около деревни Липки. На следующий день разведка доложила о новом отряде французов в 1200 человек. Полк настиг неприятеля в селениях Семеново (Семиново) и Ступино. В двухдневном бою французы потеряли 70 человек убитыми и 95 пленными[717].

«Узнав в 20-х числах октября о взятии Рославля Калужским ополчением, брянцы со всем городским духовенством вторично совершили крестный ход со Свенской иконой Божией

---

716 URL: http://roslavl.library67.ru/znaj-i-lyubi-svoj-kraj/istoriya-goroda-roslavlya/

717 Крашенниников В. Из истории селений Брянского уезда. — Тула, 1987.

Матери: „В возблагодарение Царице Небесной за... спасение града и страны от нашествия неприятельского"»[718].

То есть светские историки говорят, что вторичный крестный ход был совершен после получения известия о победе и как благодарность за нее, уже состоявшуюся. Но это не мешает еп. сайту брехать, будто победа была одержана прямо «Во время шествия»; «в то время, когда в Брянске молились, неприятельские полчища возвратились назад». Легким движением руки причина и следствие меняются местами.

---

[718] URL: https://tema32.ru/articles/2012/59/749/?ysclid=m0msmk41ha131233762

Часть 5

СОКРАТ И ВОЙНА

«В свое время Сократ мне сказал: „Женись непременно. Попадется хорошая жена — станешь счастливым. Плохая — станешь философом". Не знаю, что лучше».

Этот афоризм в уста Сократа вложил Григорий Горин, сценарист фильма «Тот самый Мюнхгаузен» (1979).

Прямо так Сократ вряд ли говорил. Но однажды юноше, который спросил, жениться ему или не жениться, он ответил: «Делай, что хочешь, — все равно раскаешься» (Диоген. О жизни философов 2,5,33).

Сам Сократ пережил много уколов от своей жены Ксантиппы. Этим она внесла свой вклад в становление Философа. Как писал Ницше: «Сократ нашел жену, какая ему была нужна: так далеко не зашел бы героизм даже этого свободного ума. Фактически Ксантиппа все более вгоняла его в его своеобразное призвание, делая ему дом и домашний уют бездомным и неуютным: она научила его жить на улице и всюду, где можно было болтать и быть праздным, и тем создала из него величайшего афинского уличного диалектика» («Человеческое, слишком человеческое»).

Упреки и поражения и в самом деле учат лучше, чем комплименты и премии. Монашеская традиция об этом говорит много и разнообразно. Однако, хорошо бы учиться не только в одиночку и не только на своих личных ошибках, но и совместно и на общих не-триумфах.

История Россия дает поводы «стать философом». Считайте, что эта часть книги написана Ксантиппой для Сократа.

Глава 51

Не-славянофильские выводы

Россия никогда не воевала с Западом как таковым. Если Россия вела войну с какой-то европейской державой, то изрядная часть остальной Европы ей, России, в этом помогала.

И лишь в одной европейской войне у Москвы не было европейского же союзника: в Зимней войне с Финляндией. Впрочем, и тогда Англия и Франция помогали финнам лишь на словах, а дружественная СССР гитлеровская Германия («Германо-советский договор о дружбе и границе» был подписан по итогам совместного разгрома Польши 28 сентября 1939) осаживала финнов, отказала им в поставках оружия и снабжала советские подводные лодки в Балтийском море[719].

---

[719] Гитлер — Молотову: «Германия не имеет политических интересов в Финляндии. Советскому правительству известно, что во время советско-финской войны Германия сохраняла строжайший и даже благожелательный нейтралитет. По словам Гитлера, он приказал задержать пароходы, которые находились в Бергене и должны были доставить военные материалы Финляндии, хотя он на это не имел никакого права. Такая позиция Германии привела к осложнениям в шведско-германских отношениях… Позиция Германии во время финско-советской войны являлась для нее бременем также с точки зрения психологической. Финны, которые оказывали упорное сопротивление, завоевали симпатию во всем мире, и в особенности среди скандинавских народов.

И всегда эти союзы строились не на симпатиях, а на интересах — иногда совпадающих, иногда противоречащих.

Лишь несколько после-наполеоновских десятилетий в Европе был союз монархов, и, например, законы Австрийской Империи запрещали критику других европейских монархов. Но это был союз не против России, а во многом — под ее контролем. И критика русского самодержца была запрещена законами Австрийской монархии[720]. А спустя сто лет монархический интернационал был вытеснен интернационалом пролетарским — но все равно про-московским…

Сплотить весь Запад против себя — это дано только очень талантливым современным дипломатам.

Культурно Россия — это страна — спутник Европы[721]. Она впитывает европейскую интеллектуальную энергию и частично ее усваивает. Культурный экспорт России много меньше, чем ее

И в германском народе также возникло возбуждение по поводу поведения германского правительства, которое определялось соглашениями с СССР. Все это побуждает германское правительство стремиться к тому, чтобы воспрепятствовать возникновению вторичной войны в Финляндии. Это единственное желание германского правительства. Мы предоставляем русским решать вопросы их отношений с Финляндией, мы не имеем там никаких политических интересов» (Беседа Председателя Совета Народных Комиссаров СССР, народного комиссара иностранных дел СССР В. М. Молотова с рейхсканцлером Германии А. Гитлером 12 ноября 1940 г. // Документы внешней политики. Т. 23. Ч. 1. — М., 1998. С. 63–64).

720 «Rusové (nemluvím zde o vládě, protože já smýšlení vlády ruské věděti nemohu) — tato poznámka je jakousi Havlíčkovou sebeobranou proti cenzuře, kritizovat jakoukoli cizí autokratickou vládu bylo v předbřeznovém Rakousku nepřípustné». «„Русские (я не говорю здесь о правительстве, потому что я не могу знать менталитет русского правительства)", — это замечание является своего рода самозащитой Гавличека от цензуры, критика любого иностранного самодержавного правительства была недопустима в предмартовской Австрии».

URL: http://www.bohumildolezal.cz/texty/rs1105.html

721 Термин Т. Черниковой. (Русский журнал, 2012. № 12).

URL: http://www.russ.ru/pole/Rossiya-sputnik-evropejskoj-civilizacii

культурный импорт[722]. Как и у всех постколониальных (или «догоняющих») стран, в России появилась острая потребность обосновать уникальность своего исторического пути. Конечно, такая схема требовала радикального приговора культурной метрополии.

Так было в XVI веке при отколе от «Матери — церкви» Константинопольской патриархии (они-де утратили православие, стали униатами и прислужниками султана).

Так было в XIX веке у славянофилов.

В XX веке приступы самовосхваления и изоляционизма в некоторые периоды насаждались государственной пропагандой.

Вот и сегодня из этого дерьма очень желают сделать конфетку. Мол, Европа нашей самодостаточной Державе не нужна. Запад нас всегда ненавидел.

Это антизападничество высмеивал еще Алексей Толстой:

Но тот продолжает, осклабивши пасть:
«Обычай вы наш переймете,
На честь вы поруху научитесь класть,
И вот, наглотавшись татарщины всласть,
Вы Русью ее назовете!
И с честной поссоритесь вы стариной,
И, предкам великим на сором,
Не слушая голоса крови родной,
Вы скажете: „Станем к варягам спиной,
Лицом повернемся к обдорам!"»

«Змей Тугарин»[723]

---

722 Церковному импорту посвящена моя книга «Земное в Церкви» (М., 2023).

723 Обдорское княжество — севернохантское политическое объединение в устье реки Оби. Было соседом ненецких племён и Ляпинского княжества. 1364 году боролось против захватов со стороны Новгородской республики и Московского княжества. В 1470-х годах формально признало власть Тюменского ханства. В 1480-х годах Обдорское княжество

Откинуть антизападничество хотя бы в европейской эмиграции в 1928 году призывал поэт Вячеслав Лебедев — ветеран Первой Мировой войны и Деникинской армии:

О, Петр! Ты вновь и вечно прав!
Режь бороды, стругай и крякай!
— Здесь колыбель твоих Полтав,
Здесь опустил ты русский якорь!

И водолазы — уж не мы ли? —
Перед зарею новых дней
Подымут вновь в песке и иле
Концы заржавленных цепей...

Не мы ль — вторичное посольство
Твоей беспомощной земли,
Где позабыть мы не смогли
Стрелецких буйств и своевольства.

И в свете западной зари —
Загробный хохот Бонапарта;
— На ученические парты
Садитесь вновь, за буквари!..

помогало другим Югорским княжествам бороться против посягательств великого княжества Московского. Лишь в 1500 году обдорские князья признали над собой протекторат Московского княжества. Этому факту московская власть придавала большое значение, о чём свидетельствует внесение титула князя Обдорского в перечень титулов великого князя Московского Ивана III. В 1595 году на месте столицы Пулноватвош русские основали Обдорский острог (будущий Обдорск, ныне Салехард). Последняя попытка обдоров сбросить московское господство датируется 1662–1663 годами. У Толстого «обдоры» — обозначение чего-то максимально удаленного, северо-восточного и дикого. Варяги же в этом стихе — синоним западных сил, вошедший в историю Руси.

Грохочут университеты
От гула русских каблуков.
О веснах чешских городов
Поют российские поэты,

Довольно грубой похвальбы!
Довольно азиатской лени!
Не изменить своей судьбы:
Перед Европой — на колени!

Смотри — самозабвенный труд
И героическая скука
Завет свободы берегут
Проблематическому внуку.

И хартий вольностей земных
Торжественную баррикаду
В дни католических святых
Для детского выносят сада.

И приучается играть
В песке республиканских скверов
Иная, радостная рать
Спокойной, мужественной эры.

Перешагни ж за рубежи!
В ветрах свобод — иные цели...
Мы умирать всегда умели,
А надо научиться — жить!..

И возвратившись в оный день
На дикие, родные пашни,
В глуши тамбовских деревень
Поставим Эйфелевы башни.

И запоет с антенных лир,
Над огородами укропа,
Воздушный голос — «Труд и Мир!
Дано: Июнь. Тамбов. Европа».

«Поэма временных лет»

Не вняв ни этим призывам, ни урокам истории, патриарх Кирилл перевернул историю, заявив, что «Петр боролся с западными политическими влияниями, направленными на ослабление России»[724].

Петербургская (!) епархия в 2017 году выпустила циркуляр о том, что церковнослужители при зазывании на крестный ход по Невскому проспекту должны «Указывать на актуальный характер почитания Александра Невского, боровшегося с западноевропейской экспансией»[725].

---

[724] «Слово», 12 сентября 2023 г.

URL: http://www.patriarchia.ru/db/text/6058807.html

И еще: «…для того чтобы никакие влияния интеллектуальные, а лучше сказать, псевдоинтеллектуальные, псевдокультурные, псевдодуховные, не разрушали внутреннюю силу нашего народа, не разрушали его самосознание, Петр сделал новую столицу и столицей Русской Православной Церкви».

Ну чтобы да, так все же нет.

Синод он и в самом деле прописал в Петербурге (хотя первенствующими членами Синода были Рязанский, а потом Новгородский архиерей). И сделано это как раз для того, чтобы по-немецки, по-шведски и по-английски подчинить церковь светской власти.

[725] URL: https://www.fontanka.ru/2017/09/03/036/

Драку русского князя с небольшой группой его коллег и конкурентов возводить до уровня глобальной «западноевропейской экспансии» столь же умно, как высказывания одного пьяного русского блогера публиковать под заголовком «Россия считает».

Люди всегда ненавидят тех, с кем воюют. И неважно — в этом сезоне на тебя напали, или ты напал. А нападают на тех, до кого могут дотянуться. Значит — на соседей (исключение — «народы моря» с кораблями относительно дальнего действия). По итогам этих конфликтов плодятся разные «-фобии».

Но никогда соседские отношения не исчерпываются враждой. Всегда есть трансграничная торговля и коммуникация. И даже пленные женщины приносят свою культуру в дом захватчика. Затрофеенные предметы и оружие порой вызывают восхищение и интерес и порождают вопрос: а нельзя их получить их иным путем, не рискуя жизнью? Обменяв, купив, наладив производство в своем доме?

Так что многовековая западноевропейская экспансия в русскую жизнь действительно была. Ее результаты легко увидеть читателю прямо в своем быту и в жизни, просто подойдя к каждому предмету своего обихода и работы и поинтересовавшись его генезисом.

Посмотрите в свой сад и поинтересуйтесь, когда и откуда были занесены эти растения[726].

---

[726] В строке интернет-поиска достаточно написать название растения и «когда завезена в Россию».

Некоторые результаты: «На стол русских князей и крестьян капустные блюда попали в X веке, спустя три столетия после распространения на Кавказе. Семена привозили из Европы. Впервые в летописях белокочанную упомянули как подарок князя Смоленского епископу в 1150 году».

URL: https://history-doc.ru/istoriya-veshhej/eda/kogda-na-rusi-poyavilas-kapusta

Или: «Первые упоминания о выращивании роз в нашей стране относятся к началу XVI века, периоду царствования Михаила Федоровича. Они были привезены из Германии. Однако, роза оставалась достоянием

Зайдите на кухню и подумайте, почему у вас стоят там стулья, а не скамьи (появление отдельных седалищ — это знак того, что в культуре пошел процесс индивидуализации), почему у вас там не сундуки с посудой, а шкафы и витрины. И вообще откуда там взялись столовые приборы (вилки и ножи).

В 1575 году Даниэль Принц вместе с Иоанном Кобенцелем были отправлены послами от императора Максимилиана II к царю Иоанну Васильевичу. Принц описал кремлевский прием: «Сей обед, продолжавшийся до позднего вечера, был великолепно устроен; только не было тарелок и некоторых других приборов, нами употребляемых, и я с товарищем своим довольствовался одним ножом, который выпросил у некоторого чиновника»[727]. Кобенцель отметил то же самое: «Самым большим недостатком, который проявился за столом, было то, что у нас не было тарелок, салфеток или ножей»[728].

только царского двора. В садах эту культуру стали разводить только со времени правления Петра I при расширении связией России с Западной Европой, обусловили распространение в культуре видов роз европейского ассортимента, в первую очередь R. centifolia и R. Gallica».

URL: https://zstrela.ru/projects/magazine/sections/dekorativnyy-sad/rozy-istoriya-kultury?ysclid=lj5e46lxti940452659

«Наши предки жили без укропа. И только нашествие монголо-татарских орд изменило ситуацию: вместе с рисом (сарацинским пшеном) кочевники привезли в покоренные славянские земли и привычку сдабривать пищу диким укропом. С этого момента укроп прочно занял свое место на русском столе».

URL: https://dzen.ru/a/YT3APZgYxCeCA2MT

[727] Принц Д. Начало и возвышение Московии. — М., 1877. С. 55.

[728] «Der grösst Mangel, so bey der Tafel erschinen, ist dieser gewest, das wir weder Teller, Servetlein noch Messer zu Tisch gehabt» (Herrn Hanss Kobenzels von Prosseg Teutschordens-Ritters und Herrn Daniel Prinzens allerunderthenigste Relation uber ihre getragene Legation bey dem Grossfürsten in der Mosca, mit Beylagen ab A usque Z inclusive, sambt Et und 9, anno 1576. P. 38). В русском переводе (Письмо Иоанна Кобенцеля о России XVI века (Журнал Министерства народного просвещения 9, 1842, стр. 127–153) этот фрагмент опущен.

Зайдите в ванную комнату и на досуге поинтересуйтесь историей ватерклозета. А проветривая потом помещение, поинтересуйтесь происхождением форточки (буква «ф» в названии сего предмета подсказывает, что слово это пришло из другого языка[729]).

Садясь в машину или поезд, вспомните, как в 1773-м Екатерина II направила запрос вице-президенту Адмиралтейств-коллегии графу И. Г. Чернышеву «О махине в Англии выдуманной, которой огнем вода выливается из док и канал»[730]. Летом 1774 г. из Шотландии в Кронштадт была отправлена так называемая «огневая машина» — ранняя модель парового двигателя, новое чудо, сотворенное английским техническим гением… Приехавшие английские инженеры ее наладили, и 6 июня 1777 г. состоялся первый пробный пуск машины, оказавшийся удачным.

А какое русские изобретение значимо для жизни Англии?

Пропаганда истерично настаивает на том, что народы Восточной Европы, освобожденные от фашизма, и почти столетие спустя должны быть благодарны Сталину, его армии и их наследникам. Что ж, благодарность — это доброе и желательное чувство. Но почему же сами пропагандисты не подают тому пример?

Тех, кто помог нашему избавлению от варварства, можно было бы поминать благодарным словом, а не кричать: «Вы нас ненавидете!»

---

[729] Тут очевидна польская fortka, «дверка», родитель которой — немецкое слово die Pforte, «ворота», а дедушка — латинское porta (дверь).

[730] Веселаго Ф. Материалы для истории русского флота. Т. 12. — СПб, 1888. С. 144.

«За нее требуется 15 000 р. И ее употребление поспешнее всех других мельниц для выливания воды и на ней исходит не более 180 сажен дров в год». Она была нужна для строительства сухого дока и работала на привозном английском угле.

См.: https://www.vostlit.info/Texts/Dokumenty/Russ/XVIII/1760-1780/Cernysev_G_I/perepiska_watt_bolton_1777_1778.htm?ysclid=lju8llkops326395202

Глава 52

«Болгарская неблагодарность»

«Болгарию освободила Россия — не Польша, не Литва, не другие страны, а Россия. И хочу откровенно сказать, что для меня трудно было слышать ссылки на участие иных стран в освобождении Болгарии. Ни польский сейм, ни литовский сейм не принимали решения о начале войны с османской Турцией. Мы — за историческую правду, ее мы завоевали своей кровью, и не может быть никаких политических и прагматических причин, по которым сегодня эту правду следует замалчивать или ложно интерпретировать».

Так отстаивал «историческую правду» русский патриарх Кирилл в Софии в марте 2018 года[731].

Его пресс-служба пояснила, что эти слова были сказаны «В связи с тем, что накануне во время торжественной церемонии на площади Национального Собрания напротив памятника Царю Освободителю — императору Александру Николаевичу — прозвучали слова признательности за освобождение болгарского народа не единой русской армии, а отдельным странам, народы

[731] URL: http://www.patriarchia.ru/db/text/5156688.html

которых входили в то время в Российскую империю, в частности, Польше и Литве»[732].

Возмутившие патриарха слова сказал президент Болгарии Румен Радев:

> *«Това е споменът за братския порив на руското общество, който доказа, че православните българи не са сами. Него ние няма да забравим. Не ще забравим и словата в манифеста на император Александър II, който обявява война на Османската империя, защото „това налага чувството за справедливост и собственото наше достойнство". „Народът сам се вдигна на война, воглаве с Царя", пише в дневника си Достоевски, „а хората четяха манифеста и се кръстеха". Тези сцени, тези чувства са дълбоки и неподвластни на користни политически интерпретации. По бранните полета на Руско-турската освободителна война загинаха воини от много народи: руснаци, румънци, финландци, украинци, белоруси, поляци, литовци, сърби и черногорци. За всички тях България е последен дом, тях ние почитаме като свои герои»*[733].

«Это память о братском порыве русского общества, который доказал, что православные болгары не одиноки. Мы его не забудем. Мы не забудем слова из манифеста императора Александра II, объявляющего войну Османской империи, о том, что „того требуют и чувство справедливости, и чувство собственного Нашего достоинства". „Сам народ поднялся на войну во главе с царем, — писал Достоевский в своем дневнике, — люди читали манифест и крестились". Эти сцены, эти чувства глубоки и непоколебимы корыстным политическим интерпретациям. На полях

---

[732] Там же.

[733] URL: https://www.president.bg/speeches-and-statements4285/slovo-na-prezidenta-rumen-radev-po-povod-natsionalniya-praznik-na-balgariya-treti-mart.html

сражений русско-турецкой освободительной войны погибли воины многих народов: русские, румыны, финляндцы, украинцы, белорусы, поляки, литовцы, сербы и черногорцы. Для всех них Болгария — последний дом, и их мы чтим как своих героев».

Нормальные слова. Зачем было обрушиваться с критикой? Президент говорил не о странах, а о народах.

Да, армия Империи была многонациональной, и в ней было немало поляков и прибалтов.

Да, для Болгарии принципиально важно сказать добрые слова сербам и румынам, с которыми она потом не раз воевала за коррекцию своих границ.

Это же какой силы должен быть внутренний настрой патриарха на оскорбленность по любому поводу, чтобы так себя вести! Сердиться Святейший продолжал и в аэропорту.

> *«Уже в аэропорту предстоятель РПЦ высказал журналистам уверенность, что такой политический контекст скоро уйдет: „Оказывается, лейб-гвардии финляндский полк принимал участие в освободительной борьбе! Но это был полк российской гвардии, расквартированный в Финляндии. Точно так же и полки, расквартированные в Польше. В истории Польши и Финляндии нет этой страницы"»*[734].

Вообще-то именно в Финляндии этот полк никогда не квартировал. Напротив, в Петербурге его казармы дали название Финляндскому переулку.

> *«Свое название полк получил благодаря первому набору, который состоял из крестьян-финнов»*[735].

---

[734] URL: https://www.kp.ru/daily/26802.7/3837236/

[735] Вострецов С. Лейб-гвардии Финляндский полк: храбрые «финны» на службе Российской империи.
URL: https://topwar.ru/35181-leyb-gvardii-finlyandskiy-polk-hrabrye-finny-na-sluzhbe-rossiyskoy-imperii.html.

В нем могли служить этнические шведы, связанные с Финляндией.

Приказ от 5 января 1880 года упоминает рядового Якова Перебенуса[736]. При осаде Плевны погиб «полковник Яльмар Прокопе, офицер блестящих способностей, общий любимец полка»[737]. Вряд ли это были великороссы.

Был и отдельный и именно этнически — финский батальон:

«История Финляндских частей в армии Российской Империи начинается 19.08.1812, когда по указу Александра I были сформированы из жителей Финляндии три двухбатальонных егерских полка по 1 200 человек... В соответствии с законами Финляндии эти войска могли использоваться только на ее территории. Исключение составлял гвардейский батальон. Во время русско-турецкой войны 1877–1878 годов гвардейский батальон также принял участие в боевых действиях. 24 августа финские стрелки выступили из Гельсингфорса в поход. 12 октября они участвовали при штурме позиции при Горном Дубняке, 20 октября батальон занял Дольний Дубняк, а 10–11 ноября сражался с турками за Правецкую укрепленную позицию. С 17 по 21 ноября участвовал при занятии Враченского перевала через Балканы. 19 декабря батальон сражался с турками при деревне Ташиксен. 21 декабря последовали сражения при Враче и на реке Искер, и уже 23 декабря батальон вошел вместе с остальными российскими войсками в освобожденную от неприятеля Софию. Последнее сражение в этой войне, в котором участвовал батальон, состоялось 3 января 1878 года под Кадыкией. Командир батальона полковник Георг Эдвард Рамзей, награжденный золотой саблей, становится впоследствии командиром Семеновского полка. Война за осво-

[736] История лейб-гвардии Финляндского полка. Ч. 3. — СПб, 1906. С. 149.
[737] Там же. С. 254.

бождение христиан была популярна в Финляндии, как и во всей Империи, и у финнов есть песня о героях той войны. Русско-турецкая война 1877–1878 годов стала последней войной, где сражался батальон»[738].

Это 3-й Лейб-гвардии стрелковый Финский батальон[739].

Им командовал Виктор Борисович Прокопе (фин. Victor Napoleon Procope). В зените карьеры он станет генералом от инфантерии, Вазазским и Нюландским губернатором, членом Финляндского сената, товарищем министра-статс-секретаря Великого княжества Финляндского. А в той войне он был назначен командиром лейб-гвардии 3-го Финского стрелкового батальона. В трёхдневном бою под Филиппополем (ныне Пловдив) Прокопе заслужил орден св. Владимира 4-й степени и золотую саблю с надписью «За храбрость».

Его брат Герман Бернтович (Борисович) Прокопе (фин. Herman Oskar Procopé, 1841–1905) также за отличие в бою под Филиппополем был награждён золотой саблей с надписью «За храбрость». Позже он станет генералом от инфантерии, начальником 8-й пехотной дивизии.

И еще два имени:

Казимир (Йохан-Казимир) Густавович Эрнрот (1833–1913) родился в 1833 году в имении Сееста в Финляндии, происходил из дворянского рода шведского происхождения, начальное образование получил в Финляндском кадетском корпусе. В качестве командира 11-й пехотной дивизии (назначен в 1876 г.) принимал участие в русско-турецкой войне 1877–1878 гг., 22 октября 1877 г. произведён в генерал-лейтенанты. После войны был временно уволен из рядов русской армии и тем же чином перешёл на болгарскую службу. В 1880 г. Эрнрот был назначен военным ми-

---

738 Андрей Пюккенен. Финляндские войска Его Величества. URL: http://zelenogorsk.spb.ru/history/templ.php?page=fintroops&lang=ru

739 URL: http://ria1914.info/index.php?title=Лейб-гвардии_3-й_стрелковый_Финский_батальон

нистром Болгарии. С 9 мая по 13 июля 1881 г. исполнял обязанности министра-председателя (премьер-министра) и министра иностранных дел Болгарии. В 1882 г. оставил болгарскую службу и вернулся в Россию, где был назначен заместителем статс-секретаря великого княжества Финляндского, с 1888 г. — государственный секретарь по делам Финляндии. В 1891 г. вышел в отставку и поселился под Хельсинки.

Александр Федорович Редигер (31 декабря 1853 г. Новгород — 26 января 1920 г. Севастополь), происходил из дворян Великого княжества Финляндского немецкого происхождения. Участник русско-турецкой войны 1877–1878 гг. В 1883 году занимал должность товарища военного министра Болгарии, управляющего делами Военного министерства Болгарии в чине полковника болгарской армии. С июня 1905 по март 1909 являлся военным министром России.

Как и следовало ожидать, президент Болгарии лучше знает историю своей страны, чем его святейший гость.

Но и этого мало. Патриарх тут же по сути обозвал болгар нацией недоумков:

> *«В советское время болгарские товарищи считались самыми плохими ораторами, которые вообще не умели говорить без бумажки»*[740].

На следующий день за хамский демарш патриарха впряглись государственные теле-Вести. Причем соврав, будто президентом Болгарии «Россия была упомянута после Польши, Литвы и Финляндии».

И собственное патриаршее министерство церковной пропаганды устами Александра Щипкова пояснило:

> *«Я горжусь русским Патриархом. Прямо всему миру он заявил о предательстве болгарской элитой нашей общей истории. Русские освободили Болгарию от турок. Болгария*

[740] URL: https://www.kp.ru/daily/26802.7/3837236/

предала нас дважды: в 1941-ом и в 1991-ом годах. „Болгарию освободила Россия. Не Польша, не Литва, не другие страны — Россия", — сказал Патриарх в лицо растерянному президенту Болгарии Румену Радеву[741]. Патриарх говорил твёрдо и уверенно. Говорил с позиции правды и силы. Поступок Святейшего Патриарха Московского и всея Руси у русского человека вызывает прилив гордости за своё Отечество. Это открытый бой. Патриарх молча[742] делает свое дело, он плывёт как ледокол, раздвигая время истории»[743].

Ледокол во льдах, слон в посудной лавке, асфальтоукладчик на проселочной дороге… Образы могут быть разными. Но факт очевиден: понтифик по имени Кирилл скорее разрушает мосты, чем их строит. И явно не без памятования о той интеревенции патр. Кирилла болгарский патриарх Неофит в своем слове на Богоявление 6 января 2024 г. употребил выражение «Унищожителната война против братска Украйна»[744] (разрушительная война против братской Украины). Вряд ли эти слова он отнес к «киевскому режиму».

Слова же моспатриархийного чиновника про то, что «Болгария предала нас дважды: в 1941-ом и в 1991-ом годах» стоят отдельного разговора.

Совсем непонятно, что могли сделать болгары в 1991-м для предотвращения развала СССР.

---

741 Патриарх спутал понятия «страна» и «народ». Президент Болгарии говорил о тех народах, чьи сыны дрались за свободу Болгарии, а не странах. А еще патриарх забыл, что была именно страна, которая в той войне предоставила свою армию русскому царю: Румыния.

742 Почему «молча»? И тогда в Болгарии он много раз брал слово и именно словами вызвал скандал. И потом он говорил почти ежедневно.

743 URL: https://m.facebook.com/story.php?story_fbid=137201913768415&id=100024358211937 и https://radonezh.ru/comment/117959

744 URL: https://bg-patriarshia.bg/news/patriarshesko-blagoslovenie-za-velikia-bogoyavlenski-vodosve

Да, в Мировых войнах Болгария была официальным союзником Германии. Но не потому, что болгарскому царю были симпатичны идеи нацизма или ненавистен «русский мир». Просто по окончании русско-турецких войн Болгария очень хотела получить 1) выход к Эгейскому морю и 2) контроль над Македонией (то есть охватить Стамбул и его окрестности со всех сторон европейского континента).

Смешанное население Македонии и историческая память в равной степени позволяла считать эти земли своими не только болгарам, но и грекам, и сербам, и даже влахам.

Турецкая администрация не признавала этнического разделения своих граждан, учитывая лишь религиозный принцип самидентификации. Поэтому в глазах Империи греки, болгары и сербы были единым православным суперэтносом.

Но сами эти народы ощущали свою различность и не соглашались на ту нивелировку, которую устанавливало для них государство. Ни греки, ни болгары, ни сербы не желали терять собственной национальной идентичности.

Если вспомнить, что дотурецкая история Балкан знала болгаро-византийские войны, то естественно было бы предположить, что в турецкой империи болгары будут ощущать себя ближе к славянам-сербам, нежели к грекам (своим былым поработителям и врагам). Но источники XV—XVI веков показывают обратную картину. Оказалось, что между болгарами и сербами этнические напряжения возникали чаще, чем между болгарами и греками.

По выводу историка, отсутствие напряженности между греками и болгарами в этот период связано с тем, «что различия между этими двумя народами, закрепленные прежде всего в языке и традиционной культуре, были настолько ярко выражены, что не создавали в сознании и подсознании населения напряженности, нацеленной на защиту внешних признаков своей этнокультурной общности. В этом отношении показательна реакция населения Фракии и Македонии в сравнении с реакцией, последовавшей за ликвидацией этнополитической границы на западе болгарских земель, где в условиях беспрепятственного контакта оказались поставлены болгары и сербы — два народа, лишь незначительно отличающиеся языком, происхождением и культурой. Здесь возникла реальная угроза начала ассимиляционных процессов и, как следствие, практически мгновенная и, безусловно, спонтанная реакция населения в виде культивирования им различных внешних приемов этноразграничительной практики. Выражалось это, в частности, в том, что в деревнях представители обеих общин проявляли, по наблюдениям путешественников, особое внимание к присутствию национальных элементов во внешнем убранстве костюмов, украшений и т. п. Это позволяло иностранцам, проезжавшим район между Белградом и Софией на удивление единодушно фиксировать официально несуществующую границу между болгарскими и сербскими землями»[745].

Соответственно, болгары очень не любили своих православных соседей — сербов и греков (те отвечали им взаимностью). На рубеже столетий тут шла война школ и попов: кто сможет открыть свои приходы и классы для объяснений македонцам их болгарской или сербской идентичности[746]. Увы, это не была просто конкуренция слов и концепций. Если сначала деятельность различных национальных пропаганд на территории Македонии носила относительно мирный характер, то под конец ситуация усугубилась настолько, что четниками и различными националистическими бандами начал проводиться настоящий

---

[745] Макарова И. Ф. Болгары и греки в Османской империи: опыт межэтнического общения в XV—XVI вв. // Славяне и их соседи. Вып. 6. Греческий и славянский мир в средние века и раннее новое время. — М., 1996. С. 154–155.

[746] Накануне Балканских войн в Македонии и Адрианопольском вилайете насчитывалось 1373 болгарских школы. Болгарская экзархия располагала 1 180 церквями и имела 7 епархий в Македонии. (Исаева О. Н. Исторические перипетии формирования македонской нации // Новая и новейшая история. Выпуск 20. — Саратов, 2002. С. 166).

кровавый террор по отношению к местному населению — так что «число убитых и раненых исчислялось многими сотнями, а население под угрозой террора было вынуждено объявлять себя то греками, то болгарами, то сербами, то влахами в зависимости от господства в районе той или иной банды»[747].

Но несколько раз это культурное состязание переходило в открытые войны.

В этих войнах Российская империя не встала плечом к плечу с Болгарским царством. Она сделала выбор в пользу своих интересов: Константинополь должен быть нашим, а не болгарским или греческим. Пусть лучше он временно останется в руках слабеющей Османской империи, чем перейдет в руки к новому царству. А если это царство будет православным — России будет трудно обосновать борьбу с ним за Проливы. «Причины неудач балканской политики Петербурга были многообразны, но определяющей стала противоречивость цели, диктовавшая двойственность позиции. Для России, с одной стороны, усилие балканских государств являлось желательным, а с другой — ослабление Османской империи оказывалось приемлемым лишь до известной степени»[748].

И поддерживал Петербург становление независимых от Порты балканских государств не ради их собственного блага, и не ради торжества православия или «славянского братства», а для того, чтобы ослаблять позиции Турции и Австрии в этом регионе, и тем самым укреплять свои собственные. На пути к русскому, а вовсе не греческому или болгарскому Царьграду[749]. Как в письме от 6 (18) января 1878 года признавал Эдуард Иванович Тотлебен, главнокомандующий Русской армией в Русско-Турецкой войне 1877–1878 годов:

---

[747] Исаева О. Н. «Македонская смута»: взгляд русских консулов // Славянский сборник. Выпуск 6. — Саратов, 2003. С. 101–118.

[748] Рыбаченок И. С. Закат великой державы. Внешняя политика России на рубеже XIX—XX вв.: цели, задачи и методы. — М., 2012. С. 234.

[749] Свидетельства русских дипломатов и генералов об этом см. в: Полетика Н. П. Сараевское убийство. — Л., 1930. С. 46–49.

«Мы вовлечены в войну мечтаниями наших панславистов и интригами англичан. Освобождение христиан из-под ига ислама — химера. Болгары живут здесь зажиточнее и счастливее, чем русские крестьяне; их задушевное желание — чтобы их освободители по возможности скорее покинули страну. Они платят турецкому правительству незначительную подать, несоразмерную с их доходами, и совершенно освобождены от воинской повинности. Турки вовсе не так дурны, как об этом умышленно прокричали: они народ честный, умеренный и трудолюбивый»[750].

Все обвинители болгар в «предательстве» и «неблагодарности» забывают, что 1) Россия вполне диктаторски пробовала управлять освобожденной Болгарией и 2) Российская империя сдерживала болгар в конце XIX — начале XX века в вопросе об определении их государственных границ.

В Сербско-болгарской войне 1885 года Россия даже отозвала русских офицеров, служивших в болгарской армии. В результате болгарская армия не имела офицеров выше чина капитана, и за войной закрепилось название «Война капитанов против генералов». В 1885 году «в Петербурге не желали воссоединения болгар под управлением князя Александра Баттенбергского, явно ориентировавшегося на Австро-Венгрию и поддерживаемого Англией. Поэтому российское правительство официально предупредило Порту о недопустимости репрессивных мер, но втайне надеялось, что султан все же введет войска в Румелию и низложит князя»[751].

6 ноября 1886 года дипломатические отношения между Россией и Болгарией были разорваны; посольство и консульство России были эвакуированы. Россия (как и Турция) не признала Фердинанда I Саксен-Кобург-Готского царем Болгарским, назвав его «похитителем власти».

---

[750] Русская Старина. 1886, ноябрь. С. 468.

[751] Кондратенко В. П. Морская политика России 80-х годов XIX века. — СПб, 2006. URL: https://history.wikireading.ru/366954

...Болгарское правительство остановило строительство храма на Шипке в память погибших защитников перевала. «Местные крестьяне должны были быть довольны: по какой-то странной логике именно в этом селе было немало тех, кто боялся русского нашествия и видел в строительстве русской церкви первый шаг подготовки к нему. С другой стороны, община намеревалась погреть руки на строительстве и ввела особый сбор по грошу с каждого воза, привозимого в село на продажу, а также начала торговать на откуп этим правом. Теперь с этими доходами пришлось расстаться»...[752]

В Первой Балканской войне Россия опасалась как поражения славянского союза, так и его решительной победы. Рейхсштадтская конвенция 1876 года между императором Александром II с австрийским императором Францем Иосифом блокировала создание общеславянского государства на Балканах.

Интересы России сосредоточились вокруг вопроса о судьбе Босфора и Дарданелл. 2 ноября 1912 года министр иностранных дел России С. Д. Сазонов сообщил болгарскому посланнику Бопчеву, что Россия не позволит Болгарии захватить Константинополь. Более того — Россия заявила Антанте, что если болгарская армия возьмет Константинополь, это принудит Россию выслать в турецкую столицу весь свой Черноморский флот для недопуска болгар в Стамбул[753].

«Сазонов сделал все возможное, чтобы остановить Болгарию... Он писал царю: „Наша воинская часть может способствовать предотвращению беспорядков во время отступления через Константинополь турецкой армии и в то же время служить нравственным средством давления при

---

[752] Айрапетов О. История внешней политики Российской Империи. Т. 3. 1855–1894. — М., 2018. С. 629.

[753] См.: Славенко Терзич. Россия и первая Балканская война. // Слово.ру: Балтийский акцент, 2014. Том 5. № 3–4. С. 100 и 101.

определении черты между Турцией и Болгарией в желательном для нас смысле"»[754].

Во Второй Балканской войне Россия была на стороне Сербии и, значит, против Болгарии.

При этом весь XIX век Сербия вовсе не была любимицей российской политики. Лишь в 1867 году она стала более-менее свободной — когда из Сербии ушли турецкие гарнизоны. И это было одним из результатов разгрома Австрии Пруссией в 1866-м. Только тогда Россия объявила Сербию зоной своих интересов. Но через 10 лет переключилась на более близкую Болгарию. Чтобы потому эту самую Болгарию сдерживать.

Как результат — «Наибольшее озлобление против России царило среди членов Внутренней Македонско-Одринской Революционной Организации, никак не видевшей будущее Македонии в составе Сербского королевства. Российская агентура следила за планами этих горячих голов. 10 сентября 1913 г. ее заведующий отправил в Петербург сообщение, где говорилось, что „в августе сего года в с. Княжеве (в 9 километрах от Софии) состоялось тайное собрание македонского революционного комитета, где „все ораторы осудили русскую политику" в отношении Болгарии». «Некоторые из главарей высказались за необходимость отмстить России за ее политику и настаивали на убийстве русского посланника в Сербии Гартвига и его жены, а также за отправление в Россию террористов для убийства министра иностранных дел Сазонова. Они считали, что Россия, покровительствуя Сербии и Греции, сподвигнув Румынию, привела Болгарию к разорению. „Если Россия в ближайшем будущем не изменит своей болгарофобской политике, следует в Болгарии уничтожить навсегда всякую память о России…"» Газета «Народни права» подытожила результаты конфликта 1913 г.:

[754] Кострикова Е. Г. Первая балканская война и российское общество // Вестник РУДН. Серия «История России», 2009. № 4. С. 106.

«Поведение русского правительства в болгаро-сербском споре отняло у всего болгарского общества, в том числе у самых безоглядных русофилов, любую веру в справедливость с ее стороны по отношению к Болгарии...» Русскому болгарофильству также пришел конец. И уже через год Л. Андреев назовет болгар «торгующими во храме», а еще через год Николай II будет вынужден объявить войну Болгарии»[755].

Кроме того, Российская империя сама заложила одну из балканских бомб, когда после русско-турецкой войны 1877–1878 годов совершила свое последнее европейское приращение.

В той войне Румыния была союзником России. Но по итогам войны Россия откусывает у Румынии кусок ее территории — Бессарабию и Буджак (Южную Бессарабию).

Эту аннексию надо было чем-то компенсировать союзнику. Но Румыния со всех других сторон граничит с Австро-Венгрией, от которой пока ничего откусить не получается. Остается лишь передвинуть бывшую административную болгаро-румынскую границу (она была административной, пока все эти земли были в составе Османской империи). Петербург предлагает в качестве компенсации включить в состав Румынии Северную Добруджу (земли между Дунаем и Черным морем). Надо отметить, что первоначально румынские власти и общественность негативно восприняли это предложение. Добруджа никогда не входила в состав Дунайских княжеств Молдавии и Валахии. Румыны понимали, что Добруджа, населенная преимущественно болгарами, турками и татарами, станет в будущем ареной конфликтов между Болгарией и Румынией. Так оно и произошло. И Добруджа в новым «яблоком раздора» на Балканах.

---

[755] Гусев Н. С. Русские и болгары после Балканских войн: взаимное разочарование // Славянский альманах 2014. [Вып. 1–2]. — М., 2014. С. 126–127, 129, 131).

Подробнее в: Гусев Н. С. Болгария, Сербия и русское общество во время Балканских войн 1912–1913 гг. — М., 2020.

Бухарестский мирный договор 1913 г., завершивший «межсоюзничсекую войну», вдобавок к Северной, передавал Румынии и Южную Добруджу[756].

Болгария объявила войну Сербии 14 октября 1915 года[757].

Манифест царя Фердинанда это объяснял так:

«Наши сербские союзники были тогда главной причиной, по которой мы потеряли Македонию. Измученные и усталые, но не побежденные, мы должны были спустить наши флаги в ожидании лучших дней. Хорошие дни наступили гораздо раньше, чем мы могли ожидать. Европейская война подходит к концу. Победоносные армии Центральных держав находятся в Сербии и быстро продвигаются вперед. Я призываю болгарский вооруженный народ встать на защиту своей Родины, оскорбленной вероломным соседом, и освободить наших порабощенных братьев от сербского ига. Наше дело правое и святое. Пусть болгарский солдат летит от победы к победе! Вперед! Боже, благослови наше оружие! София, 1 октября 1915 г.»

В ответ Россия объявила войну Болгарии. Царский манифест от 5 октября (18 октября) 1915 года гласил:

«Коварно подготовляемая с самого начала войны и всё же казавшаяся невозможною измена Болгарии славянскому делу свершилась: болгарские войска напали на истекающую кровью в борьбе с сильнейшим врагом верную союзницу Нашу Сербию. Россия и союзные Нам великие державы предостерегали правительство Фердинанда Кобургского

---

756 В 1910 г. в Южной Добрудже проживали 282 007 человек. Из них 47,6% — болгар, 37,8% — турок, 2,3% — румын (Международни актове и договори, засягащи България. — София, 1940. С. 225).

757 А 8 окт ст. 1915 «Государь Император Высочайше повелеть соизволил воспретить всем чинам Русской Армии ношение болгарских орденов и знаков отличия».

от этого рокового шага. Исполнение давних стремлений болгарского народа – присоединение Македонии – было обеспечено Болгарии иным, согласным с интересами славянства, путём. Но внушенные германцами тайные корыстные расчёты и братоубийственная вражда к сербам превозмогли. Единоверная нам Болгария, недавно ещё освобождённая от турецкого рабства братскою любовью и кровью русского народа, открыто стала на сторону врагов Христовой веры, славянства, России. С горечью встретит русский народ предательство столь близкой ему до последних дней Болгарии и с тяжким сердцем обнажает против неё меч, предоставляя судьбу изменников славянства справедливой каре Божией»[758].

27 августа 1916 румынский король Фердинанд сказал своему Коронному совету: «Теперь, когда я победил в себе Гогенцоллерна, я не боюсь ничего». Королевским манифестом Румыния объявила Австро-Венгрии войну:

«Присоединившись в 1883 году к группе центральных держав, Румыния далека от мысли о забвении уз крови, связующих ее население с населением королевства (т. е. Венгрии), усматривая в дружелюбных отношениях с Австрией драгоценный залог своего внутреннего состояния, а также улучшения участи румын в Австро-Венгрии. Германия и Италия, основавшие свой государственный организм на основе национального принципа, не могли не признать законность основания, на котором покоилось их существование. Австро-Венгрия не могла не знать, какой отзвук недовольство румынского населения находило у нас, угрожая каждый раз нарушением добрососедских отношений между обоими

---

[758] Авербах О. И. Законодательные Акты, вызванные войною 1914–1916 гг.: Законы, Манифесты, Рескрипты, Указы, Положенія Совѣта Министровъ, Военнаго и Адмиралтейств Советов. Распоряжения и Постановления Министров и др. Т. III. — Пг., 1916. С. 78.

государствами. Надежда, которую мы возлагали на наше присоединение к тройственному союзу, не оправдалась. В течение более 30 лет румыны в монархии не только ни разу не видели реформ, способных дать им хотя бы подобие удовлетворения их национальных устремлений, а, напротив, с ними обращались как с низшей расой, осужденной на угнетение, как с угнетенным элементом, образующим меньшинство среди разных национальностей, составляющих население Австрии... Солдаты, я призвал вас пронести ваши знамена через границы, туда, где с нетерпением ожидают вас ваши братья, чьи сердца полны надежды. Тени великих воевод, Михая Храброго и Стефана Великого, чьи бренные останки покоятся в землях, которые вы будете освобождать, поведут вас к победе, как достойных наследников тех солдат, которые были победителями под Расбоень, Калугарень и под Плевной».

В России это было воспринято так:

«Отрадно и утешительно выступление Румынии вместе с державами согласия в защиту правды и прав человечества на свободное культурное развитие»[759].

Не прошло и двух дней, как Германия, Турция и Болгария объявили войну Бухаресту…Перед отъездом германский посол в Румынии принц Адольф Шомбург-Липпе заявил, что если даже в его стране поймут, что война проиграна и что в распоряжении командования осталось всего 500 000 чел., то, прежде чем капитулировать, их пришлют в Румынию для того, чтобы преподать ей урок за коварство[760].

Манифест болгарского царя призывал болгарских солдат освободить соотечественников в Добрудже — «очаге первого Нашего Царства».

---

[759] Проповедь архиеп. Рижского Иоанна 17 августа 1916 // Рижские епархиальные ведомости. 1916. № 9 (сент). С. 254.

[760] URL: https://regnum.ru/article/2997337

Так из-за проблемы Добруджи, которую российская дипломатия отторгла от массива болгарского народа, в Первую войну были реальные бои между болгарами и русскими.

Болгария России войну так и не объявила.

Но настроения перестали быть «братскими». 1 апреля 1916 года Болгария перешла на новый календарный стиль, и в России это было воспринято как предательство[761].

Российская пресса ожидала, что при встрече русских солдат с болгарскими начнутся братания. Румыны тоже надеялись на православную солидарность и утешали себя напоминаниями о том, что в недавней Второй балканской войне обессиленные болгары не открывали огня по вторгшимся румынским войскам. Так что румынский план Z не предполагал атаки с болгарской стороны.

Но настроения в Болгарии, пролившей уже немало крови за свою Македонию, оказались другими. Поэт Любомир Бобевский стихотворением «Детоубийцы», обратился к русским, готовым умертвить свое дитя — созданную ими Болгарию. «Не братья мы — враги мы, каждый будет биться с иудами, как вы».

Классик болгарской поэзии Иван Вазов написал «Русским воинам». В нём поэт недоумевает, каким образом на балканской земле русские воины оказались в качестве незваных и не дорогих сердцу гостей. Он пишет, что болгары готовы были встретить их с букетами цветов и со слезами радости на глазах, но те пришли взвинченные, с озлобленными лицами. И. Вазов поражается тому, что, свергнув одно ненавистное для болгар иго, русские несут им теперь иго новое. По его словам, у болгар нет чувства ненависти к России — любовь к русским ещё не угасла. Но во сто крат сильнее у болгар любовь к своей свободе, и за неё они

---

[761] Гусев Н. С. Россия и Болгария в 1913–1918 гг. // Россия в системе международных отношений накануне и в годы Первой мировой войны. Т. 1. — М., 2020. С. 250.

будут сражаться не только с врагами, но и с кумирами. И такой же свободы поэт желает и русским воинам[762].

После стабилизации фронта близ российской границы были даже братания (на православное Рождество 1917 года). Но поначалу бои были жесткими. 6 сентября 1916 года 61-я русская дивизия атаковала Добрич. Ей была придана Сербскохорватская добровольческая (что, понятно, дополнительно озлобило болгар). Оборонялись болгарские Приморский и Варненский полки, а также 75-й турецкий полк.

Русские отступили, а их резерв принял их за болгар и встретил стрельбой. В тот день погибло 14 болгарских офицеров и около 650 болгарских солдат. Потери русских были тоже велики. Только в серединной части поля боя было погребено 600 русских солдат[763].

В годы Первой мировой войны обе части Добруджи были заняты болгарскими войсками и до конца войны оставались в пределах Болгарии. После подписания Брестского мира Румыния вынуждена была капитулировать перед Центральными Державами и подписать 7 мая 1918 года Бухарестский мир возвращал Южную Добруджу Болгарии, а северная Добруджа становилась кондоминиумом (совместное правление держав коалиции, а практически германское).

Но 29 сентября Болгария вышла из войны. Сербо-англо-французские войска вышли к границам Румынии. 9 ноября войска Антанты начали переправу через Дунай. 10 ноября румынское правительство срочно объявило войну Германии. 11 ноября было заключено Компьенское перемирие. Так что румыно-германская война не продлилась и одного дня.

Нейиский мирный договор 1919 г. вновь передал Добруджу Румынии.

---

[762] Калиганов И. Сквозь прорезь оружейных прицелов: болгары против русских в Добрудже в 1916 г. // Славянский мир в третьем тысячелетии. К 1150-летию славянской письменности. Кн. I. — М., 2013. С. 327.

[763] Там же. С. 318–319.

Поскольку Добруджа была отторгнута у Болгарии не в результате победоносной войны со стороны Румынии, а в силу несправедливого в глазах каждого болгарина договора, это питало реваншистский ресентимент.

Разгром стран Антанты весной 1940 года обнулил обязательства Софии перед нею. Лето 1940 года показало, что Румыния уступает давлению (СССР отобрал назад Бессарабию и явно на этом не собирался останавливаться[764]). После этого было понятно, что Советский Союз теряет Румынию как возможного союзника. Но зато перед Москвой открывалась перспектива приобрести союзника чуть дальше — в лице Софии. Летом 1940 г. СССР неоднократно и открыто заявлял о своей готовности поддержать требования Болгарии по поводу Южной Добруджи. Более того — в Москве болгарскому военному атташе внушалось даже, что Болгарии следует подумать не только о Южной, но и о Северной Добрудже с тем, чтобы страна могла выйти в район дельты Дуная и установить соседство с СССР. О своих планах добиться согласия Гитлера на размещение в Болгарии своих военных баз и взятия под контроль всей расширившейся Болгарии, Кремль молчал.

По инициативе Гитлера 2-й Венский арбитраж в августе 1940 г. отнял Северную Трансильванию у Румынии и передал Венгрии. В вопросе о Добрудже у Берлина был лишь один интерес: не допустить, чтобы этот подарок Болгария получила из советских рук.

7 сентября в румынском замке Крайова под давлением Германии подписывается договор о передаче Южной Добруджи

---

[764] Уже в ноябре 1940 года Молотов пенял Гитлеру: «…здесь советское правительство выразило свое неудовольствие тем, что без консультации с ним Германия и Италия гарантировали неприкосновенность румынской территории» (Беседа Председателя Совета Народных Комиссаров СССР, народного комиссара иностранных дел СССР В. М. Молотова с рейхсканцлером Германии А. Гитлером 12 ноября 1940 г. // Документы внешней политики. Т. 23. Кн.1. — М., 1998. С. 67).

Болгарии[765]. И это — один из немногих предвоенных договоров о границе, что действуют до сих пор. Огромная часть болгарского населения была убеждена, что Добруджу удалось вернуть только благодаря помощи Рейха. Улицы в Софии были переименованы в честь Гитлера и Муссолини…

Весной 1941 года Болгария пропустила немецкие войска, которые следовали для оккупации Греции и Югославии.

Болгарская армия не принимала участия в боевых действиях, но после завершения балканской операции вермахта Болгария ввела 19–20 апреля 1941 г. свои войска в принадлежавшие Югославии и Греции районы Македонии, Западной Фракии и так называемые Западные территории.

В этих районах была образована временная болгарская администрация. Вместе с Южной Добруджей территория Болгарии увеличилась на 50%, а население — на треть. Борис III получил прозвище «царь-Объединитель». Казалось, ему удалось достичь национальных целей: менее, чем за год, без единой капли пролитой в боях болгарской крови была осуществлена мечта болгарского народа о возвращении территорий, отторгнутых по условиям Нейиского договора 1919 года.

Увы, далее Болгария организовала вывоз продовольствия из оккупированных ею Македонии и Фракии — и в остальной Греции начался Μεγάλος Λιμός, Великий Голод, убивший в 1941–42 годах 300 000 человек…[766]

Как в Первую Мировую, так и теперь Болгария не объявляла войну России (СССР) (как Англия не объявляла войну Финляндии, воюющей против СССР, а СССР до августа 1945го не объявлял войну Японии, воюющей против Англии).

Посольство СССР в Софии, как и посольство Болгарии в Москве, не прекращали свою работу. Руководитель особой

---

[765] См.: Валева Е. Л. Возвращение Южной Добруджи Болгарии в сентябре 1940 г. // Славяне и Россия: Проблемы войны и мира на Балканах. XVIII—XXI вв. — М., 2017.

[766] URL: https://ru.wikipedia.org/wiki/Великий_голод_в_Греции

группы НКВД Павел Судоплатов даже уверял, что через болгарского посла в июне 1941 года Берия (Сталин) инициировал переговоры с гитлеровцами об условиях мира[767].

Этот сюжет стоит акцента.

Сталин был готов и к переговорам с Финляндией. 4 августа 1941 года он писал Рузвельту:

«СССР придает большое значение вопросу о нейтрализации Финляндии и отходу ее от Германии... Советское Правительство могло бы пойти на некоторые территориальные уступки Финляндии с тем, чтобы замирить последнюю и заключить с нею новый мирный договор»[768].

Госсекретарь США Уэллес по поручению Рузвельта вызвал финского посланника Прокопе и сказал ему, что «если финское правительство вернется на путь мира, то, по сведениям американского правительства, Советское правительство готово заключить новый мирный договор с территориальными коррективами»[769].

А теперь, памятуя об этом, слушаем патриарха Кирилла:

«Сам по себе компромисс — дело хорошее, но невозможен компромисс между белым и черным, между добром и злом. Вот почему, когда на наше Отечество напал страшный враг, не было никаких разговоров о компромиссах. Казалось

---

767 Судоплатов П. А. Разведка и Кремль. — М., 1996. С. 429–430.

Также: Из объяснительной записки Павла Судоплатова в Совет Министров СССР // Российский государственный архив социально-политической истории. Ф. 17. Оп. 171. Д. 465. Л. 204–208. Опубликовано в сборнике: 1941 год. — М., 1998. Т. 2. С. 487–490.

В сети: https://novayagazeta.ru/articles/2016/06/17/68966-stalin-v-1941-godu-byl-gotov-otdat-gitleru-pribaltiku-i-ukrainu

768 Переписка Председателя Совета Министров СССР с президентами США и Премьер-министрами Великобритании во время Великой Отечественной войны 1941–1945 гг. Т. 1. — М., 1958. С. 9.

769 URL: http://hrono.ru/libris/stalin/sr41_08.html

бы, позиция нашей страны была с точки зрения ее объективных возможностей неразумной: враг стоит у стен столицы; его сила превышает возможности нашей тогдашней армии; он лучше вооружен; у полководцев, приведших сюда те страшные полчища — огромный опыт ведения войн, наличие современного оружия, железная дисциплина — все то, чего не хватало нашей армии. Может быть, тогда было время для компромиссов? Никому, кроме предателей, это и в голову не приходило»[770].

Мало кто мог бы назвать Сталина предателем. Лишь малообразованный патриарх Кирилл смог бросить камень, не ведая куда...

Ну, а пока Сталин искал компромиссы после Перл-Харбора, 12 декабря 1941 года итальянское и германское правительства обратились к Софии:

«Вследствие пресловутых наступательных действий США державы Оси объявили себя в состоянии войны с этой страной. Тем самым были выполнены предпосылки для применения ст. 3 Тройственного пакта. Согласно пониманию германского и итальянского правительств, из вышесказанного вытекает обязанность болгарского правительства также объявить состояние войны со своей стороны с Соединенными Штатами. Одновременно прошу Вас предложить болгарскому правительству объявить себя в состоянии войны также и с Англией, так как, ввиду развития общей обстановки, отделение войны против Англии от войны против Соединенных Штатов уже не представляется возможным»[771].

770 «Слово», 6 мая 2012 года.
URL: http://www.patriarchia.ru/db/text/2203925.html

771 URL: https://www.sitebulgarizaedno.com/index.php?option=com_content&view=article&id=948:im&catid=25:the-project&Itemid=54

На следующий день в болгарском парламенте министр Иван Попов сказал:

«Дамы и господа! 25 ноября 1936 года в Берлине было заключено соглашение о борьбе с Коммунистическим Интернационалом. Это соглашение гласит: *(Читает)*

„Правительство Германского рейха и Императорское правительство Японии, сознавая, что целью Коммунистического Интернационала, именуемого Коминтерном, является дезинтеграция и сведение на нет существующих государств всеми доступными средствами, убеждены, что терпимое отношение к вмешательству Коммунистического Интернационала во внутреннюю жизнь государств не только опасно для их внутреннего мира и общественного благосостояния, но и угрожает миру во всем мире, желая действовать совместно для защиты от коммунистического разложения, пришли к следующему соглашению:

Статья 1. Высокие договаривающиеся стороны соглашаются информировать друг друга о деятельности Коммунистического Интернационала, советоваться друг с другом о необходимых оборонительных мерах и применять их в тесном сотрудничестве друг с другом.

Статья 2. Высокие Договаривающиеся Стороны будут предлагать друг другу предложить третьим странам, внутреннему миру которых угрожает разлагающая деятельность Коммунистического Интернационала, принять оборонительные меры в духе настоящего Соглашения или присоединиться к настоящему Соглашению.

Статья 3 предусматривает, что соглашение заключается сроком на 5 лет".

6 ноября 1937 года к этому соглашению присоединилась Италия, оформив отдельный протокол, уточняющий технику этого сотрудничества. Он гласил:

„(a) Компетентные власти двух Высоких Договаривающихся Сторон будут сотрудничать в области обмена информацией о деятельности Коммунистического Интернационала, а также о мерах разведки и обороны против Коммунистического Интернационала.

(b) Компетентные власти обеих Высоких Договаривающихся Сторон будут прибегать, в рамках существующих законов, к суровым мерам против тех, кто у себя дома или за границей прямо или косвенно работает на службе Коммунистического Интернационала или содействует его разрушительной деятельности.

(c) В целях содействия совместной деятельности компетентных органов двух Высоких Договаривающихся Государств, указанных в пункте «a», будет создана постоянная комиссия. В этой комиссии будут рассматриваться и указываться дальнейшие необходимые оборонительные меры по борьбе с разрушительной деятельностью Коммунистического Интернационала.

Данный Протокол является неотъемлемой частью Соглашения".

Кроме того, 24 февраля 1939 года к этому же соглашению присоединились Венгрия и Маньчжоу-Го, а 27 марта 1937 года — Испания.

25 ноября того же года истек срок действия Соглашения, и оно должно было быть возобновлено. В связи с этим правительства Германии, Италии и Японии, осознав общую опасность, предложили другим европейским странам присоединиться к соглашению. В их число вошла и Болгария.

Дамы и господа! В памяти каждого из нас свежи те несчастья, которые пережил болгарский народ в конце мировой войны. Навязанный Болгарии 22 года назад мирный договор оторвал части ее живого тела, нарушил ее экономическую жизнь непосильным финансовым бременем, полностью разоружил ее, лишил всех средств самообороны и заставил ее привезти домой и обеспечить на своей сокращенной и обнищавшей территории пропитание сотням тысяч беженцев из разорванных стран. Все это породило в народе настроение глубокого недовольства и горького разочарования; дорогостоящие и бесполезные жертвы, крушение надежд, материальные лишения, жестокое и несправедливое обращение внесли смуту в душу болгарина и создали условия, которые самая разрушительная пропаганда нашего времени — коммунистическая — попыталась использовать в своих целях. Болгария стала одним из важнейших объектов Третьего Интернационала, Коминтерна и его тайных ответвлений, задачей которых было внутренне расколоть все народы, разрушить их государственное устройство, свергнуть их общественный строй, уничтожить их многовековую культуру.

Таким образом, болгарский народ и болгарское государство были вынуждены бороться и против мирных договоров, и против коммунизма, потому что эти два зла были неразрывно связаны (Аплодисменты и голоса „Браво").

Жестокий диктат Нейиского трактата разорвал Болгарское государство, раздавил и разочаровал наш народ, а коммунизм пытался воспользоваться этим нашим несчастьем, свергнуть наше государство, на развалинах которого он хотел совершить свои глупые попытки. Борьба с коммунизмом была для нас борьбой за болгарское государство и за будущее нашего народа.

Нет необходимости описывать вам ход этой борьбы, участниками которой были и вы. Она стоила нам больших усилий и многих жертв, но для нас важно, что она завершилась успехом. В ней болгарский народ смог еще раз проявить свои достоинства, преодолеть кризис разочарования, наступивший после окончания мировой войны, вновь заматерел и предстал единым перед теми историческими событиями, которые разворачиваются сегодня и которые выковывают будущее мира и Болгарии. (Аплодисменты).

Поэтому мы с готовностью и благодарностью приняли приглашение присоединиться к Пакту о борьбе с Коммунистическим

Интернационалом. По поручению правительства я отправился в Берлин, где 25 ноября на торжественном заседании под председательством министра иностранных дел Германии г-на фон Риббентропа и в присутствии представителей Италии, Японии, Испании, Маньчжоу-Го, Венгрии, Финляндии, Дании, Хорватии, Румынии и Словакии от имени болгарского правительства я передал следующее письмо:

„Царское правительство Болгарии, получив приглашение от правительства Германского рейха, королевского итальянского правительства и императорского японского правительства присоединиться к Соглашению о борьбе с Коммунистическим Интернационалом, настоящим объявляет о присоединении Болгарии к этому Соглашению в редакции Протокола от 25 ноября 1941 г, подписанному вышеупомянутыми правительствами, а также королевским венгерским правительством, императорским правительством Маньчжоу-Го и испанским правительством". (Аплодисменты).

Соглашение было продлено еще на 5 лет.

Одновременно на этом торжественном заседании я зачитал следующую декларацию:

„Правительство Болгарии благодарит Правительство Германского Рейха, Королевское Итальянское Правительство и Императорское Японское Правительство за приглашение присоединиться к Пакту для борьбы с Коммунистическим Интернационалом, так называемому Коминтерну. Созданная с единственной целью — всеми средствами добиваться внутреннего разложения всех народов, разрушения их государственного устройства, ниспровержения их общественного строя, уничтожения их культуры и благосостояния — эта организация со своими тайными филиалами работает на торжество коммунизма, идеологии, которая является отрицанием всех традиций и достижений человечества.

Пакт, к которому мы сегодня присоединяемся, был подписан 5 лет назад для общей защиты от этого общего зла, для тесной координации усилий и мер, необходимых для его устранения.

Радуясь тому, что Болгария получила возможность присоединить свои усилия к общим усилиям всех других стран, работающих над устранением общей опасности, угрожающей порядку и спокойствию народов всего мира, я хотел бы напомнить, что до сих пор Болгария была одна в постоянной и тяжелой, но успешной борьбе с этой опасностью. (Аплодисменты и одобрительные возгласы).

Болгария была одним из важнейших объектов Третьего Интернационала, так как последний хотел использовать то несчастье, которое постигло нашу страну в конце европейской войны с насильственно навязанным ей диктатом мира, оторвавшим части живого тела Болгарии. Едва выйдя из войны, болгарский народ подвергся новому испытанию. Но он, несмотря на тяжелые условия, в которые был поставлен не по своей вине, и несмотря на отсутствие достаточных средств, в одиночку, своими силами, с редким упорством и мужеством вел эту борьбу, которая завершилась успехом и в которой он вновь показал свою стойкость и веру в прогресс человечества.

В последнее время со стороны того же центра были предприняты новые попытки нарушить порядок в Болгарии путем засылки нескольких специальных групп парашютистов, целью которых были беспорядки и диверсии, но и на этот раз эти попытки были безжалостно подавлены благодаря оперативной и действенной помощи, оказанной властям болгарским народом. (Аплодисменты.)

Отношение болгарского народа к коммунизму лучше всего выразил всего несколько дней назад премьер-министр г-н Филов в своем выступлении перед Народным собранием: „Болгарский народ, — сказал премьер-министр, — в своем подавляющем большинстве состоит из мелких собственников, в которых чувство частной собственности, отрицаемое коммунизмом в принципе, глубоко укоренилось и служит главным стимулом их экономической деятельности и личного благополучия. Именно поэтому наше население отрицательно относится к любой коммунистической пропаганде, к любым попыткам извне вызвать беспорядки в стране. И поэтому мнение болгарского правительства по отношению к коммунизму в целом может быть только одно: мы боремся и будем бороться с коммунизмом и всеми коммунистическими проявлениями в нашей стране. Особенно сегодня, когда вся Европа под руководством держав оси поднялась на борьбу с коммунизмом, мы не можем оставаться в стороне от этой борьбы. Мы убеждены, что уничтожение коммунизма, который всегда представлял угрозу европейской цивилизации, является одним из важнейших условий создания нового порядка в Европе". (Аплодисменты).

Господа народные представители! Я считаю, что этим мы выполнили свой долг перед болгарским государством и нашим народом, а также перед новой Европой, которая создается сегодня на благо всех ее народов.

Прежде чем закончить свое выступление, я хотел бы выразить свое глубокое удовлетворение тем, что мне выпала честь быть принятым в Берлине великим руководителем германского рейха (громкие и продолжительные аплодисменты и голоса „Браво"), а также его ближайшими соратниками, прежде всего рейхсмаршалом Герингом, рейхсминистром фон Риббентропом и рейхсминистром доктором Геббельсом. (Аплодисменты.) На этих встречах я с радостью обнаружил, что политика болгарского правительства нашла полное понимание и одобрение, и что Болгария продолжает пользоваться их симпатией и поддержкой, за что я хочу выразить им здесь свою признательность. (Громкие и продолжительные аплодисменты и голоса „Браво").

Дамы и господа народные представители! После моего возвращения из Берлина произошли события, которые привели к существенным изменениям в международной обстановке. При той зависимости, которая существует сегодня между различными странами не только в Европе, но и во всем мире, не приходится сомневаться в том, что новая международная ситуация, созданная этими событиями, отразится на всех тех странах, которые не затронуты непосредственно.

Кризис долгое время существовал в латентном состоянии с начала нынешней войны.

Однако лишь недавно он вышел на поверхность в результате вооруженного конфликта между Японией и Североамериканскими Соединенными Штатами. А поскольку эти две страны принадлежат к двум разным группировкам, то разразившийся между ними конфликт не мог не отразиться самым чувствительным образом на других членах этих группировок.

Поэтому уже сейчас мы видим, как многие из них уточняют свои взгляды и определяют свое поведение в соответствии со своими интересами и обязательствами, которые существуют между ними.

С другой стороны, параллельно с японо-американским конфликтом началась война между Германией и Италией, с одной стороны, и Североамериканскими Соединенными Штатами — с другой. Германия и Италия считали, что Североамериканские Соединенные Штаты совершили против них ряд оскорбительных действий, о чем подробно говорилось в речи лидера Германии Адольфа Гитлера перед рейхстагом. Поэтому они решили разорвать дипломатические отношения с Соединенными Штатами и объявить им состояние войны.

Дамы и господа! Вмешательство Германии и Италии в этих условиях создало новую ситуацию, за которую должны нести ответственность и все остальные страны, присоединившиеся к Тройственному пакту. Эта ситуация также вызвала необходимость для болгарского правительства определить свою позицию и принять соответствующее решение. Об этом решении Вам сообщит Премьер-министр. (Громкие и продолжительные аплодисменты)

Председательствующий Христо Кальфов: „Я предоставляю слово премьер-министру".

Премьер-министр Богдан Филов. (Его встречают громкими аплодисментами, которые продолжаются несколько минут)

„Дамы и господа депутаты Национального собрания! Как вы уже имели возможность узнать из выступления министра иностранных дел, в последнее время события развивались таким образом, что война между Японией и державами Оси, с одной стороны, и Североамериканскими Соединенными Штатами — с другой, а заодно между Японией и Англией, стала неизбежной. Это новое положение дел поставило и болгарское правительство перед необходимостью определить свое отношение к ней. В своем последнем выступлении перед вами 19 ноября с. г. я заявил, что Болгария, присоединившись к Тройственному пакту, стоит сегодня твердо и непоколебимо на стороне держав оси и их союзников („Браво"! Громкие и продолжительные аплодисменты), что она до конца останется верной взятым на себя по отношению к ним обязательствам и что она всегда, в меру своих возможностей, будет оказывать им самое искреннее содействие („Браво"! Громкие и продолжительные аплодисменты).

События последних дней создали условия, в которых мы должны выполнить взятые на себя обязательства.

Эти обязательства вытекают из Трехстороннего пакта, к которому Болгария присоединилась в соответствии с протоколом, подписанным в Вене 1 марта этого года, и который вы, члены Палаты представителей, одобрили под аплодисменты на следующий же день после его подписания.

Согласно статье 3 этого пакта, подписавшие его государства обязуются оказывать друг другу помощь всеми политическими, экономическими и военными средствами в случае, если одно из них подвергнется нападению со стороны державы, ранее участвовавшей в европейской войне или в японо-китайском конфликте.

Дамы и господа! Всем известна великая речь, которую лидер Германии Адольф Гитлер произнес 11 ноября в берлинском Рейхстаге. Известна также речь лидера фашистской Италии Бенито Муссолини, произнесенная им в тот же день в Риме. В этих выступлениях констатируется, что за последние несколько месяцев Североамериканские Соединенные Штаты совершили ряд наступательных актов против держав оси, в результате чего Германия и Италия приняли решение о разрыве отношений с этой страной и объявлении ей состояния войны.

В этих условиях правительство Болгарии, выполняя свои обязательства по статье 3 Тройственного пакта, постановило вчера, 12 числа сего месяца, также разорвать дипломатические отношения с Соединенными Штатами Северной Америки и объявить состояние войны с этой страной и ее союзницей Англией. (Все члены Народного собрания поднялись на ноги, неоднократно кричали громкое „Ура" и громко и продолжительно аплодировали. Полномочные министры Германии г-н Беккерле и Италии граф Магистрати, а также все присутствующие в дипломатической ложе также поднимаются на ноги. Члены Парламента обращаются к ним и приветствуют их громкими аплодисментами. Аплодисменты длятся несколько минут, в течение которых полномочные министры салютуют поднятыми руками).

Дамы и господа! Таким образом, Болгария вновь, как и всегда, доказывает, что она остается верной своему слову. Однако в данном случае речь идет не только о договорном обязательстве, но и о проявлении той солидарности, которая должна быть положена в основу отношений между странами новой Европы.

Дамы и господа, члены парламента! Правительство считает, что оно выполнило свой долг. Оно убеждено, что и вы одобрите принятое им решение, проникнутое сознанием того, что оно отвечает интересам страны и отвечает потребностям сегодняшнего дня. (Аплодисменты.) Таким образом, и мы, вместе с другими странами Тройственного пакта, сможем внести свой вклад в создание нового порядка в Европе, той самой новой Европы, которая строится сегодня с такими жертвами и которая, мы убеждены, поднимется из руин сегодняшней войны. („Браво"! громкие и продолжительные аплодисменты. Президиум Национального собрания, министры и все депутаты Национального собрания встают и долго аплодируют господину Премьер-министру)

Президент Христо Кальфов: „Переходим к голосованию. Прошу поднять руку тех, кто согласен с заявлением Правительства. Абсолютное большинство". (Все члены палаты встают прямо, громко и продолжительно аплодируют и несколько раз громко кричат "ура")»[772].

Это самое удивительное объявление войны, что мне известно. Сначала идет долгое обличение одной страны (СССР), а потом следует объявление совсем другой, никак не причастной к заявленным деяниям первой (США).

При этом Советскому Союзу Болгария войну так и не объявила.

США объявили войну Болгарии лишь через шесть месяцев — 5 июня 1942 г. Когда в 1943-м союзники стали посылать свои самолеты для бомбардировки румынских нефтепромыслов, то они на пути с Северной Африки пролетали над Болгарией. Болгарские летчики порой удачно их сбивали.

С 24 ноября начались и налеты на саму Болгарию. 20 декабря 1943 года в ходе налета на Софию 36 болгарских истребителей поднялись на бой против 110 самолетов. В тот день в воздушных боях ими было сбито 11 англо-американских самолетов. Два бомбардировщика были на счету поручика Димитара Списаревского. Сначала он огнем из бортового оружия сбил один, а затем своим «Мессершмиттом» протаранил второй «Либерейтор». Списаревский при этом погиб.

17 апреля 1944 при очередном налете на Софию поручик Неделчо Бончев протаранил B-17. «Летающая крепость» взорвалась в воздухе, при этом сам Бончев остался жив, опустившись на землю на парашюте.

Самым выдающимся болгарским асом стал поручик Стоян Стоянов, который на немецком истребителе Messerschmitt

---

[772] Дипломатически документи по участието на България във Втората световна война. Сост. Цочо Билярски. — София, 2005.

URL: https://www.sitebulgarizaedno.com/index.php?option=com_content&view=article&id=948:im&catid=25:the-project&Itemid=54

Bf-109G-2 сбил 2 американских тяжелых бомбардировщика и 2 истребителя. Кроме того, ему удалось сбить 1 бомбардировщик в группе и повредить еще 3. Узнав в феврале 1944 г. о том, что болгарское правительство готово пойти на переговоры, Черчилль высказался за продолжение бомбежек: «Если лекарство пошло им на пользу, пусть принимают дальше»[773].

Всего над Болгарией было сбито 185 самолетов союзников (256 летчиков убиты: 159 в бою, 28 пропали без вести, 69 умерли от ран; 333 попали в плен). Болгары потеряли 27 самолетов и 23 летчика (плюс один немец). Но среди мирного населения 4 208 человек был убиты или умерли от ран.

Но вот пришел сентябрь 1944 года. Советская армия прошла Румынию и подошла к Дунаю. Сталин решил не просто пройти через нейтральную по отношению к СССР Болгарию, а оккупировать ее, чтобы по окончании войны установить там свой режим. Для этого нужно было сделать вид, будто Болгария воюет против него. А Болгария этого делать не собиралась.

Болгария объявила о разрыве с Германией еще в августе и приступила к интернированию немецких частей. Уже 25 августа немцы затопили свои корабли в Варне[774]. Советское правительство не заметило этого и потребовало, чтобы Болгария объявила войну Германии. Кстати, 4 сентября Финляндия использовала ту же формулу о «разрыве отношений с Германией». СССР это вполне удовлетворило, тут же было объявлено об остановке боевых действий против Финляндии с нашей стороны.

Но на Болгарию были другие планы. Болгария поменяла свое правительство, 26 августа 1944 года оно объявило о полном нейтралитете Болгарии и потребовало вывода германских войск

---

773 Секретная переписка Рузвельта и Черчилля в период войны [Текст]. — М., 1995. С. 495.

774 См.: Патянин С. В. Корабли Второй Мировой. ВМС Германии. Ч. 1. — М., 2005. С. 21.

из страны. Сталин настаивал именно на объявлении войны Болгарией Гитлеру. Болгарское правительство утром 6 сентября объявило о разрыве отношений с Германией и обратилось к советскому правительству с предложением о перемирии. Вступление в силу этого решения по настоянию военного министра генерала Ивана Маринова было по военным соображениям (вывод болгарских войск из оккупированных Сербии и Македонии) отсрочено на 72 часа.

Не дождавшись объявления, 5 сентября правительство СССР само заявило, что находится в состоянии войны с Болгарией. Логично? Оправданно?

Но только если не знать, что этот самый министр обороны генерал Иван Маринов — единственный из членов этого правительства, который перешел в новое, коммунистическое. И стал главнокомандующим Болгарской Народной Армией[775]. Ну разве доверили бы такое немецкому прислужнику?

И арестам Маринов потом не подвергался. Умер в 1979. Награжден советским орденом Суворова 1 степени. Греки требовали для него суда как для военного преступника. Но коммунист Димитров его не выдал[776].

Военной необходимости в скорейшем объявлении войны Союзом Болгарии Германии не было. Не случайно и после 5 сентября советские армии стояли на границе, не переходя на территорию Болгарии. Они ждали, когда коммунисты-партизаны проведут переворот и пригласят их. При этом авиация 3-го Украинского фронта в течение трех ночей перебрасывала оружие, боеприпасы, амуницию и другие военные грузы в район Добро-Поле и Црна-Трава (поблизости от болгаро-югославской границы), где формировалась Первая Софийская партизанская дивизия. Как сообщал командир партизанских сил Д. Знеполь-

---

[775] URL: http://www.pan.bg/view_article-12-366956-120-godini-ot-rozhdnieto-na-general-ivan-marinov.html

[776] URL: https://ru.m.wikipedia.org/wiki/Маринов,_Иван_(военачальник)

ский, в результате удалось «отлично» вооружить около 10 тыс. болгарских и югославских партизан[777]. 8 сентября советская армия перешла границу. Переворот произошел 9 сентября, и в тот же день Сталин объявил о прекращении военной операции.

Объявление войны позволяло решить другие проблемы, не имеющие отношения к судьбе частей вермахта на болгарской территории. Это — передача власти вооруженным коммунистам. И — обнуление переговоров о капитуляции, которые предыдущие болгарские правительства вели с Англией и США. Объявив войну Болгарии, Советский Союз сорвал планы западных союзников подписать перемирие с Болгарией, намечавшееся на 8 сентября[778].

Если бы Болгария объявила войну Германии, это лишило бы СССР повода объявить войну самой Болгарии. Современный болгарский историк И. Димитров полагает, что Маринов был советским агентом. Именно он проинформировал советские круги о решении Болгарского правительства начать войну с Германией. И в ответ ему было поручено всячески тормозить это решение[779], чтобы не лишить СССР повода для вторжения.

СССР и Болгария находились в состоянии войны 36 часов, и за это время не было сделано ни одного выстрела и не было ни одного убитого или раненого[780].

Болгарские пограничники встречали советскую армию, отдавая честь. Ее потери при прохождении через Болгарию оцениваются в 900 человек. Где, как, в каких боях они были потеряны?

---

777 Волокитина Т. В. На рубеже войны и мира: Советский Союз и подготовка Соглашения о перемирии с Болгарией // Славянский альманах. — М., 2015. Вып 1–2. С. 89.

778 Камилов Р. К. Болгарский вопрос в отношениях сша с их союзниками по антигитлеровской коалиции в 1939–1944 гг.// Вестник Вятского государственного гуманитарного университета. 2008. № 4–1.

779 См.: Димитров И. Миналото като пролог: Исторически очерци. — София, 1993. С. 529.

780 Это утверждается в совестком кинофильме «Солдаты свободы» (ч. 4) режиссера Юрия Озерова (1977 год).

Итоговый советский 12-томник «История Второй мировой войны» не упоминает ни об одном боестолкновении во время этой операции. «Хотя на протяжении некоторого времени наши страны формально находились в состоянии войны, но за это время не было сделано ни одного выстрела, не было ни одного убитого или раненого»[781].

Советские потери в Болгарии — это потери санитарные, потери на горных перевалах, и, вероятно, имело место банальное дезертирство. Журнал боевых действий 57 армии 3-го Украинского фронта ежедневно повторяет «соприкосновения с противником не имели» — с 8 сентября (пересечение румыно-болгарской границы) и вплоть до пересечения болгаро-югославской границы 28 сентября (бои за сербский город Неготин)[782]. Основу РККА в это время составляли «вторично мобилизованные» люди с заново советизированных территорий Украины. Весьма вероятно, что кто-то из них предпочел потеряться в горных хуторах Болгарии. Всего РККА не досчиталась около 800 человек. И это всё небоевые потери.

… Очень жалко, что пронзительная песня про Алешу, одна из лучших о Войне, привязана именно к Болгарии. А уж в Пловдиве, где стоит памятник Алеше, уж точно никакой «свинцовой пурги» не было. Болгария объявила войну Германии, когда наши войска были еще на границе — у Варны.

Но после довольно подлой истории с интригой генерала Маринова не стоит удивляться ответу президента Болгарии Росена Плевнелиева в 2016 году:

«— Рассматривает ли Болгария вариант нового альянса с Россией в случае, если та наберет силу, а ЕС, напротив, ослабнет?

---

781 См.: История Второй мировой войны. Т. 9. — М., 1978. С. 128. В передаче «Путь к Победе» на телеканале «Победа» (качественная передача с качественными экспертами) 3 февраля 2023 было подтверждено, что Красная армия не имела боевых потерь при прохождении через Болгарии в 1944 году.

782 URL: https://pamyat-naroda.ru/documents/view/?id=135635654

— Я прожил 25 лет при коммунизме и знаю, что значит — не быть членом Европейского Союза. Я знаю также, что такое быть в одиночестве и что такое быть в подчинении у такой мировой державы, как СССР, к примеру. Я не хочу, чтобы это повторилось. Я хочу, чтобы Болгария гордилась полноправным членством в ЕС. Для нас это — единственный способ гарантировать собственную безопасность»[783].

Тем же, кто все равно станет пенять болгарам за якобы недостаточную их любовь к России, стоит задать вопрос: а Россия (ее правители) точно ли бескорыстно «любили» Болгарию? 21 февраля 1853 года император Николай Павлович заявил английскому послу в России Г. Сеймуру:

«Я никогда не допущу ни восстановления Византийской империи, ни территориального расширения Греции, что превратило бы ее в сильное государство. Еще меньше я могу потерпеть раздел Турции на мелкие республики, которые послужили бы готовым убежищем для Кошута, Мадзини и других европейских революционеров. Княжества [Валахия и Молдавия] по существу уже и теперь — независимые государства под моим протекторатом... Аналогичное государственное устройство получит Сербия; то же самое — Болгария, нет никакого основания препятствовать независимости этих стран»[784].

Тут все ясно: «под протекторатом России».

---

783 URL: http://ru.euronews.com/2016/04/14/moral-crisis-could-destroy-eu-warns-bulgarian-president/

784 Хрестоматия по истории международных отношений. Выпуск 1. Европа и Америка. — М., 1963. С. 159–160.
URL: http://window.edu.ru/catalog/pdf2txt/554/22554/5887?p_page=4

Глава 53

Россия всегда побеждала

История старой России состояла, между прочим, в том, что ее непрерывно били за отсталость. Били монгольские ханы. Били турецкие беки. Били шведские феодалы. Били польско-литовские паны. Били англо-французские капиталисты. Били японские бароны. Били все — за отсталость. За отсталость военную, за отсталость культурную, за отсталость государственную, за отсталость промышленную, за отсталость сельскохозяйственную.

И. В. Сталин. Речь на Первой Всесоюзной конференции работников социалистической промышленности, 4 февраля 1931 г.[785]

Наконец, надо сказать несколько слов про миф о неизбежной победоносности России во всех ее войнах.

Простите за банальность, но непобедимых стран или народов просто не бывает. Даже Великий Рим знал горечь поражений[786]. И даже государство Израиль после серии блестящих

---

[785] Сталин И. В. Сочинения. Т. 13. — М., 1951. С. 37.

[786] «Тяжелые и позорные поражения Октавиан Август испытал только дважды, и оба раза в Германии: это были поражения Лоллия и Вара. Первое

побед может проиграть. Такое бывало в его библейском прошлом. Может быть и в нынешнем веке.

Череда прошлых побед вовсе не гарантирует своего продолжения:

Голиаф на пиру.
Выпивает и жрёт,
Обнимает подруг
Шутит шутки и ржёт.
Застревает еда
Между крепких зубов.
Он — любимец солдат
*И б**дей, и рабов.*
Все глядят, трепеща.
Голиаф в кураже.
Но праща
начинает вращенье уже.

Сергей Плотов

А у нас патриарх Кирилл в проповеди на Крещение 19 января 2023 года сказал:

«...Сегодня мы знаем, что возникают очень большие угрозы миру, нашей стране, да и всему роду человеческому, потому

принесло больше позора, чем урона, но второе было почти гибельным: оказались уничтожены три легиона с полководцем, легатами и всеми вспомогательными войсками. При вести об этом Август приказал расставить по городу караулы во избежание волнений; наместникам провинций он продлил власть, чтобы союзников держали в подчинении люди опытные и привычные; Юпитеру Благому и Величайшему он дал обет устроить великолепные игры, если положение государства улучшится, как делалось когда-то во время войн с кимврами и марсами. И говорят, он до того был сокрушен, что несколько месяцев подряд не стриг волос и бороды и не раз бился головою о косяк, восклицая: „Квинтилий Вар, верни легионы! Quintili Vare, legiones redde!“» (Светоний. Жизнь двенадцати цезарей. Август, 23).

что у каких-то безумных людей появилась мысль о том, что великую державу Российскую, обладающую мощным оружием, населенную очень сильными людьми, которые из поколения в поколение всегда были мотивированы на победу, которые не сдавались никогда ни одному врагу, которые ***всегда выходили победителями****, — что их можно в нынешних условиях либо победить, либо, как теперь говорят, переформатировать, то есть навязать им некие „ценности", которые и ценностями назвать невозможно, для того чтобы они были как все и подчинялись тем, у кого есть сила контролировать большую часть мира. Это желание победить Россию сегодня приобрело, как мы знаем, очень опасные формы. Мы молимся Господу, чтобы Он вразумил тех безумцев и помог им понять, что всякое желание уничтожить Россию будет означать конец мира»*[787].

Россияне, зомбированные многолетним пропагандистским победобесием[788], полагают, что победа может иметь лишь один облик: полная оккупация территории врага плюс подписание безоговорочной капитуляции в логове врага (в его поверженной столице).

---

787 URL: http://www.patriarchia.ru/db/text/5997552.html

788 Пример: Костромская попадья deltaplann поделилась мемуаром о Пасхе 2022 года:

«На Пасхальном Крестном ходу полиглот отец Иоанн возглашает „Christus ist auferstanden!", что по-немецки означает „Христос Воскресе!" Народ ничего не понимает, и тут мой батюшка задорно кричит: „Гитлер капут!" Паства какое-то время не может оправиться от хохота».

URL: https://deltaplann.livejournal.com/580150.html

А если откуда-то из другой страны или из другого времени придет похожее сообщение:

«На Пасхальном Крестном ходу полиглот отец Иоанн возглашает „Христос воскресе!", и тут мой батюшка задорно кричит: „Путин х**о!" Паства какое-то время не может оправиться от хохота» — тоже будет сочтено забавным и уместным?

А поражение — это тотальный геноцид этноса с уничтожением его государства (страны). С выводом: раз мы до сих пор живы, значит, непобедимы.

Если считать, что поражение — это обязательно гибель, тогда выживание становится победой («мы за ценой не постоим»). Россия, несомненно, существует. Значит, она выжила. Значит, это страна-победитель... Но в таком случае ООН — это клуб победителей в числе 193.

Если же для определения победы и поражения ввести более мягкие, нелетальные критерии, то Россию уже нельзя будет считать непременной победительницей.

Слово «Капитуляция» происходит от латинского слова capitul — глава, статья. Соответственно, капитуляция — это постатейное соглашение, устанавливающее условия, на которых одна из стороне прекращает вооруженное сопротивление. В XVII—XIX веках при капитуляции могла быть сдана окруженная крепость, но ее гарнизон мог с оружием и знаменами выйти и спокойно пройти к своим.

4 (16) ноября 1805 около австрийской деревни Шёнграбен состоялся бой между 7-тысячным русским арьергардом под командованием князя П. И. Багратиона и 20-тысячным французским корпусом маршала И. Мюрата. Ему предшествовало подписание документа под названием «Капитуляция, предложенная русской армии». Мюрат в своем рапорте докладывал: «Прибыл господин Винцингероде (генерал-адъютант Александра Первого). Он предложил, что его войска капитулируют»[789]. Условия этой капитуляции: русская армия просто покидает пределы Австрии. Но Наполеон отчитал Мюрата за превышение им полномочия, и тот отменил капитуляцию и двинул свои войска в бой...

Капитуляции даже бывают почетными (каковой считается капитуляция французского корпуса перед англичанами в Египте

---

789 Соколов О. В. Битва трёх императоров. Наполеон, Россия и Европа. 1799–1805 гг. — СПб, 2019. С. 348–349.

в 1801 году: 10 000 французов с оружием и знамёнами на британских судах были перевезены из Египта во Францию).

Поражение страны в войне вовсе не равно уничтожению страны и уж тем паче ее населения (народа).

Точно ли победы русского оружия всегда оборачивались геноцидом и уничтожением недружественного государства?

Вот одолел князь Дмитрий Ордынскую силу на Куликовом поле. Но Мамая не преследовал, Сарай не сжег. Золотая Орда продолжила жить своей жизнью[790].

Русская армия победила французов и в 1914 году взяла Париж. Франция исчезла? Петр Первый зачистил-отгеноцидил побежденную Швецию?

Точно так же войны, проигранные Россией, не привели к ее уничтожению. Через два года после Куликова боя татары сожгли Москву. И что? Русь исчезла?

Даже окончательное уничтожение Москвы не было бы равно исчезновению Руси. Взошла бы звезда Рязанского или Тверского княжества, или Новгородской республики. Или Киева. Или Вильно.

Россия проиграла ту войну, что предшествовала Тильзитскому и Эрфуртскому миру. И что? По этому миру она лишь приросла территорией, получив Белостокскую область, а потом еще Тарнополь, Финляндию и Бессарабию. Уступлены Александром были лишь Ионические острова, некогда захваченные Ушаковым и черногорский город Котор, в 1806 году захваченный адмиралом Сенявиным.

---

[790] Патриарх Кирилл раздувает масштабы: «…если в новые времена даже самые грозные сражения могли повлиять на исход войны и то не в полной мере, тогда то сражение, как это было в древности, могло быть окончательным и даже бесповоротным, и страна и народ могли впасть в долгое-долгое рабство» («Слово», 1 сентября 2022 г. URL: https://www.youtube.com/watch?v=BTZyzTqLNBM).

Это фантазии. Уничтожить лесной народ не под силу никаким оккупантам. А народ как раз в Московии впал в долгое рабство — аж до 1861 года.

Планы как Наполеона, так и Шлиффена вовсе не предполагали взятия Петербурга: оба плана после выигрыша приграничного сражения предполагали предоставить слово дипломатам.

Поражение — это вовсе не только «интервенты в Кремле».

Поражением кончилась для Москвы оборона Чигирина в 1678 году. Еще в 1673 году царь Алексей Михайлович объявил, что желает взять под себя Правобережную Украину. Турки взяли крепость, а русская армия, построившись в огромное каре, окружённое подводами, отступила к Днепру и с немалыми потерями под огнем переправилась чрез него. Среди причин поражения России в войне — то, что дворяне, отправляясь на войну, надеялись «государю послужить, а саблю из ножен не вынимать»[791].

---

[791] Посошков в донесении боярину Головину 1701 г.:

«„О ратном поведении", припоминая те времена, горько плачется о трусости, малодушии, неумелости, полной негодности этого сословного воинства. „Людей на службу нагонят множество, а естли посмотрить на них внимателным оком, то, ей, кроме зазору, ничего не узриш. У пехоты ружье было плохо и владеть им не умели, толко боронились ручным боем, копьями и бердышами, и то тупыми, и на боях меняли своих голов на неприятелскую, головы по 3, и по 4, и гораздо болши, а хорошо б то, чтоб свою голову хотя головы на три неприятелские менять. А естли на конницу посмотреть, то не то, что иностранным, но и самим нам на них смотрить зазорно, в начале у них клячи худые, сабли тупые, сами ну́жны и безодежны, и ружьем владеть никаким неумелые. Истинно, государь, я видал, что иной дворянин и зарядить пищали не умеет, а не то, что ему стрелить по цели хорошенко. И такие, государь, многочисленныя полки к чему применить? Истинно, государь, аще и страшно мне рещи, а инако нелзя применить, что не к скоту, и егда бывало убьют татаринов дву или 3-х, то все смотрят на них, дивуютца и ставят себе то в удачю, а своих, хотя человек сотню положили, то ни во что не вменяют. Истинно, государь, слыхал я от достоверных и не от голых дворян, что попечения о том не имеют, чтоб неприятеля убить, о том лиш печетца, как бы домой быть. А о том еще молятца и богу, чтоб рана нажить лехкая, чтоб не гораздо от нее поболеть, а от великого государя пожаловану б за нее быть. И на службе того и смотрят, чтоб где во время бою за кустик притулитца. И иные такие прокураты живут, что и целыми ротами притуляются в лес или в долу, да того и смотрят, как пойдут ратные люди з бою, и они такожде бутто з бою в табор приедут. А то я у многих дворян слыхал: „Дай де бог великому государю служить, а сабли б из ножон не вынимать"».

Было много уклонявшихся от набора и дезертиров Поражение под Чигирином фактически решило исход войны. Османский протекторат над Правобережной Украиной был восстановлен. Это несомненное поражение. Но Московское царство не было им ослаблено. Оно всего лишь не приросло новыми землями.

Ни один жизненно важный центр России не был затронут и Крымской войной. Она коснулась лишь ее далекой периферии. Даже Крым полностью интервенты занять не смогли. Москва не сгорела. Петербург и Кронштадт не были захвачены морскими десантами Антанты.

Зачинщик войны — император Николай — до ее начала был настроен бравурно. 4 (16) января 1834 г. он писал И. Ф. Паскевичу: «Но что могут они нам сделать? Много — сжечь Кронштадт, но не даром; Виндау? — разве забыли, с чем пришел и с чем ушел Наполеон? Разорением торговли? Но зато и они потеряют; чем же открыто могут нам вредить? В Черном море и того смешнее; положим, что турки от страха, глупости или измены их впустят, они явятся пред Одессу, сожгут ее, — пред Севастополь, положим, что истребят его, но куда они денутся, ежели в 29 дней марша наши войска возьмут Босфор и Дарданеллы?»[792]

Но Россия ту войну однозначно проиграла. Подписанный мир не был «безоговорочной капитуляцией», но он зафиксировал немалые уступки Российской империи.

Мир был заключен на основании принятия царским правительством предложения Австрии о четырех основаниях мира: 1) согласие России на нейтрализацию Черного моря, 2) отказ России от права исключительного протектората над Молдавией

(Посошков И. Т. Книга о скудости и богатстве и другие сочинения. — М., 1951. С. 270–271)

792 Цит. по: Айрапетов О. История внешней политики Российской Империи. 1825–1855. — М., 2017. С. 234–235.

и Валахией, 3) согласие России на объявление свободы плавания по Дунаю (это было связано с потерей части Бессарабии), 4) согласие России на коллективное покровительство всех великих держав живущим в Турции христианам и христианским церквам[793].

Это «гибель России»? Впрочем, сторонники тезиса «Россия никогда не проигрывала войн» в этом случае начинают говорить, что Крымская война и не завершилась поражением.

Начало этому положил митрополит Филарет Дроздов: «Мы должны говорить для наставления... Он говорит, что Севастополь „отдан" врагам. Неправда. Северная часть его не отдана доныне. Говорит: „враги торжествуют". Не верно. Англичане побеждены нами, и для французов не велико торжество, когда они от нескольких укреплений отбиты и одно только взяли. Борется с вопросом: почему враги не наказаны? Здесь опять неточность. Они не мало наказаны, их много погибло собственно от войны, много истреблено болезнями и бурею на море»[794]. 29 марта 1856 года Филарет встретил нового императора Александра такой речью: «Благочестивейший государь! Ты наследовал войну, упорную против нас и против мира, и даровал нам мир. Твоя правда и мужество не отказывались от войны, твое человеколюбие не отказалось от предложенного мира. Не победили России враги: ты победил вражду. Христианскою мыслью одушевлял ты войну, христианскою мыслью осуществляешь мир. Благодарно тебе отечество, и чуждые отдают тебе справедливость, и отдадут полнее, когда утихнут страсти».

Однако, поражением те события считал сам царь Николай.

5 февраля 1855 г. русские войска в Крыму совершают попытку разгромить тыловую базу врага — Евпаторию. Это последний шанс навязать противнику инициативу, внести в ход

---

793 Тарле Е. В. Крымская война. Т. II. — М.-Л, 1944. С. 406–411.

794 Письма Филарета к князю С. М. Голицыну. — М., 1884. С. 101–102.

войны перелом. Император с напряжением ждет известий об операции. 12 февраля 1855 г. курьер принес во дворец весть о поражении под Евпаторией. Это стало страшным ударом по самолюбию государя.

Он слег, не принимал докладов, не желал знать, что происходит на театре военных действий. Свидетель его эволюций фрейлина Анна Тютчева позже отмечала, что государь плакал, «вообще его нервы в самом плачевном состоянии. Видя, как жестоко он наказан, нельзя не жалеть его, а между тем приходится признать, что он пожинает то, что посеял. В течение стольких лет своего царствования он направлял всю внешнюю политику не столько в интересах своей родины, сколько в интересах якобы Европы, считая себя призванным защищать принцип порядка. Но его нервы в самом плачевном состоянии»[795]. «Никогда этот человек не испытал тени сомнения в своей власти или в законности ее. Он верил в нее со слепой верою фанатика, а ту безусловную пассивную покорность, которой требовал он от своего народа, он первый сам проявлял по отношению к идеалу, который считал себя призванным воплотить в своей личности, идеалу избранника божьей власти, носителем которой он себя считал на земле. Он чистосердечно и искренно верил, что в состоянии все видеть своими глазами, все слышать своими ушами, все регламентировать по своему разумению, все преобразовать своею волею. И вот, когда наступил час испытания, вся блестящая фантасмагория этого величественного царствования рассеялась как дым. В самом начале Восточной войны армия — эта армия, столь хорошо дисциплинированная с внешней стороны, — оказалась без хорошего вооружения, без амуниции, разграбленная лихоимством и взяточничеством начальников, возглавляемая генералами без инициативы и без знаний; оставалось только мужество и преданность ее солдат, которые сумели умирать, не отступая

---

[795] Тютчева А. Ф. При дворе двух императоров. — М., 1992. С. 107. Запись от 19 октября 1854 г.

там, где не могли победить вследствие недостатка средств обороны и наступления. Финансы оказались истощенными, пути сообщения через огромную империю непроездными, и при проведении каждого нового мероприятия власть наталкивалась на трудности, создаваемые злоупотреблениями и хищениями. В короткий срок полутора лет несчастный император увидел, как под ним рушились подмостки того иллюзорного величия, на которые он воображал, что поднял Россию»[796].

«Он ошибался, но ошибался честно, и, когда был вынужден признать свою ошибку и пагубные последствия ее для России, которую он любил выше всего, его сердце разбилось, и он умер. Он умер не потому, что не хотел пережить унижения собственного честолюбия, а потому, что не мог пережить унижения России. Он пал первой и самой выдающейся жертвой осады Севастополя, пораженный в сердце, как невидимой пулей, величайшей скорбью при виде всей этой крови, так мужественно, так свято и так бесполезно пролитой»[797].

> *«Факт был несомненный: Николай Павлович умирал от горя и именно от русского горя. Это умирание не имело признаков физической болезни, — она пришла только в последнюю минуту, — но умирание происходило в виде несомненного преобладания душевных страданий над его физическим существом»,*

— писал князь Мещерский[798].

Злоехидный Герцен позже заметит: у Николая была «Евпатория в легких».

Существует предположение, что Николай умер оттого, что не хотел жить. Позору он предпочел смерть. Как человек глубоко верующий, пойти на откровенное самоубийство государь не мог;

---

[796] Тютчева А. Ф. При дворе двух императоров. — М., 1992. С. 45.

[797] Там же. С. 46.

[798] Мещерский В. П. Мои воспоминания. — М., 2003. С. 28.

он просто прекратил сопротивление болезни и даже, некоторым образом, способствовал ее развитию. Например, вопреки рекомендациям врачей, не долечив грипп, в суровую февральскую пору совершал поездки, наносил визиты.

Граф Блудов приводит диалог между императором и одним из его лечащих врачей от 9 февраля 1855 г. «„Ваше Величество, — сказал доктор Карелль, — нет ни одного медика из Вашей армии, который позволил бы рядовому выписаться из госпиталя в таком положении, в каком Вы находитесь и при таком морозе (22 градуса)". „Ты исполнил свой долг, — отвечал Государь, — позволь же Мне исполнить Мой". В час пополудни Государь отправился в Экзерциргауз, не взяв даже предосторожности одеться потеплее обыкновенного»[799].

Далекий от двора А. В. Никитенко, крепостной по рождению, ставший профессором Санкт-Петербургского университета и действительным членом Академии наук, записывает в дневник

> *«30 августа 1855 года. Севастополь взят! Боже мой, сколько жертв! Какое гибельное событие для России! Бедное человечество! Одного мановения безумной воли, опьяневшей от самовластья и высокомерия, достаточно было, чтобы с лица земли исчезло столько цветущих жизней, пролито столько крови и слез, родилось столько страданий. Мы не два года ведем войну — мы вели ее тридцать лет, содержа миллион войска и беспрестанно грозя Европе. К чему все это? Какие выгоды и какую славу приобрела от того Россия?.. <...> 6 декабря 1872 года. Николай Павлович хотел управлять государством как казармою. Заботясь единственно о дисциплинировании своего народа, он убивал в нем систематически его умственные силы и дошел до того, что не имел ни генералов, ни администраторов, а имел*

[799] См.: Блудов Д. Н. Завещание и последние дни жизни императора Николая Первого. — М., 1856. С. 15.

одних холопов, которые умели только говорить ему: „Слушаю-с". Он дошел, наконец, до Севастополя. Он считал себя полицмейстером Европы; с высокомерием старался подавлять в ней всякое свободное движение, как у себя дома, посреди пораженных страхом своих рабов»[800].

Севастополь показателен как пример не-пересечения мифа и реальности. Гимн Севастополя чеканит:

Легендарный Севастополь,
Неприступный для врагов.
Севастополь, Севастополь —
Гордость русских моряков!

Но в какую из своих осад и от кого отбился «неприступный» Севастополь? Это разве не о нем писал Некрасов —

Молчит и он… как труп безглавый,
Еще в крови, еще дымясь;
Не небеса, ожесточась,
Его снесли огнём и лавой:
Твердыня, избранная славой,
Земному грому поддалась!
Свершилось! Рухнула твердыня,
Войска ушли… кругом пустыня,
Могилы… Люди в той стране
Еще не верят тишине,
Но тихо… В каменные раны
Заходят сизые туманы,
И черноморская волна
Уныло в берег славы плещет

«Тишина»

[800] Никитинко А. В. Дневник в трех томах. Том 1. — М., 1955. С. 418 и Том 3. — М., 1956. С. 262.

Его брали англичане в Крымскую.

Его брали немцы в Первую Мировую:

«Во второй половине апреля 1918 началось наступление на Крым. Крымская Красная гвардия предприняла попытку оказать сопротивление, не увенчавшуюся успехом.

Германские войска заняли Перекоп и вторглись в Крым. Одновременно по всему полуострову началось восстание крымских татар. Севастопольская крепость была второй по силе в России, имела мощное вооружение и даже без флота могла долго противостоять врагу. При наличии русского флота, имевшего преимущество на Чёрном море, взять Севастополь германцы бы не смогли. Но в России была смута, дисциплины и порядка не было, как и сильной центральной власти (большевикам ещё только предстояло навести свой порядок). *Революционные „братишки" с большим удовольствием грабили и резали буржуев, но воевать больше не желали. В русском флоте уже почти не осталось офицеров. Поэтому одни решили драпать, а другие — договориться с немцами. Большевики приняли решение увести флот в Новороссийск и для реализации этого плана выпустили из тюрьмы адмирала Саблина. Когда германцы вышли к Севастополю, Саблин увёл часть кораблей в Новороссийск. Часть кораблей осталась, многие из них не были укомплектованы экипажами. В ночь на 1 мая перед Севастополем заняли позиции германские крейсера „Гебен" и „Бреслау". 1 мая германские солдаты маршем вошли в город»*[801].

На смену немецким войскам в Севастопольский порт 25 ноября 1918 вошла союзническая эскадра, и в город вступили французские войска (зуавы).

---

801 URL: https://topwar.ru/136619-kak-germancy-okkupirovali-zapadnuyu-chast-rossii.html

30 апреля 1919 Красная армия вступила в Севастополь.

Однако летом 1919 года город захватили Вооружённые силы Юга России, и он оставался во власти белогвардейцев до 15 ноября 1920 года.

Потом в 1942-м его опять брали немцы, и в 1944-м снова — Красная Армия.

Ну то есть кто подступал к нему — тот и брал. Неудачных осад «города, никогда не покорявшегося врагам», просто не было.

Не восстал Севастополь и против изменения порта его национальной приписки ни в 1992, ни в 2014-м…

А еще та Крымская война оставила немодный ныне след в русской культуре. Это грустные и прекрасные стихи Некрасова.

Внимая ужасам войны,
При каждой новой жертве боя
Мне жаль не друга, не жены,
Мне жаль не самого героя…
Увы! утешится жена,
И друга лучший друг забудет;
Но где-то есть душа одна —
Она до гроба помнить будет!
Средь лицемерных наших дел
И всякой пошлости и прозы
Одни я в мире подсмотрел
Святые, искренние слёзы —
То слезы бедных матерей!
Им не забыть своих детей,
Погибших на кровавой ниве,
Как не поднять плакучей иве
Своих поникнувших ветвей…

1855 г.

Или:

Подошла война проклятая,
Да и больно уж лиха,
Где бы свадебка богатая —
Цоп в солдаты жениха!
Царь дурит — народу горюшко!
Точит русскую казну,
Красит кровью Черно морюшко,
Корабли валит ко дну.
Перевод свинцу да олову,
Да удалым молодцам.
Весь народ повесил голову.
Стон стоит по деревням.

Коробейники[802]

---

[802] Еще Некрасов посвящает теме Крымской войны свою рецензию на книжку Ив. Ваненко (псевдоним И. И. Башмакова) «Осада Севастополя, или таковы русские». В этой рецензии Некрасов не приводит ни одной строки Ваненко, сходу утверждая, что это бездарные вирши, недостойные темы. Весь остальной текст рецензии — это обширные выписки из «Илиады» Гомера. Некрасов берет самые кровавые батальные сцены с физиологическими подробностями и приводит их явно избыточно.

Чрево близ пупа ему разрубил, и из чрева на землю
Вылилась внутренность вся; и ему, захрипевшему, очи
Смертная тьма осенила; Пелид же на грудь его бросясь,
Пышные латы срывал и вещал, величаясь победой
и из брега бросил врага; там его залили мутные волны;
Вкруг его тела и рыбы, и угри толпой закипели,
Почечный тук обрывая и жадно его пожирая.
…Он из сынов многочисленных был у Приама юнейший,
И, с неразумия детского, ног быстротою тщеславясь,
Рыскал он между передних, пока погубил свою душу.
Медяным дротом младого его Ахиллес быстроногий
Мчавшего мимо, в хребет поразил:

В 1905 году ход войны опять был печален для России. Но это не обернулось ни катастрофой для ее государственности, ни геноцидом ее населения. По ходу Русско-японской войны ни один японский солдат не ступил на территорию России (кроме Сахалина и на пару дней на Камчатке[803]). А Россия ту войну проиграла. Нет, и это не было безоговорочной капитуляцией. И даже пол-Сахалина Витте отспорил. Но поражение все равно было. А Россия не умерла.

Однажды даже Путин показал пример условности слова «победа»: «Ракетный корвет „Меркурий" назван в память о бессмертном подвиге команды легендарного брига. Почти два века назад он в одиночку одержал победу над двумя линейными кораблями»[804]. В том бою ни один турецкий корабль не был потоплен или критически поврежден. Турки не потеряли ни одного человека. Русский корабль потерял убитыми 4 человека, ранеными — 6. Но раз превосходящим силам турок не удалась его потопить — значит, и в самом деле победа.

Дрот на противную сторону острый пробился сквозь чрево;

Вскрикнув, он пал на колена; внутренность к чреву руками прижал он, поникший.

Мой опыт советского подцензурного читателя говорит, что у автора рецензии просматривается кукиш в кармане. Если Крымская война отождествляется с Троянской войной, причем показанной в самом кровавом и безжалостном ее аспекте, то возникает вопрос: а зачем эта кровь? Ради чего велась Троянская война? Ответ известен всем: ради Елены. Один царь умыкнул у другого жену — и погибли тысячи. Но нет ли такого же несоответствия между поводами к Крымской войне и последовавшей мясорубкой? «Царь дурит — народу горюшко!..»

803 Высадка в Петропавловск-Камчатский японцами была совершена через три дня после начала мирных переговоров в Портсмуте и длились пару дней, никак не повлияв на начало переговоров и на их ход. Сахалин был занят японцами также на фоне уже начавшихся месяцем раньше мирных переговоров (еще не в Портсмуте).

804 Речь на параде ВМФ 30 июля 2023 г.
URL: http://kremlin.ru/events/president/news/71848

Для зайчика победа не в том, чтобы съесть стаю волков, а в том, чтобы ускользнуть от них. (Это к вопросу о том, «может ли Украина победить ядерную сверхдержаву?»)

Аналогично и с историей других стран. Пруссия жестко побила Австрию в битве при Садове (1866) и Францию под Седаном (1870). И — никакого «геноцида». Побежденные страны прекрасно и свободно развивались и далее и даже территориально прирастали (Австрия за счет Балканских провинций Турции, Франция за счет заморских колоний).

И даже смена правительства под диктовкой иностранного победителя вовсе не равна уничтожению страны (см. возвращение Бурбонов в посленаполеоновскую Францию в 1814).

Переформатирование побежденной страны победителями может быть ко благу этой страны — чему дают примеры Япония и Германия после 1945 года (сталинисты могут на свой вкус привести примеры побежденных Румынии, Венгрии и ГДР, переформатирование которых, произведенное оккупационными советскими структурами после 1945 года, тоже — с точки зрения сталинистов — было ко благу народов этих стран).

А Германия проиграла Великую Войну. И тоже ни один чужой солдат не был на территории Германии в финальные дни Первой Мировой. А поражение — было.

Румыния была разбита на полях сражений обеих Мировых войн и оба раза практически полностью была оккупирована. И поразительным образом после каждой из этих войн она прирастала территориями, вовремя успев переметнуться в лагерь Антанты.

Ни одна заокеанская колония не вторгалась на территории своих европейских метрополий — и тем менее все они (от США до Вьетнама) в конце концов выиграли свои войны за независимость.

Иногда войны кончаются просто возвращением к довоенным условиям (пример: Ливонская война Ивана Грозного, крайне успешная в своем начале и катастрофичная для московских армий в конце).

Иногда — взаимными уступками и обменами.

Иногда — фиксацией мелких успехов одной из сторон (пара приграничных крепостей или городков). Причем порой именно приобретающая сторона чувствует себя оскорбленной, ибо хотела много больше[805].

Иногда — репарациями и контрибуцией.

Иногда — просто навязанным династическим браком.

Иногда — «переворачиванием военных союзов»: проигравшая сторона становится союзной своему победителю, ничего не теряя в территориях, а порой и приобретая — как Россия по итогам Аустерлица и Тильзитского[806] мира приобрела Финляндию

---

805 После разгрома австрийцев при Ваграме, 14 октября 1809 и окончании австро-французской войны 1809 года, в которой Россия действовала на стороне Наполеона, во дворце австрийского императора был подписан мирный договор. Император французов, желая вбить клин между ранее союзными Австрией и Россией, настоял на передаче России за участие в войне Тарнопольского уезда (четыре округа с населением около 400 тыс. человек) (см. Внешняя политика России XIX и начала XX века: документы Российского министерства иностранных дел. Сер. 1, 1801–1815 гг. в 8 томах. Т. 5. Апрель 1809 г. — январь 1811 г. — М., 1967. С. 291).

Такое решение не удовлетворило Александра I, который рассчитывал на присоединение к России всей Галиции с Лембергом (Львовом). В записках Н. И. Греча сохранился отголосок неудовольствия наполеоновским подарком:

«Общее мнение России порицало Александра. Наполеон осрамил его, дав ему из земель, отнятых у Австрии, не именно какую-нибудь область, а четыреста тысяч душ, как, бывало, у нас цари награждали своих клевретов».

(Греч Н. И. Записки о моей жизни. — СПб, 1886. С. 267)

806 Точнее говоря — по итогам переговоров Наполеона и Александра в Эрфурте с 15 (27) сентября по 2 (14) октября 1808 года:

«… Статья V.

Высокие договаривающаяся стороны обязываются считать непременным условием мира с Англиею требование, чтобы она признала Финляндию, Валахию и Молдавию входящими в состав Российской Империи.

Статья VI.

Равным образом они обязываются считать непременным условием мира требование, чтобы Англия признала новый порядок вещей, установленный Франциею в Испании.

Статья УШ.

Е. В. Император Всероссийский, в виду волнующих Оттоманскую империю революций и перемен, устраняющих всякую возможность дать и, следовательно, всякую надежду получить достаточные обезпечения в личном и имущественном отношении в пользу жителей Валахии и Молдавии, перенес уже границы своей Империи в эту сторону до Дуная и присоединил к своей Империи Молдавию и Валахию, не находя возможным признать целость Оттоманской империи иначе, как под этим условием. Вследствие сего Е. В. Император Наполеон признает помянутое присоединение и границы Российской Империи в эту сторону перенесенными до Дуная.

Статья IX.

Е. В. Император Всероссийский обязывается сохранить в глубочайшем секрете предшествующую статью и вступить или в Константинополе, или в каком ином месте в переговоры, с целью достигнуть дружественной, если возможно, уступки в свою пользу этих двух областей. Франция отказывается от своего посредничества. Уполномоченные или агенты обеих держав условятся в том, как вести переговоры, чтобы не повредить существующей между Франциею и Портой дружбе, равно и безопасности проживающих в Леванте французов и чтобы воспрепятствовать Порте отдаться в руки Англии.

Статья X.

Если вследствие отказа Оттоманской Порты уступить сказанные две области, возгорится война, то Император Наполеон не примет в ней никакого участия и ограничится оказанием своих добрых услуг при Оттоманской Порте. Но если б Австрия или какая-либо другая Держава соединились с Оттоманскою Империею в этой войне, то Е. В. Император Наполеон немедленно соединится с Россией, обязываясь считать сей случай одним из тех, когда вступает в силу общий, соединяющий две Империи, союз. В том же случае, когда Австрия начнет войну с Францией, Российский Император обязывается объявить себя против Австрии и соединиться с Францией, так как этот случай равным образом один из тех, к коим применяется связующий обе Империи союз.

Статья XI.

Высокия договаривающаяся стороны обязуются, однако, поддерживать целость прочих владений Оттоманской Империи, не желая ни сами совершать, ни допускать каких-либо предприятий против какой-либо части сей Империи, не согласившись предварительно между собою.

и Бессарабию — при том, что Наполеон не прочь был отдать Александру вообще всю Швецию).

Победными могут быть и компромиссы.

Поэтому неверен и тезис про то, что «нельзя победить страну, обладающую ядерным оружием».

Очень даже можно:

Ядерный Китай отполз от Вьетнама, на который он напал в 1979-м[807].

Ядерные США отползли от того же Вьетнама.

Ядерный СССР отполз от Афганистана.

Ядерный СССР проиграл холодную войну и потерял Восточную Европу.

Ядерные Англия и Франция потеряли свои империи (Алжир, Вьетнам, Египет, Кипр, Мальту т. д.), уже имея ядерный статус.

И эти поражения — положительная характеристика тех правителей, которые их признали. У них хватило разума и совестного чувства, чтобы не доводить неудачу до масштабов катастрофы.

Статья XП.

Если принятия обеими высокими договаривающимися сторонами меры в возстановлении мира останутся безплодными, вследствие ли того, что Англия отклонит сделанное ей предложение, или потому, что переговоры будут прерваны, то Их Императорские Величества снова будут иметь, в течение года, свидание для соглашения об операциях совместной войны и о способах ея ведения всеми силами и всеми средствами обеих Империй.

Статья XШ.

Высокие договаривающиеся стороны, желая изъявить свою признательность верности и настойчивости, с каковыми король Датский поддерживал общее дело, обязываются предоставить ему вознаграждение за его жертвы и признать те приобретения, которыя он мог сделать в настоящую войну.

Статья XIV.

Настоящая конвенция будет почитаться секретною не менее чем в продолжение десяти лет».

807 Нападение КНР на Вьетнам в 1979 году китайская пропаганда называла «упреждающая оборонительная война против Вьетнама».

Еще хорошо бы различать понятия «сражение», «кампания», «война» и «историческое выживание».

Полагаю, что все, кто слышал про череп князя Святослава Киевского, из которого печенеги сделали чашу, про гибель «полка Игорева», битву при Калке, Нарвскую конфузию, трагедию армии Самсонова в 1914-го или «котлы» 1941-го, готовы признать, что русские полки и армии проигрывали даже «генеральные сражения».

Но проигрывались и целые войны. Финальная черта, обозначающая окончание войны, предполагает возобновление торговых и дипломатических отношений, и, как правило, подписание мирного договора. Иногда этот договор может называться бессрочным — «вечным»; иногда в нем может быть оговорен срок или условия его действия.

Так вот, и в истории России были мирные договоры, подписываемые после «цусим», и в них фиксировались утраты и уступки российской стороны.

Его мы очень смирным знали,
Когда не наши повара
Орла двуглавого щипали
У Бонапартова шатра.

Это Пушкин о царе Александре, Аустерлице и Тильзитском мире[808].

---

808 Через сто лет к гербово-птичьей теме обратился молодой поэт-эмигрант Вячеслав Лебедев в «Поэме временных лет»:

И помню — столько долгих лет
Сияли в небе крылья птицы,
Еще хранившие от бед
Тебя, гвардейская столица!..
А над торцами площадей
На шумных крыльях древней славы
Сквозь синь и звон горячих дней
Летел, летел орел двуглавый…

Через несколько лет или в следующем поколении война с тем же противником могла быть возобновлена и даже могла дойти до противоположного результата. Но это — другая война.

Две кампании — это как двухматчевый поединок в спорте. Проигрыш военных кампаний 41 и 42 годов Красной Армией был в некотором смысле «аннулирован» ее же победами в кампаниях последующих трех лет. Но это — одна война. Напротив, Советско-финская война 1939–40 годов не является частью Великой Отечественной, потому что между апрелем 1940 и июлем 1941-го между СССР и Финляндией действовал мирный договор.

Две войны с разными результатами — это как два разных чемпионата разных лет.

Так что не только сражения и кампании, но и войны Россия проигрывала. И контрибуции платила (в т. ч. «крымский выход» крымскому хану), и земли уступала, и целые страны и народы выпускала из-под своего порой векового контроля. И реванш брала не всегда и не у всех (Афганистан).

То, что она как государство выжила — это успех. Но с этим же успехом можно поздравить и двести других государствообразующих народов планеты.

Сады, гранит, и кивера,
И дым ночей над дальней Стрелкой,
Пока в налете серебра
Октябрь не дрогнул перестрелкой.
Пока невероятный год
Не перервал тот век орленый,
В огне костров испепеленный,
Такой неповторимый взлет
Надменной византийской птицы…
И наполняя котелки
Французским супом с чечевицей,
Еще вели на бой полки,
Топорща крылья мертвой птицы.

Последняя строка отобразила его личный опыт участия в Белом движении.

Так что русские не обречены на всегдашние победы, а богиня Ника или архистратиг Михаил не имеют постоянной приписки к Москве.

И это не говоря уже о том, что нечто, сейчас кажущееся победой, на самом деле может быть зародышем будущего катастрофического поражения (захват Польши с ее не только польско-католическим, но и миллионным еврейским населением оказался «неперевариваем» для Империи[809]).

И о том, что победа военного вождя может обернуться многолетней бедой для его же народа (см. первые африканские победы Муссолини или первые европейские победы Гитлера).

Когда бы мы вдруг победили
Под звон литавр и пушек гром,
Германию бы превратили
В огромный сумасшедший дом.
Мы все — от молода до стара —
Такую школу бы прошли,
Что спрыгивали б с тротуара,
Сержанта увидав вдали.
Страна бы закалила нервы,
Народ свой загоняя в гроб.
Потомство для нее — консервы,
А кровь — малиновый сироп.
Когда бы мы вдруг победили,
Немецким б стал Небесный мир:
Попы погоны бы носили,
А бог — фельдмаршальский мундир.

---

809 «Мы присоединили Польшу, но не поляков; приобрели страну, но потеряли народ» (Ключевский В. О. Афоризмы и мысли. — М., 2007. С. 456). Еще ранее (в 1831 г.) это заметил князь П. А. Вяземский: «Что мы усмирили Польшу, что нет — все равно: тяжба наша проиграна» (Вяземский П. А. Записные книжки. — М., 1992. С. 153).

Когда бы мы вдруг победили,
Мы стали б выше прочих рас:
От мира бы отгородили
Колючей проволокой нас.
Когда бы мы вдруг победили,
Все страны разгромив подряд,
В стране настало б изобилье...
Тупиц, холуев и солдат.
Когда бы разгромили мир мы,
Блестяще выиграв войну,
Мы спали бы по стойке «смирно»,
Во сне равняясь на жену.
Для женщин издан был закон бы:
В год по ребенку иль под суд.
Одни лишь пушки или бомбы
Победы нам не принесут.
Тогда б всех мыслящих судили,
И тюрьмы были бы полны,
И войны чаще водевилей
Разыгрывались в изобилье,
Когда б мы только победили...
Но, к счастью, мы побеждены.

Автор — Эрик Кестнер. Стих написан в 1931-м.

Еще блаженный Августин предостерегал военные победы воспринимать как Божии благословения Его любимчикам:

«Кто же не знает, кто же настолько глуп, чтобы не видеть, что здоровье этого смертного тела, бодрость этих тленных членов, ***победа над врагами****, почести и временная власть и прочие блага этого мира* ***даются как добрым, так и злым*** *и отнимаются как у одних, так и у других? Но*

спасение души с сияющим бессмертием тела, сила справедливости, победа над вражескими страстями, слава, честь и мир в вечности даются только добрым».

Августин. Письмо CCXX.
Бонифацию, наместнику Африки, 11

Это написано в 427 году. Через 17 лет после «падения Рима» — взятия Вечного города армией варваров-готов во главе с Аларихом. Именно Августину выпало предложить богословское и историософское толкование этой катастрофы.

Но ему и в страшном сне не могло присниться появление человека по имени Августин Аларих (по-русски это что-то вроде Добронрава Троцкого). *Alarich Augustin*[810] носил звание унтерштурмфюрера СС. Чин невысокий. Но он был руководящим сотрудником Аненербе — тайного оккультного ордена СС. Был членом тайного ордена PLGSA. В монограмме на его перстне переплелись две буквы А — взятые от имени католического святого и его варварского еретического оппонента[811]...

А всегдашние победы и успехи неизбежно приводят к отупению, о чем и говорят и знаменитый Петровский тост за пленных шведских генералов, и русская поговорка про одного битого и двух небитых, и слова Хемингуэя:

— Может быть, они все-таки перестанут воевать? — спросил священник.

— Думаю, не перестанут, раз они одержали победу. Христианами нас делает поражение

«Прощай, оружие». Гл. 26

И еще: после окончания «ига» в истории России было мало поражений, от которых значительно и болезненно проседало

810 URL: https://ru.wikipedia.org/wiki/Августин,_Аларих

811 URL: https://antikzone.ru/catalog/starinnoe-kolco-s-monogrammoj-aa

качество жизни населения России. Поражения щелкали по амбициям ее правителей. А обычному мещанину и крестьянину много тяжелее давались военные тягости и повинности, нежели те «уступки», на которые его правители шли по итогам неудачной для них войны. Ибо что меняется в жизни обывателя Вятки от того, чьим стал Полоцк? Главные обиды все равно ему причиняют его местные воеводы. По ходу военных действий жителям становилось хуже и их становилось сильно меньше (особенно значимые демографические потери были в ходе Ливонской[812]

---

[812] Ливонская война шла 25 лет — почти столько же, сколько и 30-летняя война в Европе (1618–1648). Последняя считается самой кровопролитной в истории Европы — она унесла в среднем 30% населения воевавших территорий, а в эпицентре (ряде германских княжеств) — 50–60%. Ливонская война бед принесла не меньше, и дело не боевых потерях.

Война требовала огромных расходов. «Для того, чтобы заплатить увеличившиеся налоги, крестьяне были вынуждены продавать больше хлеба; это вызвало снижение цен в 1562–1568 годах, и еще более увеличило тяжесть налогов. После собора 1566 года налоги были еще раз увеличены, теперь в пересчете на хлеб они составляли около 3,5 пудов на душу населения, в два раза больше, чем в начале 50-х годов.

Однако в России резкое усиление государственной мощи позволяло увеличивать налоги, несмотря ни на что. В результате государственный кризис не проявился явно, но рост налогов в огромной степени способствовал развитию кризиса в направлении демографической катастрофы. В некоторых пятинах Новгородчины потребление крестьян было ниже минимума в 15 пудов на душу населения. Откуда крестьяне могли взять лишние 3–4 пуда на душу, чтобы заплатить увеличившиеся налоги? Изъятие необходимого для пропитания зерна должно было привести к голоду и к вспышке эпидемий… Описи Деревской пятины Новгородчины показывают, что этот регион обезлюдел на 95% в течение двадцати лет (1551–1572). Каковы были масштабы катастрофы? Наиболее подробные данные по этому вопросу предоставляют новгородские материалы. В Деревской пятине 1/3 обеж была заброшена из-за голода и мора — то есть хозяева погибли; остальные бежали от царевых податей и правежей. В Водской пятине запустело 3/5 всех обеж, но неизвестно, сколько крестьян погибло, а сколько ушло в другие места. В одной из волостей Бежецкой пятины от мора и голода погибло 40% населения. Для центральных областей статистических данных гораздо меньше; имеется, в частности, информация о запустении расположенных в различных уездах вотчин Троице-Сергиева и Иосифо-Волоколамского монастырей. В опустошенном татарами Московском уезде в этих вотчинах было заброшено 90% пашни, в Суздальском уезде — 60%, в Муромском уезде — 36%, в Юрьев-Польском уезде — 18%. Масштабы запустения были велики; часть крестьян погибла, но некоторые, вероятно, переселились в другие места. Однако массовое переселение во время эпидемии было невозможно: во избежание распространения болезни дороги были перекрыты заставами. Бежать на окраины не имело смысла: 1570-е годы были временем больших восстаний в Поволжье, а южные области в этот период трижды подвергались опустошению кочевниками. Таким образом, крестьянам было некуда уходить, и приведенные выше цифры говорят об огромных масштабах гибели населения. В итоге можно предположить, что демографическая катастрофа привела к уменьшению численности населения примерно на 30–50%… С первого взгляда, мощное государство Ивана Грозного сумело справиться с тяжелым кризисом: крымские татары были разбиты в битве при Молодях, а внутри страны не было восстаний и мятежей. Однако в действительности демографическая катастрофа нанесла сильнейший удар по государственной системе России. Уменьшились не только подати, уплачиваемые землевладельцам, сокращение тяглых наделов привело к уменьшению крестьянских платежей в казну. Реальный размер податей, платимых с одного двора, сократился в 3–4 раза. Казна опустела; сборы с новгородских земель к 1576 году уменьшились вдвое, а к 1583 году в 12 раз… Не имея денег, помещик не мог купить кольчугу или саблю — но несмотря на это должен был идти воевать. Дворяне бросали свои опустевшие поместья и скрывались в бегах, московское войско уменьшилось более чем вдвое» (Нефедов С. А. Демографически-структурный анализ социально-экономической истории России. Конец XV — начало XX века. — Екатеринбург, 2005. С. 67–68 и 74–75).

При этом разорение было не столько следствием крымского набега, сколько, напротив, его причиной: хан вряд ли рассчитывал на то, что ему удастся нанести поражение русскому войску и выйти к Москве. Первоначальной целью крымского набега была добыча полона (ясыря) для компенсации долгого отсутствия в Крыму «поминок» из Москвы. Подтверждением этому является относительно небольшая численность войска, а также отсутствие в нём артиллерии и пехоты. Однако хана убедили идти на Москву сообщения от русских перебежчиков: в городе были голод, казни, что «русское войско ушло в немцы» (Пенской В. В., Пенская Т. М. «Яз деи деда своего и прадеда ныне зделал лутчи…»: поход Девлет-Гирея I и сожжение Москвы в мае 1571 г // История военного дела: исследования и источники, 2013. Вып. № 4. С. 197 и 199).

Северо-Запад Руси обезлюдел более чем наполовину (порой называют цифру в не менее 70% населения). «В западных и центральных областях России в результате кризиса исчезло до 90% деревень. Большинство их

и Северной войн). Но по итогам последующих мирных договоров населению хуже не становилось. Худой мир все же лучше доброй ссоры.

Триумф русской армии в Париже слезами обернулся для русских крестьян.

Как знакомство с европейским образом жизни в походе русской армии в 1813–1815 годах страшным образом сказалось на жизни крестьянства.

Вернувшись победителями из Парижа, русские дворяне пожелали жить по-парижски. «С 1812 года среднее дворянство, познакомившись с западноевропейской жизнью, стало презирать национальные обычаи и жить на европейский манер, — свидетельствует барон Гакстгаузен. — Оно уже и прежде было склонно к роскоши, а с тех пор страшно обременило себя долгами. Новые господа смотрели на крепостных лишь как на орудия, на машины для приобретения денег. Представление о том, что истинно дворянское поведение заключается не только в тратах, но именно в тратах чрезмерных, не по средствам, прочно укоренилось в дворянской среде. Отсюда — необычайная роскошь дворцов, празднеств и даже обычного обихода столичной

уже не восстановилось» (Трапезникова О. Н. Парадоксы северного земледелия: история и география агроландшафтов лесной зоны Восточно-Европейской равнины. — М., 2019. С. 93).

Остатки выживших и неразбежавшихся крестьян начальству надо было как-то удержать. Происходит окончательное закрепощение крестьян, вводится круговая порука (за бегство одного человека и, как сейчас сказали бы, «экстремизм и дискредитацию» (ропщение против начальников) вводится коллективное наказание всей деревни). Остатки крестьян сгоняются в укрупнённые деревни, которые легко было контролировать. Это приводит и к окончательному психосоциальному и культурного слому русичей, так как до этого они привыкли жить хуторами, в среднем по 1–3 дома в каждом (и, как правило, это были близкие родственники), и свободными людьми. Теперь же в укрупнённых «колхозах» перемешивались чужие люди из разных местностей.

(См.: Трапезникова О. Н. Парадоксы северного земледелия: история и география агроландшафтов лесной зоны Восточно-Европейской равнины. — М., 2019. С. 91–93).

знати, безумные проигрыши в карты, различные фантастические затеи».

Роскоши состоятельных дворян часто старались подражать менее обеспеченные помещики, что приводило к разорению их хозяйств. Новая волна потребительства предопределила новую волну повышения оброков, которая превзошла всё, что было до тех пор. В 1815–1828 годах денежные оброки возросли в 2–3 раза, затем началось падение цен, дополнительно усилившее тяжесть эксплуатации. На Черноземье за десять послевоенных лет оброк в хлебном исчислении вырос втрое, с 4–6 до 17–20 пудов на душу, и достиг предела крестьянских возможностей.

Летняя барщина отнимала у крестьянина в среднем 4 дня в неделю; работать должны были все, женщины с грудными детьми работали на току, старики сторожили урожай, 10-летние мальчики работали на возке навоза и бороновании, а малые дети подбирали за жнецами упавшие колоски. В зимнее время крестьяне выполняли тяжелую барщину по доставке помещичьего зерна в большие города или к речным пристаням. Извозная повинность в Московской, Тульской и Рязанской губерниях увеличилась в 2–3 раза.

Многочисленные свидетельства говорят о том, что постоянно занятые на барщине крестьяне не успевали производить работы на своём участке — хотя работали от восхода до заката, и в воскресные, и в праздничные дни, а иногда и ночью. Сплошь и рядом крестьянам приходилось употреблять в пищу невызревшее или проросшее зерно; из-за нехватки времени муку не очищали от спорыньи, и такой хлеб был вреден для здоровья. Тяжелый, выматывающий труд сказывался на психическом состоянии крестьян. «Самое существенное, на наш взгляд, — пишет о положении крестьян Л. В. Милов, — состоит в том, что в этой среде становилось заметным явлением пассивное отношение к своему собственному хозяйству, безразличие к удручающей перспективе своей собственной жизни и жизни членов своей семьи. В итоге такие крестьяне „смерть свою за покои считают"»[813].

А вот последствия русско-турецкой войны 1877–78 годов: «С учётом запасных фондов Военного министерства расходы на войну составили 1 020 578 490 рублей»[814].

Расходы государственного бюджета тогда были 548 млн. руб. в год (за 1877-й). Т. е. война съела два бюджета. И это сто годовых бюджетов на строительство железных дорог.

По итогам войны курс бумажного рубля с 81,5 коп. металлом упал до 48 коп. Т. е. девальвация рубля составила почти 200%.

Война 1877–78 задержала индустриализацию и подсадила Россию на огромные зарубежные займы — французские. Что вызвало «переворачивание союзов» — разрыв с Германией — мировую войну — революцию…

---

[813] Нефёдов С. А. Демографически-структурный анализ социально-экономической истории России. — Екатеринбург, 2005. С. 204–205.

[814] Блиох И. С. Финансы России XIX столетия. Т. 4. — СПб, 1882. С. 161.

Глава 54

Праздничные дни конфузий

Война, как, может быть, никакая иная сфера человеческой жизни — это мир непредсказуемых случайностей. Много акторов — значит, много не всегда совпадающих и не всегда задекларированных интересов даже у союзников и у подчиненных. Много акторов — значит, много недопониманий и ошибок даже среди искренне единодушных и подчиненных. Плюс не всегда предсказуемые действия врага. Плюс капризы погоды. В общем — «туман войны» никогда не покидает поля сражений.

Отсюда вполне естественно прийти к выводу о том, что победа дается храбрым. Именно дается им, а не куется ими самими.

Вот эпизод Иудейской войны в изложении Иосифа Флавия:

«В это время в римский лагерь прибыл Антиох Эпифан во главе многих тяжеловооруженных воинов и со свитой так называемых македонян. Это были исключительно его ровесники, люди высокого происхождения, едва только вышедшие из отроческого возраста, вышколенные и вооруженные на македонский манер. Он выражал свое удивление по поводу того, что римляне так медлят с покорением стены. Тит на его слова, посмеиваясь, отвечал: „Наше желание

вполне совпадает с вашим". Тогда Антиох со своими македонянами сделал приступ на стену. Благодаря своей силе и ловкости он лично успел увернуться от иудейских стрел, осыпая в то же время иудеев своими стрелами, но его юные воины, за исключением только немногих, были смяты; они бились изо всех сил, чтобы доказать, что не отделяют слово отдела, но покрытые многочисленными ранами должны были все-таки уступить. Они узнали тогда, что и истые македоняне, для того чтобы побеждать, должны еще обладать счастьем Александра».

Иосиф Флавий. Иудейская война. 5, 11, 3

Итак, для победы нужна «фортуна Александра». У христиан это называется «Божья помощь». Конечно, каждая их сторон приписывает ее себе, стремится заручиться ею, похваляется ею и уверяет своих солдат и граждан, в том, что «с нами Бог»

Для обоснования этого тезиса всякое лыко в строку, и мобилизации подлежат все случайности и совпадения. Ибо случайность — это способ Бога остаться анонимным.

Но бывают чудесные случайности, а бывают хорошо продуманные и поставленные фокусы, и просто шулерство.

В сериале про лейтенанта Коломбо описан простой фокус:

Фокусник просит человека загадать число, затем подумать о нём и произнести вслух. Тут же ему приказывают поднять некий предмет, под которым обнаруживается записка с текстом «Я знал, что вы загадаете 4» (ну или любое другое произнесенное число).

Секрет в том, что записки заготовлены на любые случаи. И разложены под разными предметами. В зависимости от выбора и ответа профана маэстро должен лишь вспомнить, подо что он подложил соответствующую записку.

Именно так строятся многие наши проповеди с «герменевтикой истории». Церковь живет «ежепразднично». Каждый день — какой-нибудь праздник, день памяти одного или нескольких святых. И потому день любой победы гарантированно совпадет с днем какого-то церковного праздника. А церковная риторика радостно укажет на это перстом и объявит, что это, мол, святой этого дня даровал победу именно нашему воинству.

Вот типичное церковное словоблудие эпохи Первой Мировой:

«То, что недавно совершалось и теперь совершается, было предвидено почти столетие тому назад преподобным отцом нашим Серафимом Саровским. Еще в тридцатых годах прошлого столетия он предсказал, что будет на Руси царствовать Император Николай II, что царствование его будет многотрудное, но и славное. Часть этого пророчества уже сбылась: царствует Император Николай II, и царствование Его пока многотрудно... Будем же надеяться, что оно станет и славным. И замечательное совпадение: война тевтонами нам объявлена 19 июля — в день памяти препод. Серафима. Будем надеяться, что он бдит над отечеством нашим и предстательствует пред престолом Божиим!»[815]

Или:

«Нельзя не обратить внимания на то поистине поразительное и знаменательное обстоятельство, что все наши стратегические успехи непременно приурочивались к дням памяти наших главных заступников и покровителей небесных. Успех нашего первого наступления в Пруссии начался от нашего „первого Спаса"; значит, и дан он нам по Милости самого первого и главного Покровителя нашего Спаса и Гос-

[815] Речь высокопреосвященного Николая, архиепископа Варшавскаго, сказанная в старом соборе пред молебном по случаю объявления войны Германией России // Церковные ведомости, издаваемые при Святейшем правительствующем Синоде. 2 августа 1914 г. № 31. С. 1355.

пода I. Христа. Начало решительного отражения австрийских армий из Люблинской и Холмской губернии совпало с празднованием Успения Богородицы. Перелом в нашу пользу первых боев у Варшавы произошел как раз около Покрова нашей небесной Покровительницы. Отражение стремительных натисков у Лодзи завершилось приблизительно около 26 ноября, очевидно не без невидимого содействия небесного спроборника нашего, Великомученика Георгия Победоносца. Наконец, ослабление страшного Бзурскаго натиска началось как раз с 6 декабря, т. е. явно с помощью благоговейно чтимаго православным воинством великого святителя и чудотворца Николая»[816].

Война для России и для царя кончилась очень плохо. Но ни один восторженный проповедник 1914 года не взял свои слова обратно…[817]

Иногда такие наложения дат бывают вполне случайны. Но иногда их программируют. Если надо, то праздник можно подвинуть под высвечиваемое историческое событие.

Например, сегодня в проповедях запросто можно услышать, что «в день Казанской иконы была освобождена Москва». На самом деле наоборот: уже после освобождения Москвы празднование Казанской было назначено на ноябрьские дни.

«Царь Михаил Феодорович в память сего события установил праздновать в Москве казанской иконе Божией Матери два раза в год: в день обретения св. иконы ея (8 июля)

---

816 Без подписи. Слава Богу за все! // Рижские епархиальные ведомости, 1915. № 1 (янв). С. 9–10.

817 Красивый апокриф гласит, что в 1964 в беседе американского журналиста с Керенским якобы был такой диалог: «Можно ли было избежать победы большевиков в 1917 году? — Можно было. Однако для этого надо было расстрелять одного человека. — Ленина? — Нет, Керенского». Мне пока не удалось найти подтверждений

и в день очищения Москвы от поляков (22 октября), до 1649 года праздник в честь чудотворной казанской иконы, кроме Казани, совершаем был только в Москве. В том же году царь Алексей Михайлович, обрадованный рождением сына Димитрия, дарованного ему 1648 года октября 21 дня во время всенощной службы на праздник казанской иконы Божией Матери, установил день 22 октября праздновать по всей России»[818].

Утверждение нарочитого и всероссийского культа осенней Казанской связано не с неизвестными нам чудесами, якобы совершенными иконой в ноябре 1612 года, а со вполне обычными событиями:

В ночь на 22 октября 1648 года у царя Алексея Михайловича родился первенец — Дмитрий.

И примерно через год, в сентябре 1649 года, во все города была послана окружная грамота с предписанием праздновать этот день. Рождение другого сына Алексея Михайловича — Петра — пришлось на день никому на Руси не известного Исаакия Далматского — и главный храм Империи освящается в его честь. Но это была инициатива его самого, а не его отца. Рождение далеко не каждого царевича оставляет столь серьезный след в богослужебном календаре Церкви.

Поэтому можно предположить, что за год, прошедший со дня рождения царевича Дмитрия, его отец нашел и другие поводы для расширения почитания Казанской иконы с регионального на общегосударственный уровень.

Алексей Михайлович очень азартно относился к коллекционированию всевозможных святынь, которые должны были придавать мощь его власти и его войску.

«Русские охотно, не жалея денег, приобретали от гречан всякую святыню, в полной уверенности, что восток, лиша-

---

[818] Православный собеседник, 1858. Ч. III. № 12. С. 399–400.

ясь своей святыни, лишался вместе с этим и прочих, необходимых основ истинного благочестия, терял, вместе со святынею, и право на руководящую роль в религиозной жизни православного мира. Наоборот, сосредоточение христианской святыни в Москве давало русским право с уверенностью смотреть на Москву как на действительный Третий Рим, во всех отношениях заменивший собою Новый Рим — Константинополь, а на себя — как на людей, обладающих высшим благочестием сравнительно с греками, всегда готовыми за шкурку соболя продать самую драгоценную для всякого истинного христианина святыню»[819].

Он даже готов был идти на нарушение своего царского слова, лишь бы не возвращать однажды завезенную святыню хозяевам.

В 1655 году царь Алексей Михайлович дал письменную гарантию афонскому Ватопедскому монастырю, что если они привезут к нему Крест св. царя Константина, то он вернет святыню назад. Но нет. Крест (вместе с главой св. Иоанна Златоуста) оставили в Москве — царь заявил, что такие святыни не могут оставаться под властью бусурман[820]. Можно предполагать, что он при этом заботился не столько о сохранности этих реликвий, сколько о том, чтобы их магическая энергия не досталась султану.

Составитель славянских святцев в середине XVII века в числе святынь, которые с Востока поступали на Русь, прежде всего называл чудотворные иконы. По его словам, греки «чудотворныя иконы также и мощи святых разделившевся от себе

---

[819] Каптерев Н. Ф. Характер отношения России к православному Востоку в 16 и 17 столетиях // Собрание сочинений. Т. 1. — М., 2008. С. 114.

[820] Чеснокова Н. П. Христианский Восток и Россия: Политическое и культурное взаимодействие в середине XVII века (По документам Российского государственного архива древних актов). — М., 2011. С. 131.

Каптерев Н. Ф. Характер отношения России к православному Востоку в 16 и 17 столетиях // Собрание сочинений. Т. 1. — М., 2008. С. 80–87.

отвезоша на Русь и свое благочестие пусто сотвориша»[821]. Так что возвращать грекам эвакуированные от них святыни[822] по русским понятиям тех лет означало усиливать военную мощь султана, чтобы было равно преступлению.

В случае невозможности владения оригиналами, он одобрял создание копий (Ново-Иерусалимский монастырь).

Копия Иверской иконы, появившаяся в Москве при Алексее Михайловиче, также вписывалась во внешнеполитические планы царя: «…идея получения Россией копии чудотворной Иверской иконы принадлежала одному из „кланов" русской политической элиты, по-видимому, стремившемуся к присоединению к Русскому государству грузинских земель»[823].

Дерзну предположить, что подготовка к войне за Смоленск стала дополнительным мотивом к утверждению всероссийского культа Казанской иконы.

Казанская икона Богоматери относится к тому же иконографическому типу Одигитрии (Путеводительницы), что и Смоленская. Точнее, Казанский образ — это «вырезанный» центр Смоленского.

Смоленская Одигитрия считалась хранительницей Смоленска. Смоленск был в польских руках, а Алексей Михайлович готовился к войне за Смоленск (1654). Прямо объявлять подчеркнутый культ Смоленской иконы было бы равносильно прежде-

---

[821] Там же.

[822] Вспомним древнеримский обряд evocatio — вывоза и призывания чужих богов.

[823] Ченцова В. Г. Икона Иверской Богоматери: еще раз об интерпретации архвных документов 1647–1648 гг. // Вторые чтения памяти проф. Н. Ф. Каптерева. — М., 2004. С. 32. Позже автор смягчил свой тезис: «Несмотря на отсутствие у нас данных о том, что первоначальная просьба об изготовлении списка иконы Иверской Богоматери имела отношение к переговорам о присоединении к России грузинских земель, впоследствии эта икона должна была приобрести значение символа единения православных. Ченцова В. Г. Икона Иверской Богоматери (Очерки истории отношений Греческой Церкви с Россией в середине XVII века по документам РГАДА). — М., 2010. С. 283.

временному раскрытию планов. Поэтому молитвы предлагалась обратить к ее копии. Древний религиозный инстинкт и начатки классической образованности требовали перед войной заручиться поддержкой вражеского (в данном случае — смоленского) «ангела-хранителя». Это старый римский обычай evocatio: вызывания в Рим богов осажденного города (так были вызываемы, например, карфагенские боги)[824].

Мог ли знать Алексей Михайлович об этих римских преданиях?

Надо оставить миф о том, что лишь при его сыне Россия открылась Европейской культуре. «Воспитатель царевича Алексея Михайловича Борис Иванович Морозов позволял порой своему подопечному разгуливать по дворцу в западноевропейской одежде. Среди игрушек будущего Тишайшего царя были немецкие „карты-картинки", детский конь немецкой работы, детские латы, сделанные для него немцем Петром Шальтом. Когда царевичу Алексию было 11–12 лет, в его личной библиотеке насчитывалось 13 книг, три из которых было изданы в Литве. Это славянская грамматика, космография и лексикон (польско-русский?) Применял в процессе обучения царевича Морозов и шедший с Запада метод наглядного обучения посредством немецких гравированных картинок… Алексей Михайлович получил некоторые зачатки светского западного учения, отчего при случае мог цитировать Аристотеля… В основу воспитания своих детей он положил не старорусские традиции, а принципы европейского просветителя Яна Амоса Коменского… 13-летний царевич Алексей Алексеевич по слову польского посла в 1667 году «владеет римской риторикой так же хорошо, как и сын флорентийского герцога Медичи»[825].

---

[824] Подробнее см. главу «Десять видов агрессивного миссионерства» в моей книге «Земное в церкви».

[825] Черникова Т. Европеизация России во второй половине XV–XVII веках. — М., 2012. С. 748–750.

Когда надо — проповедники подрихтовывают историю, подгоняя даты.

Наш современный патриарх Кирилл тоже любит объяснять военные победы тем, что в этот день был некий церковный праздник.

Например, по уверению патриарха Кирилла, «Война практически закончилась именно в этот день — день празднования Георгия Победоносца, Пасхальный день… Россия снова победила, сокрушительно победила врага в день памяти святого великомученика и Победоносца Георгия»[826]. «Реально война прекратилась 6 мая 1945 года. Ни 7-го, ни 8-го никаких выстрелов уже не было — ждали только подписания капитуляции. 6-го, в день святого великомученика и Победоносца Георгия, прозвучал последний выстрел этой страшной войны»[827].

Сводка Совинформбюро за 7 мая с описанием событий 6 мая, конечно, радует, но не дает никаких оснований считать, что война окончена. Быстрое продвижение войск союзников вперед и крушение немецкой обороны — это константа всех последних дней войны, уж тем более после самоубийства фюрера 30 апреля. Любой из майских дней 1–7 числа может быть с теми же основаниями назван «днем окончания войны».

1 мая 1945 года в Москве состоялся «парад победителей» (так его назвала советская пресса — и это был первый первомайский парад за годы войны; возобновление традиции знаменовало собой возвращение к мирной жизни). 4 мая Жуков провел в Берлине аналогичный (парад у Бранденбургских ворот принимал командующий 5-й ударной армией генерал-полковник Н. Берзарин, впоследствии первый военный комендант Берлина).

---

[826] «Слово», 6 мая 2018 года.
URL: http://www.patriarchia.ru/db/text/5190985.html

[827] «Слово», 6 мая 2012 года.
URL: http://www.patriarchia.ru/db/text/2203925.html

Если уж кто и мог бы считать 6 мая своим Днем Победы — так это западные союзники СССР. В тот день вышла директива начальника штаба Верховного Командования Вермахта Генерал-фельдмаршала Кейтеля командующему группой армий «Юг» генерал-фельдмаршалу Кессельрингу: «Никаких препятствий продвижению американских войск на Восток (в протекторат [Чехию] и далее южнее) более не чинить»[828].

Так что нарочитое выделение именно 6 мая в противовес капитуляциям 8–9 числа — это своекорыстное и не очень честное перетягивание «одеяла» на себя.

Но бои-то продолжались, несмотря на парады. Например, «7 мая 1945 года армии центра и левого крыла 1-го Украинского фронта перешли в фазу активных действий на 430 километрах. В районе Дрездена враг пытался контратаками пехоты и танков задержать продвижение советских войск, но, не выдержав их ударов, вынужден был отойти на 30–40 километров. Вскоре армии главной ударной группировки 1-го Украинского фронта вышли в полосе шириной 60 километров к северным склонам главного хребта Рудных гор и завязали бои за перевалы. Несмотря на упорное сопротивление немецких арьергардных частей, взрывавших мосты и устраивавших завалы на дорогах, 8 мая 4-я и 3-я гвардейские танковые армии преодолели Рудные горы, а 5-я гвардейская армия овладела столицей Саксонии»[829].

А дальше путь лежал на Прагу. И на этом пути, например, «правофланговый 36-й СК 31-й армии с 12.00 7.5.1945 г. начал активные боевые действия передовыми отрядами в направлении Зор-Нейдорф, Груна-Рахенау. В 12.00 после короткого огневого налета 141-я отдельная штрафная рота 173-й СД перешла в атаку

---

828 Публ. в: Русский архив: Великая Отечественная. Т. 15 (4–5). Битва за Берлин (Красная Армия в поверженной Германии): Документы и материалы. — М., 1995. С. 267.

829 URL: https://polk.press/ru/history-days/sovetskie-vojska-vzyali-gorod-drezden

и, преодолевая сплошные минные заграждения и огневое сопротивление немецких войск, к 15.00 7.5.1945 г. овладела выс. 226, 4. Одновременно после артиллерийско-минометного налета перешла в наступление 142-я отдельная штрафная рота 352-й СД и, преодолевая упорное сопротивление противника, к 14.00 ворвалась в первые траншеи. Используя успех передовых отрядов, части 173-й СД после короткого артиллерийского налета с 14.00 перешли в наступление и, несмотря на сильный ружейно-пулеметный и артиллерийский огонь немцев, сбили их с занимаемых рубежей и овладели выс. 218, 1»[830].

Вот журнал боевых действий 47 армии 1 Белорусского фронта. Она обошла Берлин с севера и шла к Потсдаму: за 7 мая 1945 года «в 82 СД убито 1, в 132 СД — 3, в 175 СД — 4, в 76 СД — 3, в 185 СД — 24, в 260 СД — 28, в 328 СД — 4. Всего 67 человек. Ранено 331»[831]. Эти потери лишь на 40 процентов ниже, чем среднесуточные потери этой же армии в марте 1945 года (3 396 человек убитыми за месяц или 109 человек в день)[832].

Ляп патриарха про «последний выстрел войны 6 мая» был настолько очевиден, что со временем он решил уточнить: «На территории России война прекратилась 6 мая… В нашей стране она прекратилась в день памяти великомученика Георгия. Разве это не является символом того, кто был вместе с нами?!»[833]

Порой желание подстроить возглавляемую и презентуемую священноначальником веру приводит к тому, что он ампутирует даже то, что должно было бы быть в его «зоне очевидности».

---

[830] Латыпов Т. Р. Пражская стратегическая наступательная операция (6 — 11.5.1945 г.): боевые действия 31-й армии // Наука. Общество. Оборона. 2019. № 1 (18).

[831] URL: https://pamyat-naroda.ru/documents/view/?id=437716075, С. 161.

[832] ЖБД 47 армии за март 1945 г.
URL: https://pamyat-naroda.ru/documents/view/?id=437716222, С. 165.

[833] «Слово», 6 мая 2022 года.
URL: http://www.patriarchia.ru/db/text/5923691.html
видео: https://www.youtube.com/watch?v=13RBAO1q6GE, 2 часа 27 мин.

Например, патриарх Кирилл уже почти 40 лет является митрополитом Калининградским (даже пребывая патриархом Московским). Все эти годы он твердил, что Восточная Пруссия —это Россия. Но в день св. Георгия он об этом забывает.

Странно, что епископ Пруссии ничего не слышал про группу армий «Курляндия» и про «Курляндский котел».

«На 9 мая в окруженной группировке имелось около 30 дивизий неполного состава, общей численностью от 150 до 250 тысяч солдат и офицеров немецкой армии. С октября 1944 года Красная Армия предпринимала пять попыток уничтожить эту группировку и каждый раз наталкивались на ожесточенное сопротивление противника.

Группа «Курляндия» продолжала сопротивляться и после подписания акта о безоговорочной капитуляции, вплоть до 15 мая 1945 года. Правда, к этой дате советские войска смогли подавить все крупные очаги сопротивления. 22 мая был уничтожен крупный отряд эсэсовцев, насчитывающий порядка 300 человек. Этот отряд под знаменами 6-го армейского корпуса СС во главе со своим командиром Вальтером Крюгером пытался вырваться из окружения в сторону Пруссии. Отряд был уничтожен, с нашей стороны погибли 25 красноармейцев, а сам Крюгер застрелился. Сохранились данные, что отдельные части противника блуждали по лесам и болотом, продолжая оказывать сопротивление нашим войскам, даже до июля 1945 года. Именно в Курляндии прозвучали последние выстрелы Великой Отечественной войны»[834].

Официально командующий группой армий «Курляндия» генерал Хильперт капитулировал 10 мая.

Я понимаю, эти бои шли на территории ныне суверенной Латвии. Но в 1945 это была территория СССР, который патриарх обычно называет «нашей страной».

---

[834] URL: https://диктантпобеды.рф/articles/voyna-posle-pobedy

Если же речь идет о территории нынешней РФ, то тут бои прекратились со взятием Кенигсберга 9 апреля.

Так что нарочитое выделение именно 6 мая в противовес капитуляциям 8–9 числа — это своекорыстное и не очень честное перетягивание «одеяла» на себя.

Конечно, патриарх не преминул сказать, что советский маршал Жуков неслучайно носил имя Георгий. А англичанам, в годы войны ведомыми королем Георгом, тоже покровительствовал святой Георгий на белом коне?

Более того — с января 1942 блокаду Ленинграда вели тоже Георгии. Группой армий «Север» командовал Георг Кюхлер, а ему наследовал и довел ее до июля 1944 тоже Георг (Линдеманн). Блокада для эти Георгиев кончилась неудачно. Но зла они причинили немало.

Так что тезис «по имени и житие» не имеет доказательной базы.

Для примера — список советских генералов, носивший то же самое имя, что и Жуков, но погибших в годы войны:

Козлов Г. П. — пропал без вести в сентябре 1941.

Ларионов Г. А. — пропал без вести в сентябре 1941.

Микушев Г. Н. — погиб в сентябре 1941.

Савченко Г. К. — расстрелян без суда 28.10.1941.

Соколов Г. И. — умер в заключении 11.07.1943.

Федоров Г. И. — погиб 5.08.1941.

Добавим сюда их пленного тезку:

Зайцев Г. М. — попал в плен 16.02.1943.

Религиозное сознание тщательно подчеркивает: «такая-то победная битва состоялась в день памяти такого-то святого». А вот «неудачные» совпадения оно устраняет из своей памяти.

Как заметил древнегреческий мудрец Диоген при виде идола Гекаты, увешанного благодарными приношениями от спасшихся от смертельной угрозы: «От погибших даров могло бы быть много больше» (Диоген Лаэртский. Жизнеописания, кн 6. Диоген Синопский).

Для устойчивости перед риторикой, которая приписывает победы армии церковному календарю, стоит еще раз соотнести с ним даты военной истории России:

В день погрома на Калке Церковь праздновала память святых отцов семи Вселенских Соборов.

26 августа 1382 года. Москва сожжена Тохтамышем. *«И была в граде сеча зла и вне града тако же сеча велика. И до тех пор секли, пока руки и плечи их не ослабли и не обессилели они»* (Повесть о нашествии Тохтамыша). В огне погибло огромное количество книг, свезённых для сохранения в Москву со всех окраин. Была вывезена вся княжеская казна. Потом были найдены и захоронены свыше 20 000 трупов тех, кто был зарублен. Сколько утонули, спасаясь от пожара (или были утоплены) и сколько было уведено в рабство — неизвестно. Это был день отдания Преображения Господня.

Разгром московской армии князя Василия Дмитриевича в Белевской битве 1437 года силами хана Улу-Мухаммед пришелся на день Николая Чудотворца (5 декабря).

В 1514 русская армия была разбита под Оршей 8 сентября — в день Рождества Богородицы (и в годовщину Куликовской битвы)[835]. *«...и удариша москвичи на Литву..., и треснули копья московския... И бысть непособие Божие москвичам»* (Псковская летопись).

---

[835] Польские и литовские источники поимённо называют всего 611 (по русским источникам — 370) пленных из числа знатных воевод, бояр и детей боярских, захваченных в войне 1514 года. Учёт простых пленных не вёлся из-за большого их количества. Пленные были отпущены только в 1552 году. О тяжести поражения может свидетельствовать то, что из 11 больших воевод в плен попало 6 — Иван Челяднин, Михаил и Дмитрий Булгаковы, Иван Пронский, Дмитрий Китаев и мурза Сивиндук, 2 было убито — Иван Темка-Ростовский и Андрей Оболенский-Пенинский, и только 3 спаслись — Григорий Челяднин-Давыдов, Никита Оболенский, Андрей Булгаков-Голица.

24 мая 1571 года. У стен Москвы армия Ивана Грозного разбита крымским ханом Дивлет-Гиреем. Царь бежал, Москва сожжена. Это был день Вознесения.

24 июня 1610 года. День Ивана Купалы. Воскресенье. Битва при Клушине. Остатки русской армии разбежались, и она фактически перестала существовать. Вскоре в Москве был свергнут Василий Шуйский и образована Семибоярщина, которая, в страхе перед Лжедмитрием II, присягнуло Владиславу и впустило в Москву войско Жолкевского. «Таким образом, победа Жолкевского при Клушине на какой-то момент, по мнению некоторых историков, привела к ликвидации русского государства»[836]. Современники заметили, что это был праздничный день: «в день Иоанна Крестителя, 24 июня, они сошлись в шести милях от Можайска и вступили в битву на поле под Клушином. Русские обращаются в бегство»[837].

А в 1634 году под Смоленском русская армия капитулировала в Прощеное Воскресенье[838].

В 1659 году московская армия была разбита казаками в битве при Конотопе в день Петра и Февронии.

В 1711 году русская армия, ушедшая в Прутский поход во главе с Петром Великим, капитулировала в день Почаевской иконы.

Нарвская конфузия имела место в день св. Григория Чудотворца.

«Балтийская Цусима» — Второе Роченсальмское сражение русского и шведского флотов произошло 28–29 июня (ст. ст.) 1790 года[839] пришлось на праздник св. Августина Иппонского,

---

[836] URL: https://ru.wikipedia.org/wiki/Битва_при_Клушине

[837] Конрад Буссов. URL: http://www.vostlit.info/Texts/rus13/Bussow/frametext6.htm

[838] URL: http://nasledie.admin-smolensk.ru/istoriya/istoricheskie-materialy/geroicheskaya-oborona-smolenska-1609-1611-gg/voevoda-shein-mihail-borisovich/

[839] Это крупнейшее в истории сражение на Балтийском море: с обеих сторон было задействовано до 500 кораблей, около 30 000 человек

св. Ионы, первого автокефального митрополита Московского и Михаила, первого митрополита Киевского.

Корпус Римского-Корсакова был разгромлен французами под Цюрихом в 1799 года в день Воздвижения Креста Господня и св. Иоанна Златоуста (14–15 сентября ст. ст)[840].

Сражение под Аустерлицем пришлось на день православного Будды (царевича Иоасафа). Позже именно на день Аустерлица церковь установит празднование современника тех событий — митр. Филарета Дроздова.

Не менее печальное для русской армии сражение под Фридландом имело место 2 (14) июня 1807 года, т. е. в день святого Никифора исповедника, патриарха Константинопольского, великомучника Иоанна Нового, Сочавского, Киево-Братской иконы Божией Матери.

14 сентября 1812 года передовые отряды армии Наполеона вошли в Москву. Это день Симеона Столпника и Иисуса Навина. В 1941 году в этот же день немецкие танковые клинья сомкнули Киевский котел с 600 000 бойцов.

Войска Антанты вошли в Севастополь (1855) в день усекновения главы Иоанна Предтечи.

и несколько тысяч корабельных орудий. Вторая битва при Роченсальме стоила российской стороне около 40% балтийского флота. Шведские военно-морские силы нанесли сильный удар российскому флоту. Шведы потеряли 300 убитых и раненых, 1 удему и 4 малых корабля; Россия — 7 400 убитых, раненых и пленных; 19 фрегатов и шебек, 16 малых кораблей; треть русского флота — 22 боевых корабля, в том числе флагманский корабль «Катарина», захвачены в плен. Всего было потоплено, сожжено или взято на абордаж 64 русских корабля. Это привело к окончанию практически уже выигранной Россией русско-шведской войны на относительно невыгодных для русской стороны условиях.

840 «Это самое жестокое поражение нашей армии за XVIII столетие» (Керсновский А. А. История русской армии. Том I От Нарвы до Парижа 1700–1814 гг., глава V (М., 1992).

Провальный штурм Плевны 7-11 сентября н. ст. 1877 года был специально приурочен к именинам императора Александра Второго, то есть ко дню памяти св. Александра Невского. За один день безрезультатно были потеряны 16 000 человек из 83 000. И это происходило на глазах самого именинника.

Там, где Плевна,
Дымится огромный курган
В нем останки еще не догнили.
Чтоб поздравить царя
В именины его
Много тысяч своих уложили.
Именинный пирог из начинки людской
Брат подносит державному брату[841]*;*
А на родине ветер холодный шумит
И разносит солдатскую хату...

Александр Ольхин. Отпевание. 1878

Генерал Куропаткин спустя годы писал о русских потерях под Плевной: «Японцы не хуже турок и в отдельных случаях могут создать нам новые Дубняки и Плевны, где и пять-шесть русских воинов при неумелом руководстве ими не могли одолеть одного турка, сидевшего в самых невинных окопах»[842].

31 марта 1904 г. адмирал Макаров погиб на борту эскадренного броненосца «Петропавловск», подорвавшегося на мине во время боевого выхода в море. Вместе с адмиралом Макаровым погиб весь его штаб, художник В. В. Верещагин, корабельный священник иеромонах Алексей (Раевский) и 635 членов экипажа.

---

841 Командовал русской армией Великий князь Николай Николаевич, брат Александра Второго.

842 Японские дневники А. Н. Куропаткина [с 27 мая по 1 июля 1903 г.] // Российский Архив: История Отечества в свидетельствах и документах XVIII—XX вв.: Альманах. Т. 6. — М., 1995. С. 418.

Это была Светлая пасхальная седмица и день св. Ионы, первого автокефального митрополита Московского[843].

20 декабря 1904 года (2 января 1905 года) был подписан акт о капитуляции крепости Порт-Артур. В японский плен попал весь гарнизон: 32 400 человек. Это день Предпразднства Рождества Христова, день св. Игнатия Богоносца. На этот же день позже будет назначен день Иоанн Кронштадтского. Но тогда он был еще жив, и, конечно, молился о победе императорской армии.

Благоверный царевич Дмитрий не даровал победы русскому флоту в день своей памяти в 1905 году (Цусима). Кроме того, Цусимское сражение началось в день коронации Николая II. Причем корабли не только тонули, но и сдавались. 15 (28) мая сдались два эскадренных броненосца и два броненосца береговой обороны во главе с адмиралом Н. И. Небогатовым: когда окруженные противником корабли его отряда попали под обстрел японцев, которые вели огонь, находясь вне зоны досягаемости артиллерии русских судов, отдал приказ сдаться. Еще ранее в плен на «Бедовом» попал и З. П. Рожественский. Миноносец, на котором находился адмирал, также не оказал сопротивления противнику.

В 1915 году в предпразднство Преображения и в день св. Митрофания Воронежского позорно сдалась Новогеоргиевская крепость. В плен попало 23 генерала, 21 000 офицеров. Всего — 80 000 человек. Потеряно 1 204 орудия. О коменданте Новогеоргиевска генерал-лейтенанте Н. П. Бобыре, сдавшем крепость после всего лишь трех дней обороны, говорят и как о предателе, и как о трусе и как об идиоте.

---

[843] Странность гибели Макарова в том, что накануне ночью был слышно движение кораблей в той зоне, куда утром должна была двинуться эскадра. Но Макаров не приказал ни осветить этот район, ни обстрелом отпугнуть возможные вражеские миноносцы. Более того, он не приказал провести противоминное траление по ходу своих кораблей.

18 июня 1918 года были затоплены последние корабли Черноморского флота, подчинявшиеся московской власти. В Цемесской бухте ушли на дно линкор «Свободная Россия» (ранее «Императрица Екатерина Великая»), десять эсминцев, пять транспортов и танкер. В Новороссийске и ныне есть мраморная мемориальная доска с надписью — «Легендарному экипажу миноносца „Керчь", выполнившему задание В. И. Ленина о затоплении Черноморской эскадры и затопившему миноносец в районе мыса Кадош»[844]. В этот летний день православные празднуют память великого князя Игоря Черниговского и Киевского (1150), Константина, митр. Киевского и всея России (1159), благоверного князя Феодора Ярославича (брата св. Александра Невского).

Самая страшная военная катастрофа в русской военной истории началась в «день всех русских святых» 1941 года.

В день преп. Сергия Радонежского того же 1941 года был замкнут Вяземский котел (об этом совпадении восторженно восклицал православный эмигрантский писатель Иван Шмелев[845]).

---

[844] Экипажи одного линкора, одного крейсера и пяти эсминцев отказались выполнить ленинский приказ и вернулись в Севастополь. Короткое время они были под контролем Германии, затем — Франции и Англии, потом — Врангеля, и снова Франции.

[845] «И. С. Шмелев — О. А. Бредиус-Субботиной.

9.X.41/26.IX.41 8 ч. 45 мин. утра

Вчера писал до 3 ночи… Писал о Православии, о его духе, о свободе в нем. И вот, писал когда, знал, что будет что-то важное сегодня, оставил радио открытым… Ведь вчера был день моего Сережечки, преп. Сергия Радонежского, России покровителя. Я ждал. Я так ждал, отзвука, — благовестил ждал — с „Куликова поля"! Я не обманулся сердцем, Преподобный отозвался… Я услыхал фанфары, барабан — в 2 ч. 30 мин., — специальное коммюнике: прорван фронт дьявола, под Вязьмой, перед Москвой, армии окружены… идет разделка, Преподобный в вотчину свою вступает. Божье творится не нашими путями, а Его, — невнятными для нас»

(И. С. Шмелев и О. А. Бредиус-Субботина: Роман в письмах: в 2 т. Т. I. — М., 2003. Письмо 52)

8 сентября — день начала блокады Ленинграда. Праздник Сретения Владимирской иконы Пресвятой Богородицы (празднество установлено в память спасения Москвы от нашествия Тамерлана).

14 октября 1941 года, в праздник Покрова Божией Матери более двух тысяч детей блокадного Ленинграда, следовавших в эвакуацию, а также сотни раненых красноармейцев сгорели в древнем русском городе Тихвин[846].

URL: http://shmelev.lit-info.ru/shmelev/pisma/bredius-subboyinoy/1939-1942-6.htm

Вяземский котел был образован 7 октября. 8 октября — день преп. Сергия Радонежского.

Иные симпатии Шмелева:

30 июня 41-го:

«Я так озарен событием 22.VI 80, великим подвигом Рыцаря, поднявшего меч на Дьявола. Верю крепко, что крепкие узы братства отныне свяжут оба великих народа»

(Письмо 27. URL: http://shmelev.lit-info.ru/shmelev/pisma/bredius-subboyinoy/1939-1942-3.htm).

1 февраля 1943 года:

«Очень рад, что толстошкурных голландцев чуть пощекочут. Этот народ привык пенки снимать с пролитой чужой крови. Во время прошлой войны они торговали налево-направо, перелопались с жиру. Теперь… но что это в сравнении с нашими испытаниями. Если бы не ужас „потопа", как бы хотел, чтобы большевизм вспыхнул в этих странах, после войны! Нужна такая наука сытым западно-европейским демократам (!!?) Демократы! Сволочь, а не демократы! Жидовская нанятая сволочь!»

15 марта 1943 года:

«…всё будет хорошо, и во всех смыслах. Скоро начнутся чудеса — и с ними — возрождение нас всех! Да, да. Я так ясно слышу ход Плана Божия в нашей жизни. И наш Орёл взовьется, и наш флаг — бело-сине-красный — заиграет! И зазвонит Кремль. Москва будет взята у красных — русскими войсками. Да, в братском почетном союзе с Германией, на основе взаимного признания — вечного союза. Иначе не может быть. И вся красная нечисть сгинет. Её будут жечь и с Востока. Увидишь».

[846] По воспоминаниям тихвинцев, утро того рокового дня было особенно теплым и солнечным. На путях на станции Тихвин стояли составы с ранеными и эвакуированными из Ленинграда женщинами и детьми,

29 октября, день св. мученика Лонгина. В этот день в 1955 году затонул линкор «Новороссийск». Погибло 617 человек.

7 апреля 1989 года, в великий праздник Благовещения Пресвятой Богородицы, 42 моряка погибли на подводной лодке «Комсомолец».

10 августа 2000 года подводная лодка «Курск» вместе с собой утопила 117 моряков. Это праздник Смоленской иконы Божией Матери, именуемой «Одигитрия» (Путеводительница).

В день отдания праздника Введения Божией Матери во Храм отдал кому-то душу СССР (8 декабря были подписаны Беловежские соглашения, оформившие то, что Путин назвал «крупнейшей геополитической катастрофой века»[847]).

А какого святого «привлечь к ответственности» за катастрофический штурм Грозного 1 января 1995 года? Неужто самого преп. Илью Муромца?

С такой логикой придется вспомнить афоризм Ежи Леца: «На суде у Бога алиби не будет».

вагоны с боеприпасами и цистерны с горючим. Эти дети, казалось, были уже далеко от войны, голода и ужасов блокады: оставалось всего несколько километров, и они в Вологде, на Большой земле, в безопасности. Но в районе 9 утра в небе показались вражеские самолеты: около 100 бомбардировщиков приближались к железнодорожной станции. Враг без угрозы для себя сбрасывал фугасные и зажигательные бомбы на головы беззащитных людей: на станции тогда не имелось средств противовоздушной обороны, способных остановить налет. Начался сильнейший пожар, загорались составы, взрывались цистерны с горючим и вагоны с боеприпасами. К станции нельзя было подойти в течение нескольких часов: там бушевало пламя, рвались снаряды, куски дерева и металла разлетались на несколько километров.

«Дети сильно обгорели, они ползли и ковыляли, умирая от боли, от станции к городу, и не хватало людей и подвод, чтобы помочь им…» Сколько их погибло в тот день в страшной, кровавой мясорубке, учиненной на станции немецкими летчиками, точно до сих пор неизвестно.

URL: https://вдпо.рф/calendar/1941-10-14_pozhar-na-zhd-stantsii-tikhvin

847 Послание Федеральному собранию 2005 г.

URL: http://kremlin.ru/events/president/transcripts/22931

24 февраля 2022 года в церковном календаре обозначено как день памяти святой греческой царицы Феодоры — той, которая учредила праздник «Торжества Православия»...

Тот же принцип выборочной памяти присущ и акцентированию «пророчеств». Из множества суждений некоего лица, сделанных в будущем времени, позже выбирается парочка, схожих с реально наступившим будущим (прошлым для комментатора), и говорится: «прозорлив!». Например, в церковной среде принято считать, будто царь Николай заранее знал свою расстрельную судьбу, смиренно ее принял и стал на путь христианского непротивления. Но вот его письмо жене от 4 декабря 1916: «...теперь я твердо верю, что самое тяжелое позади, и что не будет уже так трудно, как раньше. А затем я намереваюсь стать резким и ядовитым»[848].

А в целом этот способ самоутверждения описан в известной притче про мошенника, который зарабатывал на жизнь предсказаниями пола будущего ребенка. Своему другу он открыл секрет своего бизнеса:

«— Я всем говорю, что у них будет мальчик, прошу за это 500 рублей и обещаю вернуть деньги в случае ошибки.

— Но если ты ошибешься?

— Да, в половине случаев я возвращаю деньги. Но вторая-то половина все равно остается мне!»

---

[848] Семейная переписка Романовых. [Переписка Николая II и Александры Федоровны) // Красный архив. Т. 4. — М.-Пг., 1923. С. 161.

Глава 55

Как сообщить о поражении

Не буду пересказывать анекдот про Наполеона, читающего газету «Правда». («Если бы у нас были такие газеты, Франция никогда бы не узнала про Ватерлоо!»)

Но вот рассказ Льва Толстого:

«В газетах, из которых впервые узнал старый князь об Аустерлицком поражении, было написано, как и всегда, весьма кратко и неопределенно, о том, что русские после блестящих баталий должны были отретироваться и ретираду произвели в совершенном порядке. Старый князь понял из этого официального известия, что наши были совершенно разбиты...»

Толстой Л. Н. «Война и мир».
Т. 2, ч. 1, гл. 7

И в самом деле: сражение имело место 10 ноября, Манифест — 20 ноября.

В «Санкт-Петербургских ведомостях» было передано сообщение из Ольмюца от 29 ноября:

«Соединенная Российская и Австрийская армия пошла двумя маршами против неприятеля, который, кажется,

желает избежать сражения, по крайней мере в сей стране. Главная квартира обоих императоров была вчера, 28-го, в Вишау». В следующих номерах газеты не было никаких упоминаний о том, чем закончился этот марш, и лишь через две недели в газете появилось сообщение о том, что 6 декабря в Австрии заключено перемирие и что император Александр прибыл в Витебск и следует в Петербург»[849].

8 декабря «Санкт-Петербургские ведомости» так писали о текущих событиях: «…истощенные силы Венского двора, нещастия, постигшия оный, также недостаток в продовольствии, не взирая на сильное и храброе подкрепление российских войск, заставили римского императора на сих днях заключить с Франциею конвенцию, за которою вскоре должен последовать и мир. Его Императорское Величество пришед на помощь своего союзника, не имел иной цели, как собственную оного защиту и отвращение опасности, угрожающей державе его, видя в настоящих обстоятельствах присутствие войск своих в австрийских пределах более уже ненужным, Высочайше указать им изволил, оставив оные, возвратиться в Россию. В непродолжительном времени публикованы будут реляции военных действий, до самого пресечения оных».

Александр дал распоряжение М. И. Кутузову «прислать две реляции: одну, в коей по чистой совести и совершенной справедливости были бы изложены действия, а другую — для публикования»[850].

Реляция «для публикования» появилась в газетах 6 февраля 1806 г. Из нее довольно трудно было понять, кто вышел победителем в сражении, «в продолжение котораго Российские войска… показали новые опыты мужества и неустрашимости».

---

849 Манфред А. З. Наполеон Бонапарт. — М., 1987. С. 436-437.

850 Богданович М. И. История царствования императора Александра. Т. 2. — СПб, 1869. С. 105.

Читателю внушалась мысль если не о победе русских, то во всяком случае о ничейном исходе сражения, с некоторым преимуществом на стороне российских войск. «Почти до самой полночи стояли они в виду неприятеля, который не дерзал уже более возобновлять своих нападений». При этом потери русских назывались в полтора раза меньше, чем французов: «По самым вернейшим изчислениям весь урон наш, как в убитых, так и в плен попавших, не доходит до двенадцати тысяч, напротив того по всем имеющимся сведениям урон неприятеля в убитых и раненных простирается до восемнадцати тысяч»[851].

Вернувшегося прежде войск в Петербург Александра I разве что на руках не носили. «Все пали на колени и целовали ему ноги и руки. Радость напоминала иступленный восторг», — описывает очевидец сцену у Казанского собора[852].

Дальше больше: дума георгиевских кавалеров всеподданнейше попросила Александра о возложении им «на Себя I степени ордена Св. Георгия». Правда, Александр согласился только на 4-ю[853].

По верному замечанию Манфреда, «в России значение понесенного поражения подчеркивалось тем, что о нем нельзя было писать»[854].

В 1812 году афишки Ростопчина также блестяще превращали поражения в победы:

«4-го числа император Наполеон, собрав все свои войска, в числе 100 000 человек, пришел к Смоленску, где был встречен за 6 верст от города корпусом генерал-лейтенанта

---

851 Санкт-Петербургские ведомости. 1806, 6 февраля, пятница.

852 Шильдер Н. К. Император Александр Первый: его жизнь и царствование. Т. 2. — СПб, 1897. С. 285.

853 Дуров В. А. Ордена России. — М., 1993. С. 37.

854 Контекст см. тут: Парсамов В. С. В. А. Жуковский и официальная пропаганда в 1806 г. («Песнь барда над гробом славян-победителей») // Вестник РГГУ. Литературоведение. Языкознание. Культурология. 2007. № 9. С. 210–222.

Раевского. Сражение началось в 6 часов утра и с полудня сделалось кровопролитнейшим. Храбрость русских превозмогла многочисленность, и неприятель был опрокинут. Корпус генерала Докторова, пришедший на смену утомленнаго, но победившего корпуса генерал-лейтенанта Раевскаго, 5-го числа на рассвете вступил в битву. Неприятельския войска везде были отражаемы. Но в сие время город Смоленск объят был пламенем, и войска наши заняли позицию от Днепра к деревне Пневой и Дорогобужу. Неприятель, расстроенный столь сильным поражением, остановился и, потеряв больше двадцати тысяч человек, приобрел в добычу старинный град Смоленск, руками его в пепел обращенный».

«Афиша» № 5 от 14 августа

«Вчерашняго числа (24-го), во втором часу пополудни неприятель в важных силах атаковал наш левый фланг, под командою князя Багратиона, и не только в чем-либо имел поверхность, но потерпел везде сильную потерю».

«Афиша» № 12
(на самом деле Шевардинский редут был оставлен)

«Вчерашний день, 26-го, было весьма жаркое и кровопролитное сражение. С помощию Божиею русское войско не уступило в нем ни шагу, хотя неприятель с отчаянием действовал против него. Завтра надеюсь я, возлагая мое упование на Бога и на московскую святыню, с новыми силами с ним сразиться. Потеря неприятеля — неисчетная».

«Афиша» № 13
(на самом деле все атакованные французами позиции, то есть все позиции по центру и левому флангу русской позиции были уступлены)[855]

---

[855] «К ночи мы, после жаркого боя, уступили место, лишившись нескольких орудий. Остатки Дохтурова 6-го корпуса, примыкавшие правым

Следующая после этой победоносной реляции афиша вдруг сообщает об отступлении:

«Светлейший князь, чтоб скорей соединиться с войсками, которые идут к нему, перешел Можайск и стал на крепком месте, где неприятель не вдруг на него пойдет. Светлейший (Кутузов) говорит, что Москву до последней капли крови защищать будет и готов хоть в улицах драться. Вы, братцы, не смотрите на то, что присутственныи места закрыли: дела прибрать надобно; а мы своим судом с злодеем разберемся!»[856]

Через полвека была Крымская война. Народу о поражении не сообщили.

Манифест нового царя, Александра Второго, гласил:

«Высочайшiй Манифестъ о прекращенiи [Крымской или Восточной] войны (1856 г., Марта 19).

БОЖIЕЮ МИЛОСТIЮ МЫ, АЛЕКСАНДРЪ ВТОРЫЙ, ИМПЕРАТОРЪ И САМОДЕРЖЕЦЪ ВСЕРОССIЙСКIЙ, Царь Польскiй, и прочая, и прочая, и прочая.

флангом своим к большой дороге, еще кое-как удержались; но оконечность нашего левого фланга была совершенно отброшена назад, так что старая Можайская дорога оставалась почти совсем открытою. Все с нетерпением ожидали наступления темноты, которая, с прекращением кровопролития, спасала нас от совершенной гибели, которой бы не миновать, если б день еще два часа продлился. Конечно, не побежали бы войска наши, но все легли бы на месте, ибо неприятель был слишком превосходен в силах. Французская старая гвардия еще в дело не вступала, тогда как часть нашей гвардии потеряла уже довольно большое количество людей, и Преображенский и Семеновский полки, не сделав ни одного ружейного выстрела, понесли от одних ядер до 400 человек урона в каждом».

(Муравьёв Н. Н. «Записки» // «Русские мемуары. Избранные страницы. 1800–1825». — М., 1989. С. 119)

856 Ростопчинские афиши 1812 года. — СПб, 1889.

Объявляемъ всенародно:

Упорная, кровопролитная борьба, возмущавшая Европу[857] *въ теченіи трехъ почти лѣтъ, прекращается. — Она была возбуждена не Россіею и передъ началомъ ея, почивающій нынѣ въ Бозѣ незабвенный Родитель НАШЪ объявилъ торжественно всѣмъ вѣрноподданнымъ Своимъ и всѣмъ державамъ иностраннымъ, что единственною цѣлію Его домогательствъ и желаній было: охраненіе правъ, устраненіе притѣсненія единовѣрцевъ НАШИХЪ на востокѣ. Чуждый всякихъ своекорыстныхъ видовъ*[858]*, Онъ не могъ ожидать, что послѣдствіемъ справедливыхъ его требованій будутъ бѣдствія войны, и, взирая на нихъ съ чувствомъ прискорбія, какъ христіанинъ и нѣжный Отецъ, ввѣренныхъ Ему Богомъ народовъ, не преставалъ изъявлять готовность Свою къ миру. — Но открытые не задолго до кончины Его переговоры, объ условіяхъ сего мира, для всѣхъ равно нужнаго, не имѣли успѣха. — Правительства, бывшія въ непріязненномъ противъ НАСЪ союзѣ, не останавливали своихъ вооруженій и во время негоціаціи; даже усиливали ихъ; война продолжалась и МЫ вели ее съ твердымъ упованіемъ на милость Всевышняго, съ твердою увѣренностію въ непоколебимомъ усердіи любезныхъ НАШИХЪ подданныхъ. Они оправдали НАШИ ожиданія. — Въ сію тягостную годину испытаній, какъ всегда, и вѣрныя, храбрыя войска НАШИ и всѣ сословія народа Русскаго явили себя достойными своего великаго призванія. На всемъ пространствѣ НАШЕЙ Имперіи, отъ береговъ Восточнаго океана до морей Чернаго и Балтійскаго, была одна мысль, одно стремленіе, — не щадить достоянія и жизни для исполненія долга; для защиты*

---

857 Оказывается, война причиняла трудности Европе, а не России. Этот тезис станет классикой военно-патриотической пропаганды: «им еще хуже!».

858 Это неправда: царь желал контроля над черноморскими проливами, а также всеми балканскими странами, включая Сербию и Болгарию.

отечества. Земледѣльцы, едва оставившіе плугъ и воздѣланныя ими поля, спѣшили ополчится на священную брань и не уступили опытнымъ воинамъ въ неустрашимости и самоотверженія. Новые блистательные подвиги мужества ознаменовали сіе послѣднее время борьбы НАШЕЙ съ сильными противниками[859]*. — Непріятель отраженъ отъ береговъ Сибири и Бѣлаго моря, отъ твердынь Свеаборга, и геройская одинадцати-мѣсячная оборона южныхъ укрѣпленій Севастополя, воздвигнутыхъ въ виду и подъ огнемъ осаждающихъ, будетъ жить въ памяти отдаленнѣйшаго потомства. — Въ Азіи, послѣ знаменитыхъ побѣдъ двухъ прошедшихъ кампаній, Карсъ долженъ былъ НАМЪ сдаться съ своимъ многочисленнымъ гарнизономъ, составлявшимъ почти всю Анатолійскую армію, и шедшія къ нему*

---

[859] Из воспоминаний фрейлины Анны Тютчевой о Николае I:

«Никогда этот человек не испытал тени сомнения в своей власти или в законности ее. Он верил в нее со слепой верою фанатика, а ту безусловную пассивную покорность, которой требовал он от своего народа, он первый сам проявлял по отношению к идеалу, который считал себя призванным воплотить в своей личности, идеалу избранника божьей власти, носителем которой он себя считал на земле. Он чистосердечно и искренно верил, что в состоянии все видеть своими глазами, все слышать своими ушами, все регламентировать по своему разумению, все преобразовать своею волею. И вот, когда наступил час испытания, вся блестящая фантасмагория этого величественного царствования рассеялась как дым. В самом начале Восточной войны армия — эта армия, столь хорошо дисциплинированная с внешней стороны, — оказалась без хорошего вооружения, без амуниции, разграбленная лихоимством и взяточничеством начальников, возглавляемая генералами без инициативы и без знаний; оставалось только мужество и преданность ее солдат, которые сумели умирать, не отступая там, где не могли победить вследствие недостатка средств обороны и наступления. Финансы оказались истощенными, пути сообщения через огромную империю непроездными, и при проведении каждого нового мероприятия власть наталкивалась на трудности, создаваемые злоупотреблениями и хищениями. В короткий срок полутора лет несчастный император увидел, как под ним рушились подмостки того иллюзорного величия, на которые он воображал, что поднял Россию».

Тютчева А. Ф. При дворе двух императоров. — М., 1992. С. 45.

на помощь лучшія турецкія войска принуждены къ отступленію. Между тѣмъ Провидѣніе, въ неизъяснимыхъ, но всегда благостныхъ судьбахъ Своихъ, готовило событіе котораго столь усердно и единодушно желали и незабвенный Любезнѣйшій Родитель НАШЪ, и МЫ, и съ НАМИ вся Россія, которое было первою цѣлію войны. — Будущая участь и права всѣхъ христіанъ на Востокѣ обезпечены[860]*. Султанъ торжественно признаетъ ихъ, и, вслѣдствіе сего дѣйствія справедливости, Имперія Оттоманская вступаетъ въ общій союзъ государствъ Европейскихъ*[861]*. — Россіяне! Труды ваши и жертвы были не напрасны. — Великое дѣло совершилось, хотя иными, непредвиденными путями, и МЫ нынѣ можемъ съ спокойствіемъ въ совѣсти, положить конецъ симъ жертвамъ, и усиліямъ, возвративъ драгоцѣнный миръ любезному отечеству НАШЕМУ. — **Чтобъ ускорить заключеніе мирныхъ условій и отвратить, даже въ будущемъ самую мысль о какихъ либо съ НАШЕЙ стороны видахъ честолюбія и завоеваній, МЫ дали согласіе на установленіе нѣкоторыхъ особыхъ предосторожностей противъ столкновенія НАШИХЪ вооруженныхъ судовъ съ Турецкими въ Черномъ морѣ**[862]**, и на проведеніе новой граничной черты въ южной ближайшей***

---

[860] Порта передала Франции ранее признаваемое за Россией право покровительства христианам Ближнего Востока.

[861] Парижский мирный договор 1856 года, статья VII.: «Е.в. император всероссийский, е.в. император австрийский, е.в. император французов, ее в. королева Соединенного Королевства Великобритании и Ирландии, е.в. король прусский и е.в. король сардинский объявляют, что Блистательная Порта признается участвующею в выгодах общего права и союза держав европейских. Их величества обязуются, каждый со своей стороны, уважать независимость и целость империи оттоманской, обеспечивают совокупным своим ручательством точное соблюдение сего обязательства и вследствие того будут почитать всякое в нарушение оного действие вопросом, касающимся общих прав и пользы».

[862] Отказ России от Черноморского военного флота.

къ Дунаю части Бессарабіи[863]. Сіи уступки не важны въ сравненіи съ тягостями продолжительной войны и съ выгодами, которыя обѣщаетъ успокоеніе Державы, *отъ Бога намъ врученной. — Да будутъ сіи выгоды вполнѣ достигнуты совокупными стараніями НАШИМИ и всѣхъ вѣрныхъ НАШИХЪ подданныхъ. При помощи Небеснаго Промысла, всегда благодѣющаго Россіи, да утверждается и совершенствуется ея внутреннее благоустуойство; правда и милость да царствуютъ въ судахъ ея; да развивается по всюду и съ новою силою стремленіе къ просвѣщенію и всякой полезной дѣятельности, и каждый подъ сѣнію законовъ, для всѣхъ равно покровительствующихъ, да наслаждается въ мирѣ плодомъ трудовъ невинныхъ. Наконецъ, и сіе есть первое, живѣйшее желаніе НАШЕ, свѣтъ спасительной вѣры, озаряя умы, укрѣпляя серца, да сохраняетъ и улучшаетъ болѣе и болѣе общественную нравственность, сей вѣрнѣйшій залогъ порядка и счастія.*

Данъ въ С.-Петербургѣ, въ 19 день марта, въ лѣто отъ Рождества Христова тысяча восемьсотъ пятьдесятъ шестаго года, Царствованія же НАШЕГО во второе.

На подлинномъ Собственною ЕГО ИМПЕРАТОРСКАГО ВЕЛИЧЕСТВА рукою подписано: „АЛЕКСАНДРЪ"»[864].

Подлинный мастер-класс того, как сообщить народу о проигранной войне как о своем успехе…

И все же рекорд официальной лжи, возможно, за турками.

1878 год. Русские войска под Стамбулом… После заключения в Сан-Стефано мирного договора в турецких газетах было напечатано заявление султана Абдул-Хамида Второго, разъясняющие подданным текущие события:

---

863 К Турции вернулись Измаил, Кагул и дельта Дуная.

864 Гейрот А. Ф. Описаніе Восточной войны 1853–1856 гг. — СПб, 1872. С. 504–507.

«Нет Бога, кроме Бога, и Магомет пророк Его. Тени Бога благоугодно было даровать русским мир. Правоверным известно, что проклятые иконопоклонники возмутились, отказались платить дань, взялись за оружие и выступили против повелителя правоверных, вооружившись дьявольскими ухищрениями новейшего времени. Хвала Богу. Правда восторжествовала. Наш милостливый и победоносный государь на этот раз совершенно один вышел из борьбы победителем неверных собак. В своей неимоверной благости и милосердии он согласился даровать нечистым собакам мир, о котором они унижено просили его. Ныне, правоверные, вселенная опять будет управляться из Стамбула. Брат повелителя русских имеет немедленно явиться с большою свитою в Стамбул и в прах и в пепел, в лице всего мира, просить прощения и принести раскаяние. При этом имеет быть уплачена обычная числящаяся за ними дань, после чего повелитель правоверных в своей неистощимой милости и долготерпении вновь утвердит повелителя русских в его должности вассального наместника его страны. Но дабы отвратить возможность нового возмущения и сопротивления, султан, в качестве верховного повелителя земли, повелел, чтобы 50 тыс. русских остались в виде заложников в Болгарии. Остальные неверные собаки могут возвратиться в свое отечество, но лишь после того, как они пройдут в глубочайшем благоговении через Стамбул или близ него».

(Такую перепечатку русская «Газета Гатцука»
сделала в своем 12-м номере за 1878 г.
якобы из смирнской газ. «Ахбарь»)

Газета «Гатцука» — это московское издание. Впервые газета увидела свет в 1875 году, благодаря своему основателю, издателю и редактору Алексею Гатцуку — известному археологу, публицисту и писателю. «Ахбар» — «Вести, Новости, Известия».

Первая арабская газета Хадикат аль-ахбар («Сад известий») стала издаваться еще в 1858 г. православным арабом, 22-летним поэтом Халилем аль-Хури (1836–1907), который и редактировал ее почти полвека до своей кончины[865]. Но было ли в Измире (Смирне) столько арабов, чтобы издавать газету на арабском языке?

В 1905 году царь Николай, утешая выживших участников Русско-японской войны, вручил им медаль с надписью «Да вознесет вас Господь в свое время». Надпись была начертана лично Императором и является непрямой цитатой из послания апостола Петра: «Итак смиритесь под крепкую руку Божию, да вознесет вас в свое время».

Так и сбылось. Через 10 лет они стали «возноситься» в массовом порядке на другой, более страшной войне.

17 июня 1940 года маршал Петэн обратился к Франции:

> *«...я уверен в любви нашей великолепной армии, которая с героизмом борется с противником. Этой ночью я обратился к противнику, чтобы спросить, готов ли он изыскать вместе с нами после борьбы с сохранением чести средства положить конец военным действиям. Пусть все французы сплотятся вокруг правительства, которое я возглавляю, во время этих тяжелых испытаний, пусть заставят смолкнуть свою тревогу, чтобы слушаться лишь своей веры в судьбу Родины».* А 20 июня 1940 года он так начал сообщение о своей капитуляции: *«Французы! Я потребовал у противника прекратить военные действия. Правительство назначило представителей, которым надлежит принять их условия»*[866].

865 URL: https://book.ivran.ru/f/domazarubezhom.pdf

866 Цит. по: Жан-Поль Паллю: План «Гельб». Блицкриг на Западе 1940. — М., 2008.

Я не знаю, что творилось в одном кремлевском кабинете весной-осенью 2022 года. Возможно, повторялись сцены, описанные Светонием:

«Тяжелые и позорные поражения Октавиан Август испытал только дважды, и оба раза в Германии: это были поражения Лоллия и Вара. Первое принесло больше позора, чем урона, но второе было почти гибельным: оказались уничтожены три легиона с полководцем, легатами и всеми вспомогательными войсками. При вести об этом Август приказал расставить по городу караулы во избежание волнений; наместникам провинций он продлил власть, чтобы союзников держали в подчинении люди опытные и привычные; Юпитеру Благому и Величайшему он дал обет устроить великолепные игры, если положение государства улучшится, как делалось когда-то во время войн с кимврами и марсами. И говорят, он до того был сокрушен, что несколько месяцев подряд не стриг волос и бороды и не раз бился головою о косяк, восклицая: «Квинтилий Вар, верни легионы! Quintili Vare, legiones redde!»

Светоний. «Жизнь двенадцати цезарей».
Август, 23[867]

Может, кремлевский властелин тоже «не раз бился головою о косяк» и по тому же поводу.

А может, там вспомнили византийскую риторику —

«сражавшиеся на море в наших судах были обращены в бегство первым же натиском вражеских полчищ. Некоторые говорят, что наши [воины] были подвигнуты к отступлению не страхом перед противником, но что сама Дева,

[867] Впрочем, сербский сатирик серб Бранислав Нушич («Автобиография», 1924) вспоминал эту фразу в ином контексте: «Один боевой командир, переведенный в интенданты, постоянно твердил: «Quintili Varre, redde mihi legiones!»

желая показать свою власть творить чудеса, приказала им притворно отступить, чтобы варвары потерпели полное крушение около ее святого храма, нашей спасительной пристани и тихой гавани — Влахернского храма Богородицы».

(Федор Синкелл. О безумном нападении безбожных аваров и персов на богохранимый Град и об их позорном отступлении благодаря человеколюбию Бога и Богородицы)

А, может, в Кремле перечитали пьесу Евгения Шварца с ее прекрасными рецептами оправдания-чего-угодно:

Мальчик: Мама, от кого дракон удирает по всему небу?

1-й горожанин: Он не удирает, мальчик, он маневрирует.

Мальчик: А почему он поджал хвост?

1-й горожанин: Хвост поджат по заранее обдуманному плану, мальчик.

Бургомистр: Слушайте приказ. Во избежание эпидемии глазных болезней, и только поэтому, на небо смотреть воспрещается. Что происходит на небе, вы узнаете из коммюнике, которое по мере надобности будет выпускать личный секретарь господина дракона.

Генрих. Слушайте коммюнике городского самоуправления. Бой близится к концу. Противник потерял меч. Копье его сломано. В ковре-самолете обнаружена моль, которая с невиданной быстротой уничтожает летные силы врага. Оторвавшись от своих баз, противник не может добыть нафталина и ловит моль, хлопая ладонями, что лишает его необходимой маневренности. Господин дракон не уничтожает врага только из любви к войне. Он еще не насытился подвигами и не налюбовался чудесами собственной храбрости.

1-й горожанин. Вот теперь я все понимаю...

Мальчик. Ну, мамочка, ну смотри, ну честное слово, его кто-то лупит по шее.

1-й горожанин. У него три шеи, мальчик.

Мальчик. Ну вот, видите, а теперь его гонят в три шеи.

1-й горожанин. Это обман зрения, мальчик!

Голова Дракона с грохотом валится на площадь.

Генрих: Слушайте коммюнике городского самоуправления. Обессиленный Ланцелот потерял все и частично захвачен в плен.

Мальчик: Как частично?

Генрих: А так. Это — военная тайна. Остальные его части беспорядочно сопротивляются. Между прочим, господин дракон освободил от военной службы по болезни одну свою голову, с зачислением ее в резерв первой очереди. Слушайте обзор происходящих событий. Заглавие: почему два, в сущности, больше, чем три? Две головы сидят на двух шеях. Получается четыре. Так. А кроме того, сидят они несокрушимо!

Вторая голова Дракона с грохотом валится на площадь.

Генрих: Обзор откладывается по техническим причинам. Слушайте коммюнике. Боевые действия развиваются согласно планам, составленным господином драконом. Прослушайте обзор событий! ...Время военное. Надо терпеть. Итак, я начинаю. Един бог, едино солнце, едина луна, едина голова на плечах у нашего повелителя. Иметь всего одну голову — это человечно, это гуманно в высшем смысле этого слова. Кроме того, это крайне удобно и в чисто военном отношении. Это сильно сокращает фронт. Оборонять одну голову втрое легче, чем три...»

В любом случае 2022 год принес военной пропаганде новые удачи. Уход российской армии из-под Киева была назван «жестом доброй воли» и «деэскалацией». Оставление Изюма — «плановой перегруппировкой». Оставление Херсона — «трудным решением». Превращение в провинцию Китая — «многополярным миром».

Глава 56

По дороге разочарований

Я поздно встал — и на дороге
Застигнут ночью Рима был!
(Тютчев. Цицерон)

Непросто понять свою сопричастность к народу, который бывал жестоко неправ, к стране, чей исторический путь усеян историческими же преступлениями. Вся тяжесть многовековой истории с ее болезнями лежит на совести думающего и образованного человека. «Это всё мое родное, это Родина моя». И отождествление и растождествление с этим дается непросто.

Безгрешных народов, как и безгрешных людей не бывает. Но есть те, кто признает свои неправды, помнит о них и на своих ошибках учит своих детей не повторять иные «подвиги отцов». Сила русской культуры последних столетий была именно в том, что в ней была традиция живительного покаянного самобичевания. И тут рядом стоят проповеди протопопа Аввакума и философические письма Чаадаева, петровские всешутейшие соборы и сатира Юлия Кима. Это разные формы «о-странения» и отстранения официоза и былых напыщенных идентичностей.

Но все это оказалось струйками элитарной и потому маргинальной культуры. Масс-мейнстрим жаждет самовосхваления и самооправдания. «Нам нужен ресентимент!»

Вот почему для меня годом потери страны стал 2022. Растождествлять государство с его непременно мудрым руководством и страну я привык давно, еще в советские времена. Но дружная поддержка именно народом «специальной военной операции» стала для меня болезненным сюрпризом.

«Я до рвоты, ребята, за вас хлопочу, может кто-то когда-то поставит свечу»… За кого — «за вас»?

Я потерял страну. Стало слишком трудно отождествлять себя с ней. «Лента новостей» с народными «лайками» это не то, чем хочется любоваться, гордиться. Стало понятно, что у себя на Родине я отношусь к незначительному меньшинству. Я точно не с народом, который принимает то, что рекламирует телевизор. А в доктора этому народу меня никто не назначал.

Похоронили маленькое слово,

Да как могли мы это не заметить!

А если, как бывало, спросят снова —

Стой, кто идет! — чего теперь ответить?

Свои, свои! — готово с губ сорваться.

Но слова нет, лежит оно в могиле.

И как теперь своим к своим пробраться…

О, Господи, помилуй, помоги им.

Свои! — давно никто не произносит.

Змеится речка между берегами.

И каждый в одиночку, на износе

Бессменным часовым изнемогает.

Великий отзыв на пароль извечный,

Восстань из праха, стань, как прежде, нужен.

И я с тобою вынырну из речки

На берег правый, где костры и ужин.

Дмитрий Сивиркин

Это как с теорией «невидимой церкви».

Единоверец — это не тот, кто молится с тобой в одном и том же храме, а тот, кто схожим образом понимает Евангелие. Если мои проекции Евангелия из античности в настоящее совпадают с его — мы единоверцы.

Сказать, что единоверцы — это те, кто одинаково понимают догмат о Троице, значит сказать определенное лукавство. Ибо и Троицу понять нельзя, и даже догмат о ней[868]. Так что в реальности догматические единоверцы это те, кто делают вид, будто одинаково 1) понимают непонимаемое 2) понимают слова, отсутствующие в современном языке («ипостась», «фюсис») и имевшие разные значения в своей многовековой истории.

Так и соотечественник: это не тот, кто прописан с тобой в одном дворе и подлежит призыву в тот же военкомат. А тот, кто «нужные книги в детстве читал» и не забыл их.

«— Где мы? — К черту подробности! Кто мы?»

Вот не случайно Галич в своем поиске России упомянул Китеж. Град невидимый, но необходимый для того, чтобы не быть растертым в мире, характеризуемом другой строкой Галича: «над блочно-панельной Россией как лагерный номер Луна».

Об этой потере Родины есть горькие строки не только Галича, но и Солженицына, Коржавина, Георгия Иванова:

Есть много Россий в России,

С Россией несхожих Россий.

Мы о-слово-словом красивым

Как камешками кресим…

[868] Слова патриарха Сергия Страгородского:

«Всякий догмат потому и составляет предмет веры, а не знания, что не все в догмате доступно нашему человеческому пониманию. Когда же догмат становится слишком понятным, то имеются все основания подозревать, что содержание догмата чем-то подменено, что догмат берется не во всей его Божественной глубине».

(Цит. по: патр. Алексий (Симанский). Слова, речи, послания. Т. 2. — М., 1954. С. 111)

«Россия!»... Не в блоковских ликах
Ты мне проступаешь, гляжу:
Среди соплеменников диких
России я не нахожу...

* * *

...Но пока — в предвкушенье
Новой, страшной главы —
Я стою в окруженье
Предосенней Москвы.
Так что, смят и поборот,
Я не спорю со злом —
Просто чувствую город
В полверсте за углом.
он жалеет — не очень,
Чистоты — не блюдет.
Лишь бестрепетно топчет
И к свершеньям ведет.
С ним куда-то всё гонишь,
Всё — как всадник в седле.
Но отстанешь — утонешь
Там, где топчут — во мгле.
И узришь над собою
Всё, что мыслью отверг:
Мглу над целой страною,
Над Москвой — фейерверк.
Я держусь... Но боюсь я:
Страшен с верой разлад.
Потому так и рвусь я
Безраздельно назад.
С каждым днем всё сильнее

Злой реальности власть.
Мне б назад побыстрее,
Чтоб успеть не отпасть.
Рвусь... Но это — пустое,
Я отпасть — обречен.
Я ведь отдан конвою,
А конвой — ни при чем.
Он сейчас на работе,
На опасном посту.
И его не заботит
То, что я отпаду.
...Это снова и снова
Мне теперь вспоминать —
В безвоздушно-постылой
Пустоте этих дней.
Видно, все-таки было
Что-то — жизнью моей.
Было, сплыло, осталось,
Пронеслось, унеслось.
Превратилось в усталость,
В безнадежность и злость.
Было: поиски меры —
Пусть в безмерном аду.
Да и все-таки вера,
Что куда-то иду.
И незнанье той сути,
Что надежда — пуста.
Что дороги не будет
Кроме той, что сюда.
Это юности знаки:
Дождик... Запах угля...

Конвоиры... Собаки...
И родная земля.

* * *

Птица вещая — троечка,
Тряска вечная чёртова!
Не стесняясь ни сто́лечка,
Оказалась ты, троечка,
— Чрезвычайкой в Лефо́ртово!
Что ни год — лихолетье,
Что ни враль, то мессия!..
Плачет тысячелетье
По России — Россия!
Выкликает проклятия...
А попробуй, спроси
— Да, была ль она, братие,
Эта Русь на Руси?
Эта — с щедрыми нивами,
Эта — в пене сирени,
Где родятся счастливыми
И отходят в смиреньи.
Где как лебеди девицы,
Где под ласковым небом
Каждый с каждый поделится
Божьим словом и хлебом.
Осень в золото набрана,
Как икона в оклад...
Значит, все это наврано,
Лишь бы в рифму да в лад?!
Чтоб, как птицы на дереве,
Затихали в грозу.

Чтоб не знали, но верили
И роняли слезу.
Чтоб начальничкам кланялись
За дареную пядь,
Чтоб грешили и каялись,
И грешили опять?..
Уродилась проказница,
— Всё б громить да крушить!..
Согрешивши — покаяться,
И опять согрешить!..
Переполнена скверною
От покрышки до дна...
Но ведь где-то, наверное,
Существует — Она?!
Та — с привольными нивами,
Та — в кипеньи сирени,
Где родятся счастливыми
И отходят в смиреньи...
Птица вещая, троечка,
Буйный свист под крылом!
Птица, искорка, точечка
В бездорожьи глухом.
Я молю тебя: — Выдюжи!
Будь и в тленьи живой,
Чтоб хоть в сердце, как в Китеже,
Слышать благовест твой!..

* * *

Теперь тебя не уничтожат,
Как тот безумный вождь мечтал.
Судьба поможет, Бог поможет,

Но — русский человек устал…
Устал страдать, устал гордиться,
Валя куда-то напролом.
Пора забвеньем насладиться,
А может быть — пора на слом…
И ничему не возродиться
Ни под серпом, ни под орлом!

1951

А вот то же самое — в прозе и без историософии. В. Г. Распутин — В. П. Астафьеву, осень 1980 г.:

«А я подумываю, не уехать ли с родины [т. е. из Иркутска]… тяжко стало и жить, и работать… Выбивайся на стороне, это они не против, но не среди нас, говори о чем угодно и лучше всего о мировых проблемах и гармониях, но не о своих маленьких делах: мы хоть и в грязи, в дерьме купаемся, но это наше родное дерьмо, и нам в нем приятно. Что творится, худо ли, хорошо, — нами творится, никто, кроме газеты „Правда", не встревай. Не потерпим. Ну и что, что тебя в Москве знают, пускай там и знают, а мы не хотим. Вот и пиши о Москве, а не об Иркутске, не говори на весь белый свет, что народ похабят. Это тебе кажется, что похабят, а мы знаем, что он выправляется, благоустраивается и т. д.

В прошлом году сделали мы глупость, переехали на другую квартиру, хотя и та была неплохая. Переехали, соблазнившись большой квартирой, когда понадобилось забирать из деревни мать, и не подумали о том, что кругом будут жить коммунальщики, которых в каждой квартире как сельдей в бочке. И когда я перебрался в отдельную, я стал для них буржуем, и всю злость на нынешние порядки, не разобрав, они стали вымещать на мне. А тут еще дверь мою при ремонте кожей обтянули — это уж верх всего. И началось — то навалят перед дверью, то какую-нибудь гадость подсунут. Пакость мелкая, но неприятная, и терпением побороть ее до сих пор не удается. Мать же, поглядев на все это и поплакав, нынче сбежала от нас к сестре моей в Братск.

Пишу это не для того, чтобы поплакаться в жилетку, а из непонимания и недоумения: что происходит? Почему мы жить-то не умеем?.. Про народ наш уж и говорить нечего. Неизвестно, что теперь и народом называть. И винить его нельзя. Столько он вынес, что поневоле на стенку полез да друг друга за грудки берет, вытряхивая последнее здоровье. Дошли уж, кажется, до края — назад надо поворачивать, а задние под прежние крики и лозунги напирают, не дают повернуть. [Нрзб.] худо, но не было же такого еще и два даже года назад. Что же будет еще через два года? Я нынче в сентябре съездил снова на Поле Куликово и там чуть приободрился. Сотнями, тысячами каждый день идет и едет отовсюду народ (может, это как раз и есть народ). Хорошие лица, понимают, что к чему. Из какого-то нового духовного подвижничества идут, а не за ради туризма. Или это только кажется, потому что этого хочется? А вернулся домой, и снова тьма. Есть что-то и здесь, не может не быть, но мало и не в куче, всяк по себе вздыхает и тоскует. Остальные же или пьют, или волокут под себя». Как раз где-то в это время Распутина жестко избили в подъезде собственного дома (проломили голову), после чего он долго не мог вернуться к литературному труду[869].

---

[869] URL: https://moral-law.ru/index.php?p=post&id=207

По другим мотивам, но зато — пушкинское, из письма П. А. Вяземскому. 27 мая 1826 г.:

«Ты, который не на привязи, как можешь ты оставаться в России? если царь даст мне слободу, то я месяца не останусь. Мы живем в печальном веке, но когда воображаю Лондон, чугунные дороги, паровые корабли,

С годами и я[870] стал пересматривать свои прежние позиции.

Но как не довести этот горькое растождествление до полного разрыва? Как пройти между Харибдой отчаяния и Сциллой тотального оправдания?

У меня нет универсального ответа, кроме самого общего: чтобы не разочаровываться — не надо было очаровываться. Знак вопроса — это чаще наследство былых восклицаний.

Надежды юношей питают,
Светлы младенческие сны.
Цыплята осенью считают,
Что их оставят до весны[871].

Выбор меры — это всегда творческая задача для индивидуального нравственного чувства.

английские журналы или парижские театры и <бордели> — то мое глухое Михайловское наводит на меня тоску и бешенство. В 4-ой песне „Онегина" я изобразил свою жизнь; когда-нибудь прочтешь его и спросишь с милою улыбкой: где ж мой поэт? в нем дарование приметно — услышишь, милая, в ответ: он удрал в Париж и никогда в проклятую Русь не воротится — ай да умница».

870 Ранее меня многие прошли этим путем. Философ и старый лагерник А. Ф. Лосев — просто философу В. В. Бибихину (запись от 19.01.1973):

«— А русские? — Водка и селедка. Русские умеют водку пить. Раньше, когда я был молодой, я распространялся о русской душе, славянофильские идеи у меня были, Москва — третий Рим, „а четвертому не быти". А потом с течением времени я во всем этом разочаровался… И меняться уже стар… Нации уже нет… Теперь уже международная судьба… — Как римляне? — Хуже, хуже, хуже… Римляне оставили вплоть до нас, до XX века, римское право, институты, дороги, языки, много. А русские не знаю что оставили. — Это была долгая история, я столько уже мучился и столько слез пролил, что теперь не хочется говорить… Это как разведенная жена, остается только горечь и ненависть».

ГУЛАГ вообще хорошо излечивал от народопоклонничества.

871 Цит. по: Гаспаров М. Л. Записи и выписки. — М., 2000. С. 159.

Гаспаров приписывает эти стихи Е. Лозинской, но, похоже, авторство принадлежит Николаю Биляку (советский самиздат).

ЧТО ЭТО БЫЛО?

Дочитавших эту книгу до этой страницы я приветствую как соучастников нашего общего мыслепреступления. Мы нарушили новое табу и преступили запрет на самопознание.

Государство Российское запрещает нам видеть некоторые вещи и запрещает подбирать слова для них, запрещает проводить вполне очевидные исторические параллели с одним очень несимпатичным европейским режимом середины XX века.

Правильно воспитанный советский гражданин не мог заставить себя воспроизвести тезис «Ленин совершил ошибку» или «Партия приняла преступное решение». Ему казалось, в этой формуле содержится ошибка не столько историческая, сколько логическая: ведь Ленин и Партия по определению непогрешимы.

Сегодня люди приучаются к мысли о том, что понятия «Россия» и «агрессия» не могут сочетаться. На зеркало исторического самопознания наброшено плотное покрывало.

Но зеркала занавешивают лишь в доме покойника. Я не вижу основания отнести Россию к числу мертвых субъектов исторического процесса. Значит — извольте убрать сию кисею. Посмотрите в зеркальце этой книги. Это мы. Не не́люди, но и далеко не ангелы. Просто люди разумные, умеющие разумно обдумывать преступления и так же разумно выстраивать линию самооправдания. В этом выводе нет ничего сенсационного. Простите за брошенную в глаза очевидность. Ваш Кэп.

Содержание

В издательстве BAbook
вышли книги

Борис Акунин

Серия «ПРИКЛЮЧЕНИЯ ЭРАСТА ФАНДОРИНА»

Серия «ПРОВИНЦІАЛЬНЫЙ ДЕТЕКТИВЪ»

«ИСТОРИЯ РОССИЙСКОГО ГОСУДАРСТВА» в 10 томах

«ЛЕГО»

«СКАЗКИ СТАРОГО, НОВОГО И ИНОГО СВЕТА»

«МОЙ КАЛЕНДАРЬ»

«ГОД КАК ХОККУ»

ИНТЕЛЛЕКТУАЛЬНЫЕ АНЕКДОТЫ,
собранные и прокомментированные
Борисом Акуниным

«МОСКВА–СИНЬЦЗИН»

«ПРОСНИСЬ!»

Акунин-Чхартишвили

«НА САНЯХ»

Анна Борисова

«ТАМ...»

«КРЕАТИВЩИК»

«VREMENA GODA»

Роман Баданин, Михаил Рубин

«ЦАРЬ СОБСТВЕННОЙ ПЕРСОНОЙ»

Олег Радзинский

«ПОКАЯННЫЕ ДНИ»

Евгений Фельдман

«МЕЧТАТЕЛИ ПРОТИВ КОСМОНАВТОВ»

Михаил Шишкин

«МОИ. ЭССЕ О РУССКОЙ ЛИТЕРАТУРЕ»

https://babook.org/

www.ingramcontent.com/pod-product-compliance
Lightning Source LLC
Chambersburg PA
CBHW052129020426
42334CB00023B/2654
* 9 7 8 1 9 6 5 3 6 9 9 8 2 *